# Physische Geographie

Themenband Oberstufe

# TERRA

Prof. Dr. Gregor C. Falk, Matthias Scholliers

Dr. Egbert Brodengeier, Bodo Lehnig,
Prof. Dr. Thomas Schneider, Dr. Daniela Vogellehner

Ernst Klett Verlag
Stuttgart · Leipzig

# Inhalt

5

## Form und Gestaltung der Oberfläche: die Geomorphologie 104



6

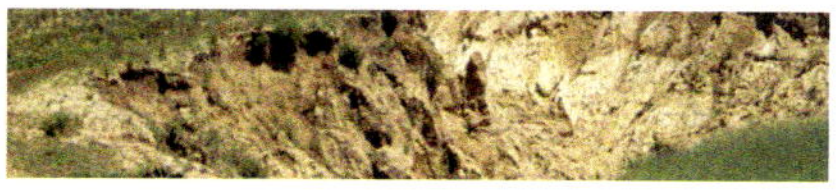

## Die Böden 148



7

## Die Biosphäre 166



8

## Arbeitsanhang 184

# 1 Physische Geographie

Die Geographie ist gleichsam eine Gesellschafts- als auch eine Naturwissenschaft. Sie beschäftigt sich mit den fundamentalen Prozessen und Abläufen auf unserem Globus. Im Mittelpunkt der Physischen Geographie stehen dabei die Beschreibung und Analyse der Naturphänomene und die Wechselwirkung des Menschen mit seiner Umwelt. Geographen untersuchen nicht nur die Entstehung der unterschiedlichsten Landschaften, sondern auch räumliche Verteilungsmuster einzelner Phänomene. Nicht zuletzt auch die Frage nach den Ursachen und den Auswirkungen spektakulärer natürlicher Ereignisse wie Überschwemmungen, Erdbeben, Felsstürze oder Wirbelstürme auf den menschlichen Lebensraum beschäftigen die Physische Geographie. Typisch geographische Fragestellungen an das nebenstehende Bild wären beispielsweise: Welche natürlichen Prozesse haben wann, warum und auf welche Weise zur Formung der Landschaft geführt? Inwiefern beeinflussen Relief, Gewässer und Klima das Siedeln und Wirtschaften der Menschen in diesem Raum? Wo liegt der gezeigte Bildausschnitt, wo auf der Welt gibt es Vergleichbares?

Zusammenfassend lautet denn auch die Leitfrage geographischen Denkens: „Warum gerade hier so?“

„Eine Gesellschaft, die keine Ahnung vom Raum hat, in dem sie sich bewegt, tappt im globalen Dorf fast noch dümmer herum als eine, die nicht richtig schreiben und lesen kann.“
Christian Deysson: Neues Raumgefühl. – In: WirtschaftsWoche Nr. 52 vom 20. 12. 2001, S. 74

**1 Küstenlandschaft auf den norwegischen Lofoten**
**2 Modell der Landschaft**

**Sieben Schritte in die Physische Geographie**

**1. Schritt: System Erde-Mensch verstehen**

Dieses Kapitel liefert eine allgemeine Einführung in die Grundtatsachen und elementaren Begriffe der Physischen Geographie. Die hier vorgestellten Teilsphären der Geosphäre bilden die Grundlage für die Gliederung der nachfolgenden Kapitel.

**2. Schritt: Lithosphäre**

In diesem Kapitel über die „Unruhige Erde“ begegnen Ihnen viele spannende Geophänomene wie Erdebeben und Vulkanausbrüche. Neben dem Aufbau der Erde lernen Sie die Theorie der Plattentektonik kennen.

**3. Schritt: Hydrosphäre**

In diesem Abschnitt geht es um das Wasser der Erde. Sie erwerben vertiefendes Wissen um die physikalischen Prozesse des globalen Wasserkreislaufs. Am Raumbeispiel gewinnen Sie Einblicke in die Nutzungsmöglichkeiten und Gefährdungspotentiale der Ressource Wasser.

**4. Schritt: Atmosphäre**

Wir leben am Grunde eines riesigen „Luftmeeres“, das die Erde umgibt. Den Aufbau dieses „Luftmeeres“, wie Alexander von Humboldt es nannte, und die dynamisch ablaufenden Prozesse in der Gashülle unseres Planeten stehen im Mittelpunkt des Kapitels.

**5. Schritt: Geomorphologie**

Dieser Abschnitt beantwortet die Frage nach dem Werden und Vergehen von Landschaften. Sie analysieren und verstehen wie „Wind und Wetter“ die Landschaft fortwährend verändern.

**6. Schritt: Pedosphäre**

Die Böden bilden als Standort für die Nahrungsmittelproduktion und Siedlungsfläche unsere eigentliche Lebensplattform. Gleichsam sind Böden in vielerlei Hinsicht durch menschliches Tun gefährdet. In diesem Kapitel gewinnen Sie nicht zuletzt Einsichten in die Bedeutung der Böden im lokalen und globalen Kontext.

**7. Schritt: Biosphäre**

Das letzte Kapitel zum Verstehen des Raumes, der uns umgibt, befasst sich mit den Standortbedingungen, die zur globalen Verteilung der Vegetation führen.

Am Ende des Buches werden Sie scheinbar bekannte und heute noch fremde Landschaften mit neuen Augen sehen und bewerten können.

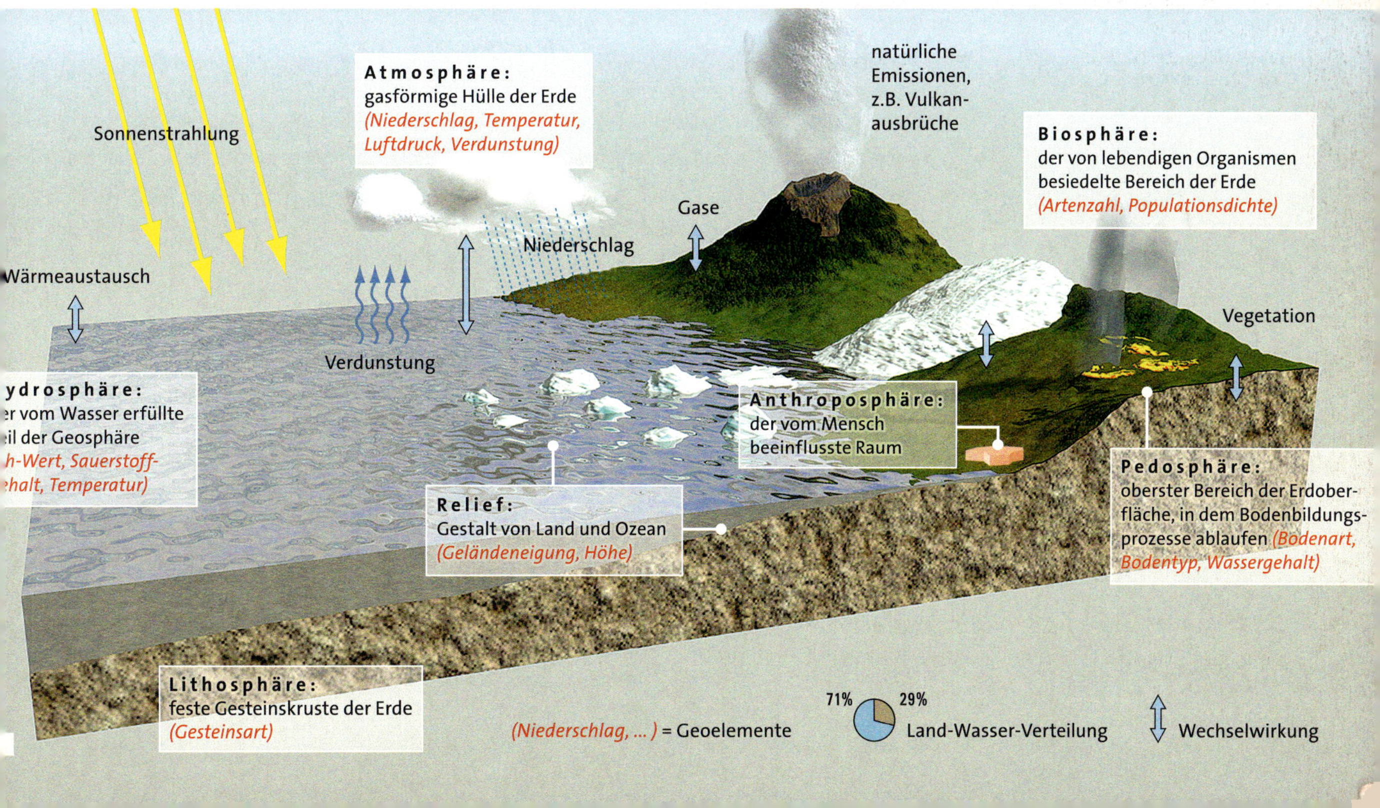
Sonnenstrahlung
Atmosphäre:
gasförmige Hülle der Erde
(Niederschlag, Temperatur, Luftdruck, Verdunstung)
natürliche Emissionen, z.B. Vulkanausbrüche
Biosphäre:
der von lebendigen Organismen besiedelte Bereich der Erde
(Artenzahl, Populationsdichte)
Gase
Niederschlag
Wärmeaustausch
Verdunstung
Vegetation
ydrosphäre:
er vom Wasser erfüllte
il der Geosphäre
h-Wert, Sauerstoff-
ehalt, Temperatur)
Anthroposphäre:
der vom Mensch beeinflusste Raum
Relief:
Gestalt von Land und Ozean
(Geländeneigung, Höhe)
Pedosphäre:
oberster Bereich der Erdoberfläche, in dem Bodenbildungsprozesse ablaufen (Bodenart, Bodentyp, Wassergehalt)
Lithosphäre:
feste Gesteinskruste der Erde
(Gesteinsart)
(Niederschlag, ... ) = Geoelemente
71%
29%
Land-Wasser-Verteilung
Wechselwirkung

# 1.1 System Erde-Mensch

**1 System Erde – ein geschlossenes System**

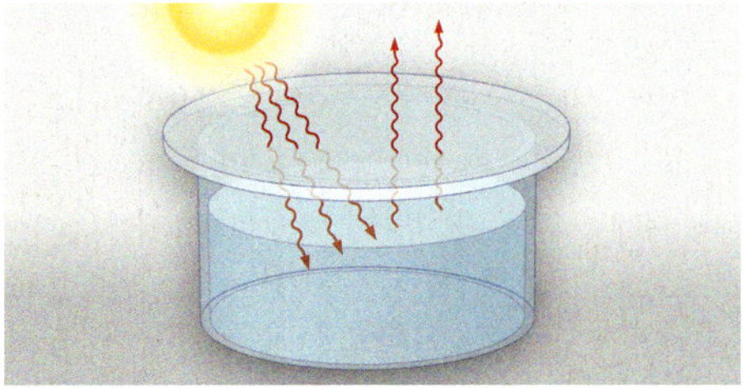

**2 Der Kochtopf – ein offenes System**

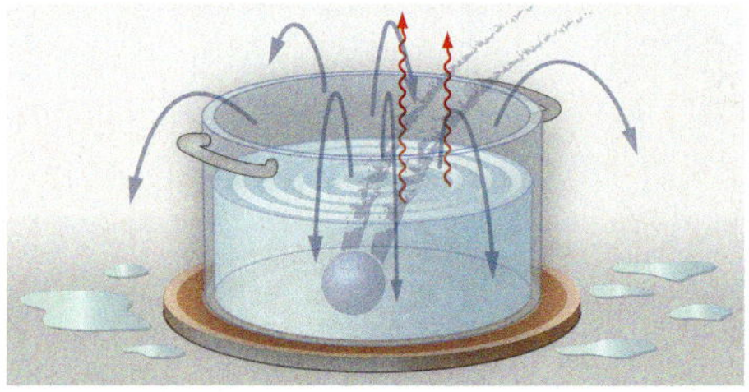

Seit seiner Entstehung vor rund 4,6 Mrd. Jahren unterliegt unser Planet einem ständigen Wandel. Kontinente und Ozeane verändern ihre Lage, Kaltzeiten und Warmzeiten wechseln sich ab, Gebirge bilden sich und werden wieder abgetragen, Flüsse verändern ihren Lauf. Einige Arten wie die Tiergruppe der Dinosaurier verschwinden schlagartig, andere wiederum passen sich veränderten Rahmenbedingungen neu an.

Seit rund vier Millionen Jahren breiten sich erste Hominiden von Afrika kommend über die Erde aus und spätestens seit der industriellen Revolution greift der Mensch nicht mehr nur regional begrenzt, sondern global wirksam in zahlreiche Kreisläufe ein. Es kommt zur Verschiebung ursprünglicher Gleichgewichtszustände in sehr kurzen Zeiträumen. Die Verbrennung fossiler Energieträger durch den Menschen beeinflusst beispielsweise zunächst den Stoffhaushalt im Kohlenstoffkreislauf, führt aber gleichzeitig zur Veränderung der Einstrahlungsverhältnisse auf der Erde. Als Resultat verändern sich die globalen Temperaturverhältnisse. Dies wiederum zieht neben vielen anderen Auswirkungen eine Volumenveränderung des Ozeanwassers oder ein Niedertauen vieler Gletscher nach sich. Das Beispiel ließe sich beliebig erweitern, vermag aber selbst in dieser einfachen Form die enge Verzahnung menschlichen Wirkens mit den natürlichen Prozessabläufen in der Geosphäre anzudeuten.

Das Gesamtsystem Erde kann in einzelne Teilsysteme untergliedert werden. Diese sind jedoch alle eng miteinander verknüpft, und Veränderungen in einer Sphäre wirken sich in irgendeiner Form auch auf die anderen aus. Die Erde, unser globales Geosystem, ist ein weitgehend geschlossenes System, da zwischen Erde und Weltall lediglich ein Energie-, aber kein Materieaustausch stattfindet, von vereinzelten Meteoriteneinschlägen abgesehen. Verfolgt man den Verbleib eines einzelnen chemischen Bestandteils in der Geosphäre, so wird deutlich, dass die Interaktion zwischen den Teilsystemen letztendlich in Stoff- und Energiekreisläufen stattfindet. Dazu zählen unter anderem der Kohlenstoffkreislauf, der Sauerstoffkreislauf, aber auch der Kreislauf der Gesteine sowie der Kreislauf des Wassers. Es handelt sich also um dynamische Systeme.

### Atmosphäre

Wolken, Wind und Nebel gehören neben den Klimaelementen Niederschlag und Temperatur zu den messbaren Erscheinungen in der Atmosphäre. Griechisch „atmos" bedeutet Dunst, und genauso wie ohne Wasser wäre ein jegliches Leben auch ohne diesen Dunst, die Luft, nicht möglich. Die Atmosphäre umfasst die gesamte Gasschicht, die die Erde umschließt. Sie ist maßgeblich verantwortlich für den globalen Temperaturhaushalt, da die Gase neben dem Wasserdampf das Verhältnis von einfallender und wieder abgegebener Strahlung, also die globale Strahlungsbilanz, regulieren.

### Hydrosphäre

Die „Wassersphäre" (griech. hydro = Wasser) umfasst die Gesamtheit allen Wassers der Erde. Dazu gehören das Salzwasser der Meere und Ozeane, das Süßwasser der Flüsse, Bäche und Seen, das Grundwasser, aber auch alle Niederschläge und das Gletschereis. Der wohl bekannteste Stoffkreislauf ist der des Wassers, das in

## 3 Die Sphären auf einen Blick

## 4 System Erde-Mensch im Modell

Nach: Jochen Babist, unter: www.geologisch.com/Leistungsprofil.htm (Mai 2010)

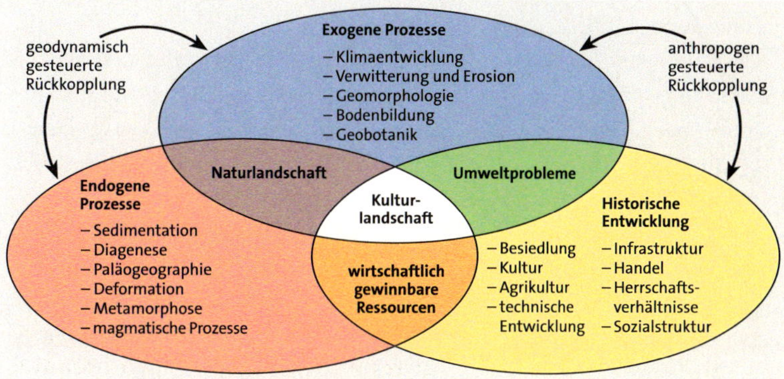


den unterschiedlichen Aggregatzuständen fest, flüssig und gasförmig, im Geosystem zirkuliert. Je nach Veränderung der globalen Temperatur variiert dabei das Verhältnis von fest, flüssig oder gasförmig vorhandenen Molekülen.

**Biosphäre und Pedosphäre**

Während Atmosphäre und Hydrosphäre die elementaren Grundlagen des Lebens liefern, umfasst die Biosphäre (griech. bios = Leben) die Gesamtheit der Lebewelt selbst, also die Tierwelt (Fauna) und die Pflanzenwelt (Flora). Nährstoffkreisläufe gehören zu den kennzeichnenden Prozessabläufen in der Biosphäre. Auch der Mensch ist im engeren Sinne, wie auch Mikroplankton und Elefant, ein Bestandteil der Biosphäre. Der gesamte Aktions- und Einflussraum des Menschen kann aber auch als Anthroposphäre bezeichnet werden. Der Übergang zwischen Biosphäre und Lithosphäre, der Bereich der Bodenbildung, wird als Pedosphäre bezeichnet.

**Lithosphäre**

In Bezug auf die Dichte ist die Lithosphäre (griech. lithos = Stein) die kompakteste aller Sphären überhaupt. Sie umfasst den äußeren und teilweise zähplastischen oberen Erdmantel sowie die feste Erdkruste. Die Kontinente und der Ozeanboden sind ebenso Bestandteil der Lithosphäre wie flüssiges Magma, das bei Vulkanausbrüchen als Lava an der Erdoberfläche austritt und zu festem Gestein erkaltet.

Die Lithosphärenplatten der Erde befinden sich in ständiger Bewegung, angetrieben von der thermischen Energie des Erdinnern und von gravitativen Kräften.

## 5 Gegenstand der Geowissenschaften

„Die Geowissenschaften im weitesten Sinne beschäftigen sich mit der Lebensumwelt des Menschen im System Erde – sie befassen sich mit den über Jahrmillionen ablaufenden geodynamischen Prozessen im Inneren der Erde (endogene Prozesse), den Prozessen an der Oberfläche der Erde (exogene Prozesse) und den komplexen Reaktionen der natürlichen Regelkreisläufe auf menschliche Eingriffe (Aspekt historische Entwicklung und ökologisches Umfeld). Kulturlandschaften sind Produkte natürlicher und anthropogen wechselseitig beeinflusster Regelkreise. Die Lage und Kulturgeschichte der Siedlungsplätze des Menschen sind unmittelbar von den geologischen Ressourcen im Untergrund und den landschaftsgestaltenden Prozessen an der Erdoberfläche abhängig."

Ebenda

1 Mit der Verbrennung fossiler Energieträger beeinflusst der Mensch das System Erde. Nennen Sie weitere Beispiele, die zeigen wie der Mensch in das System Erde eingreift.

2 Überprüfen Sie, ob der Begriff „Anthroposphäre" in das System Erde passt.

**Astronomische Grunddaten der Erde**
größte Entfernung Erde–Sonne (Aphel)
152,10 Mio. km
kleinste Entfernung Erde–Sonne (Perihel)
147,09 Mio. km
mittlere Bahngeschwindigkeit
29,78 km/s
Lichtgeschwindigkeit
299 792 km/s
max. Durchmesser
12 756 km
Masse
$5{,}97 \cdot 10^{24}$ kg
Dichte
5,515 g/cm³
Volumen
$108{,}32 \cdot 10^{10}$ km³

**Planet**
Himmelskörper, der einen Stern umläuft und nicht von selbst leuchtet, sondern dessen Licht reflektiert.

**Mond**
Bezeichnung für den Trabanten eines Planeten, z.B. der Erdmond.

**Stern**
Selbst leuchtende Gaskugel mit hoher Temperatur.

**Sonne**
Stern im Zentrum unseres Sonnensystems, um den sich alle Planeten bewegen.

# 1.2 Die Entstehung der Erde

Die Frage, wie die Erde entstanden ist, beschäftigt die Menschheit schon seit vorgeschichtlichen Zeiten. Zur Erklärung entstanden in den verschiedenen Kulturkreisen zahlreiche Schöpfungsmythen.
Der Stand der wissenschaftlichen Erforschung der Erde und des Weltalls ermöglicht es heute, die Entstehung der Erde im Zusammenhang mit der Entwicklung des Universums zu beschreiben. Grundlage dafür sind eine Reihe vergleichbarer kosmischer Erscheinungen, wie die der Entstehung und Entwicklung von Sternen. Eine besondere Rolle spielte die Entdeckung, die Edwin Hubble 1929 machte. Er beobachtete, dass sich die fernen Galaxien, ganz gleich, wohin man blickt, rasch von uns fortbewegen. Mit anderen Worten: Das Universum dehnt sich aus. Diese Beobachtung legte die Vermutung nahe, das Universum sei zu einem bestimmten Zeitpunkt unendlich klein und unendlich dicht gewesen. Dieser Zeitpunkt wird heute als Urknall bezeichnet, mit dem vor etwa 13,7 Milliarden Jahren das Universum entstand.

**1 Trabant aus dem Crash**

„Aus zahlreichen Planetensimalen ist rund 70 Millionen Jahre nach der Sonnenzündung ein Erdvorläufer herangewachsen. Noch ist er kleiner als unsere Erde schließlich sein wird. Auf diese Proto-Erde prallt vor 4,5 Milliarden Jahren ein marsgroßer Himmelskörper und reißt große Teile des Erdmantels heraus. Sie verdampfen durch die dabei frei werdende Energie ebenso wie Bruchstücke des Einschlagkörpers. Das so entstandene Gas sammelt sich in einer Wolke, die die Erde umkreist. Doch schon bald klumpt das lockere Material zu einem einzigen feurigen Körper zusammen: dem Mond. Er umrundet die Erde anfangs in nur rund 20 000 Kilometer Höhe."

GEOkompakt, Nr. 1/2004, S. 4,
unter: www.geo.de/GEO/natur/kosmos/3164.html?p=4

**2 Die Entstehung der Erde**

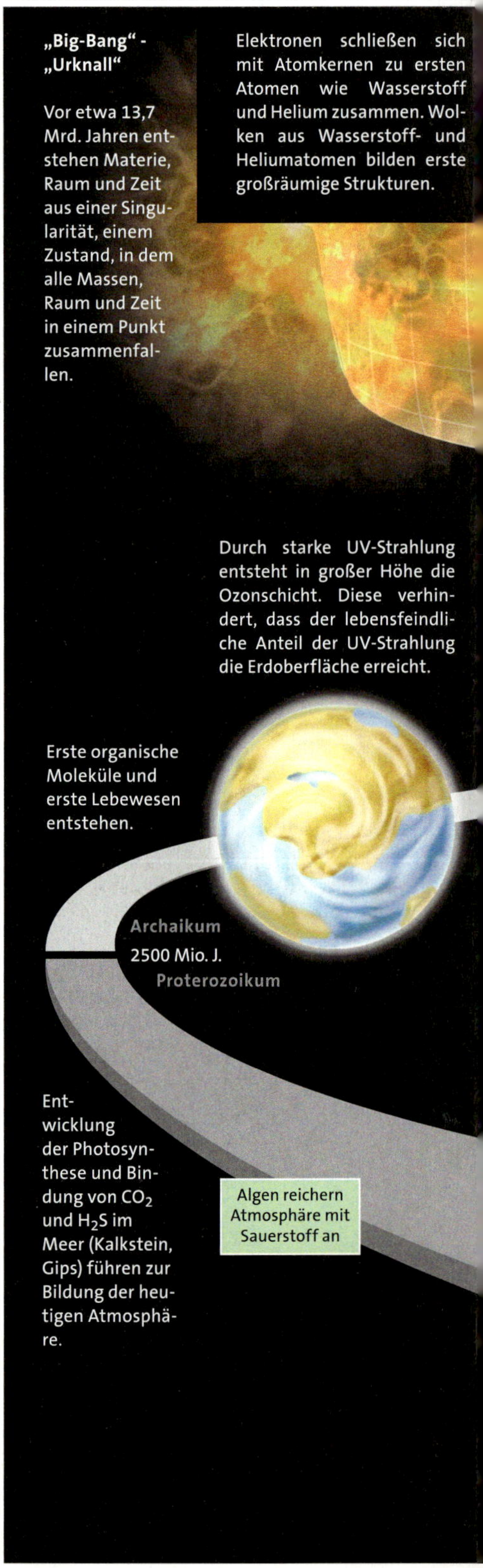

Surftipp
Geologische Zeittafel
29760X-1201

Eine Mrd. Jahre nach dem Urknall entstehen unter dem Einfluss der Gravitation scheibenartig rotierende Galaxien. Durch Zusammenballung innerhalb der Gasnebel beginnen einige Wasserstoffatome mit dem Verschmelzungsprozess zu Heliumatomen. So entstehen die ersten Sterne.

Ein Zyklus beginnt, in dessen Verlauf sich nach und nach auch die schweren Elemente bis zum Eisen bilden. Die schweren Sterne explodieren nach wenigen Millionen Jahren als Supernova, so bezeichnet man das helle Aufleuchten eines Sterns am Ende seiner Lebenszeit durch eine Explosion.

Aus früheren Sternenexplosionen entstand vor etwa 5 Mrd. Jahren eine rotierende Gas- und Staubwolke. Mit weiterer Verdichtung im Zentralbereich entsteht durch Zündung einer Kernfusion die Proto-Sonne. Fast die gesamte Masse dieser Gas und Staubwolke wird von ihr angezogen. Nur ein kleiner Teil bleibt in der rotierenden Scheibe. Durch heftige Zusammenstöße entstehen große und kleinere Körper, die Planetensimale.

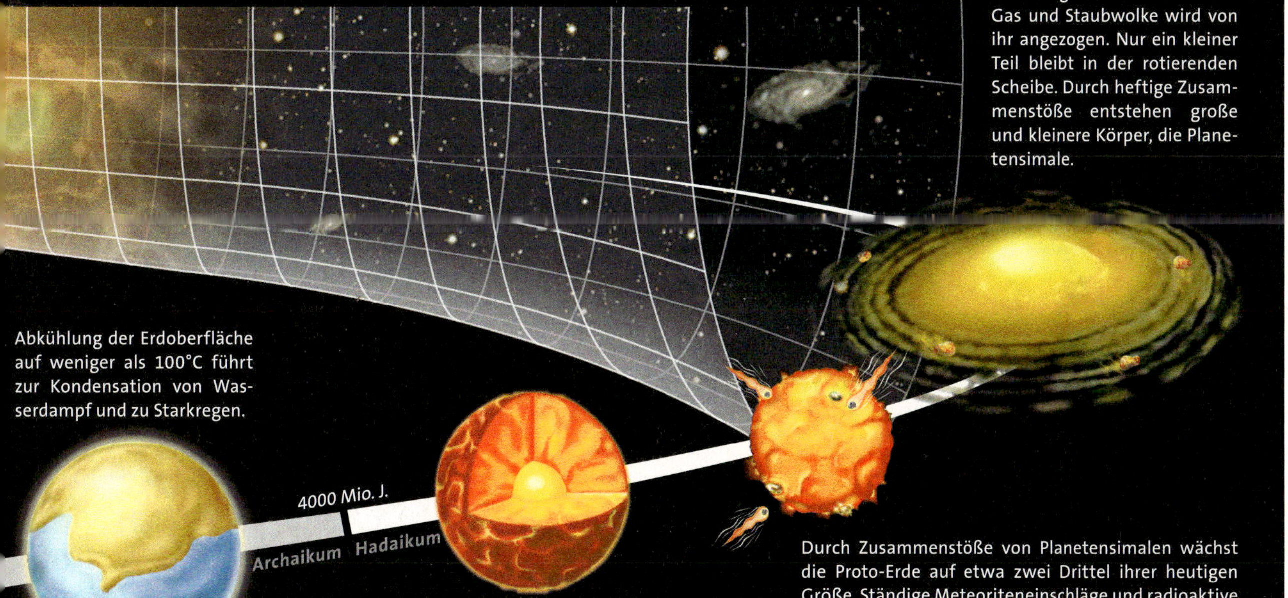


Abkühlung der Erdoberfläche auf weniger als 100°C führt zur Kondensation von Wasserdampf und zu Starkregen.

Der Wasserkreislauf kommt in Gang, eine Uratmosphäre, noch ohne freien Sauerstoff und ein Urozean entstehen.

Durch gravitative Differentation entsteht ein Metallkern und ein silikatreicher Mantel. An der Oberfläche kristallisiert die Schmelze zu einer Kruste. Durch ihre große Masse zieht die Erde weitere Planetensimale an und wächst auf die heutige Größe.

Durch Zusammenstöße von Planetensimalen wächst die Proto-Erde auf etwa zwei Drittel ihrer heutigen Größe. Ständige Meteoriteneinschläge und radioaktive Prozesse heizen die junge Erde auf, so dass die Materie im Inneren schmilzt.
Eine erste Atmosphäre, überwiegend aus Wasserstoff und Helium entsteht - bleibt aber nicht lange erhalten.

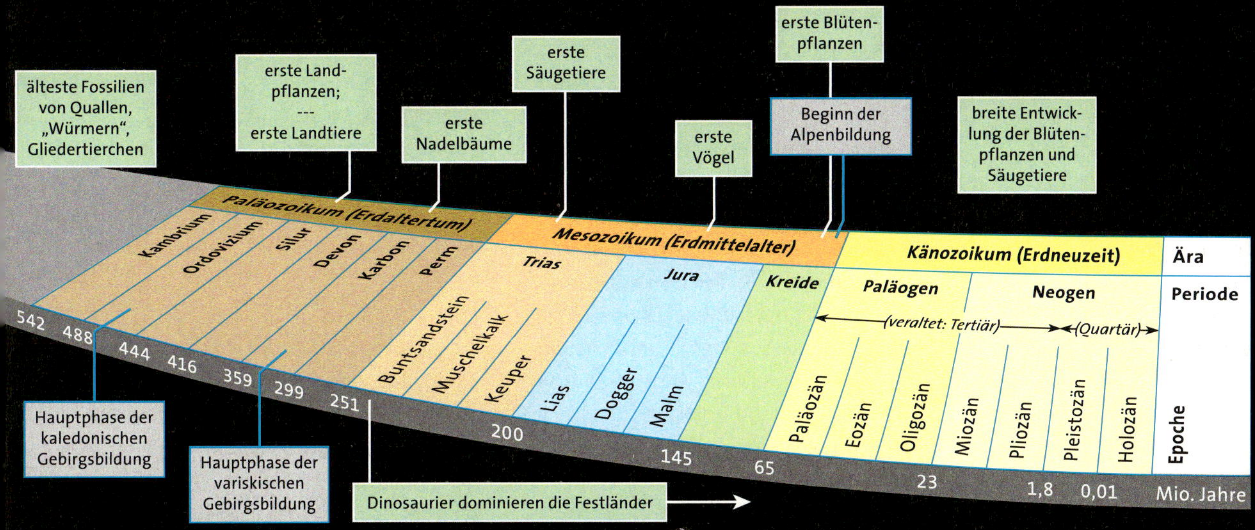

**Blauer Planet Erde**
Fotografien aus dem Weltraum zeigen die Erde als bläulich schimmernde Kugel – als blauen Planeten. Vor allem die Oberfläche der Meere und Ozeane, die 71 % der Erdoberfläche einnehmen, erscheinen vom Weltall aus blau. Diese Färbung ist auf die starke Absorption von rotem Licht im Wasser zurückzuführen. Die Atmosphäre streut den blauen Spektralanteil des Sonnenlichts etwa fünfmal so stark wie den roten. Dadurch entsteht vor allem bei hohem Sonnenstand die Blaufärbung des Himmels.
Auf der Verfügbarkeit von Wasser beruht die Einzigartigkeit der Erde. Wasser ist Träger allen Lebens.

**3 Unser Sonnensystem in der Milchstraße**

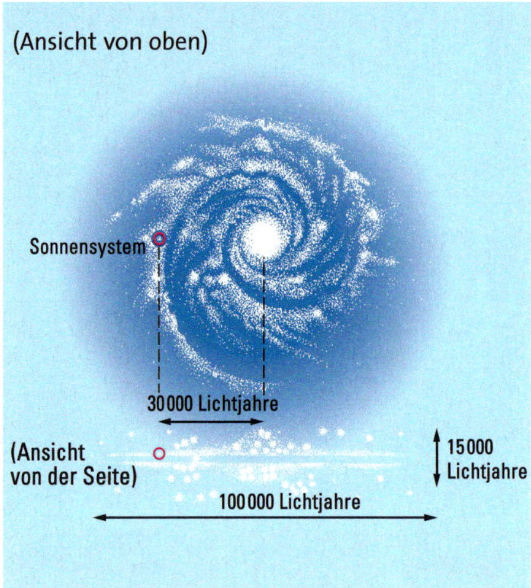


**4 Die Erde aus dem Weltraum**

### Die Sonderstellung der Erde
Im Planetensystem nimmt die Erde eine Sonderstellung ein. Sie ist der einzige Himmelskörper, auf dem sich höheres Leben entwickeln konnte. Die wichtigsten Voraussetzungen dafür sind:
- die richtige Entfernung zur Sonne und eine angepasste Rotationsgeschwindigkeit,
- die Größe und Masse der Erde in Relation zur Größe der Sonne und zum Sonnenabstand,
- ein Magnetfeld,
- das Vorhandensein von Wasser und der Wasserkreislauf,
- die Existenz einer Atmosphäre und einer Ozonschicht,
- plattentektonische Prozesse,
- das Vorhandensein von Sauerstoff,
- der Mond, der die Erde als Trabant umkreist.

### Entstehung der Sphären der Erde
Die Sphären der Erde haben sich im Lauf der 4,6 Milliarden Jahre Erdgeschichte durch komplexe Wechselwirkungen herausgebildet.
Als erste Sphären bildeten sich Lithosphäre und Atmosphäre heraus. Mit der allmählichen Abkühlung der Erde kristallisierte die Schmelze an der Erdoberfläche zu einer festen Kruste, die jedoch durch Meteoriteneinschläge und Magma aus dem Inneren immer wieder aufgebrochen wurde.

Vulkanische Gase bildeten zusammen mit der verdampften Materie eingeschlagener Meteoriten vor etwa 4 Milliarden Jahren die erste Uratmosphäre der Erde. Die Hauptbestandteile dürften zu dieser Zeit Wasserdampf, Kohlenstoffdioxid, Schwefelwasserstoff und Stickstoff gewesen sein. Der hohe Wasserdampfanteil könnte damit erklärt werden, dass die Atmosphäre zu diesem Zeitpunkt noch zu warm war, um Niederschläge bilden zu können. Erst als die Erde sich auf weniger als 100 °C abgekühlt hatte, regnete es unaufhörlich. Das Wasser bedeckte nahezu die ganze Oberfläche, da es kaum größere Senken gab. Es bildete sich ein Urozean und damit die Hydrosphäre aus. Nur die hohen Vulkanberge ragten als Inseln aus dem Wasser heraus.
Der Regen „wusch“ große Mengen Kohlenstoffdioxid aus der Atmosphäre, die dadurch in den Ozean gelangten. Dort wurde das Gas zusammen mit Calcium in Form von Kalksteinen gebunden.

Mit dieser Entwicklung veränderte sich auch die Zusammensetzung der Atmosphäre. Sie bestand jetzt vermutlich hauptsächlich aus Stickstoff mit nur noch geringen Anteilen an Wasserdampf, Kohlenstoffdioxid und Argon.
In dieser Zeit, vor etwa 4 Milliarden Jahren, bildeten sich durch den Wechsel von Verdunstung und Niederschlag auch die ersten

**5 Schwarze Raucher**

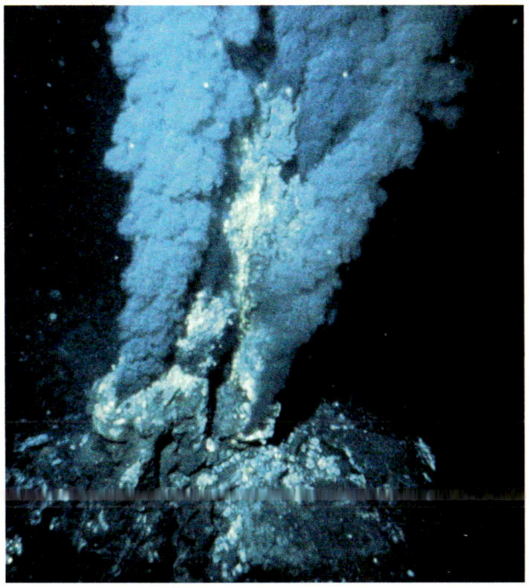

**6 „Uratmosphäre und Urozean"**

Wasserkreisläufe. Mit der Integration der Kruste in das System Atmosphäre-Meer setzten Verwitterung und Materialumlagerungsprozesse ein. Über Jahrmillionen spülten die Niederschläge von Hängen der Basaltinseln Lockermaterial ins Meer. Auf dem Ozeanboden bildeten sich Sedimente, die immer schwerer wurden und in die Tiefe sanken. Dort wurden sie aufgeschmolzen und drangen als Magma wieder nach oben. Als diese Schmelzen wieder in die Sedimentschichten eindrangen, entstand ein neues Gestein: Granit. Dieser war viel härter als die Sedimente, aber auch leichter als die Gesteine der Urkruste.

Aufgrund der geringeren Dichte stiegen die Sedimente und Granite langsam empor und bildeten die ersten nichtvulkanischen Inseln.

Deren oberste Schichten wurden durch Erosion wieder abgetragen, so dass sich neue Sedimente im Meer ablagerten. In dieser Zeit setzte wahrscheinlich die Plattentektonik ein. Durch die Kollision von mehreren Inseln entstanden schließlich die ersten Kontinente und Ozeane. Erosion und tektonische Vorgänge formten so die ersten Reliefeinheiten.

Im Meerwasser bildeten sich durch chemische Reaktionen aus anorganischen Stoffen einfache organische Verbindungen, z.B. Aminosäuren, kurze Eiweißketten und erste Molekülbausteine. Der Ursprung des Lebens, die ersten Zellen, entstanden wahrscheinlich vor etwa 3,75 Milliarden Jahren an den Wänden der Black Smoker („Schwarze Raucher") in der Tiefsee. Die ältesten Versteinerungen von Organismen sind mindestens 2,7 Milliarden Jahre alt. Diese Fossilien wurden von Lebewesen gebildet, die den heutigen Cyanobakterien ähneln. Sie lebten im Meer, betrieben Photosynthese und bildeten Strukturen, die Stromatolithe genannt werden. Vor etwa 2,3 Mrd. Jahren begann sich der Sauerstoff, den primitive pflanzliche Organismen ausschieden, in der Atmosphäre anzusammeln.

Im Silur, vor 440–400 Millionen Jahren, eroberten die ersten Pflanzen und Tiere das Festland. Mit der Ausbildung der Biosphäre begann die Bodenbildung und Entstehung der Pedosphäre.

Im Bereich der Erdoberfläche durchdringen sich alle Sphären der Erde. Dadurch entsteht die Geosphäre, eine schmale Hülle, die eine außerordentliche Mannigfaltigkeit aufweist.

**Die Herkunft des irdischen Wassers**

Wissenschaftler diskutieren drei Möglichkeiten:

- Ausgasung aus dem Inneren der Erde (vulkanisch),
- Einschlag eines oder mehrerer Kometen mit Eis,
- Einschlag eines oder mehrerer wasserreicher Asteroiden (Protoplaneten) aus den äußeren Bereichen des Asteroidengürtels.

1 Beschreiben Sie die Entstehung unseres Planetensystems.

2 Erläutern Sie die Entwicklung der Sphären der Erde.

3 Ordnen Sie die Entstehung der Sphären in die Geologische Zeittafel ein.

4 Stellen Sie die Bedeutung der im Text genannten Voraussetzungen für die Entwicklung des Lebens auf der Erde dar.

**1** **Südorientierte Zonen-Weltkarte des Johannes de Sacroboscos (um 1230)**
reproduziert in Leo Bagrow, Raleigh A. Skelton: Meister der Kartographie. 6. Aufl. Berlin: Gebr. Mann 1994

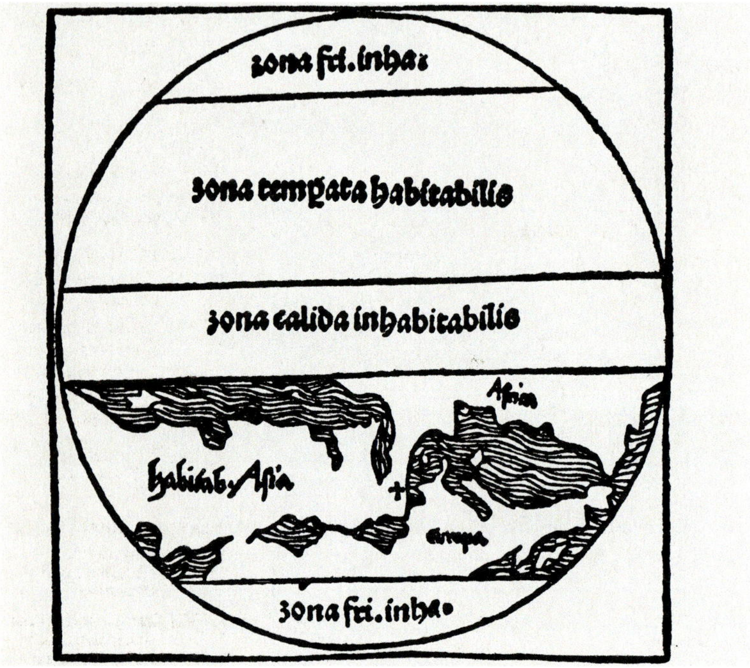


**2** **Weltkarte der Geoökologischen Zonen nach M**
Nach: Klaus Müller-Hohenstein: Die Landschaftsgürtel der Erde. St

# 1.3 Geozonen

**Geoökologische Zonen** (Landschaftsgürtel)
Die prägende Wirkung des Geofaktors Klima auf Wasserhaushalt, Vegetation, Tierwelt, Relief und Boden führt zu einer annähernd zonal angeordneten Abfolge unterschiedlicher Landschaftsräume auf der Erdoberfläche. Üblicherweise werden fünf Landschaftsgürtel unterschieden: die Tropenzone, die Subtropen, die kühlgemäßigten Zonen, die kaltgemäßigten borealen Zonen und die polaren Zonen.

Seit über 2000 Jahren versuchen Wissenschaftler die Erde in Zonen einzuteilen. Dass dies kein leichtes Unterfangen ist, zeigt bereits die große Bandbreite an Einteilungsversuchen und Bezeichnungen. Wir begegnen Begriffen wie Landschaftsgürtel, Klimazonen, Vegetationszonen, Geoökologische Zonen oder auch Geozonen. Dabei basiert die Gliederung je nach Forschungsansatz auf unterschiedlichen Kriterien.
Bereits in der Antike hatten einige Gelehrte recht konkrete Vorstellungen von Form und Gestalt der Erde. Fast exakt berechnete Erathostenes von Kyrene 206 v. Chr. den Erdumfang. Dabei betrachtete er die Erde als Kugel. Nach einer antiken Vorstellung wurde die Welt vom Nordpol bis zum Südpol in 5 Zonen eingeteilt (Süden oben). Ganz im Norden und Süden liegen unbewohnte kalte Zonen (zona frigida inhabitabilis). Am Äquator findet sich eine heiße, unbewohnbare Zone (zona calida inhabitabilis). Zwischen den unbewohnten Zonen liegt der bewohnbare Bereich. Diese antiken Vorstellungen greift im Mittelalter der Gelehrte Johannes de Sacroboscos auf (siehe Karte 1). In die Zona Tempata Habitabilis der Nordhalbkugel wurden bereits die Umrisse der damals bekannten Kontinente eingezeichnet.
In den 1980er-Jahren entwarf der bayreuther Biogeograph Müller-Hohenstein die Darstellung der Geoökologischen Zonen in Form von Landschaftsgürteln der Erde. Inzwischen hat dieser nicht unstrittige Gliederungsansatz weite Verbreitung in der Fachliteratur gefunden. Bedeutsam ist die Auseinandersetzung mit den aus natürlichen Geofaktoren konstruierten Zonen vor allem, um Potenziale und Grenzen menschlicher Lebensräume zu erkennen. Das Wissen um das Zusammenspiel der Geofaktoren im System Erde versetzt uns in die Lage, die lokalen, regionalen und globalen Auswirkungen unseres eigenen Handelns zu verstehen.

Material

Infoblatt Ökozonen / Geozonen der Erde

29760X-1301

**enstein**

1981, S. 107

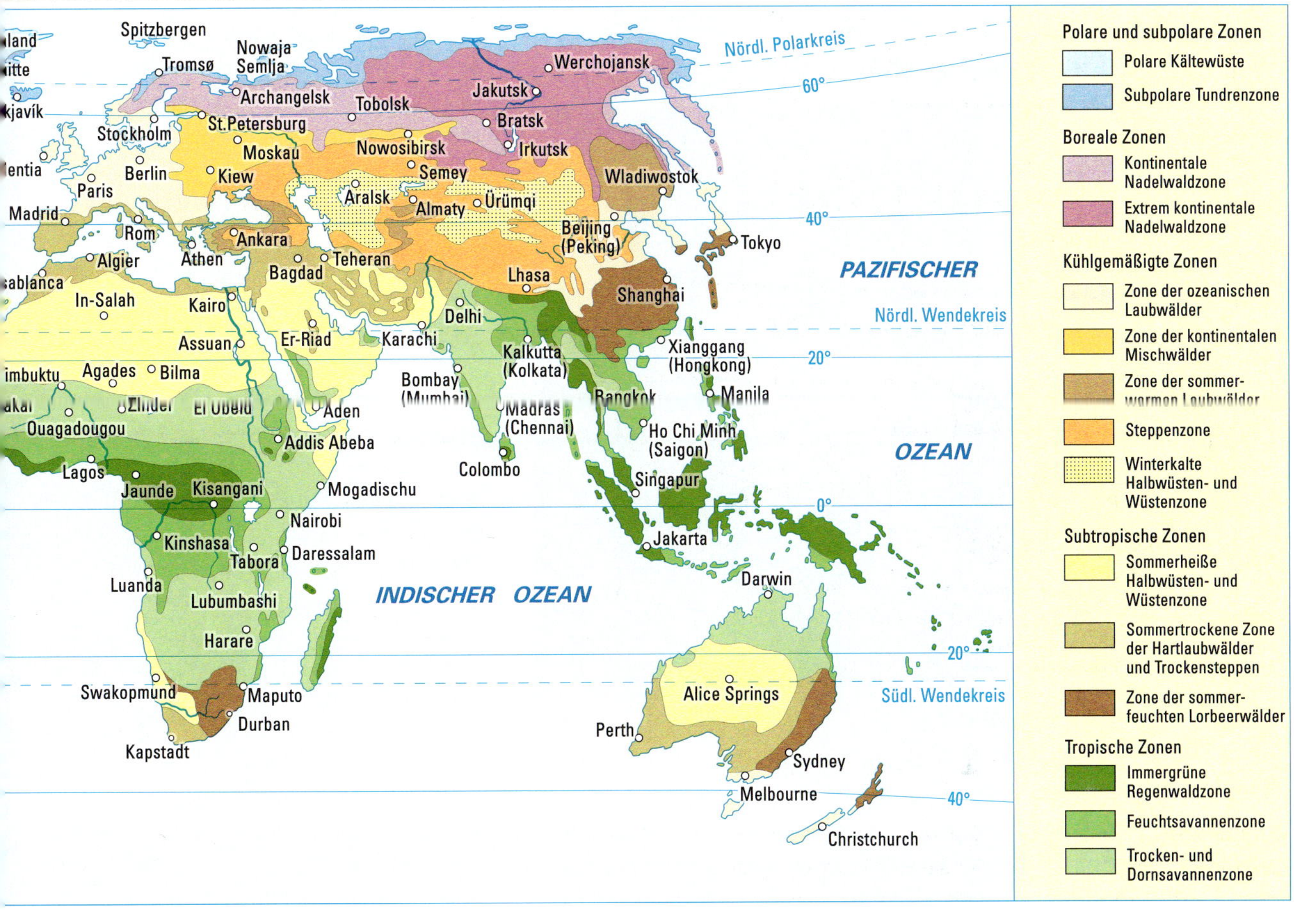


**3 In der Magdeburger Börde**

**1** Arbeiten Sie die Kriterien heraus, die der Zonengliederung Müller-Hohensteins zugrunde liegen.

**2** Prüfen Sie mithilfe eines Atlas welcher Zone das Foto 3 zuzuordnen ist.

**3** Nehmen Sie kritisch zur Kartenaussage Stellung. Beziehen Sie in die Überlegungen die Definition in der Randspalte ein.

**4** Erörtern Sie alternative Ansätze zur Zonengliederung der Erde.

„Es ist nichts, was den geschulten Verstand mehr kultiviert und bildet, als Geographie.“
(Immanuel Kant)

# 1.4 Physische Geographie: Wissenschaft und Bedeutung

**1 Anne-Louis Girodet: Portrait du Docteur Trioson donnant une leçon de géographie à son fils**

Früheste Ansätze der Physischen Geographie lassen sich weit in die Vergangenheit zurückverfolgen. Bereits Gelehrte der Antike, z. B. Aristoteles, Herodot und Plinius, hinterfragten die Abläufe und Zusammenhänge natürlicher Phänomene und lieferten erste, zum Teil noch heute gültige Erklärungsversuche. Berühmte Männer wie Alexander von Humboldt (1769–1859), Carl Ritter (1779–1859) und Ferdinand von Richthofen (1833–1905) prägten die wissenschaftlichen Anfänge der Geographie in Deutschland. Getrieben von nicht zu stillendem Wissensdurst, fasziniert und gebannt von neuen und überwältigenden Natureindrücken aus allen Regionen der Erde, verkörpern diese drei Wissenschaftler das geographische Forscherideal des 19. Jahrhunderts. Damals stand zunächst die Erfassung noch unbekannter Naturphänomene im Vordergrund, doch begann auch die zunehmende Spezialisierung der Geographie.

Die Physische Geographie wurde zunächst von der Geomorphologie, der Lehre von der Beschreibung der Erdoberfläche, dominiert. Mit seinem zweibändigen Werk „Morphologie der Erdoberfläche“ schuf Albrecht Penck (1894) ein erstes Grundlagenwerk. Der Meteorologe und Geophysiker Alfred Wegener (1880–1930) veröffentlichte 1912 seine für die damalige Zeit spektakuläre Theorie der Kontinentalverschiebung.

Im weiteren Verlauf des 20. Jahrhunderts entwickelte sich die Physische Geographie rasch zu einer modernen, spezialisierten Wissenschaft, die sich mit der Beschreibung, Analyse und Interpretation unserer natürlichen Umwelt befasst. Dabei werden verschiedene Nachbarwissenschaften, wie die Geologie, die Biologie, aber auch die Chemie und Physik berührt. Das Fach betrachtet die vielfältigen und miteinander in Beziehung stehenden Einzelphänomene unserer Umwelt immer im Rahmen der Raumwirksamkeit menschlichen Handelns im Kontext des Systems Erde-Mensch. Dabei werden auch räumlich-zeitliche Abläufe erfasst. Die Entwicklung der Messtechnik und moderne Computertechnologien haben den Geowissenschaftlern neue Perspektiven geöffnet, Prozesse in allen zeitlichen und räumlichen Dimensionen zu erfassen. Die eingesetzten Technologien reichen von der Satellitenfernerkundung über verschiedene Verfahren der geophysikalischen Tiefensondierung und Bohrungen bis hin zu komplexen Laborexperimenten zur Modellierung von Geoprozessen.

**1** Arbeiten Sie die wesentlichen Ziele geowissenschaftlicher Forschung heraus. Nutzen Sie dazu den ONLINE-Link.

**2** Heuschreckenbekämpfung in Afrika
a) Arbeiten Sie die in Text 3 geschilderten Arbeitsmethoden heraus.
b) Das Projekt wurde mit dem hochdotierten Rolex Award for Enterprise ausgezeichnet. Nennen Sie mögliche Gründe.

**3** „Unser traditionelles Denken in Fächern steht grundsätzlich in Frage.“ Beurteilen Sie die Aussage, berücksichtigen Sie hierzu auch Text 3.

Surftipp
Geotechnologien
29760X-1401

**2 Interpretiertes Satellitenbild des Tokar-Deltas im Sudan**

Nach: Frithjof Voss, Udo Dreiser: Mapping of desert locust and other migratory pests habitats using remote sensing techniques, unter: http://ispi-lit.cirad.fr/text/Voss94c.htm (Mai 2010)

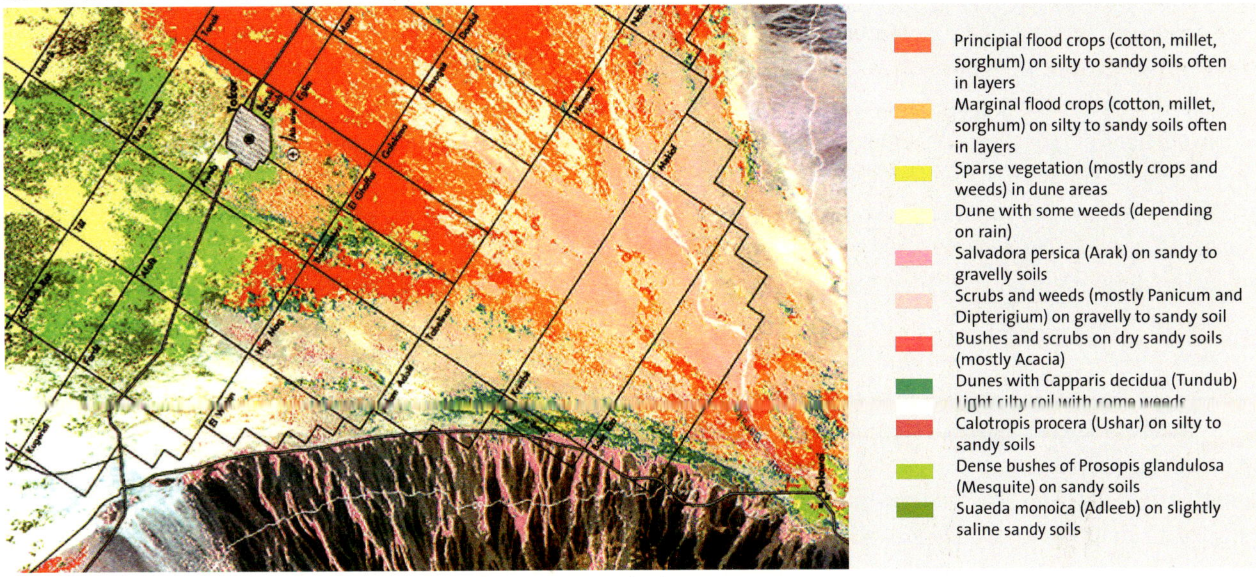


**3 Geographieprofessor Frithjof Voss: Der Heuschreckler**

„Milliardenfach fielen sie 1986 über Afrika her. Drei Jahre zog sich das Unglück hin ... Himmel und Sonne verdunkeln sich in atemberaubendem Tempo, und das Brausen von Myriaden fliegender Heuschrecken erfüllt die Luft ... Doch es konnten noch so viele Pestizide versprüht werden, es gelang nicht, die Plage einzudämmen. Erst als alles Grün verspeist war, verschwanden die Heuschrecken ebenso plötzlich, wie sie gekommen waren. ... Noch immer bedrohen die Heuschrecken eine Fläche von 29 Millionen Quadratkilometern, ein Fünftel der festen Erdoberfläche ...

Ziel war eine Präventivstrategie. ‚Wir forschten auf Madagaskar, im Sudan, in Mali, Niger und Mauretanien', erinnert sich Voss. ‚Ich sollte herausfinden, wo in diesen schier unendlichen Räumen der Lebenszyklus einer Plage beginnt ... Wenn wir das wissen, müssen wir diesen Ort nur gut überwachen und die Heuschrecken, wenn sie schlüpfen, sofort attackieren.' Der erste Meilenstein war Voss' Frühwarnsystem: Es erkennt, wo die Plage ihren Anfang nimmt. Welche Merkmale zeichnen die Brutgebiete der Wüstenheuschrecken aus? Wie locker und feucht muss der Boden sein, welcher Vegetation bedarf es? War dies einmal erkannt und hatte man ein idealtypisches Brutgebiet gefunden, markierte Voss die entsprechende Region auf digitalen Satellitenbildern. Dann suchte er auf den Aufnahmen sämtliche Gebiete, die das Sonnenlicht in der gleichen Wellenlänge reflektierten, und identifizierte so alle Flächen, in denen die Plage ihren Anfang nehmen konnte ... „Hier diese roten Flächen", erklärt Voss, „bieten Heuschrecken die idealen Bedingungen zur Eiablage. Hier ist es feucht genug, da können die Weibchen ihre Eier in 15 Zentimetern Tiefe ablegen." Auf diese Gefahrenzonen werden täglich die Wetterdaten projiziert. Regnet es, geht sofort Order an die Bekämpfungstrupps vor Ort ... Kommen sie im rechten Augenblick, krabbeln die Larven gerade aus dem Boden heraus ... In diesem Stadium lassen sich die noch flugunfähigen Heuschrecken einfach bekämpfen, der Chemieeinsatz hält sich in Grenzen. Voss' Methode funktionierte. 1996 erhielt er den ‚Rolex Award for Enterprise' ..."

brandeins online: Der Heuschreckler, in: brand eins 10/2003, unter: www.brandeins.de/archiv/magazin/2004-und-weiter/artikel/der-heuschreckler.html

# Dynamische Lithosphäre: endogene Prozesse

Gewaltige Kräfte aus dem Erdinneren bewegen und verformen Gesteinsschichten, verursachen Vulkanausbrüche und Erdbeben. An Bergmassiven wie dem Schafberg im Toggenburger Land in der Schweiz lassen sich die Faltungsprozesse, die stattgefunden haben, gut rekonstruieren. In geologisch langen Zeiträumen wurden die Gesteinsschichten verbogen und gefaltet, sodass gewaltige Gebirge entstanden. Solche endogenen Vorgänge haben die heutige Verteilung von Kontinenten und Ozeanen sowie große Reliefunterschiede hervorgebracht. Diese beeinflussen das Klima und den Wasserkreislauf auf unserer Erde.
Aus der Lithosphäre, der zwischen 70 und 200 km mächtigen und überwiegend festen Gesteinsschale unserer Erde, bezieht der Mensch fast alle Rohstoffe und realisiert dort den größten Teil seiner Wasserversorgung.
Kenntnisse über die Lithosphäre helfen, die endogenen Vorgänge in ihrer Bedeutung für das Leben der Menschen zu verstehen. Gleichzeitig bilden sie die Grundlage für ein Gesamtverständnis des Systems Erde-Mensch.

**Drei Schritte bis zum Ziel**

**Ziel**

Nach der Bearbeitung dieses Kapitels können Sie:
- die Entstehung und Verbreitung von Erdbeben und Vulkanismus auf der Erde erklären,
- die Bildung von magmatischen und metamorphen Gesteinen als Ergebnis endogener Prozesse darstellen,
- die grundlegenden Prozesse der Bildung von Gebirgen als Folge von Krustenbewegungen verstehen,
- die Bildung von Lagerstätten erläutern.

**1. Schritt: Grundlagen erarbeiten**

- Schalenbau der Erde,
- Theorie der Plattentektonik: Plattengenzen, Plattenbewegungen und deren Antriebskräfte,
- Entstehung von Magma,
- Vulkanismus und Vulkantypen,
- Entstehung von Erdbeben,
- Typen der Gebirgsbildung,
- Entstehung von Lagerstätten.

**2. Schritt: Wissen vernetzen**

- Entstehung magmatischer und metamorpher Gesteine im Zusammenhang mit plattentektonischen Vorgängen,
- Erklärung regionaler Gebirgsbildungen am Beispiel von Alpen und Himalaya,
- plattentektonisches Modell zum Entstehen und Vergehen von Ozeanen (Wilson-Zyklus).

**3. Schritt: Kompetenzen anwenden**

- räumliche Verbreitung von Erdbeben und Vulkanismus auf der Erde erklären,
- plattentektonische Vorgänge mithilfe geotektonischer Profilskizzen darstellen und erläutern,
- Bedeutung wichtiger Lagerstätten erläutern.

**1** Der Schafberg im Toggenburger Land (Schweiz)
**2** Schemazeichnung des Gebirgsmassivs

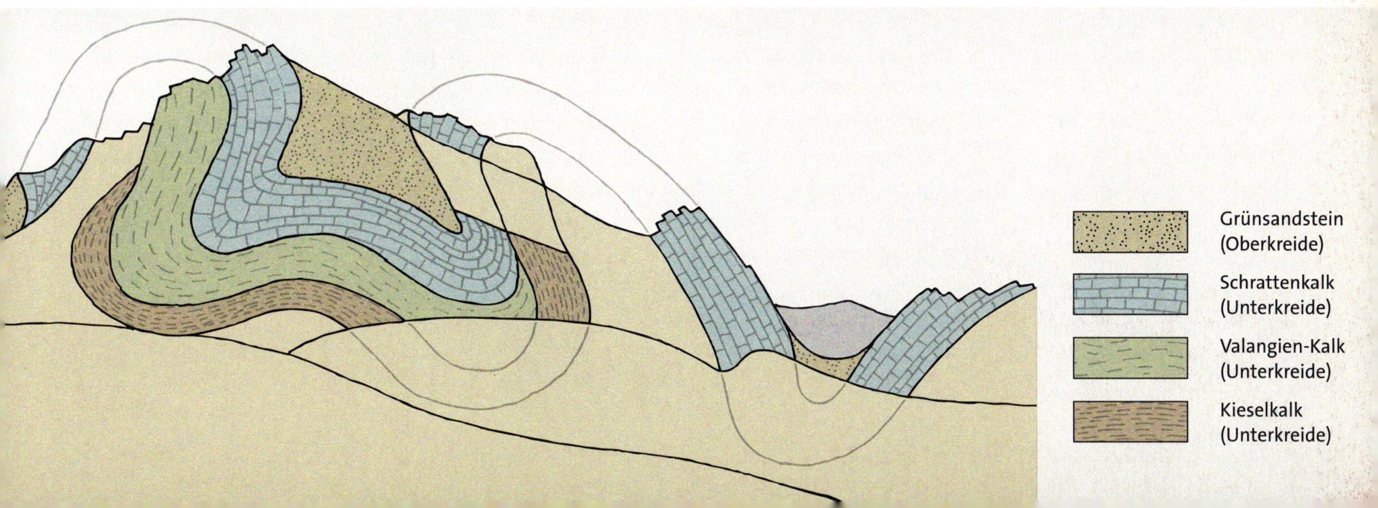

Grünsandstein
(Oberkreide)
Schrattenkalk
(Unterkreide)
Valangien-Kalk
(Unterkreide)
Kieselkalk
(Unterkreide)

# 2.1 Können sich Kontinente bewegen?

**Kompetenzen in diesem Kapitel erwerben:**
- die Bedeutung endogener Vorgänge für das Leben der Menschen erläutern;
- Stärken und Schwächen geowissenschaftlicher Theorien gegenüberstellen;
- Plattenbewegungen und Vorgänge an Plattengrenzen erklären;
- die Entstehung von Magma und von Vulkanismus an Plattengrenzen und inmitten von Platten darstellen;
- die Entstehung magmatischer Gesteine im Zusammenhang mit plattentektonischen Vorgängen erläutern;
- die räumliche Verbreitung und Entstehung von Erdbeben erklären.

Als **Tektonik** (griech. tektonikós, die Baukunst betreffend) bezeichnet man Aufbau, Struktur und Bewegungen der Erdkruste. Gebirgsbildungen (griech.: **Orogenese**, (von óros = Berg und génesis = Entstehen) und Plattentektonik sind grundlegende endogene Prozesse. Damit sind Naturereignisse wie Erdbeben und Vulkanausbrüche sowie alle Vorgänge, die zur Entstehung von Gesteinen oder Erzlagerstätten führen, verbunden.

Bereits 1620 verwies Francis Bacon (engl. Philospoh, 1561–1626) auf den passgenauen Verlauf der Atlantikküsten von Afrika und Südamerika. Als Meilenstein in der Entwicklung der Vorstellungen über die Bewegung der Kontinente gelten die Veröffentlichungen von Alfred Wegener (s. Randspalte S. 19) aus dem Jahre 1912. Damals gingen die meisten Wissenschaftler davon aus, dass sich die Lage der Kontinente und Ozeane nicht verändert. Ihre Auffassungen werden deshalb als fixistisch bezeichnet.

Ein wichtiges Ziel der Forschung bestand damals darin, die Entstehung von Gebirgen zu erklären. Man suchte nach den endogenen Kräften, die solch gewaltige Veränderungen der Erdoberfläche bewirken können. Heute wissen wir, dass vor allem Wärmeströme im Erdinneren die Ursache für tektonische Bewegungen sind.

Mit Satelliten, Laser und Radar gelang es in den 1970er Jahren erstmals horizontale Bewegungen der Erdkruste zu messen. Doch die Entwicklung des GPS (Global Positioning System) in den 1990er Jahren erwies sich als genauer, weniger aufwändig und preisgünstiger. Heute werden weltweit an mehreren Tausend Stellen GPS-Messungen durchgeführt, um verlässliche Angaben zur Richtung und Geschwindigkeit von Ortsverschiebungen zu erhalten. Bereits nach einer Messzeit von zwei Jahren konnten Plattenbewegungen bestimmt werden.

Am Anfang waren es Erdbeben und Vulkanausbrüche, die den Menschen veranlassten, sich mit den Vorgängen im Erdinneren zu befassen. Heute geht es dabei längst nicht mehr nur um die Ursachen dieser Prozesse, sondern außerdem um tragfähige Strategien im Umgang mit ihnen. Geowissenschaftliche Erkenntnisse über endogene Vorgänge sind u. a. unerlässlich im Zusammenhang mit dem Bau von Tunneln, der Nutzung fossiler Grundwasservorräte oder der Versorgung einer wachsenden Weltbevölkerung mit Rohstoffen, Energie und Wasser.

**1 Bewegungen der Erdkruste zwischen Alpen und Oberrheinischem Tiefland**

Nach: Christian Röhr: Der Oberrheingraben, unter: www.oberrheingraben.de (Mai 2010)

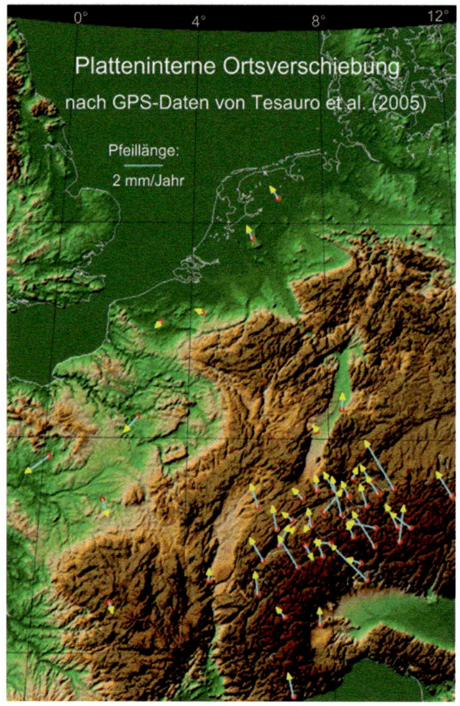


**2 Erdkruste in Bewegung**

„Die Abbildung 1 zeigt, dass sich die Messstationen östlich von 4° [östl.] Länge im Allgemeinen nach Nordwesten bewegen. Die Geschwindigkeiten schwanken zwischen 0,1 und 2,9 mm pro Jahr ... Im Oberrheingraben liegen die Stationen Karlsruhe (0,8 mm/Jahr nach Norden) und Straßburg (0,3 mm/Jahr nach Nordwesten). Die Stationen westlich von 4° [östl.] Länge bewegen sich dagegen im Allgemeinen nach Süden bis Südwesten mit einer Geschwindigkeit von 0,5 bis 1,5 mm pro Jahr. Die unterschiedlichen Geschwindigkeiten führen zu Spannungen und Verformungen der Erdkruste. Manche Bereiche werden gestaucht, andere gestreckt oder geschert ... Für den Bereich des Oberrheingrabens ergibt die Auswertung der GPS-Daten keine signifikanten Verformungen."

Ebenda

Surftipp
Oberrheingraben
29760X-2101

Surftipp
Alfred Wegener
29760X-2102

### 3 Wegeners Untersuchungsergebnisse

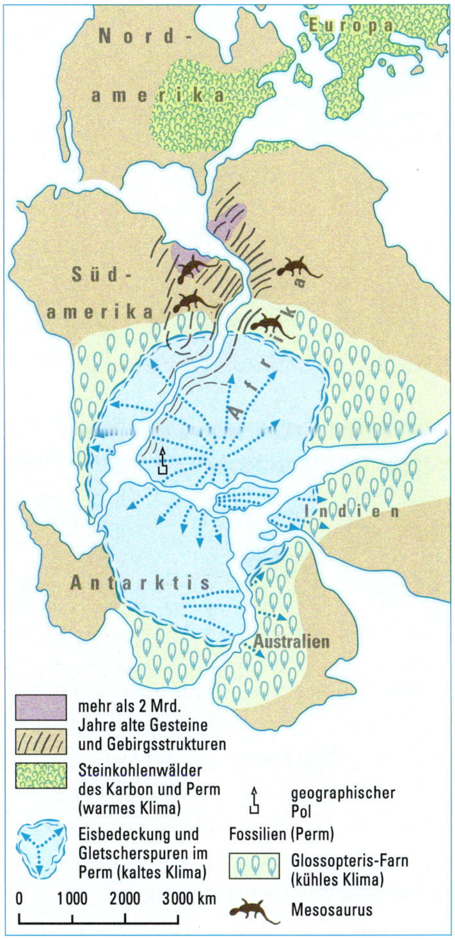


### 4 Der Zerfall des Urkontinents Pangäa

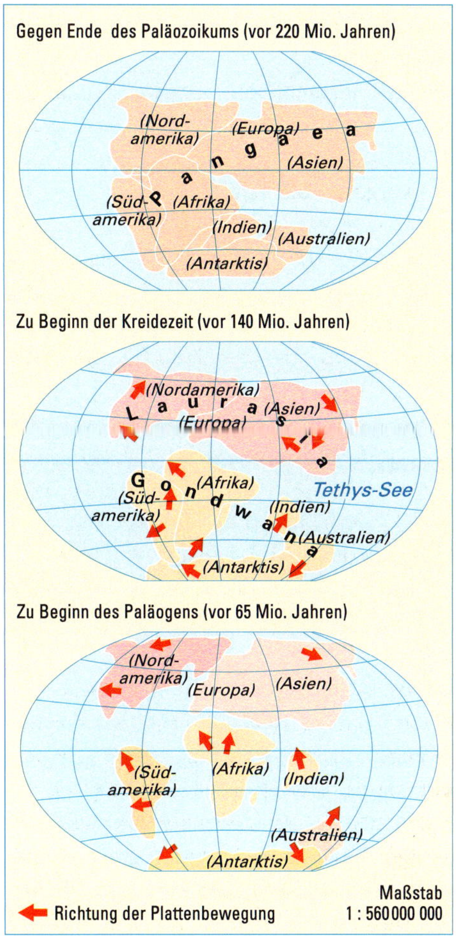


### 5 Alfred Wegener

- am 1.11.1880 in Berlin geboren
- 1900 bis 1904 Studium der Naturwissenschaften
- 1905/06 Assistent am Aeronautischen Observatorium Lindenberg: Erforschung der Atmosphäre mit Fesselballons; 52-stündige Ballonfahrt, damals Weltrekord
- 1908 bis 1919 Privatdozent in Marburg
- 1912/13 Grönlandexpedition
- 1921 bis 1924 Professor in Hamburg
- 1924 bis 1930 Professor für Meteorologie und Geophysik in Graz
- 1929/30 Grönlandexpeditionen
- November 1930 Tod auf dem Inlandeis in Grönland

**Alfred Wegeners Vorstellungen von der Drift der Kontinente**

Hohn und Spott ernetete Alfred Wegener, als er 1912 seine Vorstellungen von der Drift der Kontinente veröffentlichte. Demnach brach vor etwa 200 Mio. Jahren der Urkontinent Pangäa auseinander. Das Meer dazwischen stelle nur „eine ungeheuer erweiterte Spalte" dar. Kritiker wie der angesehene Geograph und Geologe Albrecht Penck (1858–1945) wandten ein: Genauso gut könnte ein Absinken der Erdkruste zwischen diesen Kontinenten die Ursache sein. Mit einer Fülle von Indizien gelang es Alfred Wegener, die frühere Existenz eines solchen Urkontinents nachzuweisen.

Um wirklich zu überzeugen, musste Wegener den Antriebsmechanismus für die Drift der Kontinente erklären. Er nahm an, dass die aus spezifisch leichterem Material zusammengesetzten Kontinente – wegen der vorherrschenden Elemente Silizium und Aluminium als „Sial" bezeichnet – auf dichterem Material des Erdmantels und der Ozeanböden, dem sogenannten „Sima" (Silizium und Magnesium) schwimmen würden. Als Antriebskraft vermutete er die Erdrotation oder die Reibung der Gezeiten. Nach Ansicht namhafter Physiker reichen diese Kräfte jedoch nicht aus, um die Drift der Kontinente zu erklären. Deshalb fand Wegeners Theorie zunächst kaum Beachtung.

**Ausgewählte Dichtewerte (in g/cm³)**

| | |
|---|---|
| kontinentale Kruste: | ~2,75 |
| ozeanische Kruste: | ~2,9 |
| oberer Erdmantel: | 3,3 |
| Eis: | 0,9 |
| Ebenholz: | 1,05 |

1 Erläutern Sie die Bedeutung endogener Vorgänge für das Leben des Menschen.

2 Stellen Sie Wegeners Beweise für die Kontinentverschiebungstheorie dar.

# 2.2 Schalenbau der Erde

**1 Aufbau und Zusammensetzung des Erdkörpers**

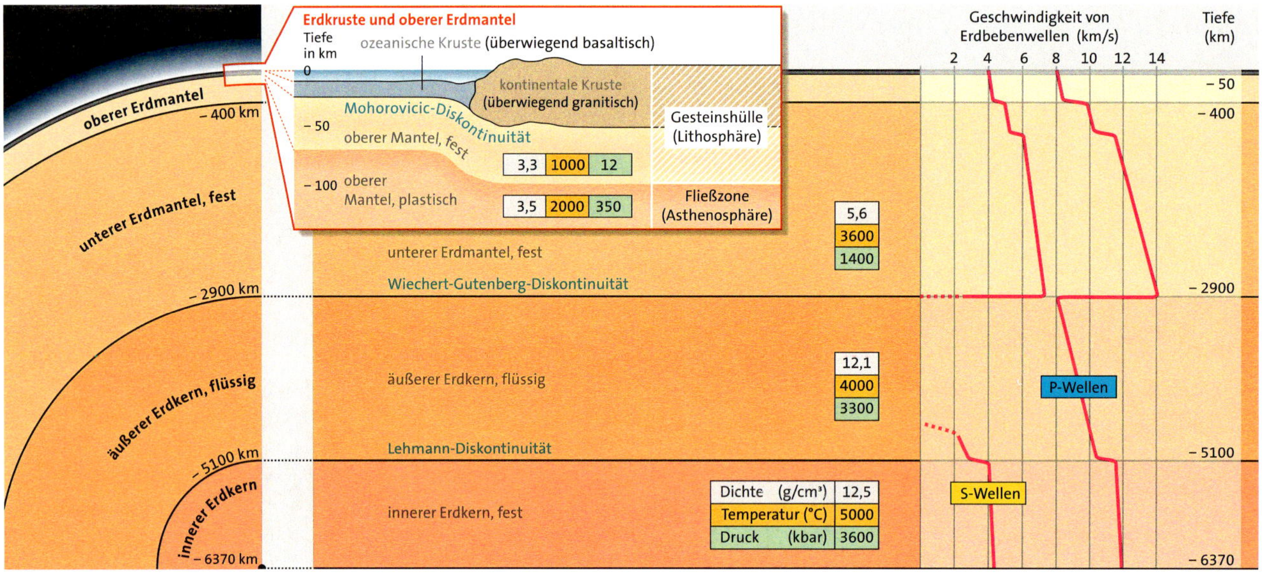


**2 Aufbau der Erde**

| | Volumen | Masse |
|---|---|---|
| Kruste | 0,8 % | 0,4 % |
| Mantel | 83,0 % | 67,2 % |
| Kern | 16,2 % | 32,4 % |

**Geothermische Tiefenstufe**
Bezeichnung für die Angabe jener Tiefe (in m), bei der die Temperatur im Gestein um 1 K zunimmt. Im Bereich der Kontinente beträgt sie im Mittel 33 m.

griech.: asthenos = kraftlos

Das Wissen über den Aufbau der Erde ist Voraussetzung, um die Wirkung endogener Kräfte verstehen zu können. Aus diesem Grund haben 1996 Wissenschaftler auf der Halbinsel Kola (Nordwestrussland) die mit 12 262 m tiefste Bohrung in das Erdinnere vorgenommen. Ein weiteres Vordringen war wegen der zu hohen Drücke und Temperaturen nicht möglich. Verkleinerte man die Erde auf die Größe eines Pfirsichs, so würde diese tiefste Bohrung noch nicht einmal dem Anritzen der Schale entsprechen. Dennoch ist bekannt, dass unser Erdkörper schalenförmig aufgebaut ist und sich in Erdkruste, Erdmantel und Erdkern gliedert.
Die Kenntnisse über den **Schalenbau der Erde** gewinnt man mithilfe indirekter Untersuchungsmethoden, vor allem der Seismik. Dabei werden durch Explosionen, Druckluftkanonen oder Vibrationen künstlich Wellen angeregt. Wie bei Erdbebenwellen wird der Lauf dieser Wellen in Abhängigkeit von der Zeit in Seismogrammen grafisch aufgezeichnet. Dabei ist feststellbar, dass sich die Wellen in Abhängigkeit von der stofflichen Zusammensetzung der jeweiligen Schichten oder des Gesteinskörpers mit unterschiedlicher Geschwindigkeit ausbreiten.

Bereiche, in denen sich die Geschwindigkeiten sprunghaft ändern, heißen seismische **Diskontinuitätsflächen** (Unstetigkeitsflächen). Dort ändert sich aber nicht nur die Laufgeschwindigkeit, es kommt auch zur Umwandlung von Druck- in Scherwellen oder umgekehrt. So wurde mithilfe der Wiechert-Gutenberg-Diskontinuität und der Lehmann-Diskontinuität erkannt, dass der innere Erdkern fest, der äußere flüssig ist. Im Ergebnis solcher Untersuchungen entstand die Modellvorstellung vom Schalenbau der Erde.

**Die Lithosphäre der Erde**
Die äußerste, relativ dünne Schale der Erde ist die Erdkruste. Der kroatische Geophysiker Andrija Mohorovičić entdeckte zwischen Erdkruste und Erdmantel eine Grenzfläche, die seitdem als Mohorovicic-Diskontinuität bzw. Moho bezeichnet wird. Die Erdkruste und der oberste, feste Teil des Erdmantels bilden zusammen die Gesteinshülle der Erde, die **Lithosphäre**. Unter der Lithosphäre befindet sich das Mantelgestein in der Nähe des Schmelzpunktes. Gegenüber lang anhaltendem Druck reagiert dieser Bereich plastisch. Für die Lithosphäre stellt diese Zone eine „Gleitschicht" dar, die als **Asthenosphäre** oder Fließzone bezeichnet wird.

**Material**
Schalenbau der Erde
29760X-2201

## 3 Ausbreitung, Auszeichnung und Typen von Erdbebenwellen

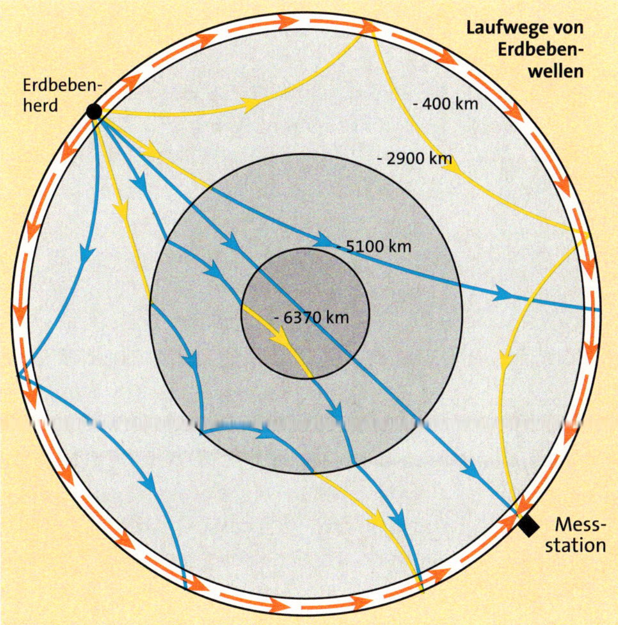


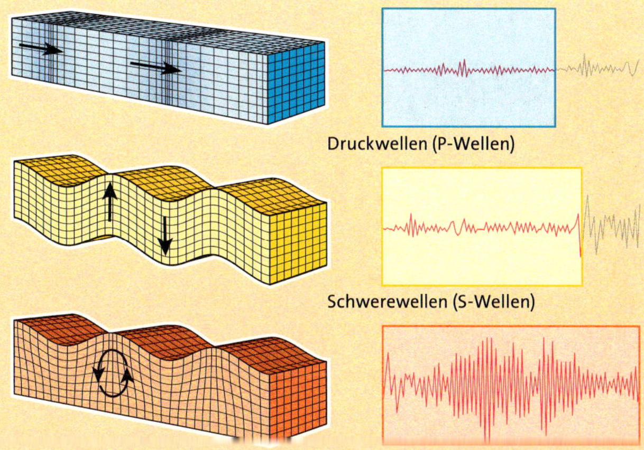


Typen von Erdbebenwellen

Epizentrum & Hypozentrum

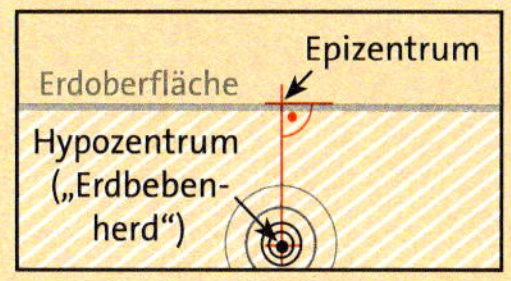


### Der Stoffbestand der Erdkruste und seine Entstehung

Die Messung der Erdbebenwellen innerhalb der Erdkruste hat ergeben, dass die bis zu 3,96 Mrd. Jahre alte kontinentale Kruste mit einer Gesamtmächtigkeit von 30–60 km in eine Ober- und eine Unterkruste gegliedert werden kann. Ebenso wie die Moho ist auch die Conrad-Diskontinuität (Grenze zwischen Ober- und Unterkruste) keine scharfe Grenze, sondern eher eine Übergangszone. Die Oberkruste besteht aus $SiO_2$-reichem, saurem Kristallingestein, die Unterkruste aus $SiO_2$-ärmeren, intermediären bis basischen Tiefengesteinen. Die Moho stellt wahrscheinlich eine stoffliche Grenze zu einem ultrabasischen Erdmantel peridotitischer Zusammensetzung dar. Die ozeanische Kruste ist mit einem Alter von maximal 200 Mio. Jahren wesentlich jünger und mit 6 bis 10 km auch geringer mächtig als die kontinentale Kruste.

### 4 Mineralien und Gesteine

„Die Erdkruste besteht aus Mineralien und Gesteinen. Die Minerale sind natürliche anorganische chemische Verbindungen mit kristalliner Struktur ... Als Gesteine bezeichnet man natürliche Gemenge von Mineralien, unabhängig davon, ob die Minerale aus einer Schmelze auskristallisierten (magmatische Gesteine), durch Druck- und Temperatureinflüsse aus vorhandenen Gesteinen umgewandelt wurden (metamorphe Gesteine), aus wässriger Lösung ausfielen (chemische Sedimente) oder durch Anhäufung von Mineral- und Gesteinsbruchstücken (klastische Sedimente) entstanden. Aber auch die natürliche Ansammlung tierischer oder pflanzlicher Reste kann zur Gesteinsbildung führen (biogene Sedimente)."

Max Schwab, in: Manfred Hendl, Herbert Liedtke (Hrsg.): Lehrbuch der Allgemeinen Physischen Geographie. 2. Aufl. Gotha: Perthes 2002, S. 38 f.

### 5 Chemischer Stoffbestand der Erdkruste

| Hauptelemente der Oberkruste | |
|---|---|
| Sauerstoff | 46,59 % |
| Silizium | 27,72 % |
| Aluminium | 8,23 % |
| Eisen | 5,01 % |
| Calcium | 3,63 % |
| Natrium | 2,85 % |
| Kalium | 2,60 % |
| Magnesium | 2,09 % |
| Rest | 1,28 % |

1 Beschreiben Sie den Schalenbau der Erde.
2 Vergleichen Sie den Aufbau der Lithospäre im Bereich der Kontinente und Ozeane.

3 Erdbebenwellen
a) Analysieren Sie die Erdbebenwellen (Grafik 3) hinsichtlich ihrer Bewegungsrichtung.
b) Erläutern Sie die Bedeutung der Erdbebenwellen für die Erforschung des Erdinneren.

# 2.3 Plattentektonische Prozesse

## Von der Kontinentverschiebung zur Plattentektonik

**1 Mittelatlantischer Rücken auf Island**

**3 Kissenlava an einem untermeerischen Mittelozeanischen Rücken**

**2 Paläomagnetische Streifenmuster am Mittelatlantischen Rücken**

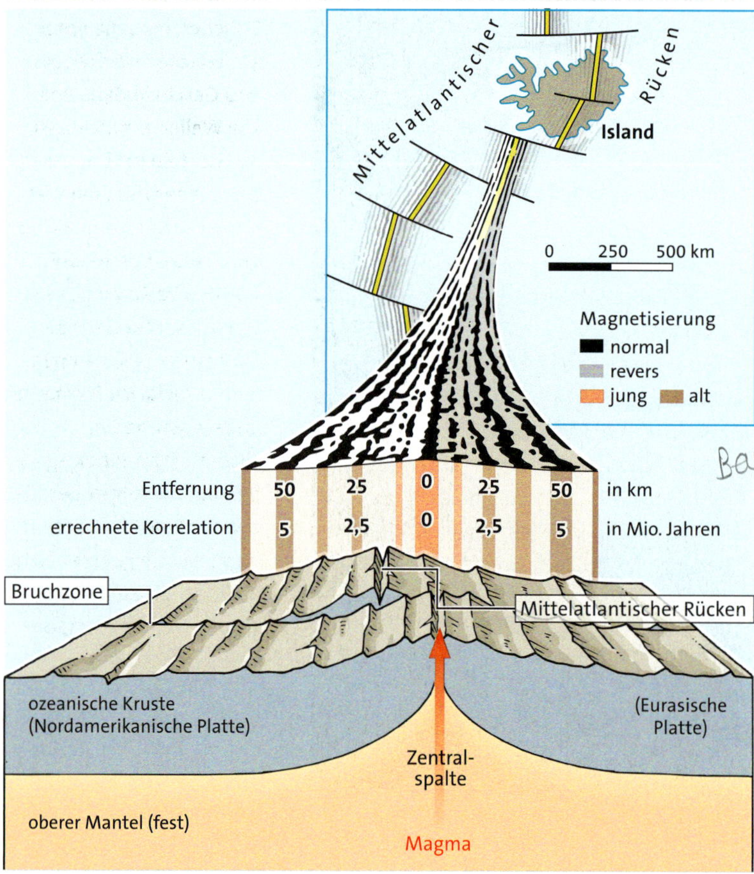


### Die Erkundung der Ozeanböden erweitert die Theorie der Plattentektonik

Beim Verlegen der Telegrafenkabel zwischen Europa und Amerika war ein untermeerischer Rücken aufgefallen, der als Gebirgsstock gedeutet wurde. Bei Vermessungen stellte sich heraus, dass dieses Gebirge, den Windungen der Küste entsprechend und der Längsachse des Ozeans folgend, den gesamten Atlantik in der Mitte durchzieht. Es wurde deshalb als Mittelatlantischer Rücken bezeichnet.

Auch in den anderen Ozeanen entdeckte man in den 1960er Jahren **Mittelozeanische Rücken.** Sie überragen an wenigen Stellen, z. B. auf Island, als Inseln die Meeresoberfläche. Im Zentralteil werden sie von längs gerichteten Spaltensystemen durchzogen, die sich teilweise zu breiten und tiefen Gräben, den **Rifts**, ausweiten. Parallel zu den Inselbögen und jungen Hochgebirgen wurden lang gestreckte tiefe Einsenkungen im Meeresboden, die Tiefseerinnen, entdeckt.

### Die Sea-floor-spreading-Hypothese

Die Ergebnisse der Erforschung der Ozeanböden und die Entdeckung magnetischer Streifenmuster führte zur Vorstellung des **„Sea-floor-spreading“**, der Ozeanbodenspreizung. Durch aufsteigendes Magma aus dem Erdmantel kommt es in den Mittelozeanischen Rücken zur Neubildung von ozeanischer Kruste und der Ausbreitung von Ozeanböden.

Der Beweis für diese Vorgänge konnte mit der Entdeckung von parallelen und symmetrisch zu den Rücken verlaufenden Magnetisierungsmustern erbracht werden. Beim Erstarren des Magmas in den Riftzonen werden nämlich Eisenoxid-Minerale wie Hämatit oder Titano-Magnetit nach dem vorherrschenden Magnetfeld magnetisiert. Da das irdische Magnetfeld in gewissen Zeitabständen umgepolt wird, ergeben sich Polarisationsperioden, die man zur Datierung von Gesteinen nutzt. Durch die Datierung von Basalten erstellte man eine Zeitskala mit den Perioden normaler (wie heute) und reverser (entgegengesetzter) Magnetisierung.

**Plattendynamik und ihre Antriebskräfte**

Voraussetzung für die Bewegung von Platten ist eine entsprechend große Energiequelle, damit Kräfte die Platten antreiben oder bremsen können. Die Hauptquelle dafür ist die durch radioaktive Zerfallsprozesse produzierte Wärme, ein kleinerer Teil bildet die Restwärme aus der Zeit der Entstehung der Erde.

Die Wärmeleitung erfolgt durch Konvektionsströme im Erdmantel. Seit Mitte des 19. Jh. wird die Existenz von Konvektionszellen diskutiert. Allerdings ist es erst in den letzten 20 Jahren durch seismologische Messungen gelungen, solche Konvektionszellen auch nachzuweisen (Grafik 5).

Der Erdmantel ist nicht flüssig! Die Konvektion findet im Festzustand statt. Dabei dehnt sich heißes Material aus, verringert dadurch seine Dichte gegenüber der Umgebung und steigt auf. Kühlt sich das Material wieder ab, sinkt es aufgrund der größeren Dichte nieder. Solche Fließbewegungen im Erdmantel laufen mit einer Geschwindigkeit von mehreren Zentimetern im Jahr ab, das ist etwa so schnell wie Fingernägel wachsen.

Eine Schicht mit besonders hoher Beweglichkeit ist die **Asthenosphäre**. Wissenschaftler nehmen an, dass diese Zone Schmelzanteile von wenigen Prozent enthält. Durch den hohen Druck bilden diese Schmelzanteile einen dünnen Film um die festen Mineralkörner, wodurch sich die Fließfähigkeit erhöht. Die Reibung von Konvektionszellen an der Basis der **Lithosphäre** reicht jedoch nicht aus, um Plattenbewegungen anzutreiben. Die entscheidenden Kräfte dafür sind Rückendruck und Plattenzug (Grafik 4).

Seismische Untersuchungen zeigen, dass das Muster der Konvektionszellen im Erdmantel sehr komplex ist. Man vermutet zwei Systeme von Konvektionszellen, eines im oberen Mantel bis etwa 700 km Tiefe und ein weiteres im unteren Mantel. Beide Systeme beeinflussen sich wahrscheinlich gegenseitig. Welchen Einfluss der Erdkern auf diese Vorgänge hat, ist noch nicht hinreichend geklärt.

**4 Hauptkräfte, die an den Platten wirken**

Nach: Jean-Pierre Burg: Einführung in die Strukturgeologie (Grundkurs 2001). Zürich: Geologisches Institut der ETH Zürich 2001, S. 98, unter: http://e-collection.ethbib.ethz.ch/view/eth:24456

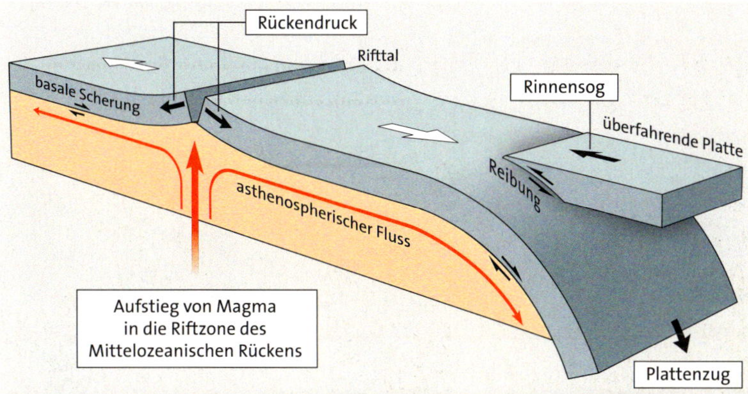


**5 Modell der Konvektionsströme im Erdmantel aufgrund seismischer Messungen**

Bernhard Steinberger u.a.: Seismische Tomographie, unter: http://de.wikipedia.org/wiki/Datei:Earth2.png (Mai 2010)

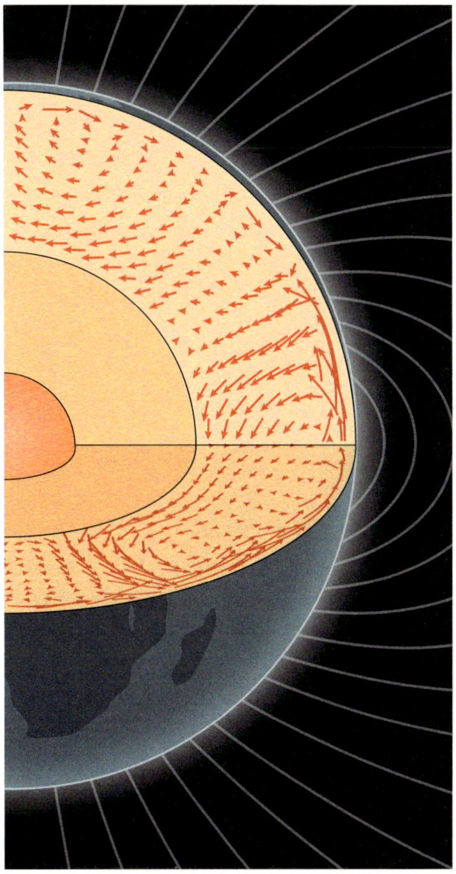

**Seismische Tomographie**

Mithilfe einer großen Anzahl von Erdbebenwellen kann man die dreidimensionale Verteilung der Temperatur und Dichte im Erdkörper erforschen. Dabei werden die unterschiedlichen Laufzeiten und Geschwindigkeiten von Wellen ermittelt. Ist das Gestein heißer, werden die seismischen Wellen verzögert, ist es kälter, werden sie beschleunigt. Aus den Verteilungsmustern dieser Größen versucht man, Strömungen von Material im Erdmantel zu rekonstruieren.

Weil die Plattenbewegungen auf der Kugeloberfläche der Erde stattfinden, ergeben sich geometrische Zwänge, die zur Entstehung neuer Plattengrenzen führen können.

**6 Schnitt durch die Lithosphäre und den oberen Erdmantel**

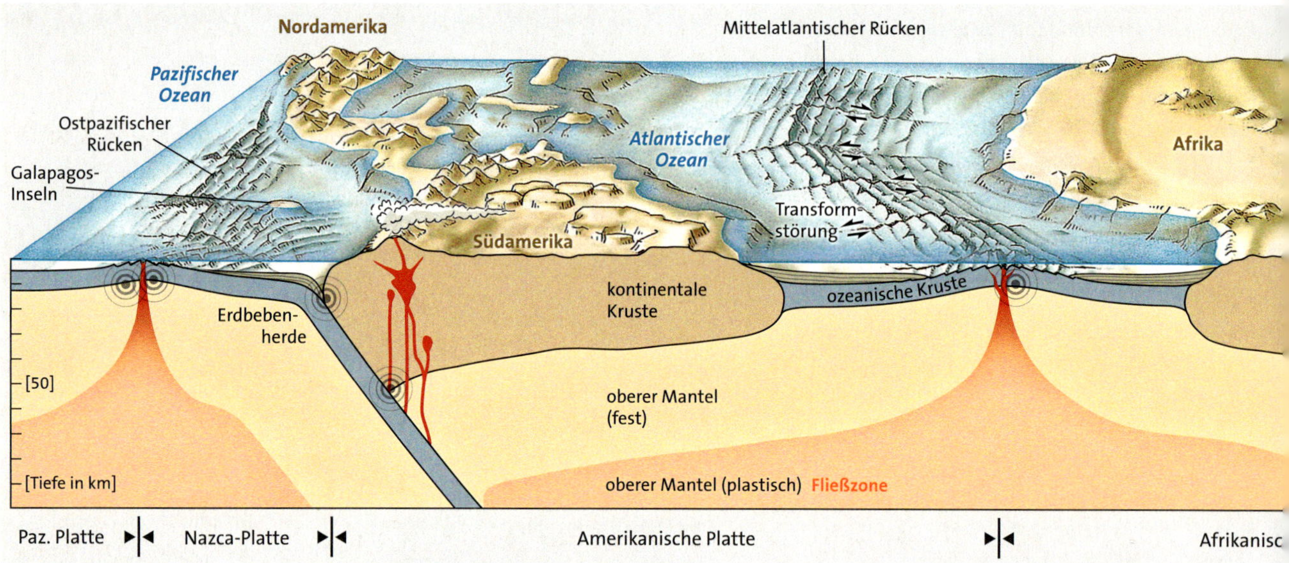


## Das plattentektonische Konzept

Die **Lithosphäre** der Erde gliedert sich in unterschiedlich große Platten, die sich mit unterschiedlichen Geschwindigkeiten und in verschiedene Richtungen auf einer Zone im oberen Erdmantel, der **Asthenosphäre**, bewegen.

Durch die Plattenbewegung ergeben sich drei Arten von Plattengrenzen: konstruktive, destruktive und konservative.

An konstruktiven Plattengrenzen bewegen sich zwei Platten voneinander weg, weshalb man auch von divergierenden Plattengrenzen spricht. Der dabei entstehende Zwischenraum wird mit neuer ozeanischer Kruste geschlossen.

An destruktiven Plattengrenzen wird eine Platte unter die andere geschoben bzw. in den tieferen Mantel gezogen. Diese Zonen heißen **Subduktionszonen**, den Vorgang bezeichnet man als Subduktion (lat. subducere = hinunterführen). Wegen der aufeinander zu gerichteten Plattenbewegung spricht man auch von konvergierenden Plattengrenzen. Im Bereich der Subduktionszonen entstehen Tiefseerinnen.

Meist taucht ozeanische Lithosphäre aufgrund der größeren Dichte unter die kontinentale ab. Dabei lassen sich zwei Typen unterscheiden:

- Beim Inselbogentyp (auch Marianen-Typ) wird sehr alte und schwere ozeanische Kruste subduziert. Diese sinkt durch ihr Eigengewicht steil in den Erdmantel ein („freie“ oder „spontane“ Subduktion). Der lithosphärische Mantel ist dann bis zu 2 % dichter als die Asthenosphäre darunter. Es gibt Inselbögen, die durch die Subduktion ozeanischer unter ozeanische Lithosphäre entstehen (z. B. Marianen-Inselkette und Kleinen Antillen). Inselbögen die durch die Subduktion ozeanischer unter kontinentale Lithosphäre entstehen, sind z. B. die Japanischen Inseln oder der östliche Sundabogen.
- Vom Inselbogentyp unterscheidet sich der andine Typ (auch Chile-Typ). Er entsteht durch die Subduktion ozeanischer unter kontinentale Lithosphäre an aktiven Kontinenträndern (z. B. Anden, Alaska, westlicher und zentraler Sundabogen mit Sumatra und Java). In diesen Fällen ist die ozeanische Kruste noch nicht so alt und schwer. Eine Subduktion erfolgt dann nur durch horizontale Kräfte („erzwungene“ Subduktion).

Global gesehen wird das Auseinanderdriften der Platten an den Mittelozeanischen Rücken in den Subduktionszonen kompensiert. An konservativen (lat. conservare = bewahren) Plattengrenzen wird keine neue Kruste gebildet und auch nicht zerstört. Hier gleiten die Platten aneinander vorbei.

Lernen im Netz
System Plattentektonik
29760X-2302

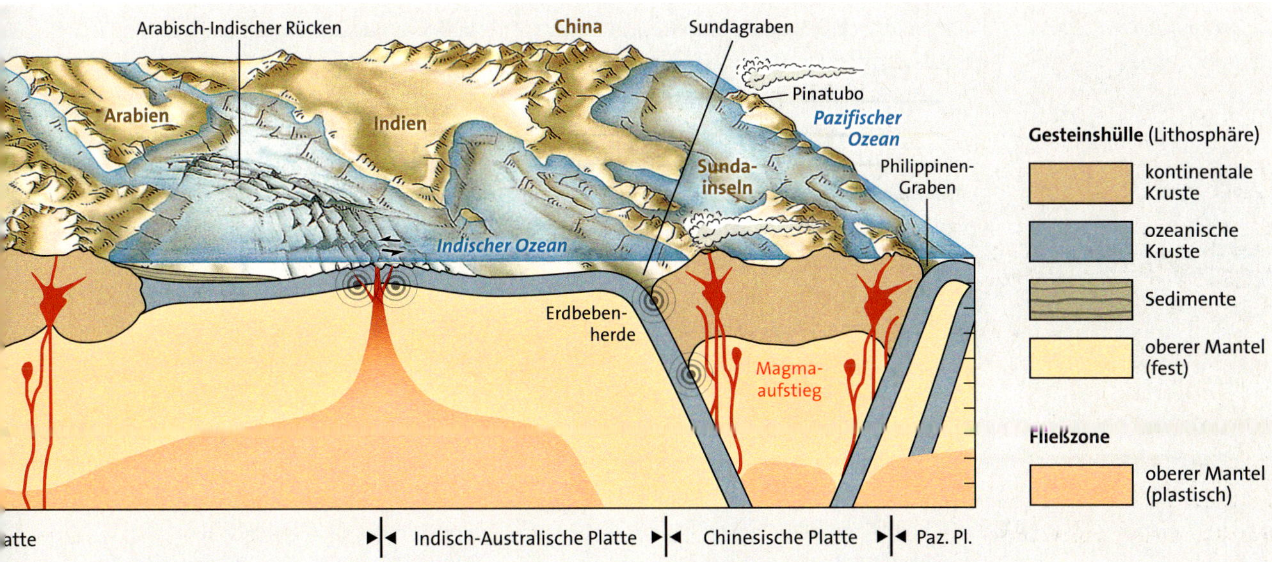


**7 Scheinbare Widersprüche im Plattenbewegungsmuster**

„Die Afrikanische Platte ist an drei Seiten, im Westen, Süden und Osten von Mittelozeanischen Rücken umgeben, die Platte wächst also an diesen drei Seiten seit längerer Zeit. Wenn man die Mittelozeanischen Rücken als ortsfest betrachtet, weil sie von aufsteigenden Strömen im Erdmantel gespeist werden, dann ergibt sich natürlich ein Raumproblem. In den Anfängen der Plattentektonik ging man tatsächlich von senkrecht aufsteigenden Konvektionsästen aus, die unter den Rücken ortsfest sind. Inzwischen weiß man, dass die Konvektionsströme ... oft schräg oder gewunden sind ... Es ist sogar denkbar, dass Mittelozeanische Rücken von horizontalen Strömungen gespeist werden, die entlang einer Schwächezone Magma nach oben abgeben. Die Situation rund um die Afrikanische Platte besagt also nur, dass die Mittelozeanischen Rücken nicht alle durch Konvektionsströme gespeist werden können, die unter ihnen vertikal aufsteigen ...

Die GPS-Daten legen nahe, dass sich der Mittelatlantische Rücken sehr langsam ostwärts verlagert, da die ostgerichtete Komponente der Afrikanischen Platte etwas größer ist als die westgerichtete der Südamerikanischen. Daraus folgt, dass der Indische Rücken schneller nach Osten wandern muss, und zwar mit einigen Zentimetern pro Jahr."

Nach Wolfgang Frisch, Martin Meschede: Plattentektonik, 2. Aufl. Darmstadt: Wissenschaftliche Buchgesellschaft 2007, S. 32–33, leicht verändert

1. Vergleichen Sie die Auffassungen von Alfred Wegener mit denen der Plattentektonik.
2. Erklären Sie den Vorgang des „Sea-floor-spreading aus plattentektonischer Sicht.
3. Beschreiben Sie mithilfe einer Atlaskarte die Bewegungsrichtungen der Platten sowie ihren Aufbau aus ozeanischer und kontinentaler Kruste.
4. Erstellen Sie eine Übersicht zu den unterschiedlichen Plattenbewegungen. Berücksichtigen Sie dabei vor allem die Antriebskräfte und die Auswirkungen auf die Plattenränder.
5. Begründen Sie, warum sich die Platten mit unterschiedlicher Geschwindigkeit bewegen.

**8 Jährliche Magmaproduktion nach plattentektonischen Vulkantypen**

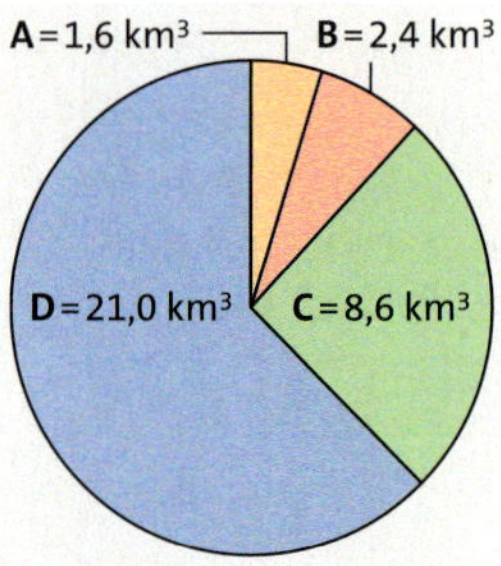


**A** Intraplattenbereiche (kontinental)
**B** Intraplattenbereiche (ozeanisch)
**C** Subduktionszonen
**D** Mittelozeanische Rücken

Seite 40
Entstehung metamorpher Gesteine

# Plattentektonik und die Bildung von Vulkanen

Alle geologischen Vorgänge, die zur Entstehung und Bewegung von Magma führen, werden unter dem Begriff Magmatismus zusammengefasst. Finden diese Vorgänge innerhalb der Erdkruste statt spricht man von **Plutonismus**, an der Erdoberfläche dagegen von **Vulkanismus**.

Damit Magma entstehen kann, müssen die festen Gesteine der Erdkruste und des Erdmantels aufgeschmolzen werden. Das geschieht aber nur, wenn ganz bestimmte Temperatur- und Druckverhältnisse herrschen. Denn der Schmelzpunkt von Gestein wird unter den statischen Bedingungen in der Erdkruste und im Erdmantel nicht erreicht, obwohl die Temperatur mit der Tiefe zunimmt. Der Schmelzpunkt von Gestein (Solidus) hängt nämlich nicht nur von der Temperatur, sondern auch vom Druck ab. Das Diagramm 9 zeigt, unter welchen Bedingungen Magma entstehen kann. Beim Erreichen des Solidus wird aber nicht das gesamte Gestein verflüssigt. Zur Bildung einer beweglichen Gesteinsschmelze reicht es aus, wenn etwa zwei Prozent des Gesteins aufgeschmolzen sind, also eine sogenannte partielle Schmelze existiert. Dabei ist die Schmelzenbildung durch Druckentlastung (Druckerniedrigung) der wichtigste Prozess.

**9 Möglichkeiten der Entstehung von Basaltmagma**

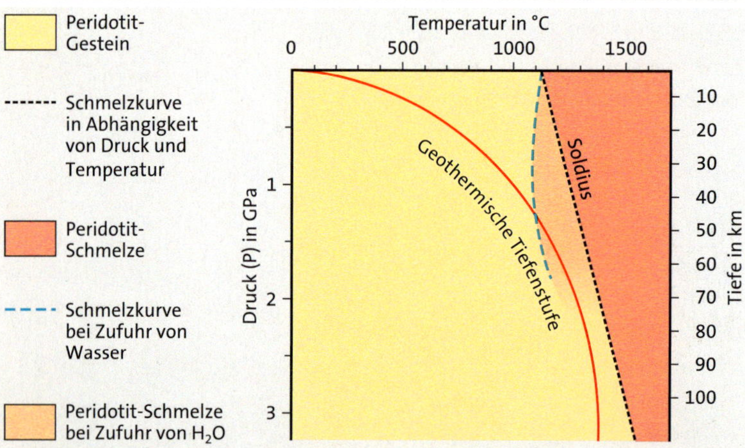


**Ablesebeispiel**: An der Erdoberfläche beträgt der Schmelzpunkt etwas über 1 100 °C, in 100 km Tiefe dagegen etwa 1 500 °C. Wenn in 50 km Tiefe dem Gestein Wasser zugeführt wird, verringert sich der Schmelzpunkt von etwa 1 300 °C auf 1 100 °C. Bei einem Druck von 2 GPa beträgt der Schmelzpunkt ohne Wasser etwa 1 400 °C, bei einem Druck von 0,5 GPa dagegen 1 200 °C.

**Vulkanismus und Plattengrenzen**

Unter **Mittelozeanischen Rücken** wird Mantelgestein infolge von Druckentlastung aufgeschmolzen. Die entstehenden Schmelzen sind überwiegend gasarm und dünnflüssig (effusiv). Aus diesem Magma entstehen die Gesteine der ozeanischen Kruste. Das aufsteigende Magma breitet sich entweder als einzelner, leichtflüssiger Lavastrom oder aber flächenhaft über große Areale aus, erstarrt deckenartig und verschließt damit die Förderspalten der **Rifts**. Nach einer kürzeren Ruhepause können parallel zur alten Förderspalte neue Spalten aufreißen. Das Meerwasser spielt dabei eine besondere Rolle. Es dringt in die neue Kruste ein und sorgt für eine schnelle Abkühlung.

Beim Abtauchen von ozeanischer Kruste in den **Subduktionszonen** wird diese langsam erhitzt (Gesteine sind schlechte Wärmeleiter). Durch den zunehmenden Druck erfolgt eine Umwandlung in metamorphes Gestein (**Metamorphit**), z. B. Eklogit. Da die ozeanische Kruste während ihrer Entstehung große Mengen Wasser aufgenommen hat, wird dieses unter hohem Druck und steigenden Temperaturen wieder freigesetzt.

Diese Zufuhr flüchtiger Bestandteile in den über der abtauchenden ozeanischen Kruste liegenden Asthenosphärekeil oder Erdmantel führt dort zu einer Erniedrigung des Schmelzpunktes. So entstehen Magmakammern, in denen das Magma einen großen Druck auf die darüber liegenden Gesteinsschichten ausübt.

Im Zuge der Plattenbewegungen (Subduktion) entstehen Bruchzonen, in denen das Magma nach oben steigt. Das Magma ist meist sehr gasreich und zähflüssig. An der Erdoberfläche entstehen dann gefährliche explosive Vulkane. So sind z. B. die Japanischen Inseln durch Plattenbewegungen an einer Subduktionszone entstanden. Zahlreiche Vulkankegel zeugen dort vom Aufstieg des Magmas.

Erstarrt das Magma innerhalb der kontinentalen Kruste, kommt es zu einer Krustenverdickung (underplating). An den **Transformstörungen** kommt es dagegen kaum zum Aufschmelzen von Gestein.

Material
Hotspots und Plumes
29760X-2303

**10 Phasen des Hotspot-Vulkanismus**

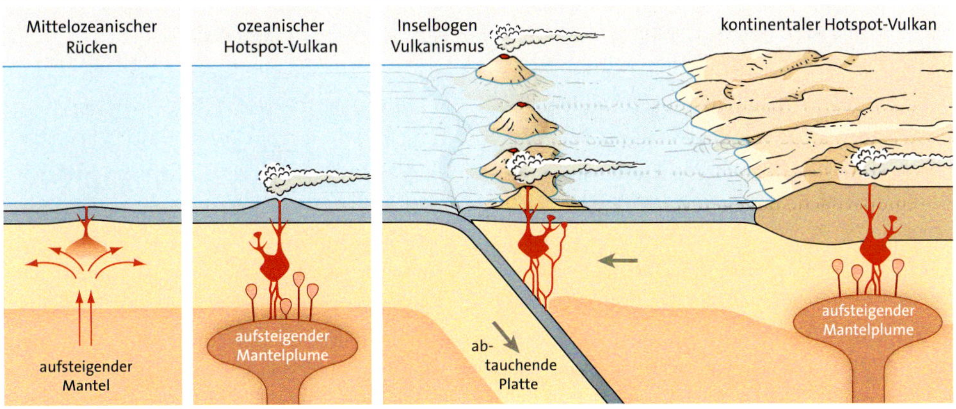


**Mantelplume**
kurz auch Plume (engl./frz. = Helmbusch, Federschmuck), Bezeichnung für den Aufstrom von heißem Gesteinsmaterial aus dem tieferen Erdmantel. Im deutschen Sprachraum wird auch der Begriff Manteldiapir verwendet.

### Hotspots

Unabhängig von Plattengrenzen gibt es auch inmitten von Kontinenten oder Ozeanen aktiven Vulkanismus. Dies war für die Wissenschaft lange ein Rätsel. Erst 1963 entwickelte der kanadische Geologe John Tuzo Wilson die **Hotspot**-Hypothese. Demnach ist der Intraplatten-Magmatismus an „Heiße Flecken" (**Hotspots**) gebunden. Darunter verstand er punktförmige Magmaquellen im Bereich der Kontinente und Ozeane, die ihre Entstehung **Mantelplumes** verdanken. Das sind schlauchartige Bereiche mit Durchmessern von 100 bis 1000 km, in denen heißes Material aufsteigt. Der Aufstieg erfolgt in geologisch langen Zeiträumen, wobei das aufsteigende Gestein verformbar sein muss.

Über solchen Plumes können sich Hotspots als kleinere Vulkanzentren bilden. Dabei laufen folgende Prozesse ab: Trifft ein solcher Plume auf die Lithosphäre staut er sich und breitet sich flächig aus. Dadurch kommt es zur Aufwölbung der **Lithosphäre,** in deren Folge durch Druckverringerung Magma entsteht. Hält die Aufwölbung und damit die Dehnung der Lithosphäre weiter an, können Bruchzonen entstehen.

Driftet ozeanische Lithosphäre über einen Hotspot hinweg, kann das Magma in Bruchzonen nach oben steigen und einen untermeerischen Vulkan bilden. Bei ausreichender Magmaproduktion wachsen diese Vulkane über die Meeresoberfläche und bilden eine Insel. Die Aktivität ist beendet, sobald sich die Platte zu weit von dem vorhandenen Hotspot wegbewegt. Dann wiederholt sich der Vorgang an einer anderen Stelle und eine neue Insel entsteht. Deshalb nimmt das Alter der Inseln mit der Entfernung von der vulkanisch aktivsten Insel zu.

Einer der aktivsten Hotspots auf der Erde mit einem Durchmesser von vermutlich 1000 km befindet sich unter Island. Er liegt derzeit etwas östlich vom Mittelatlantischen Rücken. Wegen der langsamen Plattendrift (knapp 1 cm/Jahr in beide Richtungen) und der großen Basaltproduktion über dem Hotspot ist der Mittelozeanische Rücken in Island mehr als 300 km breit.

**11 Hawaii-Inselkette**

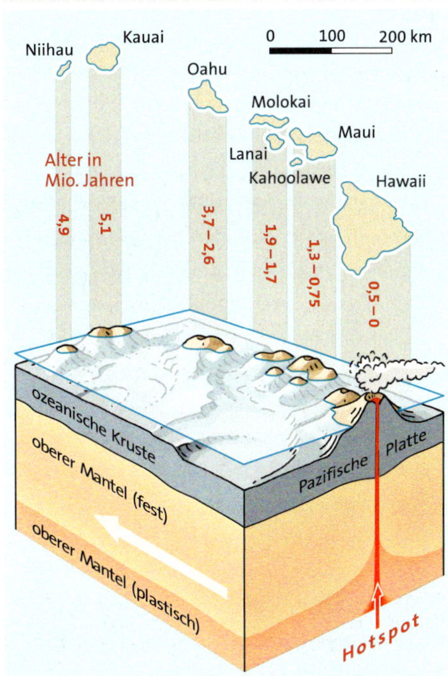

**Formen von Vulkanausbrüchen (Eruptionen)**
- Effusion (lat. effusio = Ausgießung): Ausfließen der Lava
- Ejektion (lat. ejectio = Auswurf): explosiver Auswurf von Gesteinsmaterial und starke Gasförderung
- Extrusion (lat.: extrudere = herausstoßen): Ausfluss von Lava und Auswurf von Lockermaterial, meist das Herauspressen von zähflüssigem Material

**Pyroklastite**
Sammelbezeichung für alle klastischen vulkanischen Produkte

**Asche**
staubartiger bis feinkörniger vulkanischer Auswurf

**Bimssteine**
helles schaumiges vulkanisches Glas; wegen der hohen Porosität sehr leicht

**Bomben**
vom Vulkan ausgeworfene Lavafetzen, die weniger als 1 cm³, aber auch mehrere m³ groß sein können

**Lapilli**
(ital. = Steinchen) festes vulkanisches Auswurfmaterial; nussgroß oder kleiner mit eckigen bzw. unregelmäßigen Formen

**Tuff**
verfestigte vulkanische Auswurfprodukte verschiedener Korngrößen

**Vulkanismus und Vulkantypen**
Seit langem versucht man, die unterschiedlichen Vulkane und ihre Ausbruchsmechanismen zu klassifizieren. Da die Form eines Vulkans durch mehrere Faktoren beeinflusst wird, ergeben sich unterschiedliche Möglichkeiten der Einteilung. Der Austritt von Magma an der Erdoberfläche kann zunächst in Spalten oder zentral in einem Schlot erfolgen. Bei der Eruption (lat.: eruptio = Ausbruch) unterscheidet man zwischen Effusion, Ejektion und der Extrusion (s. Randspalte). In Abhängigkeit von den geförderten Produkten wie beispielsweise Lava, Asche, Lapilli, lassen sich folgende Vulkantypen unterscheiden:
- Lavavulkane: bestehen überwiegend aus Lava. Durch lang anhaltende Vulkantätigkeit können bis zu 3 000 m mächtige Schichtfolgen entstehen. Zu diesen Vulkanen gehören die **Schildvulkane.** Sie werden fast ausschließlich durch dünnflüssige Lava gebildet und sind deshalb flach angelegt. Spalten- und Flankenausbrüche tragen zu ihrer Entstehung bei. Vorkommen finden sich z. B. auf Island, den Galapagosinseln und Hawaii.
- Lockervulkane: Es werden nur Lockermaterialien ausgeworfen und ein Ringwall entsteht.
- Gemischte Vulkane: Sie entstehen bei alternierenden Eruptionen von Laven, Aschen und anderen Auswurfprodukten. Wegen ihres schichtförmigen Aufbaus bezeichnet man sie auch als Strato- oder **Schichtvulkane**. Kennzeichnend ist ihr meist kegelförmiger Aufbau. Durch den Einsturz über der entleerten Magmakammer kann es zur Bildung einer Caldera, einer kesselförmigen Vertiefung kommen. Auf dem Boden der Caldera können neue Vulkane entstehen (z. B. Vesuv).
- Gasvulkane: Sie entstehen infolge reiner Gasausbrüche. Hierzu gehören die **Maare** (z. B. der Eifel), die nur von einem kleinen Wall umgeben sind. Die Durchschlagsröhren, durch die Gase an die Oberfläche gelangten, verlaufen in der Erdkruste fast senkrecht.
- Staukuppen oder Quellkuppen (z. B. der Drachenfels bei Königswinter): Sie entstehen durch Stauung zähflüssiger Schmelzen. Hier tritt kein Magma an der Oberfläche aus, sie können aber durch spätere Abtragung freigelegt werden.

**12 Vulkantypen**

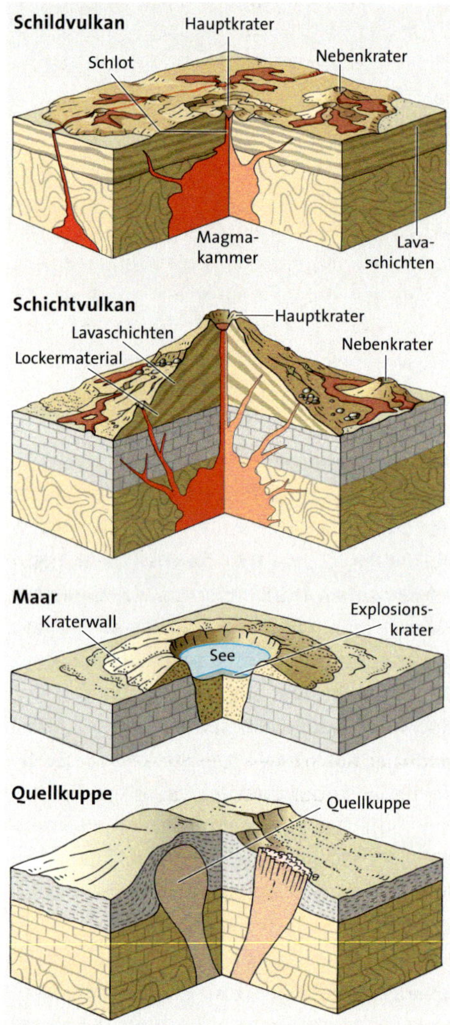


**Magma und Vulkanismus**
Die Stärke eines Vulkanausbruchs und die Ausbruchsart hängt vor allem von der Viskosität (Fließfähigkeit) und dem Gasgehalt des Magmas ab. Beide Eigenschaften sind vom Siliziumdioxidgehalt der Schmelze abhängig. Dabei gilt als Faustregel: Je mehr $SiO_2$ enthalten ist, desto gasreicher und zähflüssiger (hochviskos) ist das Magma und desto explosiver sind die Ausbrüche des Vulkans. Laven mit hohem $SiO_2$-Gehalt erzeugen kurze, dicke Lavaströme oder Quellkuppen. Basische Laven mit ihren relativ geringen $SiO_2$-Gehalten können dagegen weit ausgedehnte, nahezu horizontale Vulkanitdecken (Trap, z. B. Dekkan-Traps) bilden.

**Surftipp**
Vulkaneruptionen/Phlegräische Felder
29760X-2304

**Material**
Magmatische Gesteine
29760X-2305

**Entstehung magmatischer Gesteine.** Magmatische Gesteine (**Magmatite**) bilden sich beim Erstarren von Magma oder Lava. Ihre Entstehung ist untrennbar mit endogenen Vorgängen verbunden. Die Tektonik ermöglicht das Aufsteigen von Magma in Klüften und Rissen der Erdkruste zum Teil bis an die Erdoberfläche. Erstarrungsort, Zeitdauer der Abkühlung und die chemische Zusammensetzung der Schmelze können dabei völlig unterschiedlich sein. Dringt das Magma in größere Hohlräume der Erdkruste ein und kühlt sich dort langsam ab, entstehen **Plutonite** (Tiefengesteine). Die lange Erstarrungszeit führt zur Kristallisation und deutlichen Ausbildung der Minerale. Deshalb haben Tiefengesteine eine körnige Struktur.
Gelangt Magma bis an die Erdoberfläche, entstehen **Vulkanite** (Ergussgesteine). Da sich hier die Abkühlung sehr rasch vollzieht, können sich nur sehr kleine Minerale bilden. Oft bleibt dabei die Kristallbildung völlig aus. Deshalb haben Ergussgesteine eine dichte, einheitliche Grundmasse.
Grafik 13 zeigt noch eine dritte Möglichkeit: die Entstehung von **Ganggesteinen** innerhalb schmaler Bruchzonen. Die Struktur dieser Gesteine weist auf zwei Phasen der Erstarrung hin. Zum einen führt die relativ schnelle Abkühlung im Gang zur Ausbildung einer einheitlichen Grundmasse. Zum anderen konnten sich auf dem Weg bis dorthin bereits Minerale auskristallisieren, die im Ganggestein große Einsprenglinge bilden. Diese Zweiphasigkeit verdeutlicht sich auch in der Namengebung der Gesteine, die Zusammensetzungen aus den Begriffen für Tiefen- und Ergussgestein darstellen, z. B. Granitporphyr. Eine weitere große Gruppe von Ganggesteinen sind Lamprophyre, die eine Vielzahl unterschiedlicher Gesteine umfassen.
Der Aufstieg von Magma führt in dem umliegenden Gestein zu einer Temperaturerhöhung.

**13 Ausbruch des Mount St. Helens und das Schema des Vulkan-Magma-Systems**

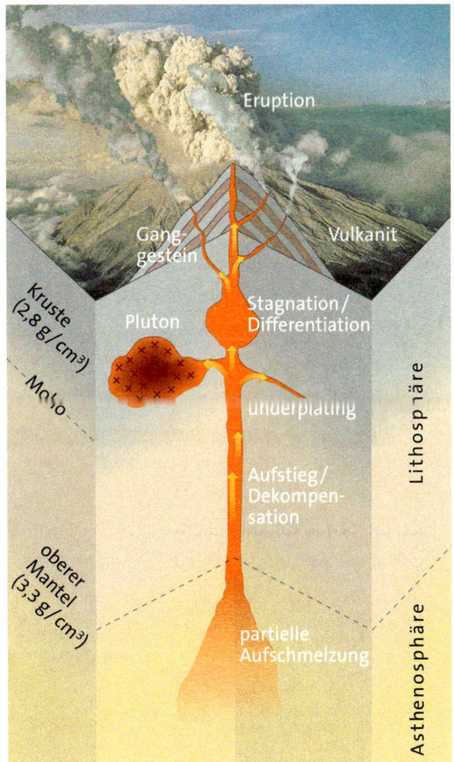


In deren Folge kann es zur regionalen Aufschmelzung von Festgestein kommen. Diese Vorgänge werden als Anatexis (griech. = Aufschmelzung) bezeichnet. Das Aufschmelzen kann dabei auch nur einzelne Gesteinskomponenten betreffen oder teilweise (partiell) erfolgen.
Beim Aufstieg von Magma an die Erdoberfläche kühlt sich dieses langsam ab. Dadurch ändert sich die Zusammensetzung der restlichen Schmelze. Man spricht von einer chemischen Differentiation des Magmas. So können während einer eruptiven Phase eines Vulkans unterschiedliche Lava-Arten gefördert werden.

**Magmatische Gesteine**
**Plutonite**:
- Granit
- Quarzporphyr
- Syenit
- Diorit
- Gabbro

**Vulkanite**:
- Rhyolith (Porphyr)
- Trachyt
- Andesit (Porphyrit)
- Basalt
- Diabas

**Ganggesteine**:
- Granitporphyr
- Syenitporphyr
- Dioritporphyr
- Gabbroporphyrit

Die Einteilung mithilfe der Begriffe „basisch“ bis „sauer“ hat nichts mit dem pH-Wert der Gesteine zu tun, sondern mit deren $SiO_2$-Gehalt. Sie ist eine ältere, aber noch gebräuchliche bergmännische Klassifizierung der Magmatite (in Gewichts-% $SiO_2$):

| | |
|---|---|
| ultrabasisch | < 52 |
| basisch | 45 – 52 |
| intermediär | 52 – 63 |
| sauer | > 63 |

**6** Vergleichen Sie den Magmatismus an Mittelozeanischen Rücken, in Subduktionszonen sowie inmitten von Platten.
**7** Erläutern Sie mithilfe von Diagramm 9 unter welchen Bedingungen Peridotitgestein in 70 km Tiefe schmelzen kann.
**8** Erklären Sie die Entstehung und das unterschiedliche Alter der Hawaii-Inseln (Grafik 11).
**9** Begründen Sie die Unterschiede in der Magmaproduktion von Vulkantypen (Diagramm 8).
**10** Vergleichen Sie die Entstehung der Inseln Surtsey und Okinawa (Atlaskarte).
**11** Früher glaubte man, dass ozeanische Kruste beim Abtauchen in den Subduktionszonen aufgeschmolzen wird. Erörtern Sie diese Vorstellung.

**14 Das Prinzip der Scherbruch-Hypothese**

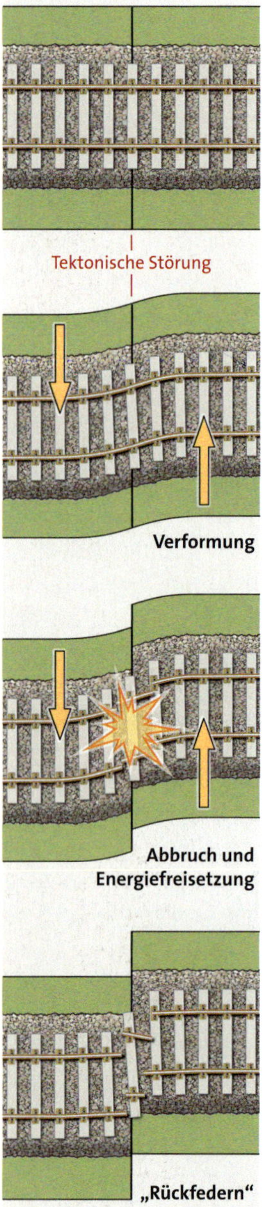


# Plattentektonik und Erdbeben

**15 Erdbeben in Haiti fordert über 222 000 Tote**

Am 12. Januar 2010 wurde Haiti von einem Erdbeben der Stärke 7,0 erschüttert. Dabei wurden über 97 000 Häuser zerstört und 1,3 Mio. Menschen obdachlos. Dass die Auswirkungen so verheerend waren, ist auf drei Faktoren zurückzuführen:

- Der Erdbebenherd lag nur etwa 10 bis 15 km unter der Erdoberfläche. Solche flachen Beben richten besonders große Zerstörungen an. Entlang der Enriquillo-Plantain Garden-Verwerfung, einer **Transformstörung**, hatten sich große Spannungen aufgebaut, die sich ruckartig entluden.
- Das Epizentrum lag nur 15 km von der dicht besiedelten Hauptstadt Port-au-Prince entfernt.
- Wegen der großen Armut der Bewohner waren Infrastruktur und Gebäude in einem mangelhaften baulichen Zustand.

**16 Plattentektonik im Bereich der Großen Antillen**

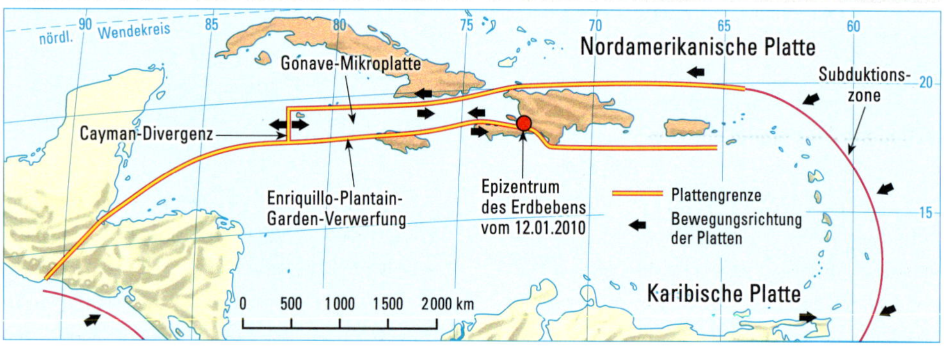


Als Erdbeben bezeichnet man ruckartige Erschütterungen der Erdkruste, die durch Plattenbewegungen oder Vulkanismus entstehen. Je nach Ursache unterscheidet man zwischen tektonischen, vulkanischen und Einsturzbeben. Neben diesen natürlichen Beben gibt es auch künstliche Beben, die durch Aktivitäten des Menschen ausgelöst werden, z. B. Explosionen im Bergbau. Im Durchschnitt findet auf unserem Planeten jede Stunde ein Erdbeben statt.

**Erdbebenentstehung auf der Grundlage der Scherbruch-Hypothese**

Bereits 1911 entwickelte der amerikanische Geologe J. F. Reid Vorstellungen zur Entstehung von Erdbeben. Danach sammeln sich in der Erdkruste über Jahrzehnte elastische Spannungen so lange an, bis an einem bereits geschwächten Bereich die Bruchspannungsgrenze erreicht wird und die Reibungskräfte überwunden werden. Dann entsteht ein Scherbruch, an dem Gesteinsblöcke gegeneinander verschoben werden. Den Betrag dieser Verschiebung nennt man Sprungweite oder Versatzbetrag. Er kann bis zu 15 m betragen. Der Punkt, an dem die Verschiebungsbewegung einsetzt, ist das Hypozentrum eines Erdbebens.

**12** Erklären Sie Zusammenhänge zwischen der Verbreitung von Erdbeben auf der Erde und der Plattentektonik.

**13** Analysieren Sie die plattentektonische Situation, die zur Entstehung des Erdbebens in Haiti geführt hat.

Surftipp/Material
Erdbeben weltweit aktuell
29760X-2306

Surftipp
KTB
29760X-2307

# Plattentektonik und Gebirgsbildung

**Exkurs: Das kontinentale Tiefbohrprojekt (KTB)**
Mit der größten Landbohranlage der Welt wurde bei Windischeschenbach nördlich von Weiden die Kontaktzone zweier großer Kontinentalschollen erbohrt. Vielfältigste Untersuchungen wurden durch die ab September 1987 bis April 1989 niedergebrachte Vorbohrung (4000,1 m) und die 200 m entfernte Hauptbohrung vom 6. Oktober 1990 bis zum 12. Oktober 1994 (9101 m) ermöglicht. Zahlreiche wissenschaftliche Einzelprojekte waren in das kontinentale Tiefbohrprogramm integriert. Ziel war neben der Entwicklung und Erprobung spezieller Bohr- und Überwachungstechnik vor allem die genaue Erforschung der Erdkruste. Diese weist hier einen stark strukturierten Aufbau auf und liegt in einer geologisch interessanten Gegend. Das kontinentale Tiefbohrprojekt war das erste deutsche Großprojekt der geowissenschaftlichen Grundlagenforschung.

**18 Aufbau der Erdkruste im Bereich der KTB nach den Ergebnissen der Hauptbohrung**

Nach: Rolf Emmermann: Neue Erkenntnisse der Lithosphärenforschung. In: Geographie und Schule, 21. Jg. H. 119 (06/1999). Köln: Aulis 1999, S. 25

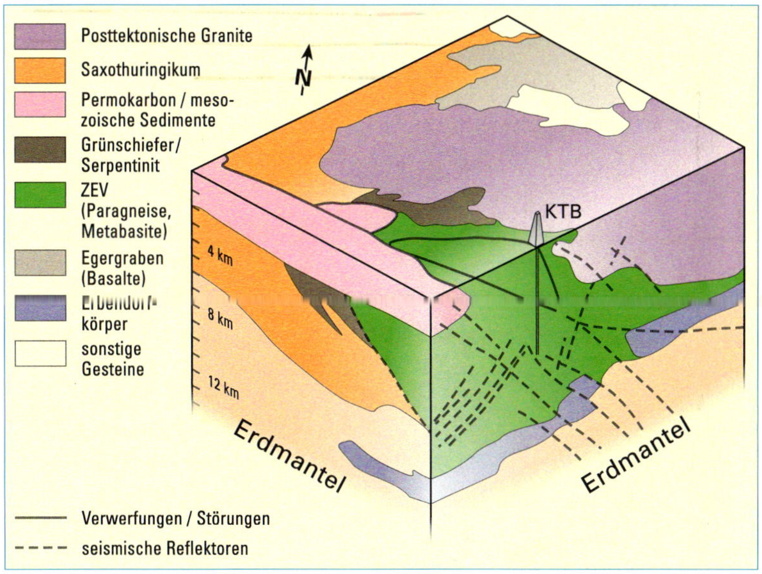


**17 Ein Blick ins Innere der Erde**

„Nach 1468 Bohrtagen war Schluss. Die Bohrmeister ... konnten auf ein sehr erfolgreiches Projekt zurückblicken, auch wenn sie die ursprünglich angepeilte Tiefe nicht erreichten. Doch genau diese Tatsache gehört zu den fünf wissenschaftlichen Höhepunkten des ... Projektes. Denn die Bohrung musste abgebrochen werden, weil der Temperaturanstieg schneller erfolgte, als erwartet. Statt erst in 12 bis 14 Kilometern den anvisierten Temperaturbereich von 250 bis 300 Grad Celsius zu erreichen, war es bereits ab 9000 Metern so heiß, dass das Gestein plastisch zu werden begann. Diese Entdeckung wirft die Frage auf, ob nicht mancherorts jenseits der bisher untersuchten relativ geringen Tiefen weitaus mehr Erdwärme zur Nutzung zur Verfügung steht, als bisher angenommen.
Das zweite wichtige Ergebnis war, dass die Wissenschaftler die Natur seismischer Reflektoren im Grundgebirge klären konnten. Es zeigte sich, dass es sich um gänzlich andere Strukturen als in Deckgebirgen handelt, dass man also auf die in den Deckgebirgen gesammelten Erfahrungen nicht zurückgreifen konnte ... [Als ein] weiteres wichtiges Ergebnis konnte im „Dipol-Dipol-Experiment“ die Messung der elektrischen Leitfähigkeit als Verfahren zur Sondierung in der Tiefe „geeicht“ werden. Es zeigte sich, dass Graphit – ein guter elektrischer Leiter – als eine Art Rutschbahn für Gesteinsblöcke innerhalb der Erdkruste dient ... Zu den größten Überraschungen zählt die ... Durchlässigkeit der Kruste. Wie der abschließende „Fluid/Hydraulik-Test“ gezeigt hat, ist die Kruste bis zum tiefsten Teil des Bohrlochs nicht trocken und dicht, sondern porös und für Flüssigkeiten und Gase durchlässig ...“

gekürzt nach: Scinexx: Was die Wissenschaftler fanden: Ergebnisse der KTB, Heidelberg: Springer Verlag vom 21. 12. 2001, unter: www.g-o.de/dossier-detail-56-11.html

**19 Bohranlage Windischeschenbach**

**14** Erläutern Sie die Erkenntnisse des kontinentalen Tiefbohrprojektes.

**15** Überprüfen Sie anhand der Forschungsergebnisse die Theorie der Plattentektonik.

## Plattenkollisionen und ihre Folgen

### 20 Verschiebungen an Verwerfungen

Abschiebung

Aufschiebung

Überschiebung

**Aufschiebung**
Aufgleiten an einer flachen Störungsbahn infolge starker Einengung, wobei Decken entstehen.

**Decke**
Tektonische Einheit, die infolge horizontaler Einengung bei der Gebirgsbildung über eine andere Einheit geschoben wird.

**Flysch**
Abfolge dünner Tonlagen und bis über 1m mächtigen Sandsteinbänken. Diese **Sedimentite** kommen während und unmittelbar vor Gebirgsbildungsprozessen zur Ablagerung und sind das abgetragene Material der sich noch unter Meeresbedeckung bildenden Gebirgskette.

### 21 Kollision zweier Kontinente

„Kollisionen von Kontinenten bewirken aufgrund der großen beteiligten Massen Verformungen und Überschiebungen enormen Ausmaßes, Überschiebungen gehen bis in den 100-km-Bereich. Die Situation, wie sie beim Subduktionsvorgang geherrscht hat, bleibt bei Beginn der Kollision vorerst erhalten: Vor der Stirn der überschiebenden Platte erstreckt sich eine tiefe Rinne, die von dem aufsteigenden Deckenstapel dahinter besonders reichlich mit ... Flysch gefüllt wird. Die Rinne liegt aber jetzt über kontinentaler Kruste der unterschiebenden Platte, und die Flyschfolgen lagern sich über den Schelfsedimentfolgen dieser Platte ab. Flysch bildet im Allgemeinen den Abschluss einer Schichtfolge, da der Sedimentstapel im darauf folgenden Stadium unter den Rand der Oberplatte geschoben wird ... Durch die fortschreitende Überschiebung der oberen Platte wandert die Achse der Sedimentationsrinne immer weiter auf der herabgedrückten unteren Platte gegen das Vorland, gegen die „Außenseite" des Gebirges. Schließlich wird die Rinne immer mehr aufgefüllt. Durch die Verlangsamung der Plattenkonvergenz im Zuge der fortschreitenden Einengung wird weniger Sediment mit der unterschiebenden Platte abgeführt, andererseits werden aber immer größere Sedimentmengen aus dem aufsteigenden Gebirge in die Rinne geschüttet. Zunehmend kommen grobe Sedimente wie Schotter zum Absatz. Das Meer wird allmählich von der Senke verdrängt, und Flusssande und -schotter lösen die marinen Bildungen ab und überlagern sie. Man nennt dieses Stadium des Auffüllens der Vorsenke das Molassestadium, die Sedimentfüllung wird unter dem Begriff „Molasse" zusammengefasst."

Wolfgang Frisch, Martin Meschede: Plattentektonik, 2. Aufl. Darmstadt: Wissenschaftl. Buchgesellschaft 2007, S. 154–155

### 22 Plattenabriss und Gebirgsaufstieg

„Die durch die Kollision hervorgerufene Verdickung der Kruste auf Mächtigkeiten ... zwischen 50 und 70 km ist in der Folge für die isostatische Heraushebung und damit für die morphologische Gebirgsbildung verantwortlich ... Bei der Kollision und unmittelbar danach wird der unterschobene Kontinentrand von der Subduktionszone noch nach unten gezogen. Dies bildet ein Gegengewicht gegen den Auftrieb, der durch die verdickte Kruste erzeugt wird. Der anhaltende Zug des subduzierenden ozeanischen Plattenteils bewirkt, dass sich die kollidierten Kontinente weiter verkeilen und immer neue Decken gebildet werden ... Mit der Zeit werden aber die Widerstandskräfte gegen die Einengung in der zerknautschten Kollisionszone so stark, dass die ... ozeanische Lithosphäre in der Subduktionszone abreißt und in den Mantel absinkt ... Durch den Platten-Abriss verliert die verdickte Kruste ihr schweres Gegengewicht und kann den isostatischen Aufstieg beginnen ... es entsteht ein Hochgebirge."

Ebenda, S. 156

### 23 Kollision zweier Kontinente und Entwicklung vom A) Flyschstadium zum B) Molassestadium

Nach: Ebenda

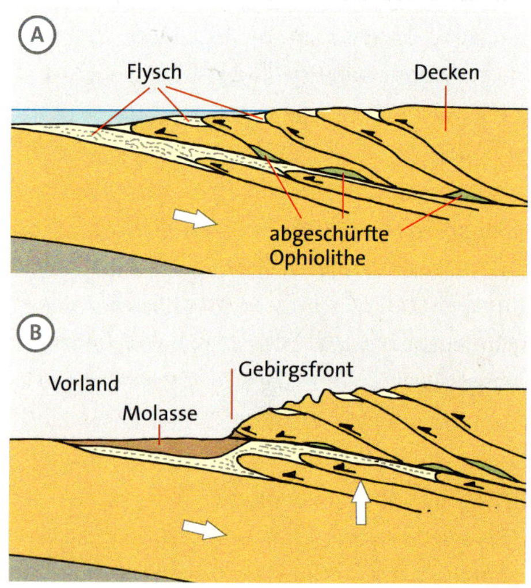


**16** Erläutern Sie den Zusammenhang zwischen Plattentektonik und Gebirgsbildung am Beispiel der Kollision zweier Kontinente.

## 24 Das Prinzip der Isostasie

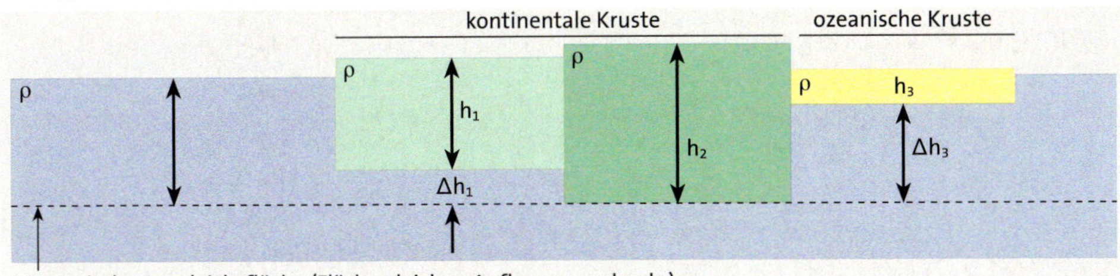


Istostatische Ausgleichsfläche (Fläche gleichen Auflagerungsdrucks)
Für diese Fläche gilt: $\rho \times h_0 = \rho \times h_1 + \rho \times \Delta h_1 = \rho \times h_2 = \rho \times h_3 + \rho \times \Delta h_3$

## 25 Glazialisostasie

„Skandinavien war während der letzten Kaltzeit von einem dicken Eispanzer bedeckt. Nach dem Abschmelzen des Eises vor 10000 Jahren hat sich das Zentrum Skandinaviens um über 300 m gehoben. Diese isostatische Bewegung der Lithosphäre hält noch heute mit bis zu 10 mm/Jahr an. Die Linien gleicher Hebung werden als Isobasen bezeichnet.
Die Geschwindigkeit des isostatischen Ausgleichs ist von der Viskosität der unterlagernden Asthenosphäre abhängig."

Heinrich Bahlburg, Christoph Breitkreuz: Grundlagen der Geologie. Stuttgart: Enke 1998, S. 151

## 26 Isostatische Hebung Skandinaviens

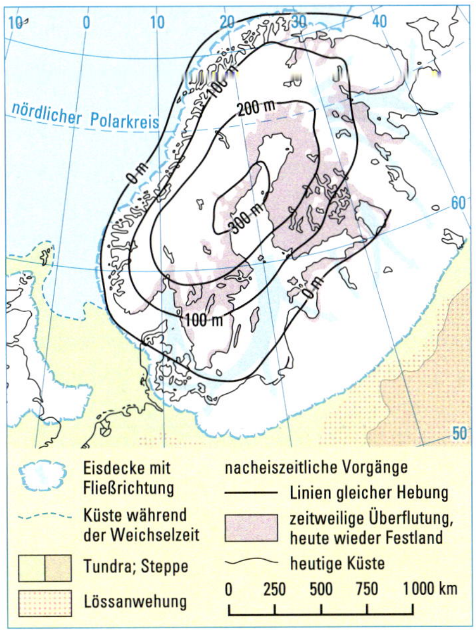


### Die Lehre von der Isostasie

Bereits im 19. Jh. hatte man durch Schweremessungen festgestellt, dass die Schwerkraft unter großen Gebirgen nicht in dem Maße von normalen Werten abwich, wie man das aufgrund der großen Gebirgsmassive erwartet hätte. Messungen auf dem Ozean ergaben ebenso Normalwerte. Zur Erklärung wurde 1855 die Lehre von der **Isostasie** entwickelt. Erhöht sich das Gewicht der **Lithosphäre**, z. B. durch Vergletscherung, so erhöht sich der Druck auf die **Asthenosphäre**. Diese gibt nach und die Lithosphärenplatte sinkt tiefer in den oberen Erdmantel ein. Verringert sich die Last, so erfolgt eine Heraushebung der Lithosphärenplatte, bis das hydrostatische Gleichgewicht zwischen Auftrieb und Gewichtskraft, die Isostasie, wiederhergestellt ist.

Alfred Wegener nutzte die ersten Isostasiemodelle zur Erklärung der Kontinentverschiebungstheorie: „... schwimmen also die Kontinentalschollen wirklich in einer, wenn auch sehr zähen Flüssigkeit, so ist offenbar kein Grund einzusehen, warum sich ihre Beweglichkeit nur in der Vertikalen äußern solle, und nicht auch horizontale Bewegungen vorkommen sollten." (Alfred Wegener: Die Entstehung der Kontinente und Ozeane. 4. Aufl. Braunschweig: Vieweg 1929, Kap. 4)

**17** Erklären Sie die Hebung Skandinaviens mit der Lehre der Isostasie.

**18** Erläutern Sie mithilfe der Isostasie die Hebung kontinentaler Kruste im Zuge einer Kontinent-Kontinent-Kollision.

**19** Je leichter Gebirge durch Abtragung werden, umso höher werden sie. Beurteilen Sie diese Aussage.

**Isostasie**
(griech.: isos = gleich, stasis = Stand)
Zustand des hydrostatischen Gleichgewichts der Erdkruste bzw. Lithosphäre.

**Schwerkraft**
(auch Erdanziehung)
Massenanziehung zwischen dem Erdkörper und Körpern, die sich auf oder in der Nähe der Erdoberfläche befinden.
Sie setzt sich aus der Anziehungskraft der Erde (Gravitation) und der durch die Erdrotation bewirkten Zentrifugalkraft zusammen. Die Schwerkraft verleiht den Körpern ihr Gewicht.

**Epirogenese**
lang andauernde Hebungs- und Senkungsvorgänge ohne stärkere Deformation der Gesteinsschichten.

**Tektogenese**
Sammelbezeichnung für Prozesse, die das Gefüge und die Lagerungsverhältnisse der Erdkruste verändern.

**Orogenese**
griech.:
Oros = Berg,
Genesis = Entstehen

Seite 8–9
Entstehung der Erde

**27 Wichtige Phasen der Gebirgsbildung**

| Orogenese | Abschnitt | Mio. Jahre v. h. | Gebiete |
|---|---|---|---|
| alpidisch | Kreide bis Quartär | 100 bis 0 | Alpen |
| variszisch | Devon bis Perm | 400 bis 280 | Rheinisches Schiefergebirge |
| kaledonisch | Ordovizium bis Silur | 510 bis 410 | Norwegen, Schottland |
| cadomisch | Ediacarium bis Kambrium | 650 bis 510 | Bretagne |

**29 Schiefergestein mit Minifalte**

### Typen der Gebirgsbildung

Mit der Subduktion ozeanischer Kruste wird die Gebirgsbildung (**Orogenese**) eingeleitet und erfährt ihren vorläufigen Höhepunkt durch die Kollision von Kontinenten oder Inselbögen. Dabei entstehen Gebirge mit bis zu 80 km mächtigen verdickten kontinentalen Krustenbereichen. Die **Epirogenese** und die **Tektogenese** sind die wichtigsten Prozesse der Gebirgsbildung. Beide können unabhängig voneinander, nacheinander oder auch gemeinsam auftreten. Zur Tektogenese kommt es durch die Kollision kontinentaler Krustensegmente (Terrane). Die Art der Deformation wird durch die geologische Beschaffenheit der Gesteine und die Druck- und Temperaturverhältnisse bestimmt. Werden durch die Kollision Schichtenfolgen aufgefaltet, entstehen Faltenachsen in Dimensionen von wenigen Millimetern bis zu Hunderten Metern. Die auftretenden Kräfte können auch Schichtenfolgen zerbrechen. Dabei werden mächtige Gesteinspakete, wie z. B. in den Alpen, übereinander geschoben (Deckenbildung). Bei weniger starker Deformation entstehen Verwerfungen, Horste und Gräben (siehe Online-Link Bruchschollengebirge: 29760X-2311).

**28 Angliederung von Terranen bei der andinen Orogenese in Nordamerika**

Nach David G. Howell: Terrane. In: Die Dynamik der Erde: Bewegungen, Strukturen, Wechselwirkungen. Heidelberg: Spektrum 1987, S. 94–104

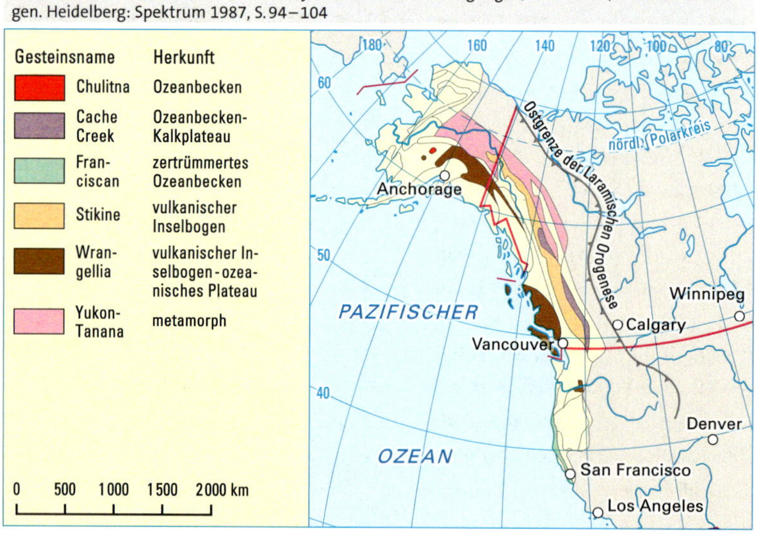


**Terranes – driftende Kontinentschollen.** Im Laufe der 1980 Jahre zeigten geologische Untersuchungen, dass bedeutende Teile der nordamerikanischen Kordillieren durch die Anschweißung von Terranen entstanden sind. Ein Terran ist eine geologische Einheit, die von Störungszonen begrenzt ist und deren geologische Entwicklung sich von jener der Nachbarschollen unterscheidet. Das liegt daran, dass der Entstehungsort eines Terranes häufig viele Tausende Kilometer von seiner heutigen Lage entfernt ist. Die Terranes zeigen unterschiedliche paläomagnetische Ausrichtungen ihrer Gesteine und eine jeweils individuelle paläontologische Flora und Fauna. Sie bestehen aus ozeanischen oder kontinentalen Krustenteilen sehr unterschiedlicher Größe. Den Kollisions- und Anschweißungsprozess nennt man Akkretion.

**Surftipp**
Geologische Zeittafel
29760X-2308

**Material**
Gebirgsbildung
29760X-2310

**Material**
Bruchschollengebirge
29760X-2311

## 30 Typen der Gebirgsbildung

Grafiken und Text nach Wolfgang Frisch, Martin Meschede: a. a. O, S. 153

Gebirgsbildungen stehen mit den globalen Plattenbewegungen in ursächlichem Zusammenhang. Der Motor für die Orogenese ist die Subduktion ozeanischer Kruste. Um diese zu ermöglichen, muss ein Becken mit ozeanischer Krustenunterlage vorhanden sein.
Die schematischen Schritte zur Entwicklung von Gebirgen als Folge von Subduktion und Kollision stellen Vereinfachungen dar, die den natürlichen Gegebenheiten zum Teil zuwider laufen. Denn in der Natur bestehen keine scharfen Grenzen, sondern fließende Übergänge.
Innerhalb des Wilson-Zyklus (S.41) sind Gebirgsbildungen eine Folge des Schließungsprozesses von Ozeanen.

### Inselbogen-Typ

Bei diesem Typ bilden sich am Rand oder innerhalb eines Ozeans durch lang anhaltende Subduktion magmatische Inselbögen und Randbecken. Dabei entstehen komplizierte Situationen mit entgegengesetzten oder in der Zeit wechselnden Abtauchrichtungen der **Subduktionszonen** bis schließlich der Ozean ganz verschwindet und der Inselbogen auf den Kontinentrand aufgeschoben wird (I). Damit kommt aber der Einengungsprozess nicht zum Erliegen, weil noch weitere ozeanische **Lithosphäre** vorhanden ist. Die Subduktion kann in diese Ozeanbecken überspringen und einen neuen Inselbogen bilden. Die Abtauchrichtung der Subduktionszone kann sich dabei ändern. Es können auch mehrere gleichzeitig aktive intraozeanische Subduktionszonen entstehen (II), wie bei der Philippinischen Platte. Bei der endgültigen Schließung ozeanischer Zwischenräume erfolgt eine Kollision zweier Kontinente, wobei die dazwischen liegenden Inselbögen über- oder unterschoben und gefaltet werden.

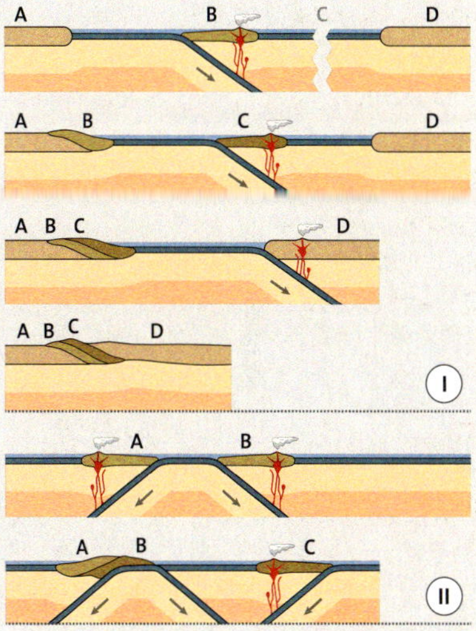


### Andiner Typ

Beim Andinen Typ der Gebirgsbildung wird ozeanische Kruste unter einen Kontinent gedrückt. Als Folge dieser Ozean-Kontinent-Kolliosion bilden sich auf der nicht abtauchenden Platte vulkanische Gebirge. Sie sind zum einen durch einen aktiven **Vulkanismus** aber auch durch Magmenintrusionen gekennzeichnet. Innerhalb großer Ozeane ist die Wahrscheinlichkeit hoch, dass Tiefseeberge, ältere Inselbögen, ozeanische Plateaus oder isolierte Kontinentschollen mitdriften und als Terrane mit dem aktiven Kontinentrand kollidieren. Die Folgen sind Krustenverdickung, Deformation und Metamorphosen entlang des aktiven Kontinentrands.

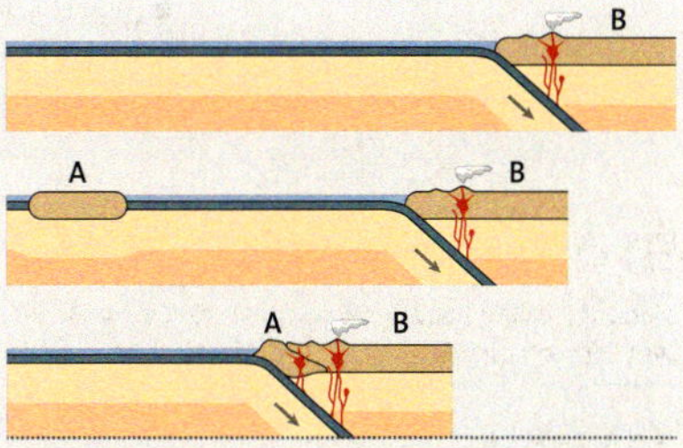


### Alpiner Typ

Die häufigste Art der Gebirgsbildung ist die Kollision von Kontinenten. Dabei wird die Kruste verdickt, verformt und herausgehoben. Die Krustenverdickung führt zu einer isostatischen Heraushebung. In vielen Gebirgen, z.B. in den Alpen oder im Himalaya, ist der Aufstieg eine Folge des Abrisses der schweren ozeanischen Lithosphäre in der Subduktionszone. So verliert die verdickte Kruste ihr Gewicht und kann aufsteigen.

Häufig werden kleinere Kontinentschollen (Terranes) in die Schließung mit einbezogen, sodass sich die Gebirgsbildung kompliziert gestaltet. Die Umkehr von der divergierenden Plattenbewegung zur abermaligen Annäherung der Kontinente erfolgt bei alter ozeanischer Kruste durch freie Subduktion oder bei jungen Ozeanen durch horizontale Plattenbewegungen, also durch erzwungene Subduktion.

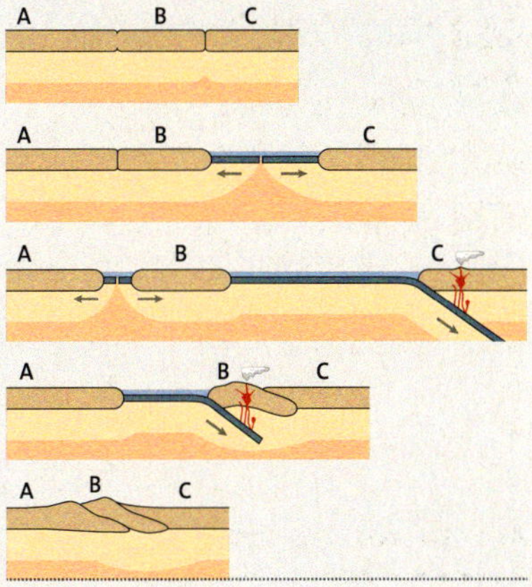

**31 Erst durch die Erkenntnisse der Plattentektonik sind die Vorgänge, die zur Entstehung der Alpen geführt haben, nachvollziehbar**

Nach einem Entwurf von Jan Behrmann, Gießen

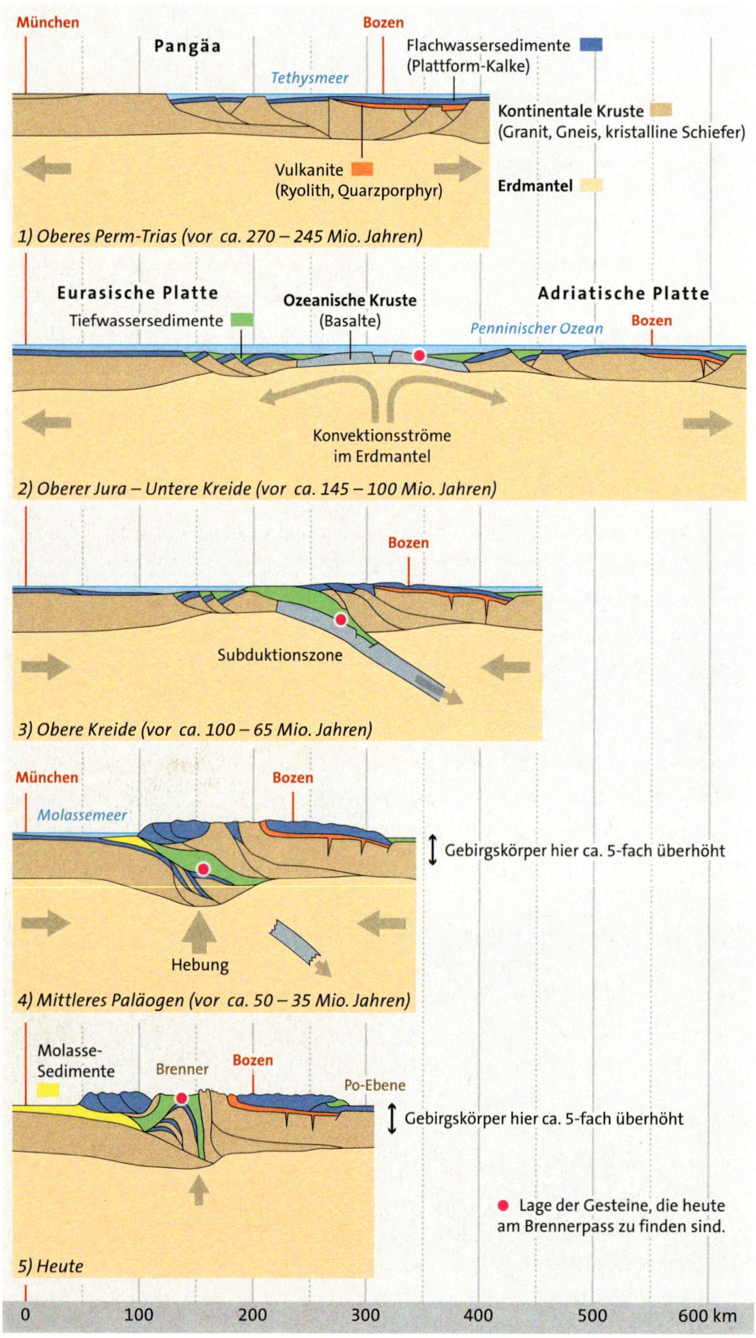


**Fallbeispiel: Die Entstehung der Alpen**

**Rift-Stadium (Grabenbruchstadium).** In diesem Stadium sind die Ostalpen durch eine erste Nord-Süd-Dehnung der Erdkruste gekennzeichnet. Es beginnt das Aufbrechen der teilweise vom Tethysmeer bedeckten Pangäa an zwei **Grabenbruchsystemen.** Eines entsteht in der Gegend der Südtiroler Dolomiten, begleitet vom Ausfließen vulkanischer Gesteine. Das zweite System mit weit weniger **Vulkanismus** bildet sich am Südrand der Europäischen Tafel. In beiden werden vorherrschend Flachwassersedimente in Mächtigkeiten von mehreren Tausend Metern abgelagert.

**Drift-Stadium.** Hier erfolgt eine verstärkte Krustendehnung. Zur Jurazeit entsteht dabei zwischen den auseinanderdriftenden Platten der einige Hundert Kilometer breite Penninische Ozean.

**Subduktionsstadium.** In diesem Stadium erfolgt zwischen Eurasien und der Adria die Umkehr des Öffnungsprozesses und eine starken Krustenverkürzung. Die Basaltkruste des Penninischen Ozeans verschwindet an einer **Subduktionszone** unter den übereinander gestapelten Krustenstücken der Adriatischen Platte. Die Dichte der darauf abgelagerten Sedimentgesteine ist zu gering, um in den Erdmantel subduziert zu werden, sodass sie von der Adriatischen Platte abgeschürft und zu einem dicken Keil aufgetürmt werden.

**Kollisionsstadium.** In diesem Stadium ist die ozeanische Kruste vollständig verschwunden und der Eurasische Kontinent beginnt sich unter die Adriatische Platte zu schieben. Dabei entsteht ein Bereich extremer Erdkrustenverdickung. Starke Hebungen lassen hier ein frühes Hochgebirge entstehen.

**Heutiger Zustand.** Nun ist die Kontinentkollision im Wesentlichen vollendet. Die Gesteine im Bereich des Alpenhauptkamms wurden um viele Kilometer herausgehoben. Der Abtragungsschutt des Hochgebirges ist dabei in den Molassebecken am Alpenrand abgelagert und in den Faltungsprozess einbezogen worden.

20 Erstellen Sie eine Tabelle zur Abfolge der Prozesse bei der Entstehung der Alpen.

21 Begründen Sie das Vorhandensein von Kalkgestein am Alpennordrand.

Material
Gebirgsbildung Alpen und Himalaya
29760X-2312

**Fallbeispiel: Die Entstehung des Himalayas**
So wie sich im 20. Jh. die Theorie von der Entstehung der Erdoberfläche und der Lage der Kontinente verändert hat, so unterschiedlich waren auch die Modellvorstellungen über die Entstehung des größten Hochgebirges der Erde.
Durch die Kollision zwischen dem indischen Subkontinent und dem heutigen Tibet vor ca. 55 Mio. Jahren wurde das Himalaya-Tibet-Gebirgssystem gebildet. Dabei wurde der ehemalige Ozean (Tethys) zwischen Indien und Eurasien geschlossen und die ozeanische **Lithosphäre** vollständig subduziert. Die „Ankunft" einer kontinentalen Lithosphäre an einem Trog führte zur Kollision mit dem überfahrenden Kontinent. Die Subduktionsmagmatite des Transhimalaya (Karte 32) markieren diese ehemalige Subduktionszone, die auch als Indus-Tsangpo-Sutur bezeichnet wird. Die Ophiolithe sind abgeschürfte Teile der subduzierten ozeanischen Kruste. Nach der Kollision der kontinentalen Krustenteile begannen sich diese zu verkeilen bis die indische Kruste schließlich zerbrach und eine Aufschiebung entstand. Während ein Teil Indiens unter Tibet gedrückt wurde, schob sich der obere Teil der überfahrenden Kruste rückwärts auf die indische Platte auf, bis mit der nächste Blockade eine neue Überschiebungsfläche entstand. Durch diese **Deckenüberschiebungen** und die damit verbundene Verkürzung des indischen Kontinentrandes um etwa 1 000 km entstand das Himalayagebirge. Bei der Kollision betrug die Geschwindigkeit der Indischen Platte 20 cm pro Jahr, eine Plattengeschwindigkeit, die heute nirgends erreicht wird. Mit der Kollision wurde Indien zwar deutlich abgebremst, hat sich aber mit einer Geschwindigkeit von 5 cm pro Jahr mindestens 2 000 km weiter in den asiatischen Kontinent „hineingebohrt". Dies führte zu einer breiten Zone intensiver Verformungen und Krustenverdickungen. Heute liegt die „Verformungsfront" weit über Tibet hinausgehend jenseits der Tarim-Wüste. Sie hat zur Entstehung des Tian-Shan-Gebirges und des Altai geführt.

**32 Geologischer Aufbau des Himalayas**
Nach Wolfgang Frisch, Martin Meschede: a. a. O., S. 170

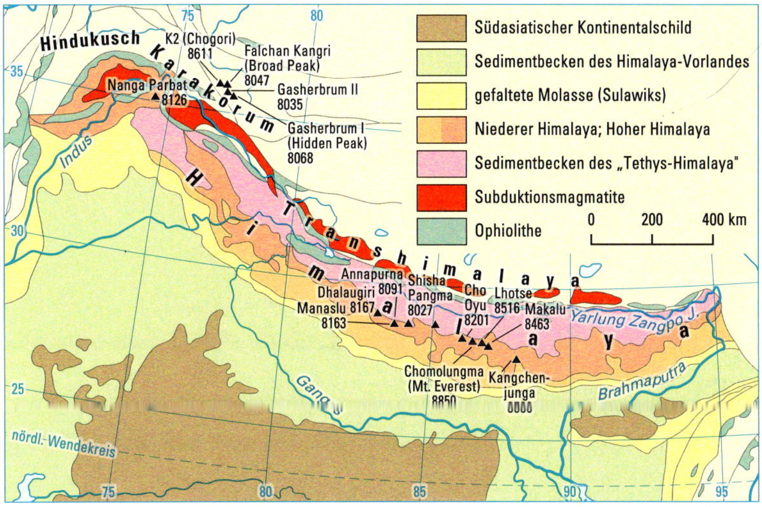


**33 Plattentektonische Situation beim Aufeinandertreffen der Indisch-Australischen Platte auf die Chinesische Platte**
Nach Helmholtz-Zentrum Potsdam – Deutsches GeoForschungsZentrum (GFZ): Süd-Nord-Schnitt durch das Indien-Himalaya-Tibet, unter: www.gfz-potsdam.de/portal/cms/Schule/Unterrichtsergaenzende+Materialien (Mai 2010)

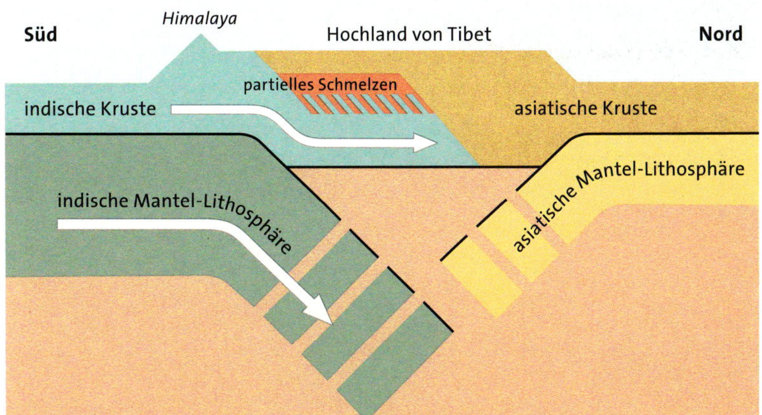


Die indische Kruste spaltet sich bei der Kollision mit Eurasien auf. Während der untere Teil in den Erdmantel abtaucht, wird der obere Krustenteil aufgeschmolzen. Tibet sinkt gewissermaßen in diese partielle Schmelze ein, bzw. schwimmt in dem viskosen Material, welches auf Grund der mangelnden Festigkeit nicht aufgefaltet wird, wie der südlich gelegene Himalaya.

22 Erklären Sie mithilfe von Grafik 31, warum man am Brenner ehemalige Tiefseesedimente findet.

23 Beschreiben Sie den geologischen Bau des Himalayas.

24 Vergleichen Sie die Entstehung des Himalayagebirges mit der der Alpen.

### 34 Stressfeld Mitteleuropa

Nach Günter Olbert: Geologie. Die Wissenschaft von der Erdgeschichte. Arbeitshefte für die Sek II. Stuttgart: Klett 1980, S. 45

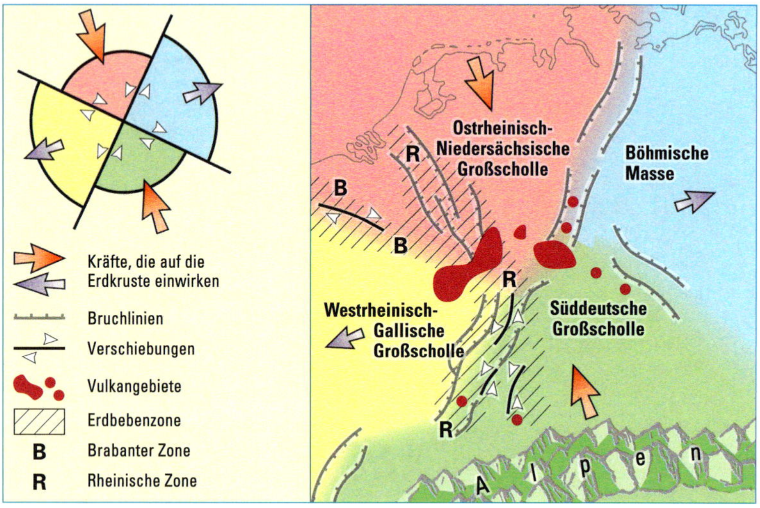


### 35 Aufwölbung und Einbruch des Oberrheingrabens

Nach Wolfgang Frisch, Martin Meschede: a. a. O., S. 39 f.

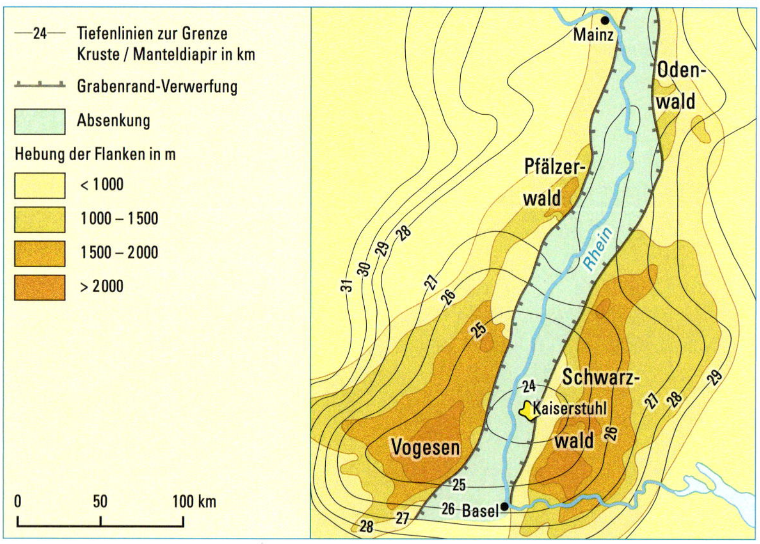


Seite 18
Bewegungen der Erdkruste im Bereich des Oberrheingrabens

Seite 41
Plattentektonischer Zyklus

### 36 Profilschnitt durch den Oberrheingraben auf Höhe Kaiserstuhl

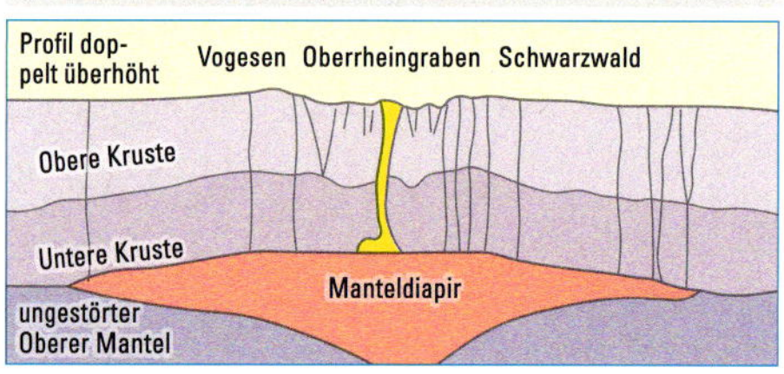


## Fallbeispiel: Die Entstehung des Oberrheingrabens

### 37 Der Oberrheingraben – geologischer Steckbrief

„Der Oberrheingraben erstreckt sich von Basel bis Frankfurt über 300 km und stellt nur einen Abschnitt in einem größeren Bruchsystem dar, das von der Rhônemündung bis in die Nordsee zieht. Er weist parallel verlaufende Randstörungen und eine ziemlich konstante Breite von etwa 36 km auf. Die begrenzenden Störungen fallen nahe der Oberfläche zwischen 55° und 85°, meist aber zwischen 60° und 65° zur Grabenmitte hin ein, gegen die Tiefe werden sie meist etwas flacher. Die Dehnung quer zum Graben beträgt knapp 5 km. Die Krustenausdünnung beträgt maximal etwa 6 bis 7 km, um den Kaiserstuhl im Südteil des Grabens ist die Krustendicke bis auf 24 km verringert. Der Graben befindet sich in der Achse einer längs gestreckten Aufwölbung, die ihren Ausdruck in der Grabenschulter findet. Die Grabenschultern neigen sich mit 2–4° vom Graben weg, fallen aber zum Graben hin infolge der abschiebenden Grabenrandstörungen wesentlich steiler ab. Die Grabenränder sind durch Bruchstaffeln geprägt, sodass eine Grabenrandzone entstand, in der über dem metamorphen Sockel noch Reste der ursprünglichen Sedimentauflage erhalten sind, die auf den Grabenschultern gänzlich der Erosion zum Opfer gefallen ist."

Wolfgang Frisch, Martin Meschede: a. a. O., S. 39–40

25 Erklären Sie die Erdbebenhäufigkeit und den känozoischen Vulkanismus im Oberrheingraben aus plattentektonischer Sicht.

26 Vergleichen Sie mithilfe des Atlas die geologischen Strukturen zwischen dem Oberrheingraben und dem Roten Meer.

27 Ordnen Sie den Oberrheingraben in den Plattentektonischen Zyklus ein und begründen Sie ihre Entscheidung (Grafiken 38 und 40).

28 „Das westeuropäische Grabensystem ist Ergebnis großräumiger Plattenbewegungen." Erklären Sie diese These mit der Karte 34.

**Surftipp/Material**
Entstehung des Oberrheingrabens
29760X-2313

## 38 Querschnitt durch die Erdkruste und den obersten Mantel im Bereich des Oberrheingrabens nach den Vorstellungen des Zugversagen-Modells

Nach Prodehl 1989/Ziegler 1990; Zeichnung Christian Röhr 2004, in: Der Oberrheingraben, unter: www.oberrheingraben.de/Ursachen/Ursachen.htm (Juni 2010)

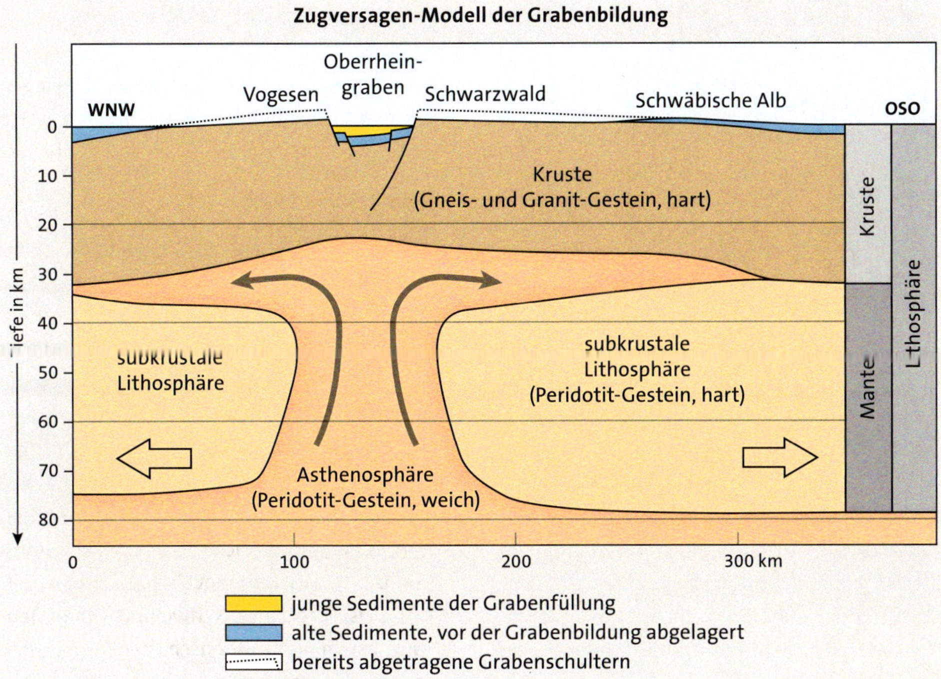


## 39 Zugversagen-Modell

Das Zugversagen-Modell nimmt an, dass der harte obere Teil des Mantels, die subkrustale Lithosphäre, äußeren Zugkräften nicht widerstehen konnte und gerissen ist. Das weiche Gestein der Asthenosphäre ist von unten her kommend in den Riss eingedrungen und hat die subkrustale Lithosphäre überschichtet. Dabei wurde die Kruste hochgewölbt. Im Scheitel des Gewölbes ist der Oberrheingraben eingebrochen.

Ebenda, leicht verändert

## 40 Abriss der oberrheinischen Riftentwicklung

Nach Michael Schwarz: Abriss der oberrheinischen Grabenentwicklung. Freiburg i. Br.: Institute of Geology 2006, unter: http://de.wikipedia.org/wiki/Datei:Abriss_ORG2.jpg (Mai 2010)

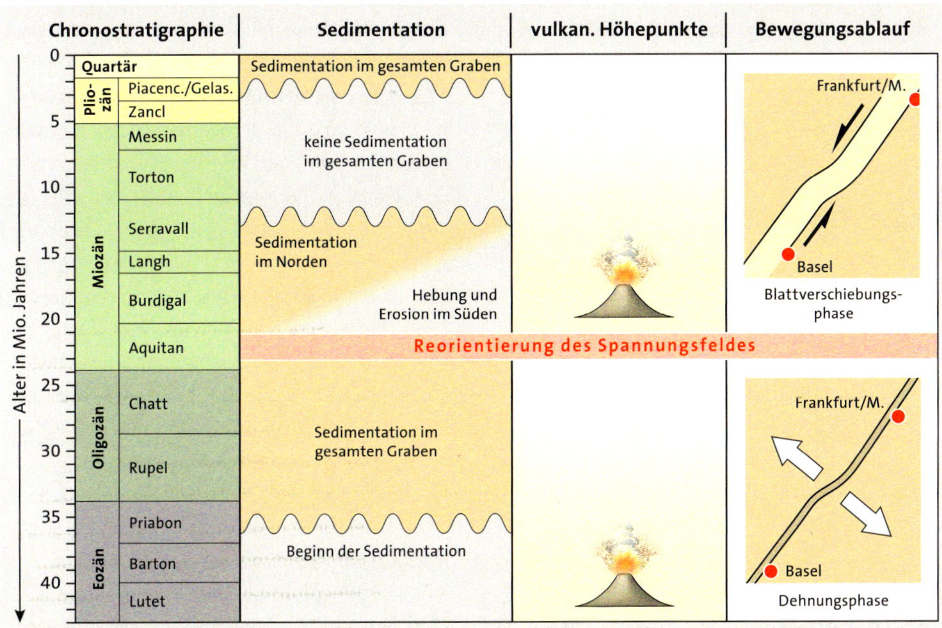

### 41 Entstehungsmöglichkeiten von metamorphen Gesteinen

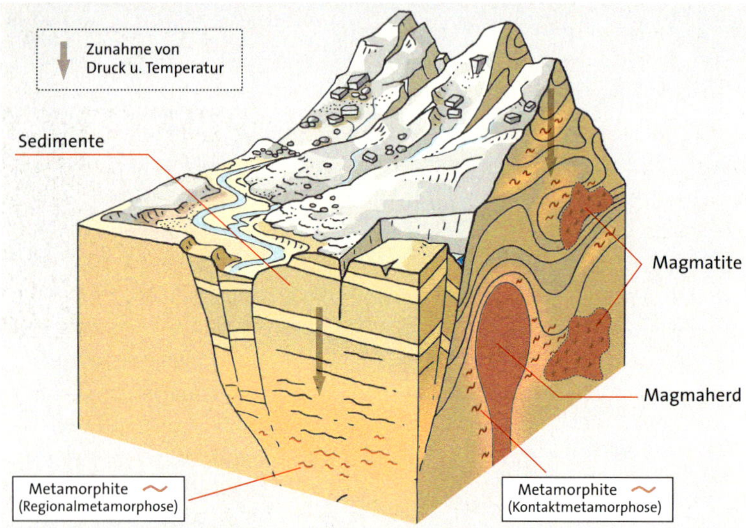


### 44 Gneis

Gneise lassen sich nach Mineralzusammensetzung, Gefüge, Entstehung oder nach den Ausgangsgesteinen für die Metamorphose gliedern. Orthogneise sind die Umwandlungsprodukte aus magmatischen Gesteinen, Paragneise die aus Sedimentgesteinen.

Paragneis

Orthogneis

### 42 Wichtige Metamorphite und ihre Ausgangsgesteine

| Ausgangsgestein | Metamorphit |
|---|---|
| Sandstein (S) | Quarzit |
| Kalkstein (S) | Marmor |
| Granit (M) | Orthogneis |
| Tonsandstein (S) | Paragneis |
| Diorit (M) | Hornblendegneis |
| ggf. Mergel (S) | Granulit |
| Tonstein (S) | Phyllit |

S = Sediment, M = Magmatit

### 43 Tonmetamorphose

| Tiefe | Temp. (in °C) | Gestein |
|---|---|---|
| 0 km | | Ton |
| 1 km | | Tonstein o. Schieferton |
| 10 km | 200 | Tonschiefer |
| 20 km | 400 | Schiefer |
| 30 km | 600 | Gneis |
| | >1000 | kontinentale Kruste beginnt zu schmelzen |

**Die Entstehung metamorpher Gesteine**

Metamorphe Gesteine bilden sich häufig im Zusammenhang mit gebirgsbildenden Prozessen durch die Umwandlung von Magmatiten oder Sedimentiten. Dieser Vorgang wird als Metamorphose bezeichnet (griech. metamórphosis = Umwandlung). Für die Gesteinsbildung heißt das „Änderung der Textur". Der Prozess der Umwandlung vollzieht sich unter hohem Druck und/oder hohen Temperaturen. Der Druck bestimmt dabei die Anordnungsrichtung der Minerale, während die Temperatur für den Grad der partiellen Aufschmelzung des Ausgangsgesteins verantwortlich ist. Als Metamorphosearten werden die Regional- und die Kontaktmetamorphose unterschieden.

Bei der Regionalmetamorphose gelangt das Ausgangsgestein durch Überlagerung anderer Gesteine oder endogene Absenkungsprozesse in größere Tiefen, wo Druck und Temperatur zunehmen. Auch seitlicher Druck durch Faltung oder Überschiebung bei gebirgsbildenden Prozessen leiten die Metamorphose ein. Die Minerale des Ausgangsgesteins werden „gezwungen" sich neu einzuregeln. Plattenartige Minerale werden in eine Richtung gepresst.

Kommt es zum teilweisen Aufschmelzen des Ausgangsgesteins bilden sich Migmatite (auch Anatextite genannt). Diese grob gemengten, oft gebänderten Gesteine weisen sowohl Merkmale von magmatischen als auch von metamorphen Gesteinen auf. Der Prozess der Aufschmelzung wird als Anatexis bezeichnet.

Es kann auch zu einer Streckung der ursprünglichen Minerale kommen. Als Folge werden schiefrige und streifige Texturen ausgebildet. In **Subduktionszonen** wird basaltische ozeanische Kruste in großen Tiefen in Eklogit umgewandelt.

Bei der Kontaktmetamorphose gelangt das Ausgangsgestein in die Nähe eines Magmaherdes (Kontakthof). Je nach dessen Größe und den herrschenden Temperaturen im Randbereich werden die angrenzenden Gesteine in unterschiedlicher Intensität umgewandelt.

Bei gleichem Ausgangsgestein können bei zunehmender Tiefe ganz unterschiedliche **Metamorphite** entstehen. Ein markantes Merkmal ist die Anordnung der Minerale in parallelen Lagen (schiefrige Textur). Bezeichnungen wie Glimmerschiefer weisen darauf hin. Metamorphe Gesteine, die aus Sedimenten gebildet wurden, heißen Paragesteine. Orthogesteine haben ihren Ursprung in **Magmatiten**.

29 Erläutern Sie den Zusammenhang zwischen Gebirgsbildung und Metamorphose.
30 Vergleichen Sie die Kontakt- und Regionalmetamorphose miteinander.

**Material**
Metamorphe Gesteine
29760X-2314

**Surftipp**
Geologische Zeittafel
29760X-2308

## Der Plattentektonische Zyklus

John Tuzo Wilson hat 1970 das Geschehen der Plattentektonik erstmals in einem Zyklus zusammengefasst, der als Wilson- oder Plattentektonischer Zyklus bezeichnet wird. Er beschreibt die Entstehung, die Entwicklung und das Verschwinden eines Ozeans mit einem Öffnungs- und Schließungsprozess.

Der Prozess beginnt mit der Bildung eines kontinentalen Grabens und führt zur Ozeanbildung und damit zur Entstehung ozeanischer **Lithosphäre**. Mit dem Schließungsprozess wird infolge der Einengung der Ozeane kontinentale Lithosphäre gebildet.

Der Plattentektonische Zyklus ermöglicht es, viele Erscheinungen auf der Erde zu deuten. Er ist jedoch als Idealschema aufzufassen. Es ist durchaus möglich, dass die Entwicklung nicht alle seiner Stadien durchläuft. So muss nicht jede kontinentale Grabenbildung zur Entwicklung eines Ozeans führen, und es ist auch unwahrscheinlich, dass Kontinente genau wieder dort zusammentreffen, wo sie vorher auseinandergerissen sind.

**47 John Tuzo Wilson (1908 – 1993), kanadischer Geophysiker und Geologe**

**45 Plattentektonisches Modell (Wilson-Zyklus)**

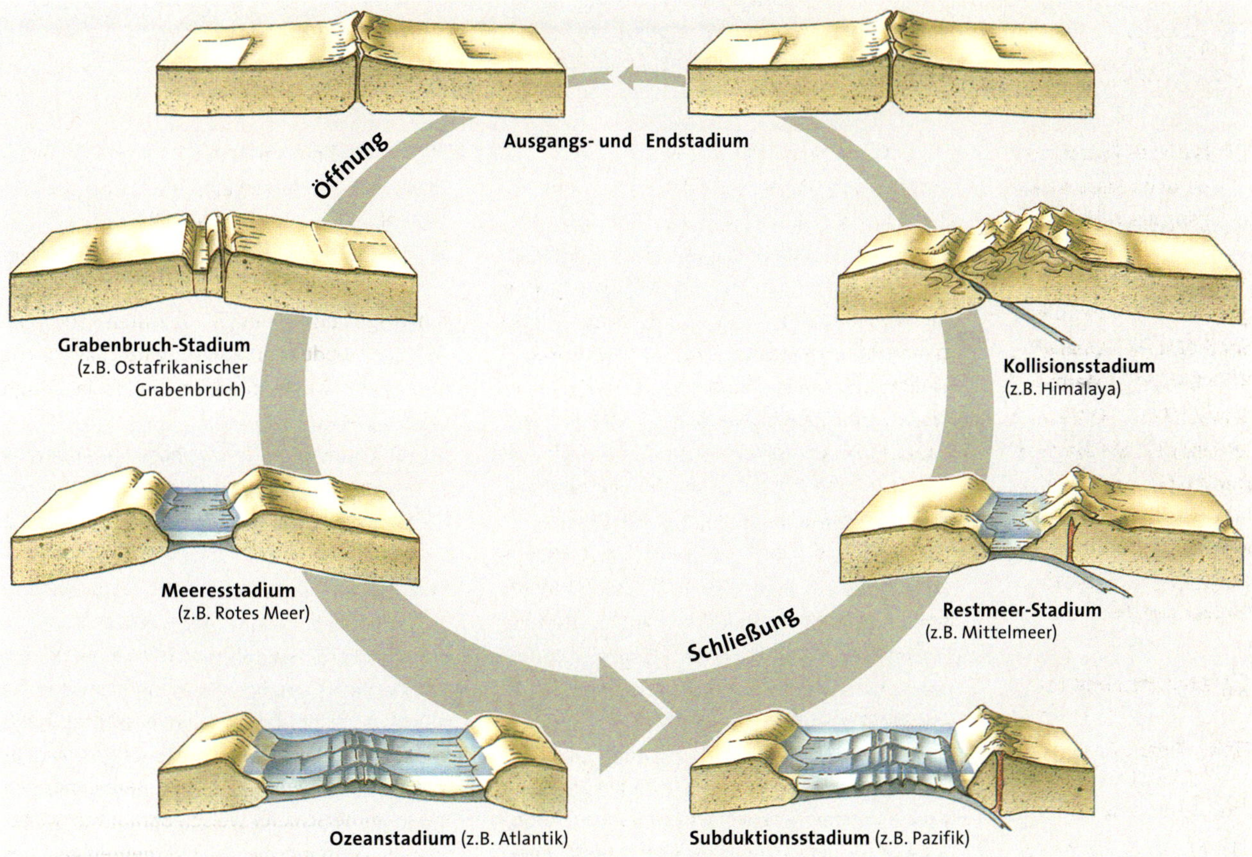


**46 Großkontinente**

Rodinia: vor 1100 – 800 Mio. Jahren
Gondwana und Laurasia: vor 600 Mio. Jahren
Pangäa: vor 300 – 150 Mio. Jahren
Pangäa Ultima oder Amasia: in 240 – 400 Mio. Jahren

**31** Beschreiben Sie mithilfe von Grafik 45 den Plattentektonischen Zyklus und benennen Sie für die einzelnen Stadien weitere Beispiele.

**32** Erläutern Sie auf der Grundlage des Plattentektonischen Zyklus Entwicklungstendenzen des Mittelmeeres.

# 2.4 Lagerstätten und ihre Verbreitung

**1 Primäre und sekundäre Erzlagerstätten**

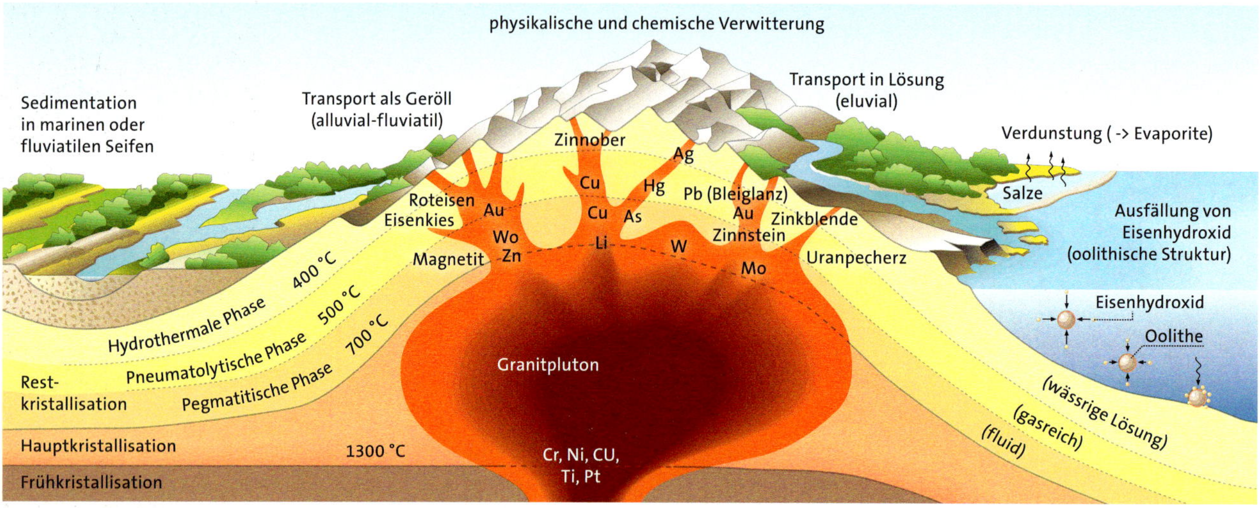


**Lagerstätten** sind abbauwürdige, natürliche Anreicherungen nutzbarer Minerale oder Gesteine.

## Erzlagerstätten

Bei **Erzen** handelt es sich um stark metallhaltige Mineralien oder Mineralgemenge. Ihre Lagerstätten sind im Bereich junger Faltengebirge und alter Kontinentalschilde im Wesentlichen an Vulkanite und Plutonite gebunden. Nach der Entstehung werden primäre und sekundäre Erzlagerstätten unterschieden.

### Magmatische oder primäre Lagerstätten

Sie entstehen beim Eindringen von Gesteinsschmelzen aus dem oberen Erdmantel in die Erdkruste. Während der Kristallisationsphase erfolgt eine Aufspaltung der Schmelzen in Teilschmelzen mit unterschiedlicher chemischer Zusammensetzung (Differentiation).

Ist das Magma noch flüssig (liquid), erstarren bei 1300 °C–700 °C zuerst Erzmineralien mit hohem Schmelzpunkt. Sie werden als Kristalle ausgeschieden und sinken durch ihre Schwere in der Schmelze ab. Erst dann erfolgt die Erstarrung der gesteinsbildenden Mineralien, wobei „schichtige" Erzkörper entstehen. Bei weiterer Abkühlung der Schmelzen bildet sich dann die Hauptmasse der Gesteinsmineralien heraus.

Nach dieser Hauptkristallisationsphase weist die Restschmelze Eigenschaften von Gasen und Flüssigkeiten auf. Bei nur noch 600–400 °C dringen die hochkomprimierten Gase in Hohlräume und Spalten des Nebengesteins ein und bilden Erzstöcke und Erzlinsen (pneumatolytische Phase). Unter 400 °C, entstehen wässrige Lösungen, aus denen ebenfalls Erze ausgeschieden werden (hydrothermale Phase). Sie enthalten eine Vielzahl von Metallen, sodass oft sogenannte Polyerze wie Gold-Silber oder Kobald-Nickel-Silber auskristallisieren. Diese Erze treten hauptsächlich in Form von Gangerzlagerstätten oder in feiner Verteilung im Nebengestein auf.

### Sedimentäre oder sekundäre Lagerstätten

Sie entstehen, wenn magmatische Erzlagerstätten durch Hebung und Abtragung an die Erdoberfläche gelangen und der Verwitterung ausgesetzt sind. Dabei werden widerständige Erztrümmer und -mineralkörner durch Bäche und Flüsse transportiert und bei nachlassender Transportkraft wegen ihres spezifischen Gewichtes in bestimmten Gefälleabschnitten bevorzugt abgelagert. Diese sedimentären Anreicherungen heißen Seifen. Wenn erzreiche Abtragungsprodukte durch Flüsse in das Meer gelangen, kommt es zu Wechselwirkungen mit dem Meereswasser. Dabei können Eisenhydroxide ausgefällt werden und sich in Sedimenten anreichern. Im Tiefseebodenbereich bilden sich Manganknollen, Kobaltkrusten und Erzschlämme aus.

Surftipp
Bundesanstalt für Geowissenschaften und Rohstoffe (BGR)
29760X-2401

**2 Lagerstätten und Tektonik der Erdkruste**

Nach Heiner Barsch, Klaus Bürger: Naturressourcen der Erde und ihre Nutzung. Gotha: Haack 1988, S. 47

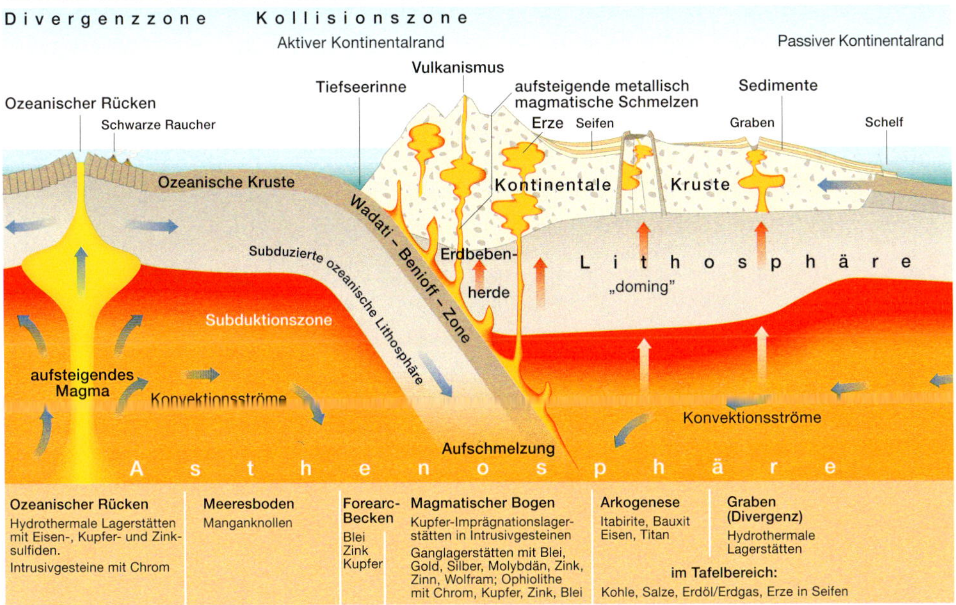


**4 Hydrothermale Quelle am Grunde der Tiefsee**

# Plattentektonik und Lagerstätten

Die räumliche Verteilung der **Lagerstätten** ist eng mit den globalen plattentektonischen Strukturen verknüpft. Bedeutende Vorkommen magmatischer **Erze** zeigen die Zonen, an denen Platten konvergieren oder divergieren.

An Grabenbrüchen entstehen durch Aufstieg glutflüssiger Schmelzen oft heiße, salzhaltige Laugen, aus denen wertvolle Buntmetalle als Sulfide und Oxide ausgefällt werden. In den untermeerischen **Riftgebirgen** dringt durch Spalten Wasser ins Gestein, das dann mit Mineralien angereichert, oft an kleinen Vulkanschloten, den „Schwarzen Rauchern", wieder austritt. Kupferkies, Zinkblende, aber auch Manganknollen entstehen dort.

In **Subduktionszonen** führen Aufschmelzvorgänge zur Anreicherung zahlreicher Erze, vor allem von Kupfer, Nickel, Eisen, Mangan, Silber und Gold. Diese findet man auch in den unteren Stockwerken junger Faltengebirge, hervorgerufen etwa durch magmatische Intrusionen.

Auf den stabilen Kontinentalbereichen bilden sich überwiegend sedimentäre Lagerstätten, z. B. Seifen, Kohlen-, Salz- und Erdgas- bzw. Erdöllager in den Senken großer Tafeln und auf dem Schelf.

**3 Modell einer hydrothermalen Lagerstätte („Schwarzer Raucher")**

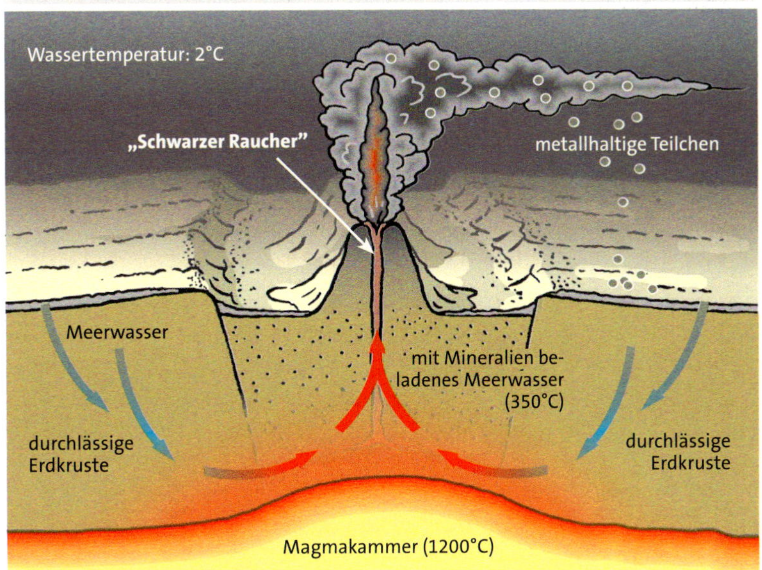


**1** Erläutern Sie die Zusammenhänge zwischen tektonischen Vorgängen und der Bildung von Erzen (Grafiken 2 und 3).

**2** „Die Goldsuche beginnt oft als Goldwäsche in Bächen und Flüssen, und meist erst danach folgt der bergmännische Abbau." Beurteilen Sie diese Aussage.

**5** **Typen von Erdöl- und Erdgaslagerstätten (Fallen)**

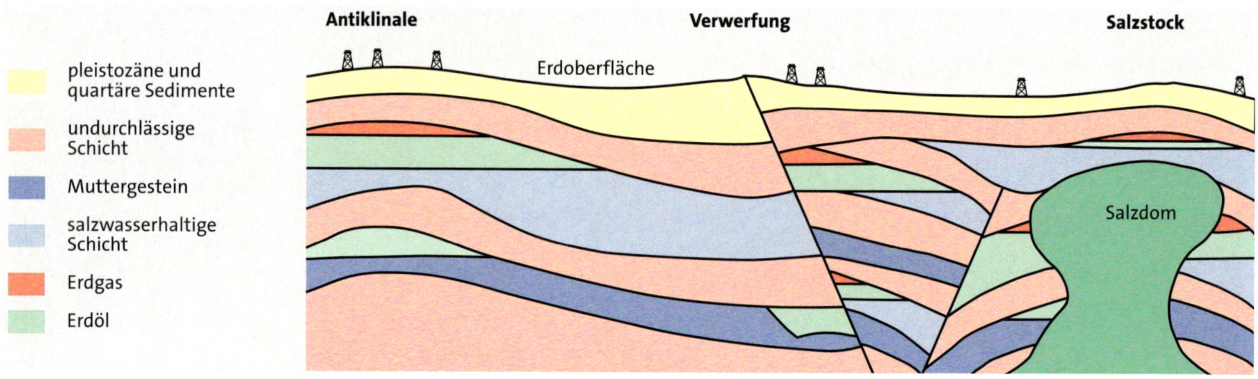


## Erdgas- und Erdöllagerstätten

**Verteilung der Erdölreserven nach geologischen Schichten:**
9 % paläozoische Schichten
54 % mesozoische Schichten
37 % paläogene Schichten

**Sapropel**
eine Ablagerung, deren Ausgangsstoff Wasserpflanzen und tierische Überreste sind, zusammen mit den aus dem Festland herangetragenen Fragmenten des Gewebes der höheren Pflanzen, Sand, Blütenstaub, Roherde sowie auch den Lösungen verschiedener Mineralstoffe.

**Anaerob**
Bezeichnung für die Lebensweise von Organismen, die zum Leben keinen freien Sauerstoff benötigen und für eine chemische Reaktionsweise, die unter Ausschluss von Sauerstoff abläuft.

Eiweißstoffe, Fette und Kohlenhydrate von pflanzlichem und tierischem Plankton und Bakterien, die im Wasser gelebt haben, bilden das Ausgangsmaterial für die Erdölentstehung.
In der oberflächennahen licht- und sauerstoffreichen (aeroben) Zone bilden sich große Mengen an Plankton. Nach dem Absterben sinkt es in die schlecht durchlüftete Unterzone ab, wo es sich zusammen mit anorganischen Sedimenten als Faulschlamm (Sapropel) anreichert. Infolge der Sauerstoffarmut tritt hier keine Verwesung der abgestorbenen Organismen, sondern ein Fäulnisprozess ein. Unter Einwirkung von anaeroben Bakterien werden die organischen Substanzen zu Fettsäuren abgebaut und danach in Kohlenwasserstoffe umgewandelt. Es entsteht Bitumen. Den unter Druck zu Gestein verfestigten und mit Bitumen durchsetzten Faulschlamm bezeichnet man als Erdölmuttergestein. Durch den Überlagerungsdruck nachfolgender Sedimente entsteht aus dem Bitumen bei Temperaturen zwischen ca. 70 und 150 °C Erdöl und Erdgas, oberhalb dieser Temperaturgrenze nur Erdgas.

**Klassifikation von Erdöl nach seiner Dichte**
Flüssige Kohlenwasserstoffe, die sogenannten Natural Gas Liquids (NGL), die bei der Erdgasförderung in unterschiedlicher Form als Kondensat oder Flüssiggas gewonnen werden, sowie Leicht- und Schweröl werden als konventionelle Erdölvorkommen bezeichnet. Zum nichtkonventionellen Erdöl zählt dagegen Schwerstöl, das aufgrund seiner hohen Viskosität nur schwer fließfähig ist, sowie gebundenes Erdöl in Ölsanden und Ölschiefern.

**6** **Klassifikation von Erdöl nach seiner Dichte**

Nach Bundesanstalt für Geowissenschaften und Rohstoffe (BGR): Energierohstoffe 2009: Reserven, Ressourcen, Verfügbarkeit. Hannover: BGR 2009, S. 19, unter: www.bgr.bund.de (Mai 2009)

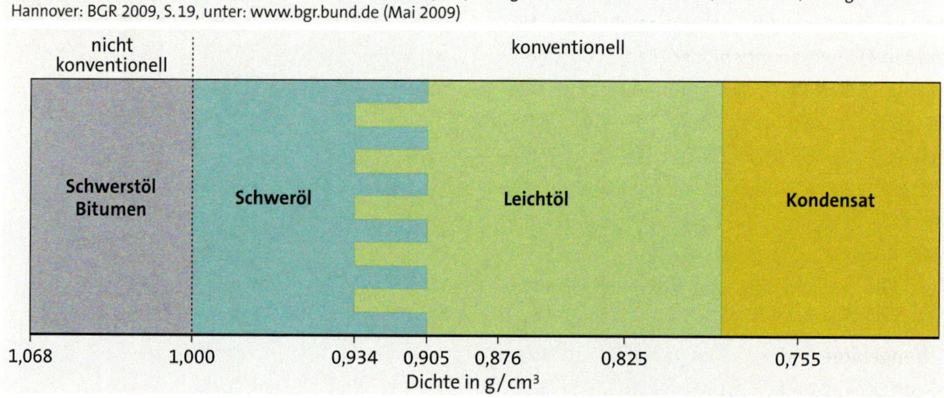

**Material/Surftipp**
Erdöl und Erdgas
29760X-2402

**Lagerstättenbildung**

Durch den Überlagerungsdruck jüngerer, im Hangenden abgelagerter Sedimente, wurden bei der Entwicklung des Muttergesteins entstandene gasförmige und flüssige Kohlenwasserstoffe ausgepresst. Sie wanderten aus dem Muttergestein durch Poren oder entlang von Spalten zum sogenannten Speichergestein. Das sind poröse oder klüftige Gesteinsschichten, besonders Sandstein und Kalke. Diese müssen von undurchlässigen Schichten abgedeckt sein, welche das Erdöl am weiteren Aufsteigen hindern. Den Prozess der Wanderung bezeichnet man als Erdölmigration. Werden die Kohlenwasserstoffe nicht am Aufsteigen gehindert, erreichen sie die Erdoberfläche und bilden dort sogenannte „Ölkuhlen" oder „ewige Feuer".

Innerhalb des Speichergesteins sammelt sich das Erdöl in besonders günstigen Krustenstrukturen, den Erdölfallen (Grafik 5). Das sind vor allem Antiklinalen (Schichtsättel), Verwerfungen (tektonische Fallen) sowie Flanken und Dächer von Salzstöcken. In den **Lagerstätten** tritt das Öl meist mit dem Gas und Salzwasser gemeinsam auf, wobei die drei Fraktionen ihrer Dichte entsprechend getrennt sind. Ab ca. 150 °C wird das Erdöl durch natürliches Cracken in Erdgas überführt, die maximale Tiefengrenze von Erdöllagerstätten liegt somit bei etwa 3 500 m. Neben der beschriebenen Umwandlung entsteht Erdgas auch häufig durch Entgasung von Kohleschichten. Ab einem Gehalt von ca. 37 % flüchtiger Bestandteile gibt die Kohle große Mengen an Methan ab. So sind viele der europäischen Erdgasfelder durch Kohleentgasung entstanden.

**Verteilung der Lagerstätten**

Aufgrund der spezifischen petrographisch-tektonischen Bedingungen der Lagerstättenentstehung sind die Erdöl- und Erdgaslagerstätten weltweit an Räume mit folgenden Voraussetzungen gebunden:

- weiträumige Becken mit flach liegenden marinen Sedimentserien im Bereich der Kontinentaltafeln,
- Sedimentfüllungen in tektonischen Gräben,
- Rand- und Zwischenbecken der jungen Faltengebirge und
- Schelfgebiete der Erde.

**7 Regionale Verteilung des Gesamtpotenzials an konventionellem Erdöl im Jahr 2008**

Nach ebenda, S. 34

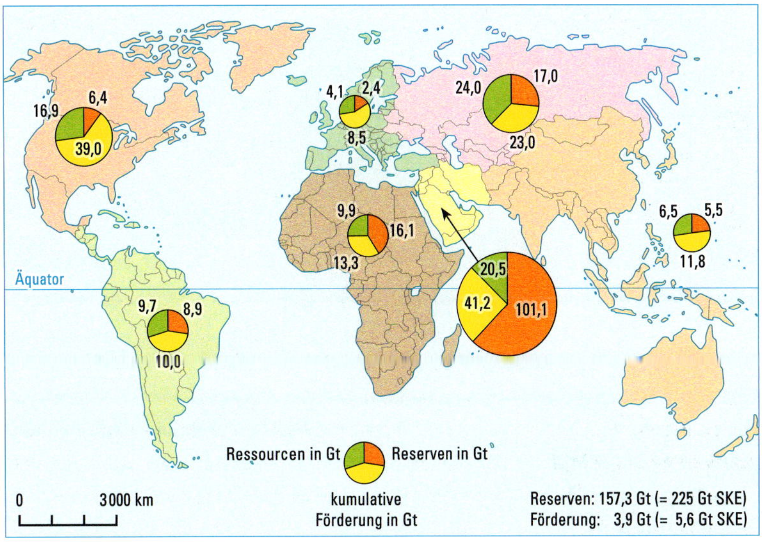


**8 Entwicklung der Schätzungen zum Gesamtpotenzial von konventionellem Erdöl, der kumulierten Förderung und der Reserven von 1940 bis 2007**

Nach ebenda, S. 33

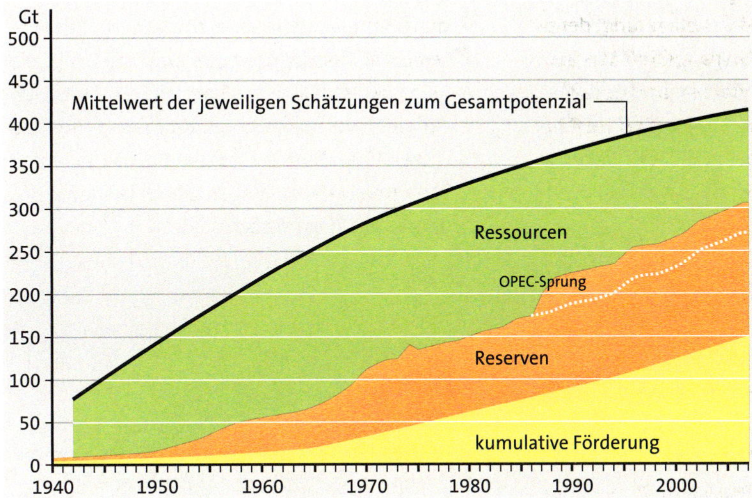


**Cracken** (engl.: to crack = spalten), ist ein Prozess, bei dem Kohlenwasserstoffe längerer Kettenlänge in Kohlenwasserstoffe kürzerer Kettenlänge gespalten werden.

10 **Lausitzer Braunkohlenmoor im Paläogen**

# Kohlelagerstätten

Seite 8–9
Entstehung der Erde

Seite 44–45
Erdgasentstehung

Zu den wichtigsten Voraussetzungen für die Kohlebildung gehören ein feuchtwarmes Klima und ein hoher Grundwasserstand. Unter diesen Bedingungen entstehen ausgedehnte Sumpf- und Moorwälder. Gerät das dort angehäufte Pflanzenmaterial unter Wasserbedeckung und Luftabschluss, kann es nicht verwesen. Es setzt der **Inkohlungsprozess** ein, also die Umwandlung von pflanzlichen Materialien in Kohle. Die dabei ablaufenden biochemischen und geochemischen Prozesse vollziehen sich in langen Zeiträumen unter Luftabschluss, hohem Druck und hohen Temperaturen.

**Biochemischer Inkohlungsprozess**
Bei diesem wird durch chemische Reaktionen, ausgelöst von Bakterien und Pilzen, Torf gebildet. Die Torfschicht wird bei Absenkung der Bildungsgebiete und damit steigender Grundwasseroberfläche immer mächtiger. Flüsse und Bäche aus dem höher gelegenen Umland spülen sandig-tonige Verwitterungsprodukte in die Flachmoorbereiche hinein. Der kohlebildenden pflanzlichen Substanz werden damit nichtbrennbare Bestandteile zugeführt.
Bei weiterer Absenkung werden die Moore durch Meeres- und Flusssedimente überlagert. Verringert sich dann die Absenkung, bildet sich eine weitere Torfschicht aus. Diese Vorgänge können sich mehrfach wiederholen, so dass sich mehrere Torfschichten überlagern.

**Geochemischer Inkohlungsprozess**
Er setzt mit fortschreitender Untergrundabsenkung ein. Durch fortgesetzte Überlagerung mit Sand- und Tonmassen nehmen Druck und Temperatur zu. Dadurch werden aus den Torfschichten vor allem flüchtige Bestandteile wie Wasserstoff und gebundener Sauerstoff, aber auch Methan herausgepresst (vgl. Erdgasentstehung). Die Kohlenstoffanteile dagegen erhöhen sich relativ. In Abhängigkeit von der Intensität des Inkohlungsprozesses wandelt sich Torf

9 **Inkohlungsreihe**

| | Holz | Torf | Braunkohle | Steinkohle | Anthrazit | Grafit |
|---|---|---|---|---|---|---|
| Kohlenstoffanteil (%) | 50 | 55 bis 64 | 60 bis 75 | 78 bis 94 | 94 bis 98 | 98 bis 99 |
| Wassergehalt (%) | 35 bis 70 | 75 bis 95 | 15 bis 65 | 3 bis 15 | 2 bis 3 | 0,5 bis 2 |
| Heizwert (ca. kJ/kg) | 13400 bis 16700 | bis 16700 | 7500 bis 29300 | 25100 bis 36800 | 35600 | nicht entzündbar |

**Material/Surftipp**
Kohle
29760X-2404

**Surftipp**
Geologische Zeittafel
29760X-2308

**11 Schematische Darstellung von Kohlelagerstätten**

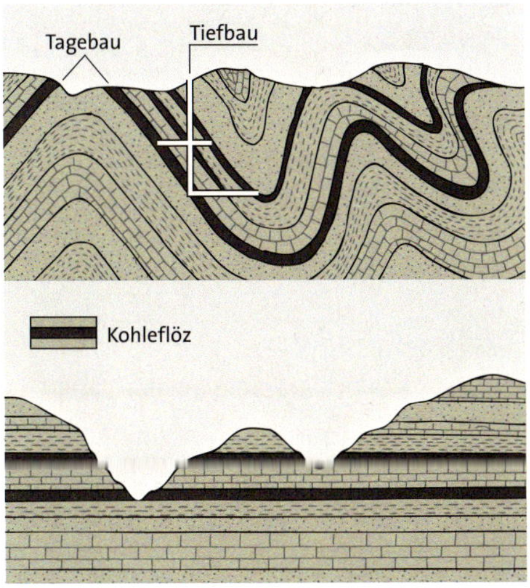


**12 Geographische Lage der bedeutendsten Kohlevorkommen der Welt**

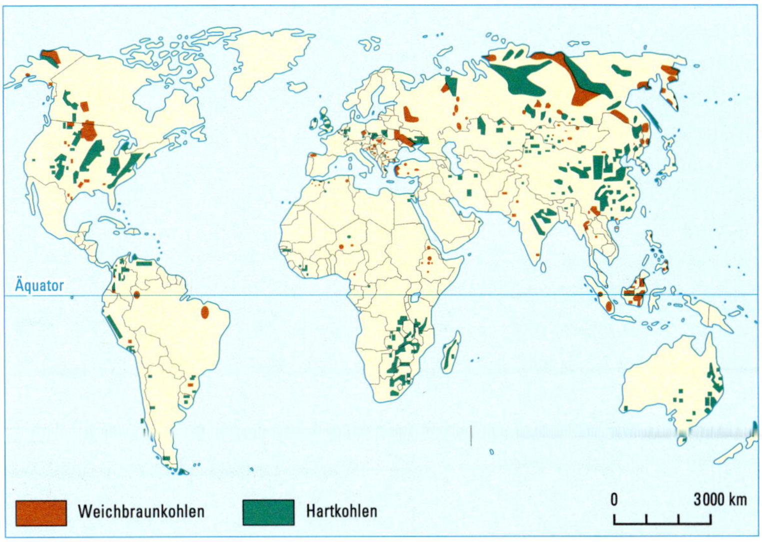


durch zunehmende Verfestigung und Veränderung der Struktur in zeitlicher Abfolge in Braunkohle, Steinkohle oder Anthrazit um.

Diese Vorgänge laufen in Millionen von Jahren mehrfach ab. Je nach Krustenbewegung, Pflanzenwachstum und Sedimentation wechseln deshalb unterschiedlich mächtige Flöze und Schichten tauben Gesteins ab. Für die Umbildung spielen auch gebirgsbildende Prozesse eine Rolle. Dabei erfahren die Flöze eine mehr oder weniger starke Schiefstellung, Verbiegung oder Verwerfung.

### Lagerstätten

Die Bildung der größten Vorkommen und somit Vorräte von Hartkohle erfolgte vor allem im Karbon, Perm und Jura. Weichbraunkohle stammt weltweit vorrangig aus dem Paläogen. Kohlelagerstätten werden aus lagigen Kohleflözen gebildet, die vorwiegend in großräumigen, zusammenhängenden Provinzen auftreten. Sie besitzen im Vergleich zu ihrer vertikalen Mächtigkeit (Flözmächtigkeit) eine große laterale Ausdehnung. Horizontal können sich Kohleflöze über mehrere hundert Kilometer erstrecken, während die Flözmächtigkeit zwischen wenigen Zentimetern bis maximal mehreren Dekametern schwankt.

Kohleflöze treten in der Regel in Wechsellagerung mit anderen Sedimenten auf. In Abhängigkeit von den Entstehungsbedingungen können sich so Kohlebecken mit mehreren Hundert übereinander liegenden Kohleflözen bilden. Dementsprechend lagert Kohle in unterschiedlichen Teufen (bergmännisch für Tiefen).

Der überwiegende Teil der heutigen Kohleförderung stammt aus Kohlebecken, die entweder dem Plattformtyp oder dem Geosynklinaltyp zugeordnet werden. Kohlebecken des Plattformtyps bildeten sich auf sogenannten Schilden, die langsam abgesunken sind. Kohleflöze des Geosynklinaltyps entstanden in rasch absinkenden Trögen im Gebirgsvorland. Charakteristisch sind schräg bis steil einfallende, gefaltete Flöze in oft Tausenden von Metern mächtigen Schichtfolgen. Diese Kohlebecken enthalten meist eine große Anzahl von unregelmäßig sowie geringmächtig ausgebildeten Flözen, wie im Ruhrgebiet.

3 Beschreiben Sie die Verbreitung der Erdöllagerstätten und begründen Sie diese.
4 Erstellen Sie eine Tabelle zu den Gemeinsamkeiten und Unterschieden bei der Entstehung von Erdöl und Kohle.
5 Erläutern Sie die unterschiedlichen Lagerungsverhältnisse der Kohle.

# TERRA METHODE

**Durch eine Profilskizze werden geowissenschaftliche Inhalte in ihrer horizontalen und vertikalen Anordnung entlang einer Profillinie dargestellt. Eine besondere Form stellt dabei die tektonische Profilskizze dar. Sie vermittelt eine Vorstellung vom Aufbau des Erdkörpers sowie von der Lagerung und Schichtung der Gesteine.**

1 **Geotektonische Karte des Sundabogens**

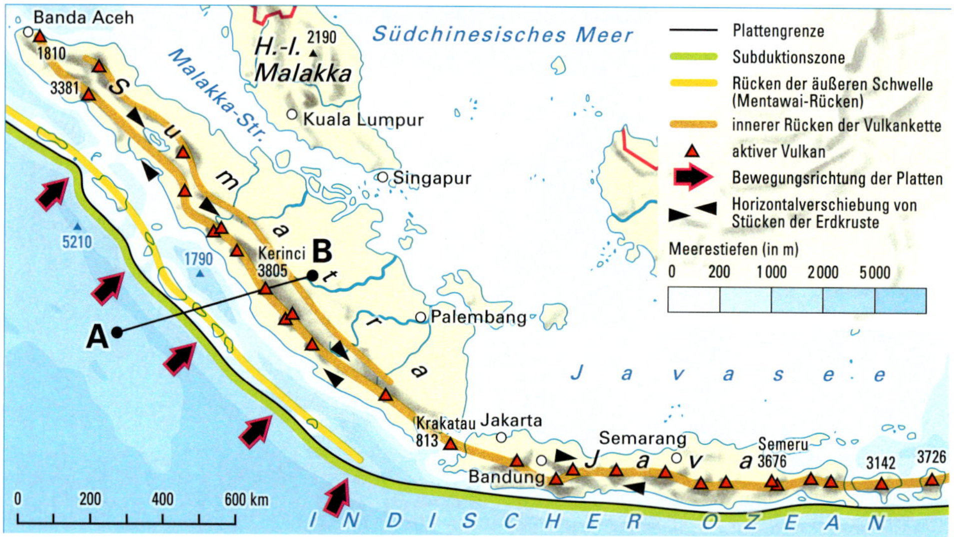


## Eine geotektonische Profilskizze erstellen und auswerten

Durch eine tektonische Profilskizze lassen sich komplexe Sachverhalte in Form eines einfachen Merkbildes darstellen. Obwohl die Profilskizze nicht maßstabsgerecht angefertigt wird, müssen die Proportionen der Gesteinsschichten oder Erdschalen beachtet werden. Ergänzende Informationen, z.B. über Bewegungsrichtungen der Platten, ermöglichen eine bessere Auswertung der tektonischen Profilskizze. Solche Skizzen werden großmaßstäblich über die Gesteinsabfolge in einem eng begrenzten Gebiet oder kleinmaßstäblich über die Lithosphärenplatten eines größeren Raums angefertigt.
Im nachfolgenden Beispiel wird eine tektonische Profilskizze einer konvergierenden Plattengrenze an einer **Subduktionszone** angefertigt und ausgewertet.

### 1. Schritt: Orientieren

Eine tektonische Profilskizze kann auf Grundlage einer geotektonischen oder einer geologischen Karte erstellt werden. Nach der Auswahl oder Bereitstellung der Materialgrundlage erfolgt eine topographische Einordnung der Skizze.

**Beispiel**

Als Grundlage wird eine geotektonische Karte über die Situation am Sundabogen verwendet (Karte 1). Dargestellt werden konvergierende Platten im Bereich einer Subduktionszone. Ebenfalls zu erkennen ist die Tiefseerinne und der Inselbogen von Sumatra mit aktivem **Vulkanismus**.

### 2. Schritt: Profilskizze anfertigen und Legende erstellen

Zuerst wird die Profillinie gezeichnet, welche den Grobaufbau des Erdkörpers bis zur Asthenosphäre zeigt. Beim Skizzieren der Schichten müssen die Proportionen beachtet werden. Wichtige Merkmale wie Bruchstellen, Verwerfungen, Bewegungsrichtungen oder Epizentren werden in der Skizze vermerkt. Zur Verdeutlichung der Inhalte ist es sinnvoll, Beschriftungen vorzunehmen. Die eingetragenen Begriffe, Pfeile oder Symbole sollten die Auswertung der tektonischen Profilskizze unterstützen.
Durch eine entsprechende Farbgebung werden die Schichten besonders betont. Die Farben sollten sinnvoll und aufeinander abgestimmt sein und die inhaltliche Aussage unterstützen. Alle in der Skizze auftretenden Elemente und Farben müssen in einer Legende erklärt werden.

**2 West-Ost-Profil durch den Sundabogen**

Nach Wolfgang Frisch, Martin Meschede: Plattentektonik. Darmstadt: Wissenschaftliche Buchgesellschaft, 2007, S. 106

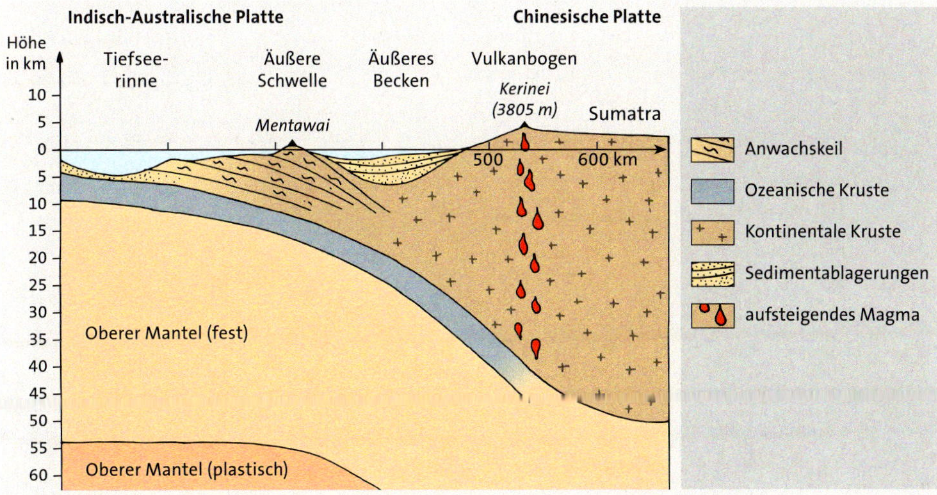


**3 Tiefseerinnensystem im Aleütengraben**

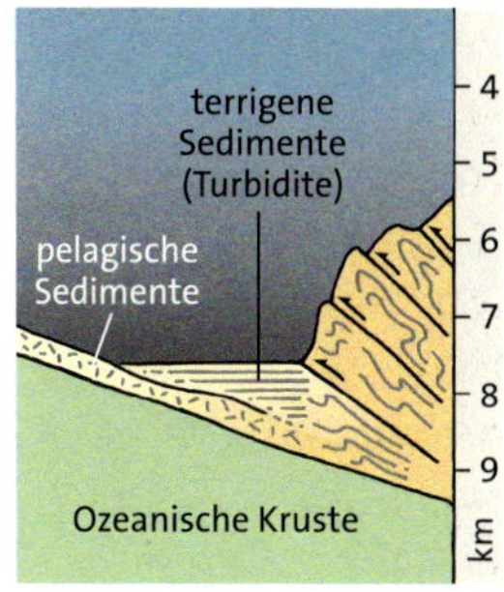


**Beispiel** (Grafik 2)

Für das Zeichnen der Profillinie kann man sich an den Höhenangaben der Karte orientieren.

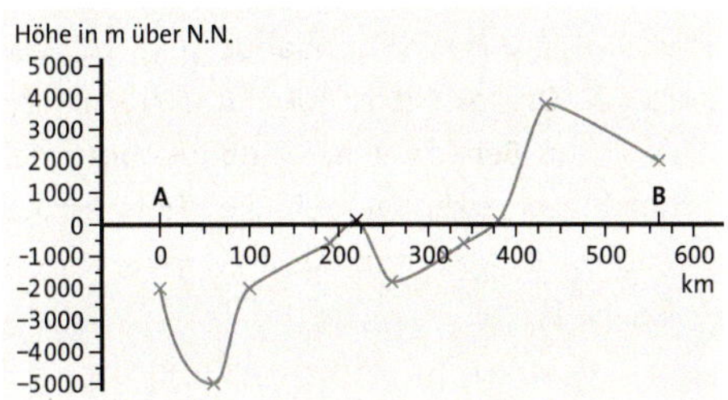


Das Einzeichnen der Schichten: ozeanische Kruste (ca. 10 km), kontinentale Kruste (ca. 50 km) und oberer fester Mantel (bis etwa 100 km Tiefe) erfolgt unter Berücksichtigung der Proportionen und lagegetreu. Schwierig wird das Einzeichnen der äußeren Schwelle und der Ablagerungen im Becken vor dem Inselbogen. Durch kleinere Flecken wird der Magmaaufstieg unter Sumatra angedeutet.

Pfeile verdeutlichen die Bewegungsrichtung der abtauchenden ozeanischen Kruste.

### 3. Schritt: Profilskizze auswerten

Die Auswertung der tektonischen Profilskizze beginnt mit der Beschreibung der Abfolge der Schichten und möglicher Prozesse. Danach werden Begründungen für die festgestellten Tatsachen erläutert. Zur Erklärung können zusätzliche Quellen genutzt werden.

**Beispiel**

Die ozeanische Kruste der Indisch-Australischen Platte taucht im Bereich des Sundagrabens unter die Eurasische bzw. die Chinesische Platte. Das aus der Asthenosphäre aufsteigende Magma bildet den aktiven Vulkanbogen Sumatras, begünstigt durch die Horizontalverschiebungen der kontinentalen Kruste. Die marinen Sedimentablagerungen werden in der Tiefseerinne in die Subduktion einbezogen und bilden einen Anwachskeil, der sich als äußere Schwelle (Mentawai-Rücken) über den Meeresspiegel erhebt. An der Rückseite der äußeren Schwelle kommt es durch Sedimenteintrag zur Ausbildung eines flachen Meeresbeckens.

**Bildung eines Anwachskeils**

An jeder Überschiebungsfläche kommen ältere auf jüngeren Gesteinen zu liegen. Ozeanboden wurde von der subduzierenden Platte abgeschürft und in den Anwachskeil eingelagert. Die Gesteine an den Überschiebungsflächen werden zum Teil stark zerbrochen, gegeneinander verschoben und als äußere Schwellen sichtbar.


Seite 41
Plattentektonischer Zyklus

Seite 22
Mittelatlantischer Rücken/Island


1 Ordnen Sie die dargestellte Situation in den Plattentektonischen Zyklus ein.

2 Zeichnen Sie eine tektonische Profilskizze für den Mittelozeanischen Rücken durch Island und werten Sie Ihre Skizze aus.

3 Erläutern Sie die Entstehung der äußeren Schwelle im Profil 2. Nutzen Sie auch die Grafik 3 in der Randspalte zur Erklärung.

Diese Doppelseite bietet Ihnen die Möglichkeit der Selbsteinschätzung: Beherrsche ich das erforderliche Fachvokabular – verfüge ich tatsächlich über die mit der Bearbeitung dieses Kapitels angestrebten Sach-, Methoden- und Handlungskompetenzen? Überprüfen Sie sich selbst.

**Wichtige Fachbegriffe**

Asthenosphäre
Deckenüberschiebung
Diskontinuitätsfläche
Erze
Ganggestein
Grabenbruch
Hotspot
Inkohlung
Isostasie
Lagerstätte
Lithosphäre
Maar
Magmatit
Mantelplume
Metamorphit
Mittelozeanischer Rücken
Orogenese
Plutonismus
Plutonit
Rift
Schalenbau der Erde
Schichtvulkan
Schildvulkan
Sea-floor-spreading
Sedimentit
Subduktionszone
Tektogenese
Tektonik
Transformstörung
Vulkanismus
Vulkanit

Die Definitionen dieser Begriffe finden Sie im Arbeitsanhang (S. 192–201).

# Wissen vernetzen

**1 Endogene Prozesse und Plattentektonik**

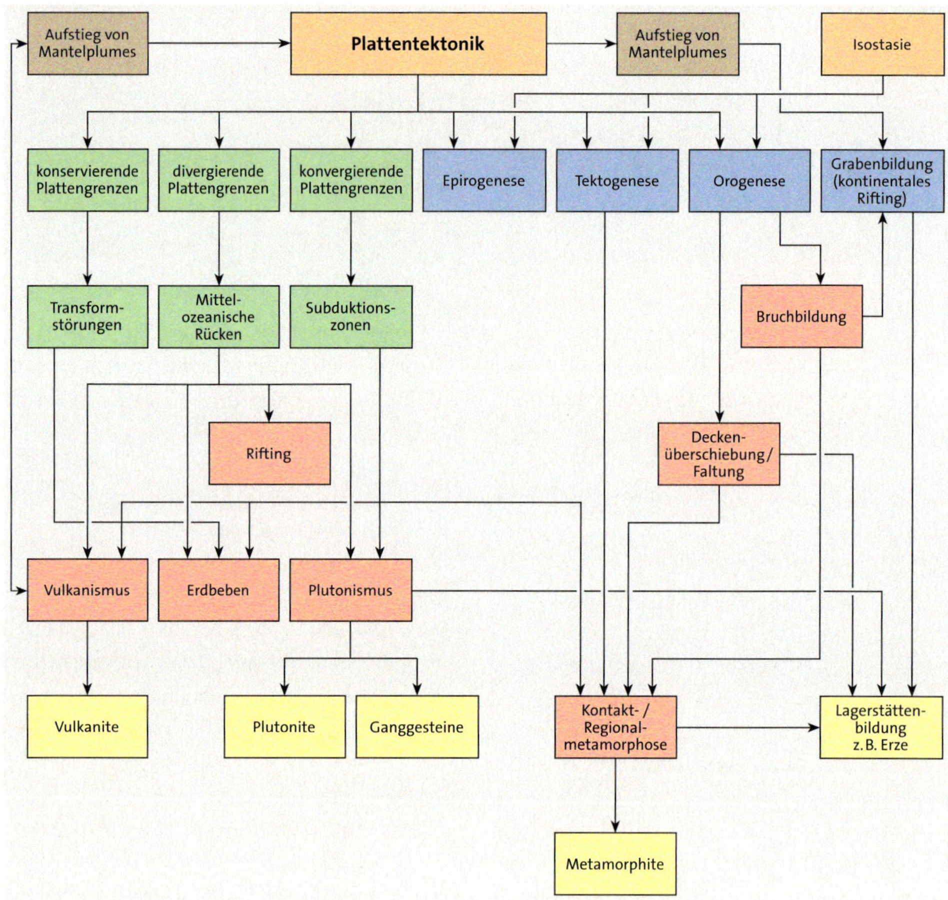


Endogene Prozesse haben zur heutigen Verteilung der Kontinente und Ozeane geführt und damit das Klima und den Wasserkreislauf entscheidend beeinflusst. Endogene Prozesse prägen das Antlitz unserer Erde bis heute; Naturereignisse wie Erdbeben und Vulkanismus gefährden in vielen Regionen das Leben von Millionen Menschen.

Ohne endogene Prozesse gäbe es kein Leben auf der Erde, keine mineralischen Rohstoffe, keine wirtschaftlich nutzbaren Gesteine und keine Wasservorräte. Damit der wachsenden Weltbevölkerung auch in Zukunft ausreichend Georessourcen zur Verfügung gestellt werden können, ist ein umfassendes Verständnis des Systems Erde nötig. Die Verfügbarkeit von Georessourcen ist dabei ein Schlüssel für die Zukunft der Menschheit.

Zur Entwicklung von Szenarien für eine nachhaltige Nutzung der Erde werden komplexe Modelle benötigt, bei denen auch endogene Prozesse Berücksichtigung finden müssen. Expertenwissen über Ursachen und Zusammenhänge von Erdbeben und Vulkanismus sind aber auch nötig, um geeignete Vorsorgemaßnahmen treffen zu können.

Mit der Theorie der Plattentektonik lassen sich die verschiedenen endogenen Prozesse wie Erdbeben, Grabenbildung, Gebirgsbildung, Vulkanismus, Gesteinsentstehung und Lagerstättenbildung erklären und in einer Synthese zusammenführen.

**Material**
Bogen zur Selbsteinschätzung
29760X-2501

# Kompetenzen überprüfen

**Überprüfen** Sie Ihre bei der Bearbeitung dieses Kapitels erworbenen Kompetenzen.

Nehmen Sie dabei die untenstehende **Selbsteinschätzung** Ihres Kompetenzstandes unter Verwendung der folgenden Klassifikation vor:
1 = stimmt
2 = stimmt überwiegend
3 = stimmt teilweise
4 = stimmt nicht

Eine Checkliste mit der Möglichkeit zum Ankreuzen Ihres Kompetenzstandes steht Ihnen im Internetauftritt dieses Schülerbuches unter dem ONLINE-Link 29760X-2501 zur Verfügung. Wenn Sie Hilfe benötigen, wenden Sie sich an Ihre betreuende Lehrerin oder Ihren Lehrer.

**2 Arbeitschritte für die Selbsteinschätzung**

**1. Schritt**
Führen Sie die Selbsteinschätzung zunächst allein durch.

**2. Schritt**
Vergleichen Sie die Ergebnisse im (Zweier-) Team.

**3. Schritt**
Arbeiten Sie Möglichkeiten und Methoden heraus, festgestellte Lücken zu schließen und Defizite zu beseitigen.

**Sachkompetenz – Ich kann ...**
- anhand des Schemas 1 Zusammenhänge zwischen Plattenbewegungen und folgenden Vorgängen erklären: Erdbeben, Vulkanismus, Entstehung von magmatischen und metamorphen Gesteinen, Entstehung von Grabenbrüchen, Entstehung von Gebirgen, Entstehung von Erzlagerstätten,
- die Grundlagen von Alfred Wegeners Kontinentverschiebungstheorie darstellen,
- die Bedeutung von Erdbebenwellen für die Erforschung des Erdinneren erläutern,
- Antriebskräfte für die Plattenbewegungen benennen,
- die Verbreitung von Erdöllagerstätten beschreiben und begründen,
- am Beispiel der Alpen oder des Himalaya Zusammenhänge zwischen geologischem Bau und der Gebirgsbildung erklären,
- die Entstehung unterschiedlicher Vulkantypen erklären,
- regionale Plattengrenzen in das Modell des Plattentektonischen Zyklus einordnen.

**Methodenkompetenz – Ich kann ...**
- mithilfe geologischer Profilskizzen Vorgänge an Plattengrenzen erläutern,
- plattentektonische Vorgänge wie Subduktion und Sea-floor-spreading in einer tektonischen Profilskizze darstellen,
- anhand der Soliduskurve die Entstehungsbedingungen von Magma erläutern,
- Handstücke von Gesteinen mithilfe ausgewählter Erkennungsmerkmale als Magmatit oder Metamorphit bestimmen,
- mithilfe von Atlaskarten zur Geotektonik sowie zu Vulkanismus und Erdbeben Ursache-Wirkungszusammenhänge für endogene Prozesse in verschiedenen Regionen der Erde erläutern.

**Handlungskompetenz – Ich kann ...**
- andere Personen über den sparsamen Umgang mit Rohstoffen aufklären,
- einen Beitrag zum ressourcenschonenden Umgang mit Rohstoffen leisten, indem ich z. B. Energie spare und Recycling nutze.

# Die Hydrosphäre

Die Erde wird auch der „blaue Planet“ genannt. Zwei Drittel seiner Oberfläche sind von Wasser bedeckt. Würde man unabhängig vom Aggregatzustand alle Wassermengen auf der Erde addieren, so würde diese Summe die Landmassen aller Kontinente mit einer mehr als 2 500 m mächtigen Wasserschicht bedecken. Das Wasser bestimmt nicht nur das Bild unseres Planeten mit den Weltmeeren, es formt beispielsweise durch verschiedene Prozesse die Erdoberfläche oder beeinflusst unser Klima durch Meeresströmungen.
Wasser ist die wichtigste chemische Verbindung auf unserem Planeten: Ohne Wasser wäre Leben nicht möglich. Aus diesem Grund suchen Raumsonden auf anderen Planeten nach Wasser.
Der Anblick der Erde aus dem All lässt zunächst vermuten, dass auf dem blauen Planeten Wasser in Hülle und Fülle vorhanden ist. Zwar steht das salzhaltige Wasser der Weltmeere als nahezu unerschöpflicher Vorrat zur Verfügung, die lebenswichtigen Süßwasservorkommen aber sind örtlich und zeitlich begrenzt. Etwa die Hälfte aller Süßwasservorräte befinden sich in wenigen Ländern. Verschärft wird die Problematik des knappen Süßwassers in vielen Fällen durch eine nicht nachhaltige Lebens- und Wirtschaftsweise der Menschen.

**Drei Schritte bis zum Ziel**

**Ziel**

Wasser ist elementare Voraussetzung fast aller Prozesse auf unserem Planeten. Es verbindet im Wasserkreislauf alle Sphären miteinander.
Nach der Bearbeitung dieses Kapitels können Sie folgende Fragen beantworten:
- Weshalb ist das Wasser weltweit ungleich verteilt?
- Kann Wasser erneuert werden?
- Wie beeinflusst Wasser die Erdoberfläche und das Klima?
- Wie entstehen Wellen und Meeresströmungen?
- Welche Lösungsmöglichkeiten gibt es, der zunehmenden Verknappung von Süsswasser entgegenzuwirken?
- Weshalb sind marine Ökosysteme gefährdet?

**1. Grundlagen erarbeiten**

- Eigenschaften von Süß- und Salzwasser,
- Wasservorräte der Erde,
- Entstehung von Wellen.

**2. Wissen vernetzen**

- Grundzüge des Globalen Wasserkreislaufs,
- Bildung von Grundwasser,
- Vorgänge in Fließgewässern,
- Bedeutung von Meeresströmungen für das globale Klima.

**3. Kompetenzen anwenden**

- Maßnahmen zur Sicherung der Wasserversorgung bewerten,
- Gefährdungen von marinen Gewässerökosytemen darstellen,
- nachhaltige Handlungsstrategien beurteilen.

**1 Reste einer überfluteten Ortschaft in einem Wolgastausee**
**2 Satellitenbild des Golfstroms: Temperaturverteilung der Meeresoberfläche vor der Ostküste der USA**
**3 Regenfront über dem Bodensee**
**4 Brandungswelle**

2

4

# 3.1 Niederschlag – Grundwasser – Fließgewässer

**Kompetenzen in diesem Kapitel erwerben**
- den globalen Wasserhaushalt erläutern und die globale Wasserhaushaltsgleichung begründen;
- das Konfliktpotenzial von wasserbaulichen Großprojekten analysieren und Lösungsmöglichkeiten beurteilen;
- die Ursachen für Meeresströmungen darstellen und die Auswirkungen der globalen ozeanischen Zirkulation erörtern;
- unterschiedliche Wellenarten in ihrer Entstehung vergleichen;
- das Nutzungs- und Gefährdungspotenzial eines marinen Ökosystems darstellen und beurteilen.

## Wasserplanet Erde

Obwohl Wasser nur etwa 0,1 % des Volumens der Erde ausmacht, sind dennoch 71 % der Erdoberfläche mit Wasser bedeckt. Wasser prägt aber nicht nur die Oberfläche unseres Planeten, es ist für die belebte Natur auf der Erde existenziell.

**Wasserkreislauf.** Das auf der Erde vorkommende Wasser befindet sich dank Sonnenenergie und Schwerkraft in einem stetigen Kreislauf zwischen Ozeanen, Atmosphäre und Festland, der durch **Niederschlag**, Abfluss sowie Verdunstung charakterisiert ist. Die durch die Sonnenstrahlung angetriebene Verdunstung erfolgt vor allem über dem Meer und bildet aus Meerwasser **Süßwasser**. Die zur Verfügung stehende Strahlungsenergie bestimmt neben der Wassertemperatur, dem Sättigungsgrad der Luft und den Luftturbulenzen die Verdunstungsrate. Von der Luft kann nur eine bestimmte Maximalmenge von Wasser in gasförmiger Form aufgenommen werden, wobei die Aufnahmefähigkeit mit der Temperatur ansteigt. Jede darüber hinausgehende Wasserdampfmenge führt zur Kondensation und setzt die latente Wärme des Wasserdampfes frei, sodass sich bei Wolkenbildung die Luft erwärmt.

**2 Wasserbilanz**

Da die Erde ein geschlossenes System darstellt, kann der globale Wasserkreislauf einfach mit N = V, also Niederschlag gleich Verdunstung, beschrieben werden. Für eine differenziertere Betrachtung lassen sich Teilkreisläufe ausgliedern, welche aber über Flüsse und Luftbewegung miteinander verbunden sind. So gilt für die Meere (M) die Formel:
VM = NM + AL
Für das Festland (L) muss neben Niederschlag, Verdunstung und Abfluss (A) auch die Differenz zwischen Rücklage (R) und deren Aufbrauch (B) durch Abfluss oder Verdunstung berücksichtigt werden. Als Rücklage bezeichnet man Wasser, welches zum Beispiel in der Bodenfeuchte, im Eis oder in den stehenden Gewässern gespeichert wird. Daher ergibt sich für das Festland die Gleichung:
NL = VL + AL + (R – B).

**1 Der globale Wasserkreislauf**

**Aggregatzustände des Wassers und Übergangsprozesse**

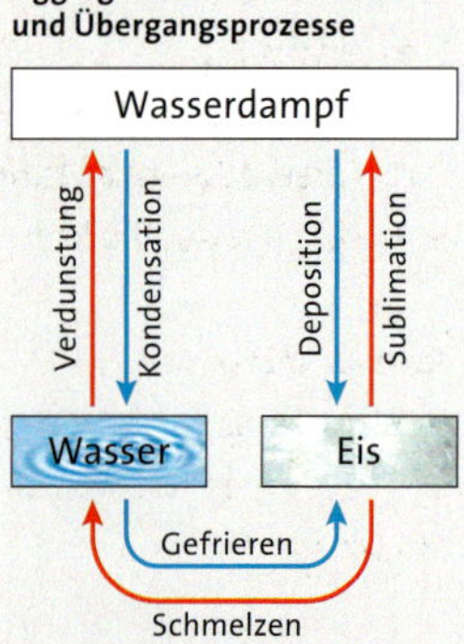


**Verweildauer des Wassers**
Atmosphäre: *8 – 10 Tage;*
Eis/Gletscher: *10 Jahre bis Jahrtausende;*
Pflanzen: *7 Tage;*
Seen: *Tage bis Jahre;*
Grundwasser: *bis zu 10 000 Jahre;*
Flüsse: *14 Tage;*
Ozean: *mehr als 4 000 Jahre*

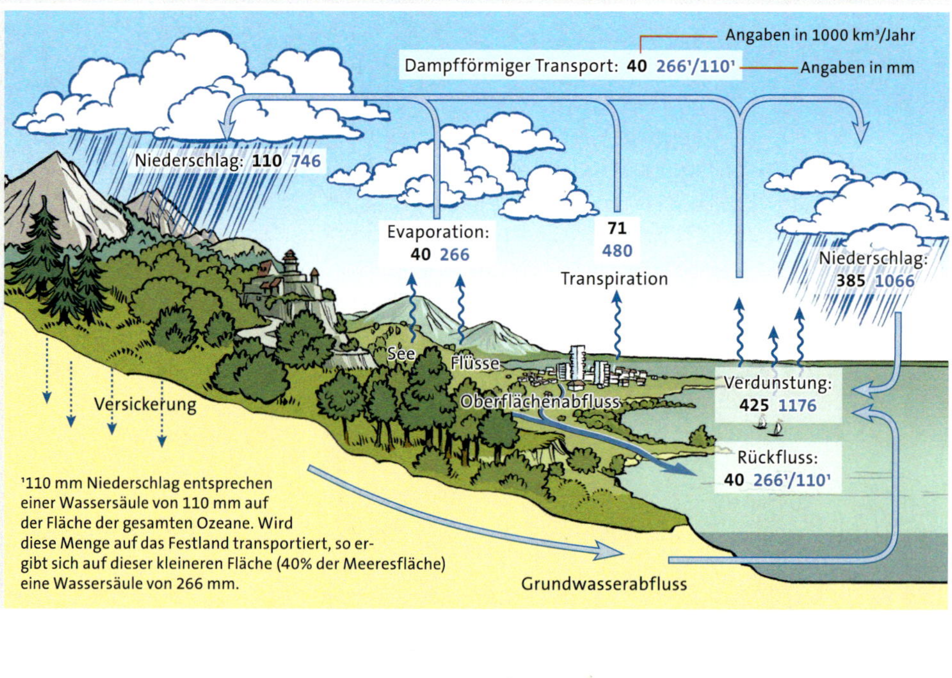

Literaturtipp
Wasser der Erde
29760X-3101

Material/Surftipp
Wasserkreislauf
29760X-3102

Material/Surftipp
Stehende Gewässer
29760X-3103

# Süßwasser

Global steigt der Bedarf an Süßwasser. Sein Anteil am Wasservorkommen der Erde beträgt je nach Schätzung nur 2,6 bis 3,5 %. Davon sind jedoch nur etwa 10 % als blaues oder **grünes Wasser** für die menschliche Nutzung verfügbar.

### 3 Blaues und grünes Wasser

„Der sichtbare, flüssige Wasserstrom, der sich durch Gewässer, Flüsse, Seen und das Grundwasser bewegt, wird als blaues Wasser bezeichnet. Wenn also Niederschlag auf den Erdboden trifft, kann der blaue Wasserstrom aus Oberflächenabfluss in Rinnen, auf Wegen, in Bächen und Flüssen bestehen. Er kann aber auch aus unterirdischem Abfluss bestehen ... Demgegenüber bezeichnet man den unsichtbaren Fluss von Wasserdampf von der Erdoberfläche in die Atmosphäre durch Verdunstung als grünes Wasser. Produktives grünes Wasser bezeichnet die Verdunstung durch die Vegetation [Transpiration], da dieser Wasserfluss zur Produktion von Biomasse führt ... Der produktive Fluss des grünen Wassers unterscheidet sich, da Pflanzen ihn strategisch steuern, um ihr Überleben zu sichern, radikal von der rein physikalischen, ungesteuerten Evaporation der unbelebten Natur ..."

Wolfram Mauser: Wie lange reicht die Ressource Wasser? Schriftenreihe der Bundeszentrale für politische Bildung, Bd. 659. Bonn: Bundeszentrale f. pol. Bildung 2007, S. 56–62

Ein Teil der weltweiten Süßwasservorräte kann immer wieder erneuert werden. Dies geschieht im terrestrischen Teil des **Wasserkreislaufs** mit den Komponenten Niederschlag, Interzeption, **Evapotranspiration**, Abfluss und Infiltration. Etwa zwei Drittel des Niederschlags über dem Festland verdunsten wieder. Der Rest fließt oberirdisch über **Fließgewässer** oder zu einem kleinen Teil über das **Grundwasser** zurück ins Meer.

### 4 Die Wasservorräte der Erde

Nach Peter Krebs: Wasser – eine endliche Ressource. TU Dresden, Fachrichtung Wasserwesen, Institut für Siedlungs- und Industriewasserwirtschaft, S. 2, unter: http://tu-dresden.de (Juni 2010)

| **Wasserressource** | **Volumen** | **Anteil am Wasser** | **Anteil am verfügbaren Süßwasser** | **Erneuerungszeit** |
|---|---|---|---|---|
| | (× $10^3$ km³) | (%) | (%) | (a) |
| Salzwasser | 1 370 323 | 93,942 | | 3 000 |
| Fossiles Grundwasser | 60 000 | 4,113 | | 5 000 |
| Eis | 24 000 | 1,645 | | 8 000 |
| Aktives Grundwasser | 4 000 | 0,274 | 91,38 | 330 |
| Seewasser | 280 | 0,019 | 6,34 | 7 |
| Bodenfeuchte | 85 | 0,0058 | 1,93 | 1 |
| Atmosphäre | 14 | 0,00096 | 0,32 | 0,027 |
| Fließgewässer | 1,2 | 0,00008 | 0,03 | 0,031 |
| **Verfügbares Süßwasser** | **4380,2** | **0,3** | | |
| **Total** | **1 475 703** | **~100** | **100** | |

### 5 Niederschlag, Interzeption und Oberflächenabfluss

Nach Alan H. Strahler, Arthur N. Strahler: Physische Geographie, 3. Aufl. = UTB 8159. Stuttgart: Ulmer 2005, S. 345

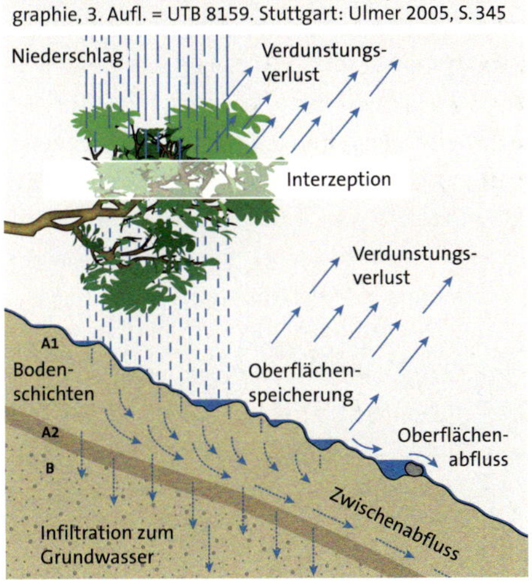


Dabei ist zu berücksichtigen, dass Teile des Niederschlagswassers an der Oberfläche, in Pflanzen, Mooren oder Seen zwischengespeichert werden, bevor sie verdunsten oder abfließen.

Süßwasser enthält maximal 0,5 ‰ Salz bei 8–12 °C.

**Interzeption**
Zurückhalten von Niederschlägen auf der Oberfläche von Pflanzen.

**Infiltration**
Eindringen von Niederschlägen in den Boden.

**Evaporation**
Verdunstung von Wasser auf unbewachsenem Land oder von Wasserflächen.

**Transpiration**
Verdunstung von Wasser über die Oberflächen von Pflanzen.

1 Beschreiben Sie mithilfe von Grafik 1 den Wasserkreislauf.

2 Erklären Sie, weshalb die Erde als Wasserplanet bezeichnet wird, obwohl nur 0,1 % des Erdvolumens Wasser ist.

3 Begründen Sie mithilfe der Materialien, dass für den Wasserhaushalt der Erde N = V gilt.

4 Erläutern Sie, weshalb blaues Wasser mehrmals, aber grünes Wasser nur einmal genutzt werden kann.

**6 Erscheinungsformen des Grundwassers**

Nach: Senatsverwaltung für Gesundheit, Umwelt und Verbraucherschutz (Hrsg.): Grundwasser in Berlin. Berlin: ohne Verlag 2007, S. 17, unter: www.berlin.de

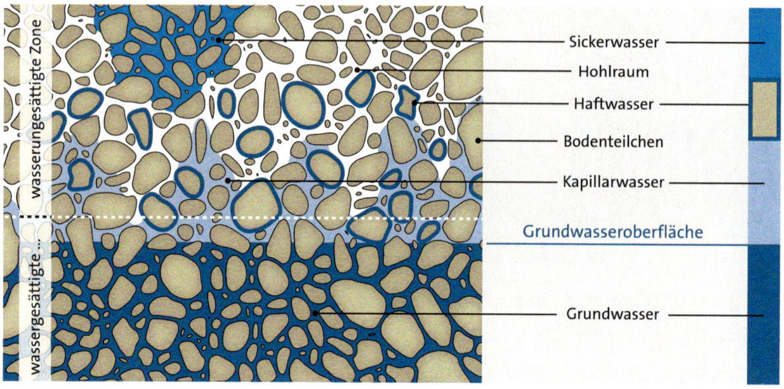


**7 Nicht-erneuerbares (fossiles) Grundwasser**

„Der Begriff … Grundwasser bezeichnet Grundwasservorkommen, die gegenwärtig nicht Teil des hydrologischen Kreislaufs sind. Dies bedeutet, dass keine Erneuerung über Niederschläge oder Infiltration erfolgt bzw. dass diese Erneuerung sehr gering ist und nur in sehr langen Zeiträumen zu einer nennenswerten Grundwasserneubildung führt. Da diese Zeiträume – häufig handelt es sich um mehrere hundert bis tausend Jahre – den menschlichen Planungshorizont deutlich übersteigen, werden diese Ressourcen als nicht-erneuerbar betrachtet. Der Grund für die Abkoppelung vom hydrologischen Kreislauf sind Veränderungen der klimatischen Bedingungen im Einzugsgebiet. Nicht-erneuerbares Grundwasser findet sich insbesondere in ariden und semiariden Gebieten … Die Vorkommen haben sich zu einer Zeit gebildet, als in den betreffenden Regionen noch feuchteres Klima vorherrschte. Aufgrund ihres hohen Alters spricht man auch von fossilem oder Paläo-Grundwasser."

Bundesanstalt für Geowissenschaften und Rohstoffe (BGR): Strategien für ein nachhaltiges Management nicht-erneuerbaren Grundwassers. Hannover: BGR 2007, S. 2

**Ungespanntes oder freies Grundwasser**
Die Grundwasseroberfläche liegt innerhalb eines Grundwasserleiters, Oberfläche und Druckfläche (gegen die Atmosphäre) fallen zusammen.

**Gespanntes Grundwasser**
Liegt über dem Grundwasserleiter ein Grundwasserstauer, kann dieses nicht so ansteigen, wie es seinem hydrostatischen Druck entspricht. Das Wasser steht unter (artesischem) Druck.

- - ➔
Seite 140–141
Karst

## Grundwasser

Wasser ist unter der Erdoberfläche vielfältig vorhanden. So sorgt es als Kapillarwasser für die Bodenfeuchte oder ist an Mineralstrukturen der Gesteine gebunden. Die Höhe des kapillaren Aufstiegs von Wasser ist im Wesentlichen von der Größe der Kapillarräume abhängig. Sie nimmt mit kleiner werdendem Korndurchmesser zu.
Von **Grundwasser** spricht man erst, wenn es in Hohlräumen zusammenhängend vorliegt und seine Bewegung durch die Schwerkraft bestimmt wird. Die Hohlräume können Poren in Locker- oder Festsedimenten sein, Klüfte entlang tektonischer Risse in kristallinen Gesteinen oder Karsthohlräume. Grundwasseranreicherungen entstehen nach Versickerung von Oberflächenwasser und Sättigung in grundwasserleitenden Schichten, die auch als **Aquifere** bezeichnet werden. Der **Grundwasserspiegel** beschreibt die Tiefe der oberen Grenzfläche der Sättigungszone in einem Aquifer. Grundwassernichtleiter oder **Aquicluden** sind z. B. aus kaum wasserdurchlässigen Tonen aufgebaut. Wenn sie eine Grundwasser leitende Schicht begrenzen, können sich Grundwasserstockwerke oder Grundwasserhorizonte ausbilden.
Grundwasser ist ständig in Bewegung. Bei unterschiedlicher Höhenlage des Grundwasserspie-

**8 Grundwasser horizontaler Schichten**

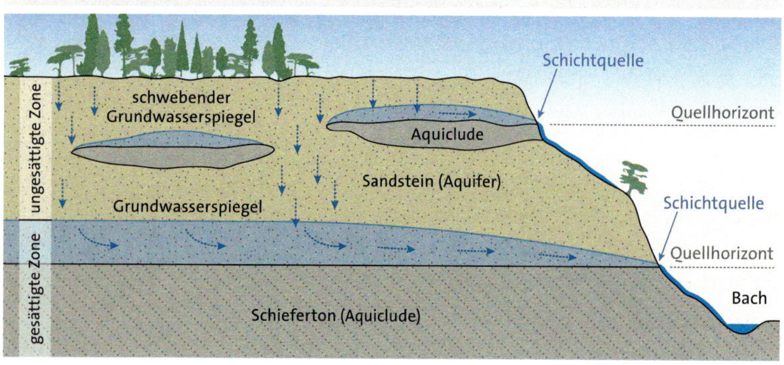


**9 Artesisches Wassersystem**

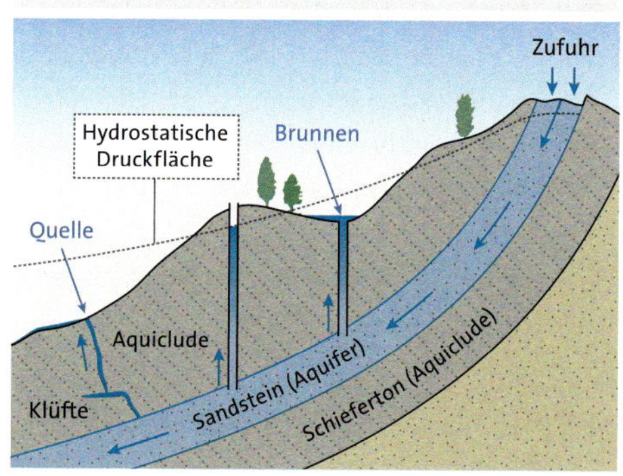

Surftipp
Grundwasser
29760X-3104

Material/Surftipp
Fließende Gewässer
29760X-3105

**10 Der Rhein – Beispiel für ein komplexes Abflussregime**

Nach Joachim Marcinek, Erhard Rosenkranz: Das Wasser der Erde. 2. Aufl. Gotha: Perthes 1996, S. 211

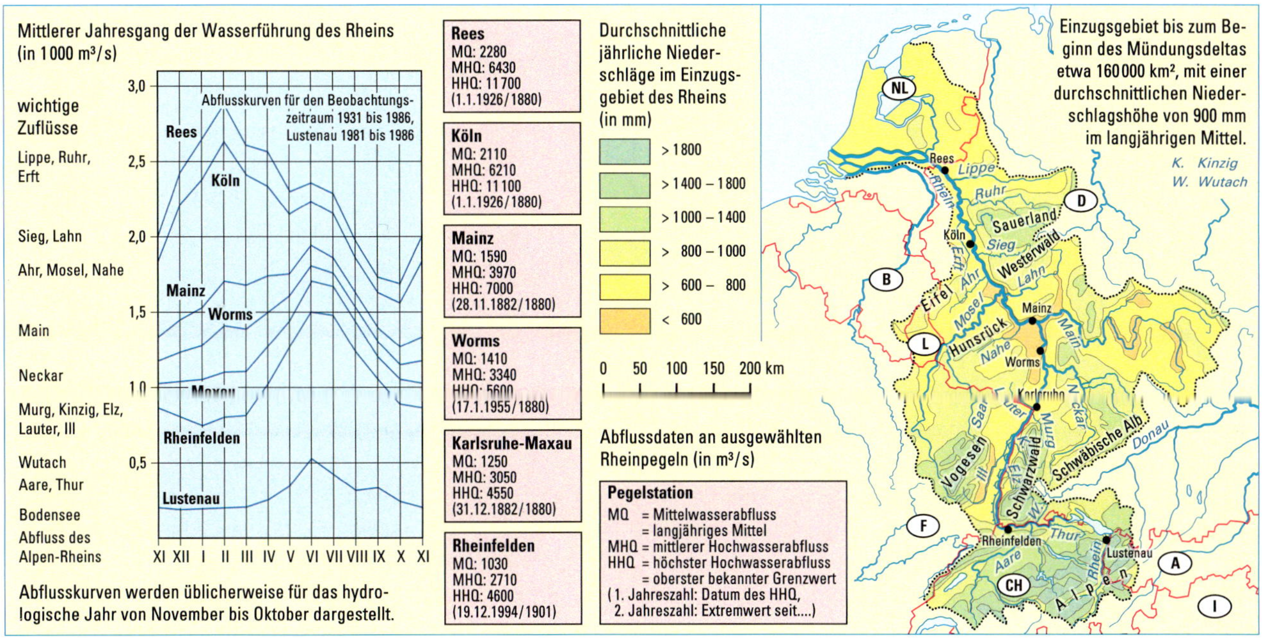


gels oder vorhandener Neigung grundwasserleitender Schichten hat das Grundwasser Gefälle und beginnt zu fließen. Allerdings sind die Fließgeschwindigkeiten relativ gering. So wurden im Untergrund von Berlin Werte von 10 bis 500 Metern pro Jahr gemessen. Verweildauer und Gesteinsverhältnisse geben dem Grundwasser seine Eigenschaften, wie Härtegrad oder Mineralgehalt. Das Grundwasser strömt entweder Flüssen oder Seen zu oder tritt in Quellen an der Landoberfläche aus. In Regionen mit geneigten Schichten können **artesische Wassersysteme** entstehen. In Grafik 9 ist der Aquifer aus Sandstein von einer Aquiclude überdeckt. Das Grundwasser im Aquifer steht unter hydrostatischem Druck. In einem artesischen Brunnen kann das Wasser spontan aus dem Aquifer bis zur Höhe der hydrostatischen Druckfläche aufsteigen. Liegt der Brunnen über der hydrostatischen Druckfläche, tritt kein Wasser aus.

## Fließgewässer

Über **fließende Gewässer,** in der Hydrologie auch als Vorfluter bezeichnet, werden oberirdisch große Flächen, die **Einzugsgebiete**, entwässert. Im Rhein fließt z. B Wasser aus einem fast 160 000 km² großen Gebiet ab.

Aufgrund der Größe des Einzugsgebietes mit seinen Zuflüssen aus unterschiedlichen Klimaregionen, hat sich für den Rhein ein komplexes Abflussregime eingestellt.

Im Gegensatz zu einfachen Systemen überlagern sich hier zwei Abflusssysteme. Dies lässt sich an der Anzahl und den sich jahreszeitlich verändernden Höhen der Abflussregime erkennen, wie es Material 10 verdeutlicht. Für den Rhein sind Maxima von Juni bis Juli und mit zunehmender Flusslänge vom Februar bis März zu erkennen.

**Abflussregime**
Damit wird der mittlere jahreszeitliche Verlauf des Abflusses eines Gewässers bezeichnet.

5 Arbeiten Sie aus den Materialien die Kennzeichen von Grundwasser, Aquiferen und Aquicluden heraus.

6 Erläutern Sie die Funktionsweise eines artesischen Brunnens.

7 Beschreiben Sie, was man unter dem Abflussregime eines Flusses versteht.

8 Analysieren Sie die unterschiedlichen Abflusssysteme des Rheins an den Pegelstandorten Lustenau und Rees.

**11 Funktionen und Konfliktpotenzial von Großstaudämmen**

Nach Dams: Official Newsletter of the World Commission on Dams. Nr. 8, 12/2000, S. 9

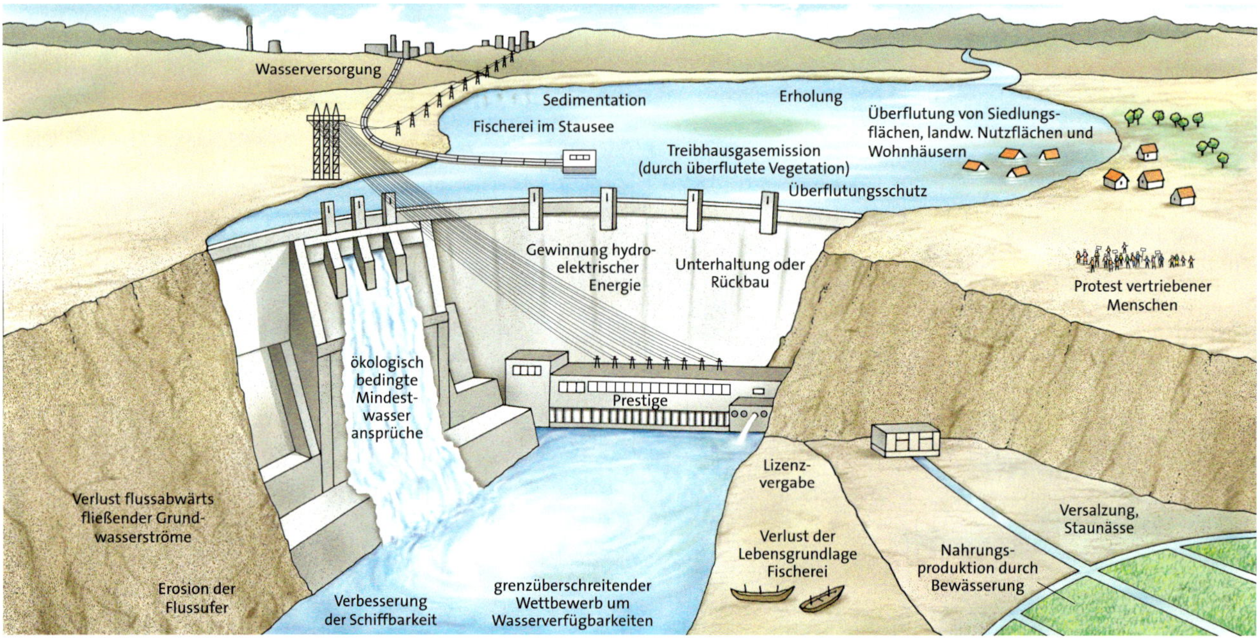


**12 Eine kritische Stimme**

"Big Dams started well, but have ended badly. There was a time when everybody loved them, everybody had them – the Communists, Capitalists, Christians, Muslims, Hindus, Buddhists. There was a time when Big Dams moved man to poetry. Not any longer ... Big Dams are obsolete. They're uncool. They're undemocratic ... They're brazen means of taking water, land and irrigation away from the poor and gifting it to the rich. Their reservoirs displace huge populations of people, leaving them homeless and destitute."

Arundhati Roy (indische Schriftstellerin): The cost of living. New York: Modern Library 1999, S. 15–16

## Wasserbauliche Großprojekte auf dem Festland

Die Nutzung der Wasserkraft gilt grundsätzlich als ökologisch weitgehend verträgliche Form Energie zu gewinnen. Diese positive Bewertung muss jedoch relativiert werden. Sie gilt nahezu uneingeschränkt nur für kleine Staudämme, die so konzipiert sind, dass die gewonnene Energie und das Bewässerungswasser den lokalen bzw. regionalen Verbrauch decken. Auf diese Weise profitieren auch alteingesessene, vom Projekt unmittelbar betroffene Bevölkerungsgruppen. Mit zunehmender Größe der Projekte und einer national oder gar international geplanten Nutzung der Energie oder des Wasserreservoirs nehmen die positiven Effekte ab.

Großstaudämme, so lehrt die Erfahrung der vergangenen Jahrzehnte, führen fast immer zu weitreichenden Folgeproblemen. Bereits seit den 1970er Jahren gibt es deshalb heftige Auseinandersetzungen zwischen Staudammbefürwortern und Kritikern. Gut dokumentierte Beispiele sind der Drei-Schluchten-Staudamm in China oder das Südostanatolien-Projekt (GAP) in der Türkei.

**13 Mögliche Auswirkungen von Staudamm-Großprojekten**

- Veränderung des Grundwasserspiegels und der Abflussverhältnisse
- Ausbleiben wertvoller Schwebfracht im Unterlauf
- in ariden bzw. semiariden Räumen hohe Verdunstungsverluste über großen Wasserflächen
- Veränderung des Regionalklimas
- Sedimentation durch Zuflüsse und allmähliches Auffüllen des Staubeckens
- durch hohe Projektkosten Abhängigkeit von ausländischen Kreditgebern
- Verzögerung anderer Vorhaben zur Verbesserung der Wirtschaftsstruktur durch langfristige Kapitalbelastung des Staates
- soziale Probleme durch Umsiedlung von Bevölkerungsgruppen und durch radikalen Umbruch traditioneller Strukturen
- Verdrängung von Kleinbauern und Pächtern durch Agroindustrien
- Anbau von Industriepflanzen („cash crops") statt Nahrungsmitteln, damit Abhängigkeit vom Weltmarkt

Material/Surftipp
Staudämme
29760X-3106

Material
Toshka-Projekt
29760X-3107

Material/Surftipp
Großprojekte/Wasserkonflikte
29760X-3108

**Das Toshka-Projekt – eine umstrittene wasserbauliche Großbaumaßnahme**
Nur wenige Kilometer von der weltberühmten Tempelanlage Abu Simbel entfernt liegt eine der größten Pumpstationen Ägyptens. Sie ist das Zentrum eines gewaltigen Projektes zur Erschließung der südwestlichen Wüstenregion des Landes zwischen dem Nassersee und den Oasen in der Libyschen Wüste: das Toshka- Projekt.

**Ziele.** Das Toshka-Projekt soll die Wüste im Südwesten Ägyptens durch Bewässerung landwirtschaftlich nutzbar machen. Die ägyptische Regierung erhofft sich dadurch eine Entlastung der landwirtschaftlich genutzten Bewässerungsgebiete entlang des Nils. Nach ihren Plänen sollen bis zum Jahre 2017 mindestens 420 000 ha Wüstenboden urbar gemacht werden und 18 große Dörfer bzw. kleine Städte entstehen, in denen bis zu drei Millionen Menschen leben können. Damit würde sich die Siedlungsfläche Ägyptens von zurzeit 5 % auf 25 % ausweiten. Das würde helfen, die enorme Bevölkerungskonzentration im schmalen Niltal und im Nildelta zu verringern. Der überwiegende Teil der Arbeitsplätze soll von landwirtschaftlichen Großbetrieben bereitgestellt werden. Zur Landwirtschaft sollen Bergbau und Metallindustrie hinzukommen, weil die Region reich an Mineralien und anderen Rohstoffen ist. Zusätzliche Beschäftigungsmöglichkeiten werden in neuen Betrieben der Infrastruktur und der Versorgung der Bevölkerung sowie im Tourismus erwartet. Bei Toshka sollen u. a. Fischfarmen aufgebaut werden, die mehr als 5 000 t Fisch jährlich produzieren.

**Probleme.** In der Nilregion gilt das Projekt als umstritten. Die Anrainerstaaten befürchten hier einen Kampf um die immer knapper werdende Ressource Wasser, da Ägypten schon heute mehr Nilwasser entnimmt als ihm eigentlich zusteht.
Erste Kritiker waren Archäologen, die gerade in der Toshka-Ebene, wo nur eine dünne Sandschicht alten Lehmboden überdeckt, Spuren antiker Kulturen vermuten.
Zudem sind die Agrarwissenschaftler nicht einig, ob der Boden der Ebene überall fruchtbar ist. Um reichlich Ertrag zu erbringen, müsste gegebenenfalls mit großen Mengen an organischem Dünger oder Kunstdünger gearbeitet werden.
Ökologen weisen immer wieder auf das äußerst empfindliche Gleichgewicht von Fauna und Flora in der Wüste hin, das wohl mit dem landwirtschaftlichen Anbau für immer verlorengehen würde. Ein weiteres ökologisches Problem ist die Versalzung der Böden. Nach Angaben der Wissenschaftler würde das eingeleitete Wasser in der heißen Ebene schneller verdunsten, als es der trockene Boden und die Pflanzen aufnehmen könnten.
Ob und wann sich die Erwartungen in das Projekt erfüllen, wann die vorgesehenen drei Millionen Menschen in der Toshka-Ebene leben werden, ist noch ungeklärt. Bei dem trockenen, heißen Wüstenklima mit Temperaturen von über 50 °C im Sommer wird es schwierig sein, Interessenten zu finden, die diese Pionierarbeit leisten wollen.

**14 Ägypten: Toshka-Projekt**

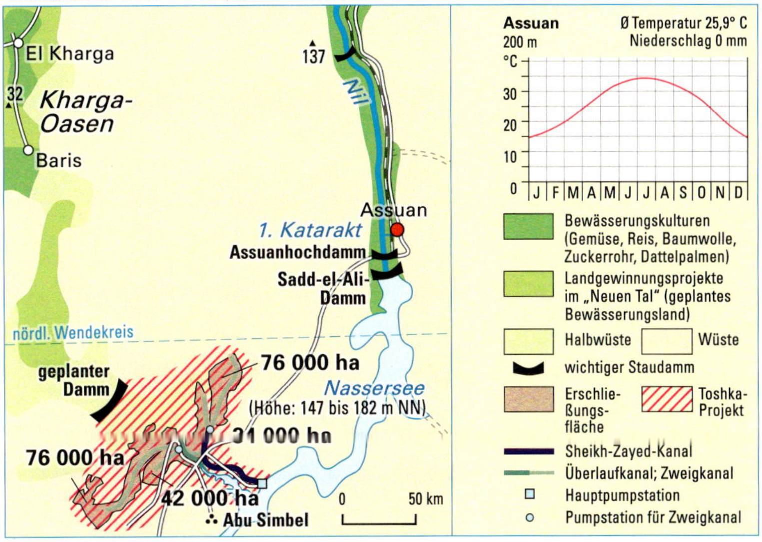


**15 Bewässertes Ackerland des Toshka-Projektes (Januar 2010)**

9 Erstellen Sie eine Tabelle zu Vor- und Nachteilen von Staudamm-Großprojekten.
10 Stellen Sie die Motive der ägyptischen Regierung für das Toshka-Projekt dar.
11 Erläutern Sie anhand der Materialien, vor welche Probleme das Projekt gestellt ist.
12 Erörtern Sie Zielsetzung und Maßnahmen des Projekts aus verschiedenen Perspektiven.

# 3.2 Weltmeere

**1 Wie kommt das Salz ins Meer?**

„Vielleicht ist es bei der Bildung der Urozeane entstanden, vielleicht aber auch erst im Laufe der Erdgeschichte von vulkanischen, atmosphärischen oder festen Bestandteilen der Erdrinde allmählich zugeführt worden. Eine Einschwemmung von Salzen durch die Flüsse der Kontinente kann nicht allein die Ursache für den heutigen Salzgehalt der Meere sein, denn die Flüsse enthalten andere Salze als der Ozean. Im Meer überwiegen die Chloride, im Flusswasser die Carbonate. Gegenwärtig ist man der Meinung, dass ein erheblicher Teil der Bestandteile (Ionen) des Meersalzes, die nicht aus dem Flusswasser stammen können, durch untermeerische Quellen im Bereich der Mittelozeanischen Rücken zugeführt werden."

Walter Schumann: Das Buch der Erde, Bd. 1. München: Lexikographisches Institut 1987, S. 144 f.

## Meerwasser ist Salzwasser

Im System Erde zirkulieren mehr als 1,4 Mrd. km³ Wasser, wovon auf die Meere etwa 94 % entfallen. Als Meere oder Ozeane bezeichnet man die zusammenhängenden großen **Salzwassermassen** der Erde. Sie bedecken einen großen Teil der Erdoberfläche. Pazifischer (178,8 Mio. km²), Atlantischer (106,2 Mio. km²) und Indischer Ozean (75,8 Mio. km²) bilden mit mehr als 90 % der Wasseroberfläche die großen Meere. Mit diesen drei großen Ozeanen sind kleinere Meere verbunden:

- als Randmeere (z. B. die Nordsee)
- als Binnenmeere (z. B. die Ostsee) oder
- als Mittelmeere (z. B. das interkontinentale asiatisch-europäisch-afrikanische Mittelmeer).

**Physikalische Grundlagen des Salzwassers**

Je geringer die Wassertemperatur, desto höher ist die Dichte des Wassers. Dies gilt jedoch nur bis zu einer Temperatur von etwa 4 °C. Hier erreicht Wasser sein Dichtemaximum. Sinkt die Temperatur unter diesen Wert, zeigt sich die Dichteanomalie des Wassers: Es dehnt sich ab dieser Temperatur – auch beim Wechsel in den festen **Aggregatzustand** – wieder aus. Ein solches Verhalten kennt man nur von wenigen Stoffen.

Mit zunehmendem Salzgehalt erhöht sich die Dichte des Meerwassers, der Gefrierpunkt sinkt ab. Bei einem Salzgehalt von 3,5 % liegt er bei −1,9 °C.

Die Meerwassertemperaturen reichen vom Gefrierpunkt bis ca. 35 °C an der Oberfläche der tropischen Ozeanbereiche.

Mit einer mittleren Dichte von 1,027 g/cm³ (bei Temperaturen von 0 bis 15 °C) enthält das Meerwasser durchschnittlich 3,5 % (oder g/l) gelöste Salze. Die restlichen 96,5 % sind reines Wasser. Den salzigen Geschmack verursacht das gelöste Kochsalz, den bitteren Beigeschmack bewirken Magnesiumsalze.

Verdunstung, **Niederschlag,** Eisbildung und salzarme Zuflüsse verändern den Salzgehalt. Für die Nordsee wurden jahreszeitlich unterschiedliche Werte zwischen 3,1 und 3,3 % gemessen. Durch

**2 Salzgehalt, Dichte und Gefrierpunkt des Meerwassers**

Nach Hans-Günter Gierloff-Emden: Geographie des Meeres, Teil 2. Berlin, New York: De Gruyter 1980, S. 775

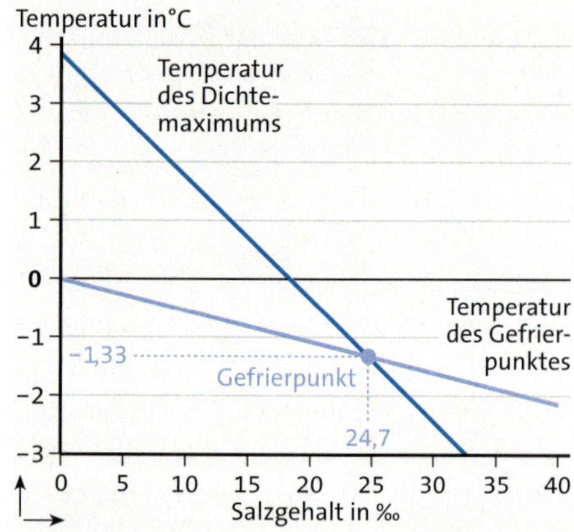


Abhängigkeit von Gefrierpunkt und Dichtemaximum des Meerwassers vom Salzgehalt

Vermischung mit **Süßwasser** kann in Randmeeren, in denen der Wasseraustausch mit den Ozeanen eingeschränkt ist, der Salzgehalt geringer sein. So liegt er in der Ostsee zwischen 0,2 und 2 %. Umgekehrt führt eine starke Verdunstung von der Oberfläche des jeweiligen Meeres in Kombination mit geringen Zuflüssen zu einer Erhöhung des Salzgehaltes. Im Roten Meer und Persischen Golf wird ein Salzgehalt von 4,1 % gemessen. Den höchsten Salzgehalt in einem natürlichen Gewässer weist allerdings ein Binnensee auf: das Tote Meer mit 28 %.

Unabhängig vom Salzgehalt bleibt die Zusammensetzung der gelösten Salze weitgehend gleich. Die Menge der in den Weltmeeren enthaltenen Salze würde ausreichen, den Boden der Ozeane mit einer ca. 62 m mächtigen Salzschicht zu bedecken.

1 Erklären Sie, weshalb sehr kalte und sehr warme Meere den höchsten Salzgehalt haben.
2 Erläutern Sie die Zusammenhänge zwischen dem Salzgehalt des Meerwassers und den Gefriervorgängen.
3 Erstellen Sie ein Fließschema, welches die Veränderungen der Meerwassereigenschaften bei einer Erhöhung des Salzgehaltes verdeutlicht.

Material
Eigenschaften von Meerwasser
29760X-3201

# Meeresströmungen

### 3 „Friendly Floatees" auf hoher See

„Ein Frachtschiff ... geriet ... am 10.01.1992 nahe der Datumsgrenze [im mittleren Nordpazifik] in einen schweren Sturm ... Zwölf Container gingen über Bord. Einer öffnete sich und der Inhalt wurde von der Meeresströmung erfasst. Zwei Drittel der Spielzeugfiguren mit der Markenbezeichnung „Friendly Floatees" trieben nach Süden. Dabei legten sie eine Strecke von elf Kilometern pro Tag zurück. Viele von ihnen landeten später an den Küsten von Hawaii, Indonesien, Südamerika und Australien. 10 000 „Floatees" wurden jedoch nach Norden getrieben. Am 16.11.1992 fand ein Spaziergänger in Alaska ... die ersten Planschtiere ..."

Martin Kotynek: Quietscheentchen auf hoher See. In: Süddeutsche Zeitung vom 03.07.07. München 2007. Auf: www.sueddeutsche.de (Juni 2010)

### 4 Die Route der Plastikenten

Nach Süddeutsche Zeitung vom 03.07.07. München 2007

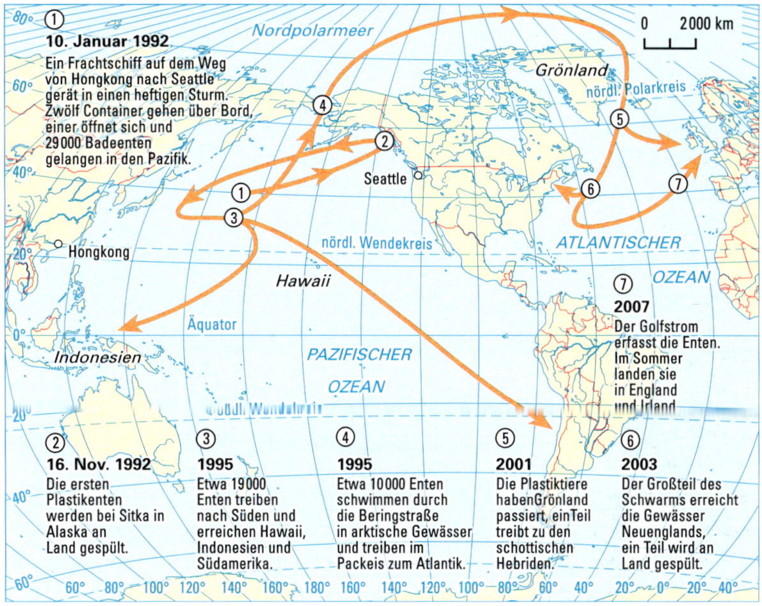


Wissenschaftler bezeichnen als **Meeresströmungen** starke und beständige horizontale und vertikale Wassermassentransporte.

**Antriebskräfte von Meeresströmungen**

Neben den Gezeiten nennen Wissenschaftler zwei weitere Antriebe für Meeresströmungen:

1. Wind: Meeresströmungen entstehen bei beständigem Wehen des Windes. Dabei werden auch die Wasserschichten unter der Oberfläche durch Reibung mitbewegt und zusätzlich durch die Corioliskraft abgelenkt. Der Corioliseffekt lenkt die Richtung des Geschwindigkeitsvektors in der Tiefe immer weiter ab. Tiefere Wasserschichten bewegen sich immer langsamer und die Bewegungsrichtung weicht damit immer stärker von der Windrichtung ab.

2. Thermohaliner Antrieb: Temperatur- und Salzgehaltsänderungen beeinflussen die Dichte des Wassers. Hoher Salzgehalt und Kälte führen zu höherer Wasserdichte. Wo diese am höchsten ist, kann Wasser von der Oberfläche in die Tiefsee sinken. Nur im Nordatlantik, im Ross- und Weddellmeer der Antarktis sowie im Mittelmeer wird eine sehr hohe Oberflächendichte erreicht. In den beiden ersteren Gebieten ist vor allem die niedrige Temperatur für die hohe Dichte verantwortlich, im Mittelmeer ist es die Verdunstung. Vor allem die Polargebiete wirken als gewaltige Umwälzpumpen im maritimen System. Kalte Wassermassen mit einer hohen Salzkonzentration sinken wegen ihrer hohen Dichte hier ab und verbreiten sich als Tiefenwasser rund um die Welt. Nahe der Oberfläche ersetzen Rückflüsse die absinkenden Wassermassen und halten damit die **thermohaline Zirkulation** in Bewegung.

### 5 Veränderung der Strömungsrichtung des Meerwassers

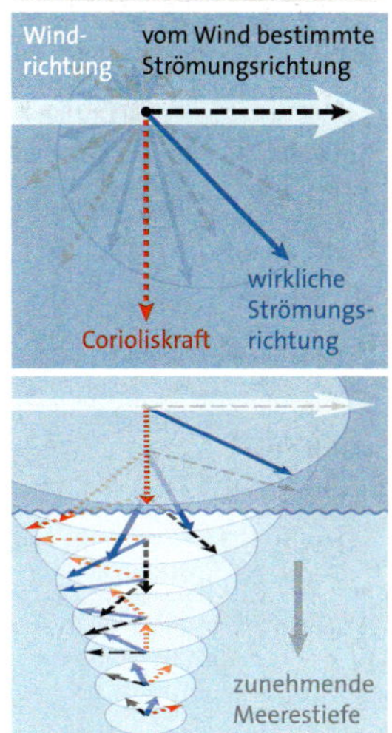


**4** Erklären Sie die Veränderung der Strömungsrichtung des Meerwassers durch den Wind und den Corioliseffekt.

**5** Erläutern Sie die Funktionsweise des thermohalinen Antriebs.

**6** Meeresströmungen transportieren mit dem Wasser alles, was auf ihnen schwimmt.
a) Erläutern Sie, welche Folgen sich daraus für die Küstenregionen ergeben.
b) Überprüfen Sie mithilfe geeigneter Atlaskarten, ob die Reise der „Friendly Floatees" das Modell der Meeresströmungen bestätigt.

Seite 80
Corioliskraft

**6 Globale ozeanische Zirkulation**

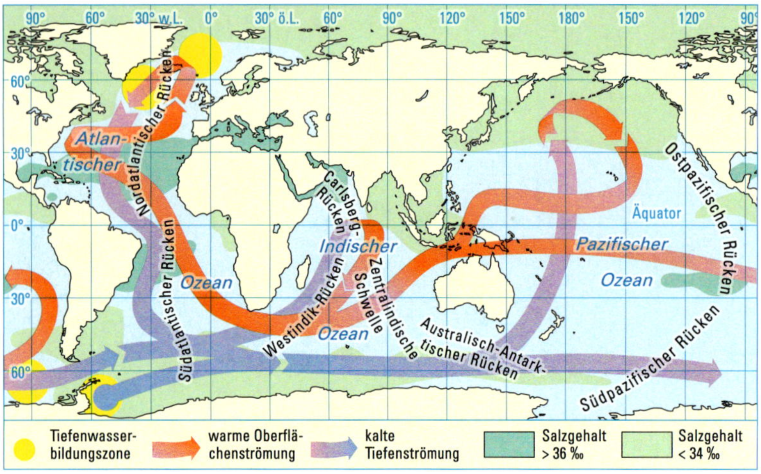


**7 Vertikale Wasserschichtung im Atlantischen Ozean**

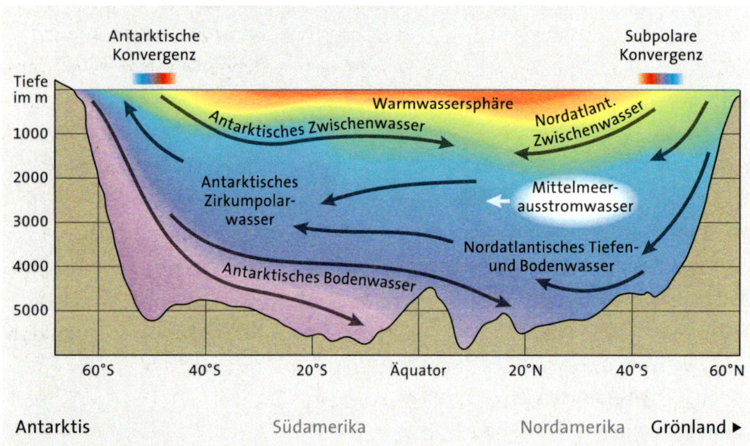


**Phytoplankton**
Darunter versteht man mikroskopisch kleine, Fotosynthese betreibende Organismen (vor allem Algen), die im Wasser schweben.

- - ➜
Seite 84–85
ENSO (El Niño-Southern Oscillation)

**Globale ozeanische Zirkulation**
Das globale Strömungssystem setzt sich aus einer Vielzahl von Einzelströmungen zusammen. So werden die Wasserkörper der verschiedenen Ozeanbecken zu einem großen marinen Förderband zusammengeführt. Wie bereits auf der Vorseite behandelt, wird das weltweite ozeanische Strömungssystem durch das Absinken dichter Wassermassen in den Polar- und Subpolargebieten angetrieben, vor allem im Europäischen Nordmeer bzw. im antarktischen Weddellmeer. Durch diesen Vorgang wird das Boden- und Tiefenwasser zugleich mit Sauerstoff angereichert. Im Sog des absinkenden Wassers strömen wärmere Wassermassen nach, die sich abkühlen und dann dem Abwärtstrend folgen.

Die größte Pumpe dieser Art arbeitet im nördlichen Atlantik. Bis zu 17 Mio. m³ Wasser sinken hier pro Sekunde in die Tiefe. Als kalte Strömung fließen die Wassermassen in zwei bis drei Kilometern Tiefe nach Süden zum antarktischen Zirkumpolarstrom. Dort erhalten sie neuen „Schwung" und strömen weiter in den Indischen und Pazifischen Ozean. Das kalte Tiefen- und Bodenwasser vermischt sich mit den darüberliegenden wärmeren Wassermassen, steigt auf und fließt als warme Oberflächenströmung zurück in den Atlantik.

Dieses Strömungsband wird freilich oft sehr stark vereinfacht wiedergegeben, denn **Meeresströmungen** fließen in Wirklichkeit nicht so stetig und geradlinig wie es in Modellen oder Grafiken dargestellt wird. Die meisten weisen heftige Turbulenzen, zahlreiche Mäander und Wirbel auf. Zudem gibt es auch im vertikalen Aufbau ein ganzes System aus Schlaufen und Ästen, in denen sich unterschiedliche Wassermengen vermischen.

**Vertikale Schichtung.** In weiten Bereichen der Weltmeere können mehrere vertikale Schichten unterschieden werden.

Wirtschaftlich und klimatologisch sind besonders Auftriebsgebiete wie vor der Westküste Südamerikas interessant. Hier strömt kaltes und nährstoffreiches Wasser an die Oberfläche. In der sonnenlichtdurchfluteten Zone bekommt das Phytoplankton genügend Nährstoffe, um hochproduktiv Fotosynthese betreiben zu können. Damit wird die Grundlage für eine Nahrungskette gelegt, an deren Ende große Fischschwärme in den weltweit wertvollsten Fischgründe stehen.

**7** Beschreiben Sie den Verlauf des Golfstromes.

Material / Surftipp
Meeresströmungen / Golfstrom
29760X-3204

## Veränderung von Meeresströmungen: Fallbeispiel Golfstrom

**8 Normalsituation des Golfstromes (links) und das Szenario eines möglichen Versiegens des Golfstromes**

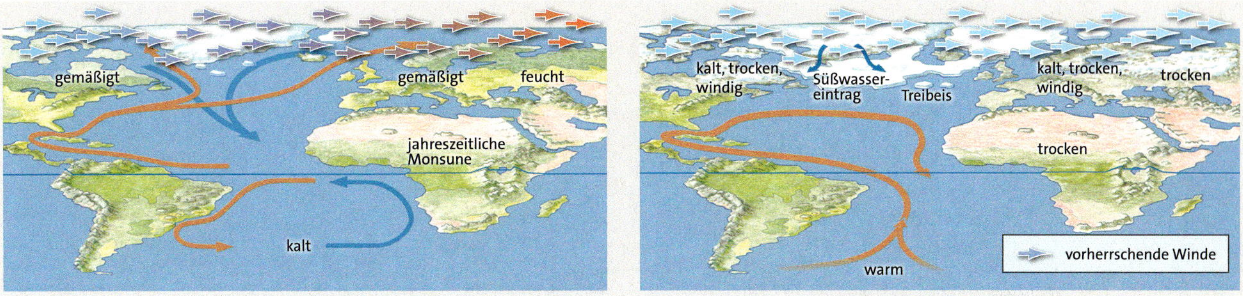


**9 Mögliche Veränderung im Nordatlantik?**

Weil das nach Norden strömende Oberflächenwasser wesentlich wärmer ist als das zurückströmende Tiefenwasser (das ja arktischen Ursprungs ist), funktioniert dieses System wie eine Zentralheizung für Europa. Riesige Wärmemengen, die in etwa der Leistung einer halben Million großer Kraftwerke entsprechen, werden in den Nordatlantik transportiert. Dort wird die Wärme an die Luft abgegeben, bevor sie mit den Westwinden nach Europa gelangt ...

Zwar hat unsere Heizung während der letzten zehntausend Jahre offenbar tadellos funktioniert, wenn auch vielleicht mit kleineren Schwankungen. Davor hat sie jedoch erheblich gestottert und ist wiederholt sogar völlig zusammengebrochen, während der ... Klimastürze innerhalb einer Eiszeit. Das verraten die Tiefseesedimente.

Der Grund für das eigenartige Verhalten der Strömung konnte durch Computersimulationen entschlüsselt werden und lässt sich einfach verstehen. Um schwer genug zum Absinken zu sein, muss das Wasser im Nordatlantik genug Salz enthalten, denn Salz erhöht die Dichte. Dem entgegen wirken jedoch die Niederschläge, die das Wasser verdünnen. Dieser Verdünnungseffekt greift jedoch nicht, solange immer neues, salziges Wasser von Süden her nachströmt. Kurz gesagt: Die Strömung fließt, weil das Wasser salzig ist, und das Wasser ist salzig, weil die Strömung fließt. Ein klarer Fall eines sich selbst aufrecht erhaltenden Systems. Erhöht man die Niederschläge über dem Nordatlantik immer mehr ..., schwächt sich die Strömung zunächst nur wenig ab. Irgendwann kommt jedoch ein Punkt, wo der Nachstrom von salzigem Wasser zu schwach wird, die Niederschläge verdünnen das Wasser, der Strom wird noch schwächer – ein Teufelskreis, der zum völligen Zusammenbruch der Strömung führt ... Die Brisanz dieser Erkenntnis liegt darin, dass durch den vom Menschen verursachten Treibhauseffekt die Niederschläge im Nordatlantik aller Voraussicht nach zunehmen werden ... Wahrscheinlich wird sich die Atlantikströmung in den kommenden Jahrzehnten spürbar abschwächen – darin stimmen die Simulationen der verschiedenen Institute weitestgehend überein. Obwohl damit Europas Heizung langsam heruntergefahren wird, führt dies nicht zu einer Abkühlung – denn gleichzeitig erwärmt sich ja die ganze Erde durch den Treibhauseffekt, und dieser Effekt überwiegt auch in Europa.

Stefan Rahmstorf: Die Welt fährt Achterbahn. Auf: www.pik-potsdam.de/~stefan/achterbahn.html (Juni 2010)

**Golfstrom – Nordatlantikstrom**
Ozeanographen unterscheiden zwischen dem Golfstrom im westlichen Atlantik und seinem verlängerten Arm, dem Nordatlantikstrom. Beide Strömungen werden in den Medien oft vereinfacht als Golfstrom bezeichnet, was gerade in Bezug auf die Theorie des Versiegens des Golfstroms zu missverständlichen Deutungen führen kann.

8 Erläutern Sie, wie der Golfstrom angetrieben wird.

9 Erstellen Sie ein Wirkungsgefüge, welches die Folgen einer Abkühlung des Oberflächenwassers im Nordatlantik darstellt.

# Meer in Bewegung: Wellen

**10 Brechen der Wellen beim Auflaufen auf den Strand**

Nach Alan H. Strahler, Arthur N. Strahler: Physische Geographie, 3. Aufl. = UTB 8159. Stuttgart: Ulmer 2005, S. 438

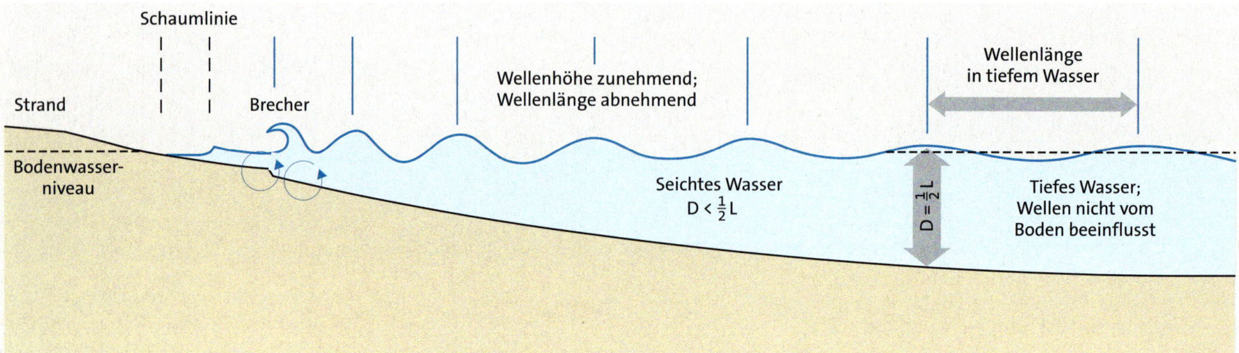


**11 Mögliche Entstehung von Monsterwellen**

Nach Nico Wolf: Entstehung einer Monsterwelle, vom 15.03.2007. Auf: http://de.wikipedia.org/w/index.php?title=Datei:Freakwave.png&filetimestamp=20070315192630 (Juni 2010)

Lange, schnelle Wellen treffen auf kurze, langsame Wellen derselben Laufrichtung.

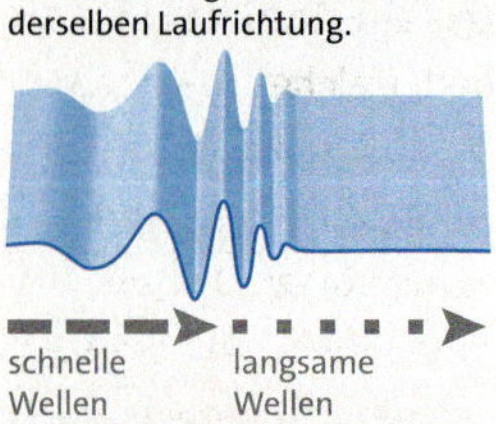


Die Wellen überlagern sich, eine Monsterwelle (freak wave) entsteht.

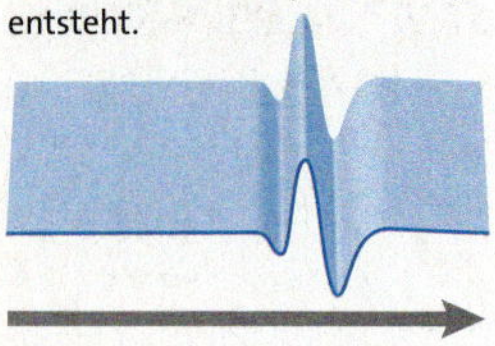

Seite 123 – 125
Küsten und Meere

**12 Freak waves**

„Monsterwellen, Riesenwellen, Freak waves: Diese Bezeichnungen gelten alle für dasselbe Phänomen ... Genauer: Man spricht von Monsterwellen, wenn sie das Doppelte der höchsten Wellen erreichen, die in einem Seegebiet über einen bestimmten Beobachtungszeitraum gemessen werden. Statistisch gesehen erreicht eine von 10 000 Einzelwellen diese Größe, manchmal bis zu 30 Meter Höhe. Innerhalb der letzten 20 Jahre sind ca. 200 Hochseefrachtschiffe mit über 200 Meter Länge verloren gegangen. In vielen Fällen sollen die Monsterwellen der Grund für die Untergänge sein ... Weder der Grund des Auftretens noch die physikalische Beschaffenheit dieser Wellen konnte bis zum heutigen Tage geklärt werden. Einige Regionen scheinen stärker von diesen Phänomenen betroffen zu sein als andere, u. a. die Regionen des Golf-, Agulhas- und Kuroshiostroms ... Grundlegende Mechanismen der Entstehung der Monsterwellen können Interaktionen zwischen Wellen und Strömungen oder Wellenbrechungen an seichten Stellen oder an Inseln sein. Möglicherweise spielt auch das Aufeinandertreffen von Wellen verschiedener Frequenzen eine Rolle."

Lars Pennig: Infoblatt Freak waves, vom 09.01.2006. Auf: www.klett.de/sixcms/list.php?page=miniinfothek&miniinfothek=Geographie&article=Infoblatt+Freakwaves (Juni 2006)

**Wie entstehen Wellen?**

**Meereswellen** entstehen durch einen recht komplexen Mechanismus im Zusammenspiel von Wind und Wasser. Die vom Wind erzeugten Wellen werden auch als Oszillationswellen bezeichnet: Wasserteilchen werden durch die Reibung des Windes an der Wasseroberfläche und teilweise auch durch direkten Winddruck in vertikale Kreisbewegungen versetzt und ändern dabei ihre relative Lage kaum. Dabei entsteht eine Schwingungsbewegung des Wassers (Oszillation). Die Wellenhöhe wird dabei durch den vertikalen Abstand zwischen Wellenkamm und Wellental bestimmt, die Wellenlänge durch die Entfernung zwischen Wellenkamm und Wellenkamm. Im idealen Zustand werden dabei die Wasserteilchen nicht in die Richtung des Windes bewegt. Dies kann besonders gut an Gegenständen beobachtet werden, die in den Wellen treiben: Sie verändern ihre Lage nicht, bewegen sich aber auf und ab.

Erst in Ufernähe kommt es zu einer Horizontalverlagerung von Wasserteilchen. Wenn die Wassertiefe (D) etwa der halben Wellenlänge (L) entspricht, werden die vertikalen Kreisbewegungen durch die Reibung am Boden behindert. Die Wellenhöhe nimmt zu, die Welle wird kürzer und steiler. Die Welle wird zu einem Brecher, der in sich zusammenfällt. Das Wasser strömt als Wellenauflauf die Strandböschung hinauf. Als Wellenrücklauf strömt es dann wieder meerwärts.

Material / Surftipp
Freak waves
29760X-3205

Material / Surftipp
Seebeben in Südasien
29760X-3206

Material / Surftipp
Tsunamis
29760X-3207

**13 Das vom Tsunami am 26.12.2004 verwüstete Meulaboh (Provinz Aceh/Indonesien)**

**15 Schematische Darstellung von Wellenparametern bei einem starken Tsunami**

Nach Hans Gebhardt (Hrsg.): Geographie. Heidelberg: Spektrum 2007, S. 1046

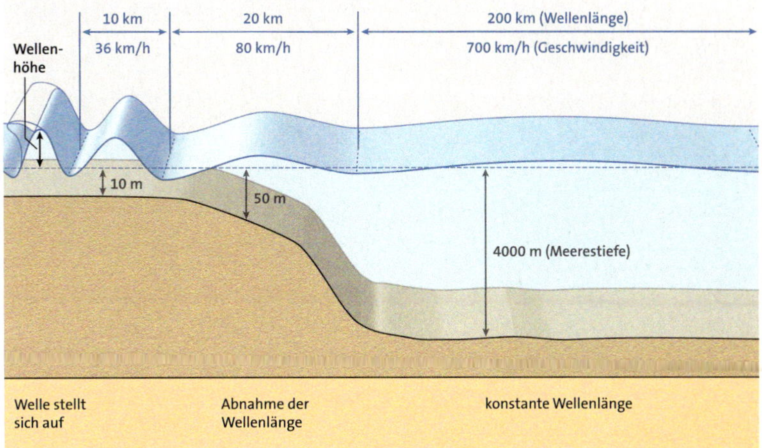


**14 Entstehung von Tsunamis**

„Vereinfacht gesagt sind Tsunamis durch geologische Erschütterungen ausgelöste Wellen, die aufgrund ihrer physikalischen Eigenschaften beim Auftreffen aufs Festland eine besonders zerstörerische Wirkung entfalten. Bei gewöhnlichen, also durch Wind verursachten Meereswellen führen die an der Oberfläche befindlichen Wassermoleküle eine kreisförmige Bewegung aus. Die Welle transportiert also kein Wasser, sondern nur diesen Bewegungszustand und damit Energie. Diese Wellen laufen infolge der Überlagerung von sehr vielen Teilwellen mit der Zeit auseinander, man spricht hierbei von Dispersion: Die Wellenkämme werden niedriger, die Wellenlänge größer ... Im Gegensatz dazu jedoch sind Tsunamis Vertreter der Solitonen, einer Gruppe von Wellenphänomenen, welche durch praktisch dispersionsfreie Fortbewegung gekennzeichnet sind. Das bedeutet, dass die Wellen mit zunehmender zurückgelegter Strecke und Zeit nicht auseinander laufen, sondern fast ihre gesamte Energie beibehalten ... Sie verhalten sich also selbst im mehrere Tausend Meter tiefen Ozean wie Flachwasserwellen. Entscheidend ist hier das Verhältnis von Wassertiefe zur Wellenlänge, also der Entfernung von Wellenkamm zu Wellenkamm: Liegt diese bei gewöhnlichen Wellen bei rund 400 Metern, so haben Tsunamis eine Wellenlänge von zehn bis mehreren 100 Kilometern ... Physikalisch gesehen schwingt bei Tsunamis also immer der gesamte Wasserkörper bis zum Ozeanboden mit, was auch zur Folge hat, dass derartige Wellen etwa durch unterseeische Gebirge abgelenkt werden können.“

Sebastian Siebert: Infoblatt Tsunamis, vom 12.05.2004. Auf: www.klett.de=www.klett.de/sixcms/list.php?page=miniinfothek&miniinfothek=Geographie&node=Tsunamis&article=Infoblatt+Tsunamis (Juni 2010)

**16 Seebeben in Südasien**

„Am 26. Dezember 2004 ereignete sich vor der Nordwestküste Sumatras ein starkes Seebeben, welches mehrere Tsunamis auslöste ... Etwa 230 000 Menschen kamen in den Fluten ums Leben ... Am stärksten betroffen waren die im Norden der indonesischen Insel Sumatra gelegene Region Aceh, die westthailändische Ferienregion um Phuket und die Ostküste Sri Lankas.

Sebastian Siebert: Infoblatt Seebeben in Südasien, vom 16.02.2006. Auf: ebenda

**Tsunamis**

**Tsunami-Wellen** können noch 10 000 km vom Entstehungsort verheerende Schäden anrichten. Wenn sie auf eine Küste treffen, erreichen die Wellen mitunter eine Höhe von über 30 m und dringen bis zu drei Kilometer in das Landesinnere vor.

10 Vergleichen Sie die Entstehung von Meereswellen, Brechern, Freakwaves und Tsunami-Wellen.

11 Gestalten Sie eine Präsentation, die Ursachen und Folgen der Tsunami-Katastrophe vom 26. Dezember 2004 im Indischen Ozean darstellt.

# Weltmeere – genutzt und gefährdet: Fallbeispiel Wattenmeer

**17 Wattflächen bei Wittdün (Amrum)**

**18 Schematischer Querschnitt durch das Watt vor der ostfriesischen Küste**

Nationalparkverwaltung Niedersächsisches Wattenmeer: Nationalpark Niedersächsisches Wattenmeer. Wilhelmshaven 1988, S. 7

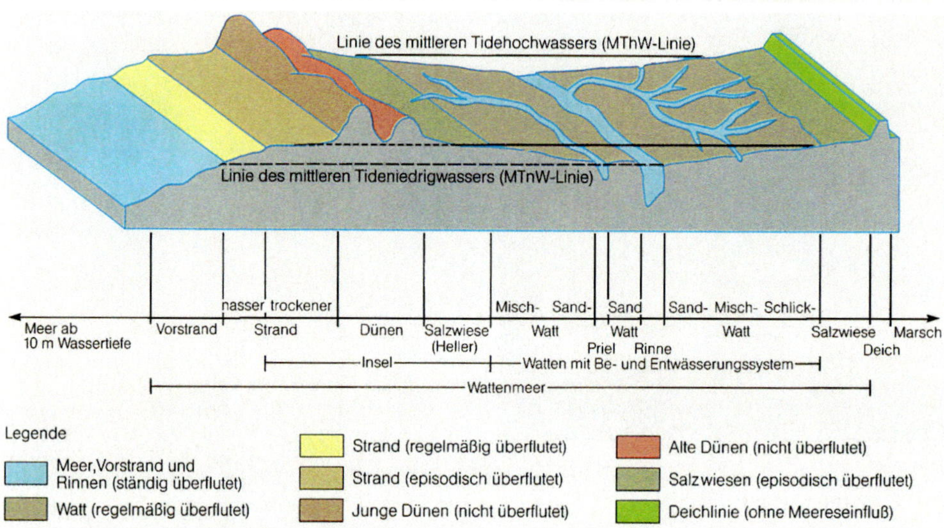


**Watt**
Bezeichnung für einen schmalen Streifen Gezeitenküste, der periodisch zweimal täglich überflutet wird. Zur Wattenküste gehören neben den eigentlichen Wattflächen mit den Prielen und Flachwasserbereichen auch Sandbänke, Dünen sowie die Salzwiesen.

- - → Seite 124–125 norddeutsche Wattenküste

Die mit 10 000 km² größte zusammenhängende Wattenlandschaft der Erde erstreckt sich über 450 km von der Insel Texel vor der niederländischen Küste bis nach Esbjerg an der Westküste Dänemarks.

Im Juni 2009 ist das **Wattenmeer** in die UNESCO-Liste des Welterbes der Menschheit aufgenommen worden. Warum ist das Wattenmeer ein Weltnaturerbe? Welche Nutzungskonflikte bedrohen das Wattenmeer?

### 19 Entstehungsbedingungen für Wattküsten

Wattküsten entstehen, wenn:
- der Meeresboden nur geringes Gefälle hat;
- Flüsse aus dem Binnenland ständig feine Sand- und Tonpartikel ins Wattenmeer transportieren und es langsam aufschichten;
- der Tidenhub der Gezeiten mit 1,5–2 m periodisch den größten Teil des Wattenmeers trocken legt. Während dieses Zeitraums können landeinwärts wehende Winde die obersten trockenen Sandschichten abtragen. Durch den großen Tidenhub ist der Ebbeausstrom stark genug, um genügend Sand ins Meer zurück zu transportieren und eine allmähliche Verlandung des Watts zu verhindern;
- Sandbänke, Sandwälle und Inseln, die dem Küstenbereich vorgelagert sind, als natürliche Wellenbrecher funktionieren.

### 20 Ökosystem Wattenmeer

„Dieses einzigartige Ökosystem ist der Lebensraum für rund 250 Tier- und Pflanzenarten, die nur hier vorkommen, sowie zahlreiche andere Arten, die das Watt saisonal besuchen ... Viele dieser Arten trifft man in sehr hoher Individuenzahl an. So können z. B. im Sommer auf 1 m² Schlick bis zu 1 Million Kieselalgen vorkommen. Von den Bodenbewohnern des Wattenmeers wird ein großer Teil des Wassers filtriert – pro m² etwa 300 Liter/Stunde. Im Sommer können die Muscheln eines Wattenmeers das gesamte Wattwasser in nur zwei Wochen einmal durch ihre Kiemen filtern und von Schwebstoffen befreien. Bei übermäßiger Abwassereinleitung ins Meer stößt aber auch diese natürliche Selbstreinigung an ihre Grenzen."

Sabine Seidel: Infoblatt Ökosystem Watt, vom 23. 01. 2006. Auf: www.klett.de/sixcms/list.php?page=geo_infothek&article=Infoblatt+%D6kosystem+Watt (Juni 2006)

Material / Surftipp
Ökosystem Watt
29760X-3208

Material
Ressource Weltmeer
29760X-3209

**21 Konfliktpotenzial im Nationalpark Niedersächsisches Wattenmeer: Wilhelmshaven**

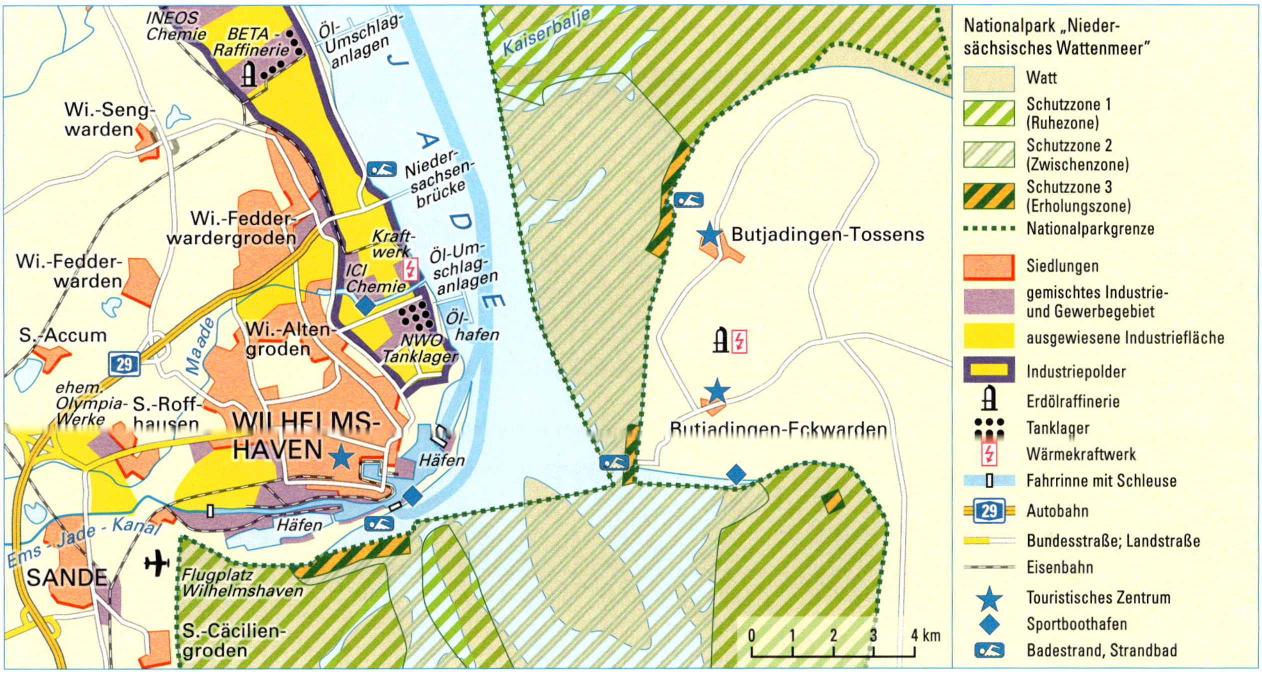


**22 Ölförderung im Wattenmeer**

„In der deutschen Bucht steht seit 1985 die einzige deutsche Erdölförderplattform, die Mittelplate A, im Wattenmeer vor Dithmarschen ... Die von Deutschland geförderte Ölmenge ist im Vergleich zur Gesamtförderung in der Nordsee verschwindend gering. Sie beläuft sich auf 500 000 Tonnen Erdöl pro Jahr (OSPAR 2000). Das Konsortium RWE-DEA, das das Ölfeld in Dithmarschen nutzt, bezeichnet dieses Ölvorkommen jedoch als „bedeutend". Von insgesamt 100 Mio. Tonnen seien 40 % gewinnbar (RWE DEA & Wintershall AG 2006), was dem Bedarf der Bundesrepublik Deutschland bei einer autarken Versorgung von 14 Tagen entspricht."

Naturschutzgesellschaft Schutzstation Wattenmeer e.V: Allgemeine Informationen zu Erdöl. Auf: www.ikzm-d.de/main.php?page=143,3393 (Juni 2009)

Die Auswirkungen eventueller Ölverschmutzungen sind im Wattenmeer noch gravierender als in der offenen Nordsee. Durch die flache, sandige Wattenmeerküste verölt eine weitaus größere Fläche als bei einer Steilküste. Die im Vergleich geringere Brandung reduziert die Auswaschwirkung. Der Ölabbau wird durch die Gezeiten erschwert. Öl kann in den Untergrund einsickern, wenn bei Niedrigwasser weite Gebiete immer wieder trockenfallen. Zusätzlich besteht die Gefahr, dass das Öl von Sand überdeckt wird, wodurch der biologische und chemische Abbau stark verlangsamt wird. Sickert das Erdöl in den Boden, reichen wenige Milliliter aus, um drei bis vier Kilogramm lebende Biomasse zu ersticken. Erschwerend kommt hinzu, dass mit der Flut Watt und Salzwiesen zweimal am Tag gründlich vom hin und her schwappenden Ölteppich getränkt werden. Zusätzlich wird im Wattenmeer der ohnehin langwierige Abbau von Rohöl durch den geringen Sauerstoffgehalt behindert.

**23 Erdölförderplattform Mittelplate A**

Seite 121
Küstenformen

**12** Erklären Sie, weshalb nur an wenigen Küsten ein Watt entstehen kann.

**13** Begründen Sie die Schutzwürdigkeit des Wattenmeers.

**14** Stellen Sie mithilfe der Karte mögliche Nutzungskonflikte im Wattenmeer dar.

**15** Erläutern Sie, weshalb eine Ölförderung im Nationalpark Wattenmeer problematisch ist.

3 TERRA **KOMPETENT**

**Diese Doppelseite bietet Ihnen die Möglichkeit der Selbsteinschätzung: Beherrsche ich das erforderliche Fachvokabular – verfüge ich tatsächlich über die mit der Bearbeitung dieses Kapitels angestrebten Sach-, Methoden- und Handlungskompetenzen? Überprüfen Sie sich selbst.**

**Wichtige Fachbegriffe**
Aggregatzustände des Wassers
Aquiclude
Aquifer
Artesisches Wassersystem
Einzugsgebiet
Evapotranspiration
Fließgewässer
Grundwasser
Grundwasserspiegel
Grünes Wasser
Marines Ökosystem
Meeresströmungen
Meereswellen
Niederschlag
Salzwasser
Süßwasser
thermohaline Zirkulation
Transpiration
Tsunami
Wasserbilanz
Wasserkreislauf
Wattenmeer

Die Definitionen dieser Begriffe finden Sie im Arbeitsanhang (S. 192–201).

# Wissen vernetzen

**1 Der „blaue Planet"**

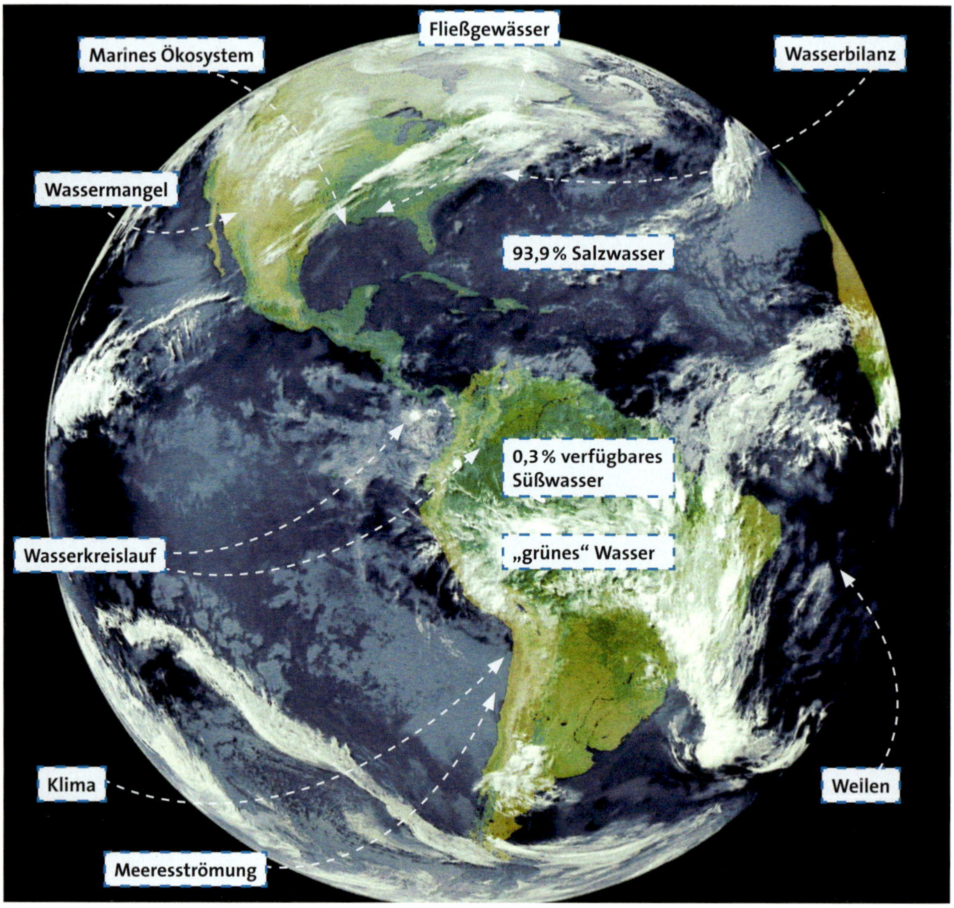


Wasser – in seiner chemischen Formel $H_2O$ – ist weltweit das bekannteste Molekül. Als einziges kommt es in drei Aggregatzuständen vor, als Wasserdampf, Flüssigkeit oder Eis. Wasser spielt für die globalen Austauschprozesse eine zentrale Rolle: Es verknüpft alle Sphären.

Ohne Wasser gäbe es kein Leben. In den meisten Ökosystemen ist Wasser ein begrenzender Faktor: Niederschläge und Grundwasser sind beispielsweise für das Wachstum von Pflanzen zwingend notwendig.

Wasser beeinflusst das Klima. Es kann große Mengen an Wärme speichern und in Meeresströmungen über weite Strecken transportieren.

Wasser gestaltet die Landschaft. Es kann z. B. durch den Wechsel zwischen Gefrieren und Auftauen Gestein sprengen und als fließendes Gewässer Gebirge abtragen. Meereswellen und Gezeiten formen die Küsten.

Wasser wird der wichtigste Rohstoff unseres Jahrhunderts sein. Es kann durch nichts ersetzt werden, auch wenn es in fast unbegrenzter und gleichbleibender Menge vorhanden zu sein scheint. Aber die Nachfrage, vor allem nach Süßwasser, steigt. Weltweit wächst die Nachfrage doppelt so schnell wie die Bevölkerung. Die UNESCO befürchtet, dass 2050 mehr als 7 Mrd. Menschen von Wasserknappheit betroffen sein werden, aktuell sind es etwa 1,5 Mrd.

Die Bewältigung der Wasserprobleme ist eine globale Herausforderung. Das in diesem Kapitel erworbene Verständnis über hydrosphärische Prozesse kann Ihr erster Schritt dahin sein, an der Lösung der Problematik mitzuwirken.

**Material**
Bogen zur Selbsteinschätzung
29760x-3301

# Kompetenzen überprüfen

**Überprüfen** Sie Ihre bei der Bearbeitung dieses Kapitels erworbenen Kompetenzen.

Nehmen Sie dabei die untenstehende **Selbsteinschätzung** Ihres Kompetenzstandes unter Verwendung der folgenden Klassifikation vor:
1 = stimmt
2 = stimmt überwiegend
3 = stimmt teilweise
4 = stimmt nicht

Eine Checkliste mit der Möglichkeit zum Ankreuzen Ihres Kompetenzstandes steht Ihnen im Internetauftritt dieses Schülerbuches unter dem ONLINE-Link 29760X-3301 zur Verfügung. Wenn Sie Hilfe benötigen, wenden Sie sich an Ihre betreuende Lehrerin oder Ihren Lehrer.

**2 Arbeitschritte für die Selbsteinschätzung**

**1. Schritt**
Führen Sie die Selbsteinschätzung zunächst allein durch.

**2. Schritt**
Vergleichen Sie die Ergebnisse im (Zweier-) Team.

**3. Schritt**
Arbeiten Sie Möglichkeiten und Methoden heraus, festgestellte Lücken zu schließen und Defizite zu beseitigen.

**Sachkompetenz – Ich kann ...**
- ausgehend von Material 1 die Bedeutung des Wassers als Lebensgrundlage, als wichtiges Klimaelement und als landschaftsformender Faktor erklären;
- „grünes" Wasser charakterisieren;
- die Entstehung von Grundwasser beschreiben;
- Motive und Folgewirkungen von Staudammprojekten erörtern und beurteilen;
- mögliche Auswirkungen eines Klimawandels in der Arktis auf den Golfstrom darstellen;
- die Folgen von Bewässerung in Trockengebieten erörtern;
- die Besonderheiten von Salzwasser erklären;
- erläutern, wie verschiedene Wellen entstehen;
- erklären, wie Meeresströmungen entstehen;
- die Gefährdung von marinen Ökosystemen analysieren.

**Methodenkompetenz – Ich kann ...**
- anhand einer Grafik den globalen Wasserkreislauf und die globale Wasserbilanz erläutern;
- ein Schema zur Funktionsweise eines artesischen Brunnens erstellen;
- mithilfe einer Karte die Bedeutung der globalen Meeresströmungen darstellen;
- Statistiken im Hinblick auf die globale Situation der Wasserverfügbarkeit auswerten;
- zu einem ausgewählten Wasserkonflikt eine Präsentation erstellen;
- einen Kommentar zum Thema „Wasser – der wichtigste Rohstoff des 21. Jahrhunderts" gestalten.

**Handlungskompetenz – Ich kann ...**
- dem Gemeinderat begründen, weshalb eine Entsiegelung des Schulgeländes sinnvoll ist;
- einen Exkursionsplan zum Thema „Bedrohung des Wattenmeers" erstellen.

# 4 Die Atmosphäre

Ohne Atmosphäre wäre unser Leben nicht möglich: Wie ein Kleidungsstück, das schädliche Einflüsse von unserem Körper fernhält, bildet die Atmosphäre eine Schutzschicht. Sie schützt uns vor der Kälte des Weltraums, vor schädlichen Strahlen und vor kleineren Meteoriten. Sie ist Reservoir für Kohlendioxid und Sauerstoff sowie Hauptspeicher für Stickstoff, ohne den Pflanzen nicht wachsen könnten. Ohne Atmosphäre gäbe es keinen blauen Himmel, keine Wolken, keinen Wind, Regen oder Schnee. Aber auch keine Wetterextreme.
Alles Leben auf der Erde hat sich mit der Atmosphäre in einem langen Evolutionsprozess entwickelt – und wir Menschen sind dabei, dieses System zu stören. Schlagworte wie Klimakatastrophe, Ozonloch, Treibhauseffekt, Polareisschmelze, Hautkrebs durch UVB-Strahlung, Zunahme von Dürren, Wirbelstürmen und Überschwemmungen zeigen mögliche Gefahren, die unser Handeln bewirkt. Sie verdeutlichen aber auch, wie komplex und weitreichend das System Atmosphäre in seinem Aufbau und in seiner Bedeutung für unser Leben auf der Erde ist.

**Drei Schritte bis zum Ziel**

**Ziel**

Unser tägliches Leben wird entscheidend von den Vorgängen in der Atmosphäre geprägt.
Das folgende Kapitel will Ihnen grundlegende Kenntnisse über den Aufbau der Atmosphäre und die in ihr ablaufenden Prozesse vermitteln.
Damit können Sie Fragen wie z. B.:
- Weshalb wird es morgen regnen?
- Warum scheint am Mittelmeer häufig die Sonne?
- Sind extreme Wetterereignisse Hinweise auf einen Klimawandel?
- Kann ich etwas gegen den Klimawandel machen?

besser beantworten.

**1. Grundlagen erarbeiten**

- Aufbau der Atmosphäre,
- Bedeutung des Strahlungshaushalts,
- Entstehung von Wind, Wolken und Niederschlag,
- Grundzüge der atmosphärischen Zirkulation.

**2. Wissen vernetzen**

- Erklärung lokaler und regionaler Wetterereignisse,
- Erstellen von Wetterprognosen,
- Vergleichen von Klimazonen.

**3. Kompetenzen anwenden**

- Stadtklima analysieren,
- Gefährdungen des Systems Atmosphäre aufzeigen,
- nachhaltige Handlungsstrategien beurteilen.

**1 Satellitenbild des Zyklons Nargis über dem Golf von Bengalen 2008**

200 km

# 4.1 Atmosphärische Prozesse

**1** **Blick auf die dünne Lebenshülle Atmosphäre**

**Kompetenzen in diesem Kapitel erwerben**
- den Aufbau der Atmosphäre beschreiben;
- Ursachen und Folgen des natürlichen Treibhauseffekts erklären;
- alltägliche Wettererscheinungen erläutern;
- die Wirkung der atmosphärischen Zirkulation auf das Klima erklären;
- Klima nach unterschiedlichen Kriterien klassifizieren;
- das Klima ausgewählter Räume (Küstenwüsten und Stadtregionen) erläutern;
- Ursachen und Folgen des Klimawandels darstellen.

Im Alltag sind Wetter und Klima zwei Begriffe, die verschiedene Prozesse der **Atmosphäre** zusammenfassen. Unter Wetter versteht man sowohl die kurzfristigen Veränderungen der Atmosphäre wie auch ihren augenblicklichen, von unterschiedlichen Prozessen geprägten Zustand an einem bestimmten Ort. Die Darstellung des Wetters erfolgt in Wetterkarten. Im Gegensatz zum Wetter bezeichnet der Begriff Klima die Gesamtheit der für einen Raum typischen Wetterabläufe, die über einen längeren Zeitraum, meist mehrere Jahrzehnte, konstant bleiben.

Die jeweilige Ausprägung von Wetter und Klima wird durch die geographischen Eigenschaften eines Raumes bestimmt. Diese Klimafaktoren sind z.B. die Höhenlage, die Exposition, die Hangneigung, die Bodenbedeckung, die Meeresströmungen oder die Land-Meer-Verteilung.

Zur genauen Beschreibung des Klimas werden die Werte der verschiedenen Klimaelemente erfasst. Sie beschreiben unterschiedliche Eigenschaften der Atmosphäre wie Lufttemperatur, Luftdruck, Wind, Luftfeuchtigkeit, Strahlung, Bewölkung, Niederschlag oder Verdunstung und werden in Klimadiagrammen dargestellt.

## Aufbau der Atmosphäre

Die Atmosphäre ist eine durch die Schwerkraft an die Erde gebundene Gashülle. Ihre untere Grenze bildet die Erdoberfläche, nach oben wird eine fiktive Grenze von etwa 1000 km angegeben. Diese Grenze wird durch die Tatsache bestimmt, dass hier die Fluchtbewegung der Moleküle die Erdanziehungskraft überwindet.

Der **Luftdruck** ist der Druck, den die Atmosphäre infolge der Schwerkraft auf die Erdoberfläche ausübt. Er beträgt auf Meeresspiegelniveau durchschnittlich 1013 hPa (hPa = Hektopascal entspricht 100 Pascal; $1\,Pa = 1\,N \cdot m^{-2}$), nimmt jedoch mit der Höhe stark ab. 99,9 % der Masse der Atmosphäre konzentrieren sich in den untersten 50 km der Lufthülle. Darüber ist die Dichte der Gasteilchen so gering wie in einem Vakuum.

Die Atmosphäre besteht zum größten Teil aus Stickstoff, Sauerstoff und Argon, die zusammen fast 99 % der Atmosphärengase ausmachen (Diagramm 3). Hinsichtlich der chemischen Zusammensetzung unterscheidet man die gut durchmischte Homosphäre von

**Literaturtipp**
TaschenAtlas Wetter
29760X-4101

**Material / Surftipp**
Aufbau Atmosphäre
29760X-4102

**2 Aufbau der Atmosphäre**

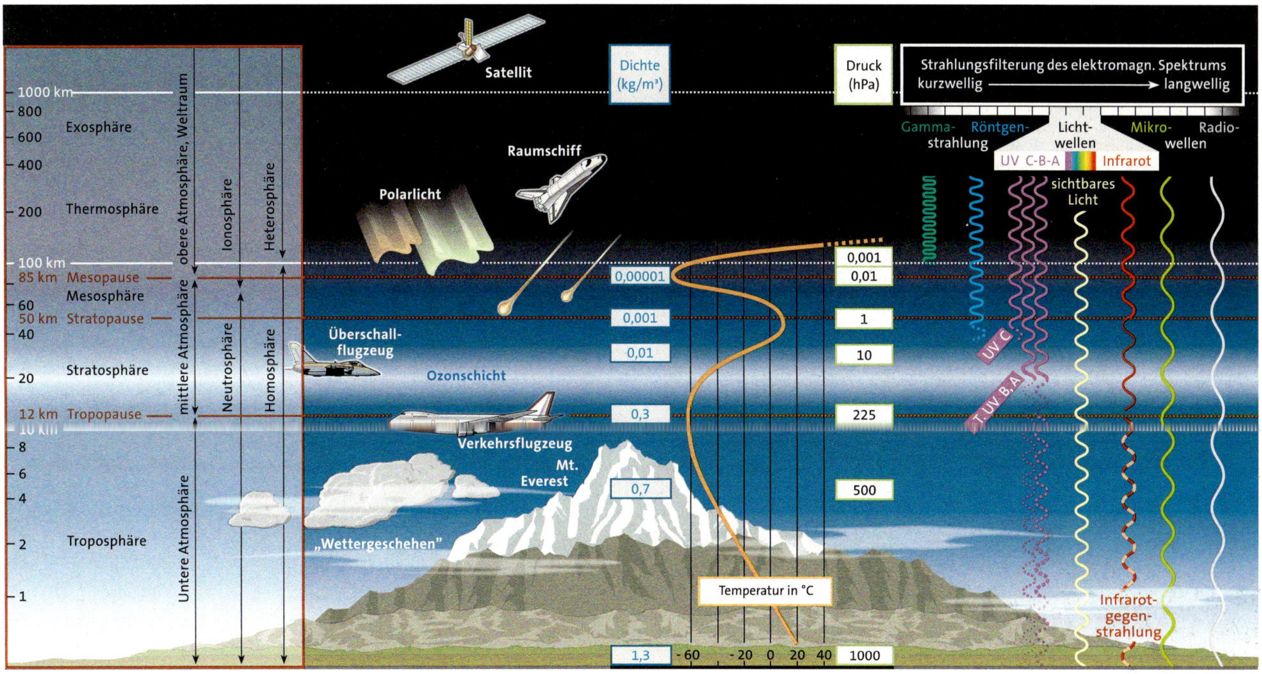


der nach dem Molekulargewicht geschichteten Heterosphäre.
Nach der elektrischen Ladung der Atome und Moleküle, das heißt der Ionenkonzentration, wird die Ionosphäre ausgegliedert. Dort reflektieren die elektrisch leitenden Schichten Rundfunkwellen und ermöglichen Nachrichtenverbindungen über weite Distanzen.
Geläufiger ist die vertikale Gliederung der Atmosphäre nach dem Temperaturverlauf. Dabei werden die Wendepunkte des Temperaturverlaufs als Pausen bezeichnet. Die Troposphäre bildet in dieser Gliederung das unterste Stockwerk, auf das etwa 75 % der gesamten Gasmasse entfallen und in dem sich das Wetter- und Klimageschehen der Erde abspielt. Die Temperatur nimmt mit der Höhe im Mittel um 0,65 K pro 100 Meter ab. Diese Abnahme ist damit zu erklären, dass sich die untere Atmosphäre primär durch die von der Erdoberfläche emittierte langwellige Wärmestrahlung erwärmt. Je nach der geographischen Breite ist die Troposphäre zwischen 9 km (Temperatur etwa −40 °C ) an den Polen und etwa 17 km (Temperaturen um −75 °C) in den Tropen mächtig. Die Tropopause trennt als Grenzschicht die darüber liegende Stratosphäre ab, in der die Temperatur zunächst bis etwa 20 km Höhe konstant bleibt, um dann wieder anzusteigen. Die Ursache dafür ist die Absorption von UV-Strahlung in der **Ozonschicht** und die dadurch freigesetzte Wärme. Über der Stratopause folgt die Mesosphäre mit ca. 60 km Mächtigkeit, in der die Temperatur wieder sinkt. Oberhalb der Mesopause, in der Thermosphäre, nimmt die Temperatur durch Absorption kurzwelliger und energiereicher UV-Strahlung wieder zu. In der Exosphäre ist die Atmosphäre so dünn, dass keine Wärmeleitung mehr erfolgt. Die angegebenen Temperaturen errechnen sich aus der kinetischen Energie der Atome.

**3 Zusammensetzung der Atmosphäre**
(Vol.-%, ppm = parts per million)

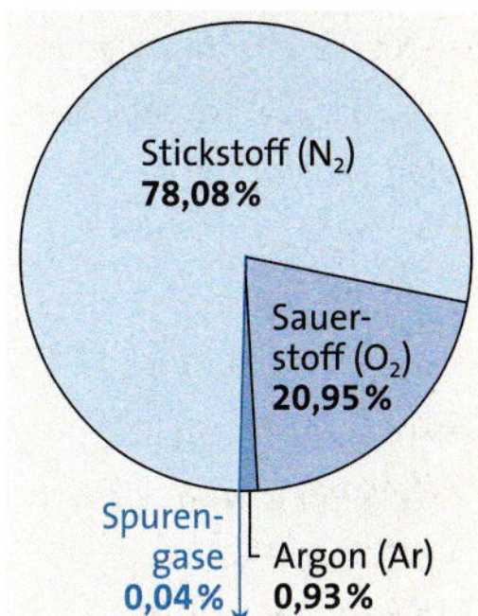


| | |
|---|---|
| Kohlendioxid | 380 ppm |
| Neon (Ne) | 18 ppm |
| Helium (He) | 5 ppm |
| Methan ($CH_4$) | 1,75 ppm |
| Lachgas ($N_2O$) | 0,32 ppm |
| Kohlenmonoxid (CO) | 0,2 ppm |
| Ozon ($O_3$) | 0,03 ppm |

**1** Erstellen Sie mit Hilfe der Materialien 2 und 3 eine Mindmap, welche die Bedeutung der Atmosphäre und der in ihr ablaufenden Prozesse für uns Menschen darstellt.

**2** Beschreiben Sie den Aufbau der Atmosphäre.

**3** Begründen Sie die unterschiedlichen Temperaturen der einzelnen Stockwerke.

**4 Schematisches Diagramm der globalen Strahlungsbilanz**

Nach Alan H. Strahler, Arthur N. Strahler: Physische Geographie. Stuttgart: Ulmer 1999, S. 66

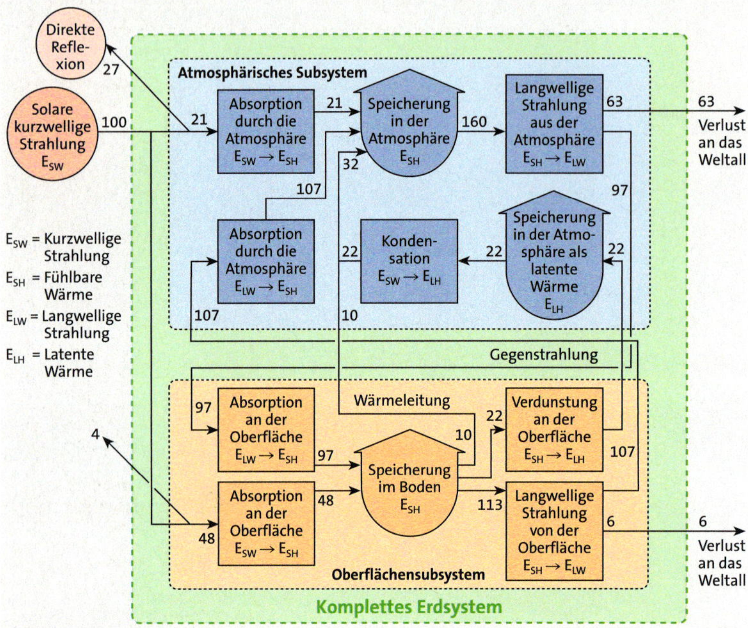


**6 Minderung der Einstrahlungsenergie durch Streuung, Reflexion und Absorption**

Nach ebenda, S. 63

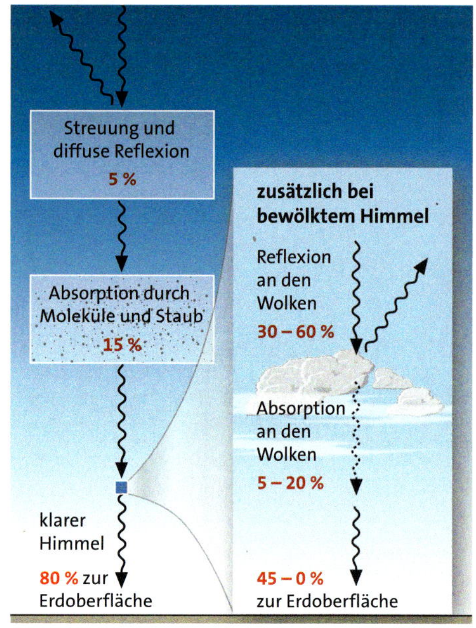


**5 Albedowerte verschiedener natürlicher Oberflächen (kurzwellige Albedo in %)**

| | |
|---|---|
| Neuschnee | 75–95 |
| Wolken (hoch) | 90 |
| Wolken (tief) | 60 |
| Gletschereis | 30–45 |
| Dünensand | 30–60 |
| Ackerboden | 7–17 |
| Wasserflächen bei Sonnenhöhe | |
| > 45° | 5 |
| < 30° | 8 |
| < 20° | 12 |
| < 10° | 22 |
| Regenwald | 10–12 |
| Laubwald | 15–20 |
| Nadelwald | 5–12 |
| Wiesen | 12–30 |
| Siedlungen | 15–20 |

## Strahlungshaushalt der Erde

Kalte −18 °C statt angenehmen +15 °C würde die globale Mitteltemperatur an der Erdoberfläche betragen, wenn es nicht Prozesse wie Reflexion oder Absorption in der **Atmosphäre** gäbe.

Von der abgestrahlten Energie der Sonne erreichen nur etwa zwei Milliardstel die Erde. Wegen der großen Entfernung der Erde zur Sonne (ca. 150 Mio. km) fallen die Sonnenstrahlen annähernd parallel ein. An der Obergrenze der Atmosphäre beträgt die als Solarkonstante bezeichnete Energiemenge 1386 $W \cdot m^{-2}$. Aufgrund der Kugelgestalt und der Rotation der Erde wird jedoch im Mittel nur etwa ein Viertel (342 $W \cdot m^{-2}$) wirksam.

Das Energiesystem Sonne-Atmosphäre-Erdoberfläche befindet sich in seiner Strahlungsbilanz insgesamt in einem Gleichgewicht: Einstrahlung und Ausstrahlung müssen für dieses System gleich groß sein. Für die Strahlungsbilanz sind verschiedene Faktoren maßgeblich. Innerhalb des Systems wird die einfallende kurzwellige Strahlung in langwellige Wärmestrahlung umgewandelt. Während kurzwellige Strahlung die Atmosphäre gut verlassen kann, wird die langwellige Strahlung von Wolken und der Atmosphäre absorbiert oder als Gegenstrahlung zur Erdoberfläche abgestrahlt. Die Gase der Atmosphäre absorbieren und emittieren die Strahlung in derselben Wellenlänge. Im kurzwelligen Bereich absorbieren Sauerstoff und insbesondere Ozon die Wellenlängen unter 0,3 µm vollständig. Der Hauptanteil der Absorption im langwelligen Bereich wird durch $H_2O$ und $CO_2$ erbracht. Die Erdoberfläche reflektiert einen Teil der kurzwelligen Strahlung. Das Verhältnis von einfallender zu reflektierter Strahlung wird als **Albedo** bezeichnet (Tabelle 5).

Der größere Teil der kurzwelligen Strahlung wird von der Erdoberfläche absorbiert und als langwellige Strahlung wieder in die Atmosphäre abgegeben. Diese Strahlung verlässt die Erde jedoch nicht sofort, sondern wird zu einem Teil durch Wasserdampf, Kohlenstoffdioxid und Ozon absorbiert. Die aufgenommene Strahlungsenergie erwärmt die Luft. Der andere Teil wird als Gegenstrahlung wieder zur Erdoberfläche reflektiert. Damit bleibt in der unteren Atmosphäre zunächst mehr Energie, die erst nach und nach abgegeben wird. Man nennt diesen Effekt deshalb auch **Treibhauseffekt**.

### 7 Strahlungsabsorption durch atmosphärische Gase

Nach Christian-Dietrich Schönwiese, Bernd Diekmann: Der Treibhauseffekt. Reinbek: Rowohlt 1991, S. 117

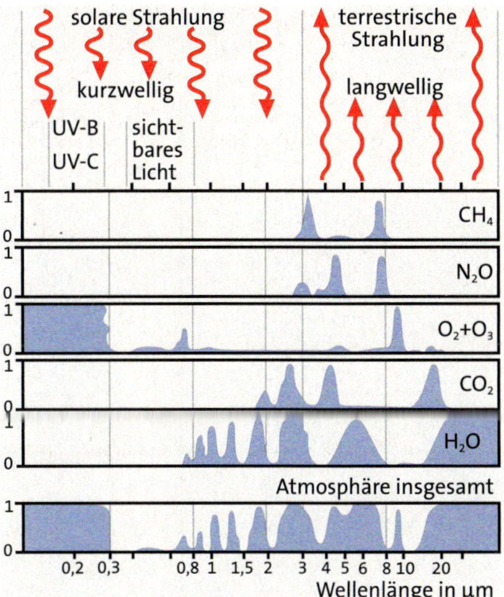


**Absorption** (relative Einheiten: 0 = keine Absorption, 1 = vollständige Absorption)

### 8 Geschätzte Verteilung der Strahlungsbilanz auf der Nordhalbkugel

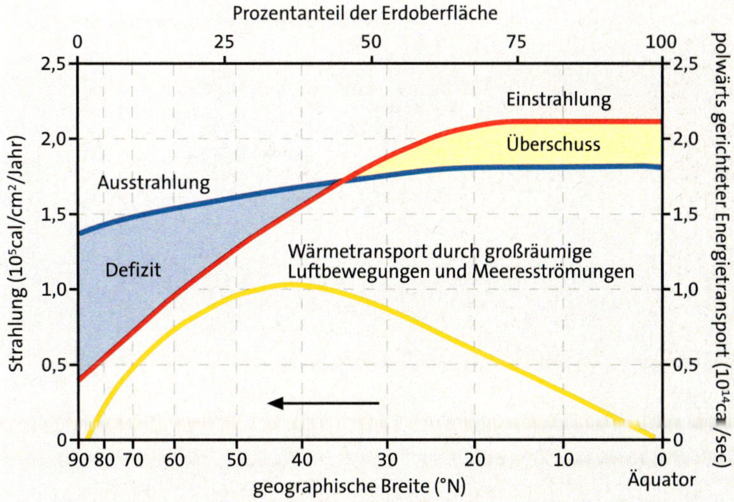


Ohne die Wärmetransporte zwischen Tropen und Außertropen wären die Jahresmitteltemperaturen in den gemäßigten Breiten etwa 15–20K niedriger.

### 9 Strahlung und Lufttemperatur

„[Die] langwellige Strahlung wird auch als Wärmestrahlung bezeichnet. Trifft sie nämlich auf Luftmoleküle, so erhöht sich deren Bewegungsgeschwindigkeit ... Stoßen diese angeregten Luftteilchen dann zusammen, wird Bewegungsenergie in Form von Wärme freigesetzt ... Je dichter die Luft, ... desto dichter sind die Moleküle gepackt. Wie auf einer belebten Autobahn erhöht sich ... mit zunehmender Geschwindigkeit der Moleküle die Wahrscheinlichkeit von Kollisionen. Die Luft erwärmt sich stark."

Peter Frankenberg: Moderne Klimakunde. Braunschweig: Westermann 1995, S. 22

### 10 Größen der Wärmehaushaltsgleichung

**R = H + V + B + W (R = Strahlungsbilanz)**

**fühlbarer Wärmestrom (H):** entsteht durch Wärmeleitung und Wärmeabstrahlung und wird durch Luftbewegungen abgeführt. Diese fühlbare Wärme kann mit dem Thermometer gemessen werden.

**Verdunstungswärmestrom (V):** entsteht beim Verdunsten des in der Luft enthaltenen Wasserdampfes. Die dabei verbrauchte Energie bildet die **latente Wärme** (von lat. latens = verborgen). Bei der Kondensation erfolgt eine Umwandlung in fühlbare Wärme.

**Bodenwärmestrom (B):** verläuft zwischen Erdoberfläche und den tieferen Schichten des Festlandes und des Meeres. Seine Größe hängt von der Wärmeleitfähigkeit des Materials und beim Meer vom Durchmischungsgrad der oberen Wasserschichten ab.

**horizontaler Wärmetransport (W)** der Meeresströmungen: Dabei ist der Nettobetrag der Wärmezufuhr von Bedeutung; ergibt sich aus der Differenz der durch Meeresströmungen zugeführten und durch sie abgeführten Wärmemenge.

#### Wärmehaushalt der Erdoberfläche

Die Erwärmung von Erdoberfläche und unterer Troposphäre wird nicht nur durch die Nettostrahlung beeinflusst. So erhalten auf gleicher geographischer Breite Meeresflächen höhere Energieeinnahmen als die benachbarten Festländer. Trotzdem sind dort die Temperaturen niedriger als über dem Festland. Ursache sind die durch strahlungsbedingte Energiegewinne oder -verluste ausgelösten Wärmeströme.

4 Erläutern Sie das Schema 4.

5 Erklären Sie den natürlichen Treibhauseffekt.

6 Begründen Sie, weshalb sich Wüstenflächen bei gleicher Nettostrahlung stärker erwärmen als Wasserflächen.

7 Stellen Sie ausgehend von Quellentext 9 dar, weshalb die Lufttemperatur mit zunehmender Höhe abnimmt.

# 4.2 Wolkenbildung und Niederschlag

**1 Taupunktkurve**

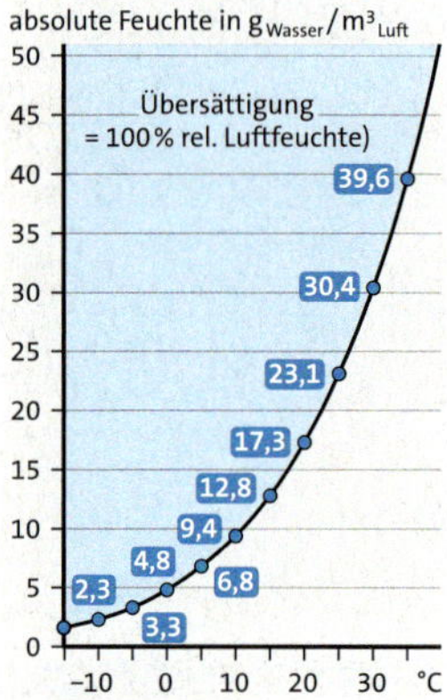


**2 Wasser in der Atmosphäre**

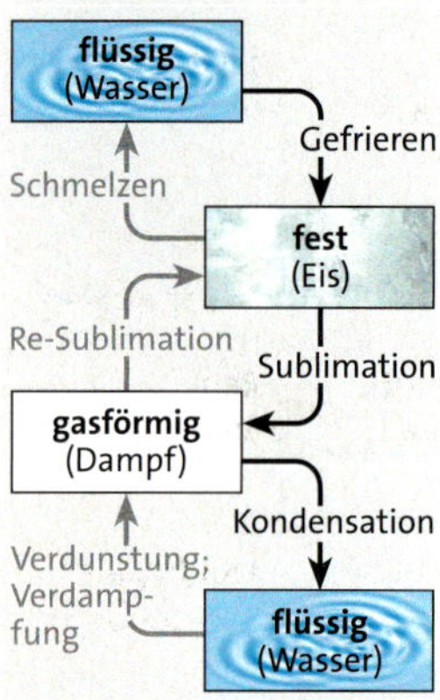


**adiabatisch**
Es erfolgt kein Wärmeaustausch mit der Umgebung.

**unterkühltes Wasser**
Darunter versteht man Wasser im flüssigen Aggregatzustand mit einer Temperatur unter 0°C.

**3 Luftmassenaufstieg unter trocken- und feuchtadiabatischen Bedingungen**

Nach Alan H. Strahler, Arthur N. Strahler: Physische Geographie. Stuttgart: Ulmer 1999, S. 133

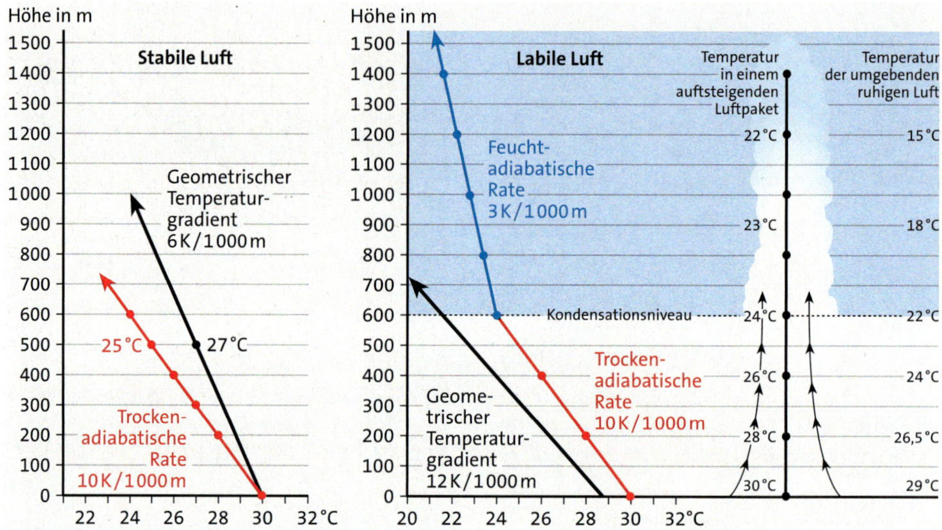


In der **Atmosphäre** kommt Wasser in allen drei Aggregatzuständen vor, wobei Wasserdampf nicht sichtbar ist. Man kann aber mithilfe eines Hygrometers den Wassergehalt der Luft als Luftfeuchte messen. Er ist von der Temperatur abhängig: je wärmer die Luft, umso größer ist die maximale Luftfeuchtigkeit. Die absolute Luftfeuchte gibt den in der Luft enthaltenen Wasserdampf in $g/m^3$ Luft an. Das Verhältnis der in der Luft wirklich vorhanden Wassermenge zu der bei der herrschenden Temperatur möglichen Wassermenge wird als relative Luftfeuchte bezeichnet und in Prozent angegeben.

Damit Wolken entstehen können, müssen verschiedene Voraussetzungen erfüllt sein. Zunächst muss die Luft aufsteigen. Dabei gilt: eine bewegte Luftmasse kühlt sich zuerst trockenadiabatisch (1 K je 100 m) und über dem Kondensationsniveau feuchtadiabatisch (0,5 K je 100 m) ab.

Ob durch den Aufstieg der Luft Wolken gebildet werden, hängt von der Schichtung der umgebenden Luftmassen ab: Bei einer stabilen Schichtung (Grafik 3) ist die Temperatur in der Umgebung höher als im bewegten Luftpaket. Das Luftpaket ist also kälter und damit dichter und schwerer als Warmluft. Es kann also nicht weiter aufsteigen oder sinkt sogar ab. Die Wolkenbildung wird unterdrückt, bei absinkender Luft können sich Wolken sogar auflösen. Ist die Schichtung labil, ist die Temperatur in der Umgebung niedriger als im bewegten Luftpaket. Das Luftpaket ist wärmer als die Umgebung und kann weiter aufsteigen. Dabei kühlt es weiter ab. Je kälter die Luft ist, desto weniger Wasser kann sie speichern, die relative Luftfeuchte steigt an. Erreicht die relative Luftfeuchte 100%, ist die Luft mit Wasserdampf gesättigt. Die Temperatur, bei der dieser Zustand erreicht wird, wird als **Taupunkttemperatur** bezeichnet. Bei weiterer Abkühlung kondensiert das Wasser.

Dazu werden noch **Aerosole** (kleinste Teilchen wie Staub) als Kondensationskerne benötigt, an denen der Wasserdampf kondensieren kann. Um diese Kerne lagern sich immer mehr kleine Wassertropfen an. Viele dieser Wassertröpfchen bilden eine Wolke. Zur Niederschlagsbildung kommt es aber erst, wenn Millionen von Tröpfchen oder Eiskristalle zusammenwachsen und so groß werden, dass sie ohne zu verdunsten die Erdoberfläche erreichen.

Surftipp
Wolkenatlas
29760X-4201

Material
Konvektion und Advektion
29760X-4202

## Wolkenfamilien und -gattungen

Die Wolkenbildung ist verbunden mit einer Turbulenz der Luft, beispielsweise bei starker Erwärmung und einem Aufsteigen der Luft (**Konvektion**) oder durch Aufgleitvorgänge unterschiedlich temperierter Luftmassen (**Advektion**). Bei einer starken vertikalen Konvektion entstehen Quellwolken, auch Haufen- oder Cumuluswolken genannt. Abhängig von der vertikalen Luftströmung können sie eine große Ausdehnung erhalten und heftige Niederschläge bringen.

Bei vorherrschend horizontalen Luftbewegungen bilden sich vor allem Schichtwolken. Werden feuchte und wärmere Luftmassen vom Wind über ein Gebiet mit kälterer Luft geschoben, steigt die Luft allmählich auf und kühlt sich langsamer ab als bei der Konvektion. Das Kondensationsniveau wird erst in großer Höhe erreicht. Es bildet sich eine gleichmäßige Wolkendecke, deren horizontale Ausdehnung um ein Vielfaches größer ist als die der Quellwolken.

Der unterschiedlichen Höhenlage entsprechend, lassen sich Wolken in vier Wolkenfamilien untergliedern (vgl. Material 4). Tiefe Wolken (Stratuswolken) bestehen aus nicht unterkühlten Wassertröpfchen und werden deswegen auch Wasserwolken genannt. Im mittleren Stockwerk enthalten die Wolken unterkühlte Wassertröpfchen, z.T. durchmischt mit Eiskristallen (Altowolken bzw. Mischwolken). Im hohen Stockwerk sind alle Wolken Eiswolken. Sie werden mit der Bezeichnung Cirruswolken zusammengefasst. Außerdem existieren Wolken, die stark vertikal aufgebaut sind und sich über zwei oder gar drei Stockwerke erstrecken.

1 Beschreiben Sie an Beispielen aus dem Alltag das Phänomen der Kondensation.

2 Ein Volumen Luft hat in 500 m Höhe eine Temperatur von von 10 °C und eine relative Luftfeuchtigkeit von 24,47 %. Berechnen Sie die Taupunkttemperatur und die Höhe, bei der dies erreicht wird.

3 Begründen Sie, weshalb nicht aus jeder Wolke Niederschläge fallen.

4 Erklären Sie die Entstehung einer Schäfchenwolke (Altocumulus) und einer Schichtwolke (Stratus).

4 **Wolkenformen**

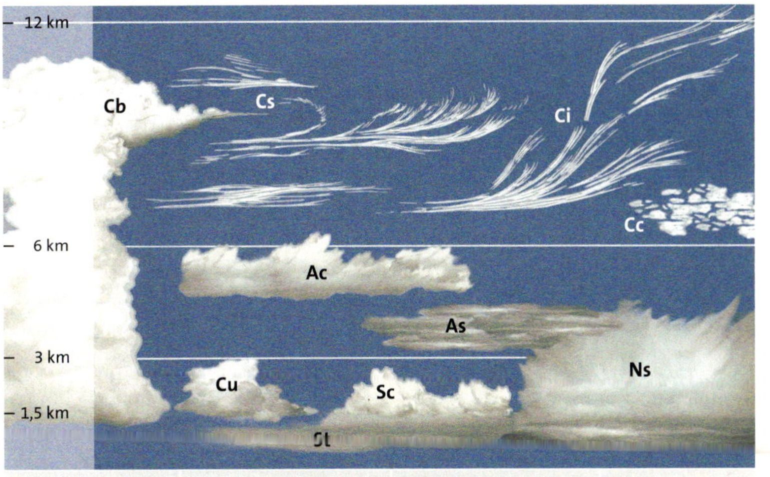


| Wolkenfamilie | Wolkengattung | Merkmale | Wetter |
|---|---|---|---|
| hohe Wolken | Cirrus (Ci), Federwolke | hellweiß, faserig, bandartige Struktur | kein Niederschlag |
| | Cirrocumulus (Cc), Schäfchenwolke | weiß, flockig, oft in Gruppen angeordnet | kein Niederschlag |
| | Cirrostratus (Cs), Schleierwolke | weiß, faserig, nebelartig | kein Niederschlag |
| mittlere Wolken | Altocumulus (Ac), grobe Schäfchenwolke | weiße bis graue Wolkenballen | kein Niederschlag |
| | Altostratus (As), mittelhohe Schichtwolke | hellgraue bis bläuliche, gleichmäßige Schichten | Landregen, Schnee, Eis |
| tiefe Wolken | Stratocumulus (Sc), Schicht-, Haufenwolke | grau, mit weißlichen, z.T. auch dunkleren Flecken | schwacher Regen, Schnee, Graupel |
| | Stratus (St), tiefe Schichtwolke | graue, gleichförmige Wolkenschicht | Sprühregen, Schneegriesel |
| | Cumulus (Cu), Haufen- oder Quellwolke | grau bis blaugrau, flache Unterseite, mächtig aufgetürmt | schönes Wetter |
| Wolken mit starkem vertikalen Aufbau | Cumulonimbus (Cb), Schauer- oder Gewitterwolke | schwarzgrau, flache Unterseite, mächtige aufquellende Wolkenmassen | Regen, Schnee, Graupel, Hagel |
| | Nimbostratus (Ns), Regenschichtwolke | graue bis dunkelgraue, gleichmäßig dichte Wolkenschicht | Regen, Schnee, Eis |

# 4.3 Luftdruck und Wind

**Isobaren**
(griech. iso = gleich und baris = Druck) sind Linien gleichen Luftdrucks. In der Wetterkarte beziehen sie sich auf die Meereshöhe.

**1 Windgeschwindigkeiten nach Beaufort**

| Bezeichnung nach Beaufort | Windgeschwindigkeit in km/h |
|---|---|
| 0 Windstille | unter 1 |
| 1 leichter Zug | 1–5 |
| 2 leichte Brise | 6–11 |
| 3 schwache Brise | 12–19 |
| 4 mäßige Brise | 20–28 |
| 5 frische Brise | 29–38 |
| 6 starker Wind | 39–49 |
| 7 steifer Wind | 50–61 |
| 8 stürmischer Wind | 62–74 |
| 9 Sturm | 75–88 |
| 10 schwerer Sturm | 89–102 |
| 11 orkanartiger Sturm | 103–117 |

**2 Land-Seewind-System: Schema zur Entstehung thermisch bedingter Luftdruckunterschiede**

Nach Alan H. Strahler, Arthur N. Strahler: Physische Geographie. Stuttgart: Ulmer 1999, S. 98

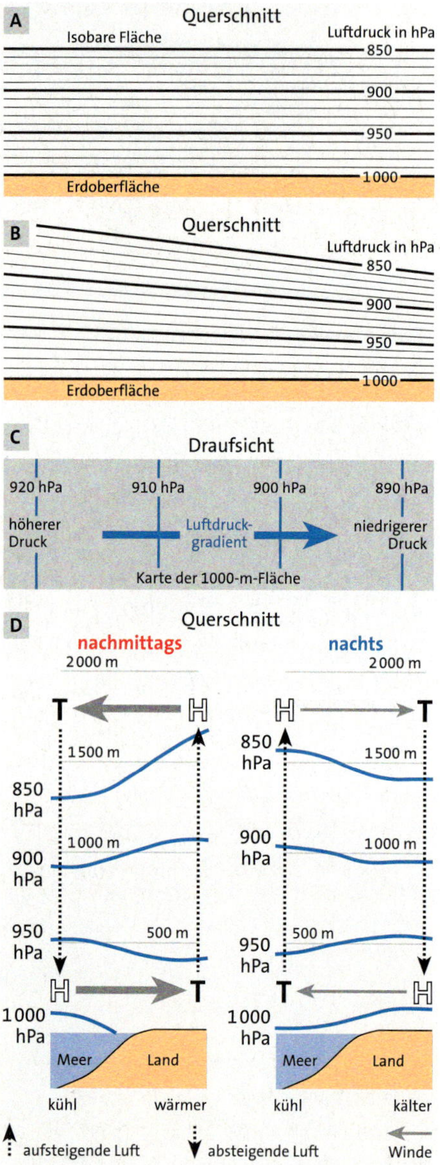


An der Nordsee kann man häufig die „frische Brise" genießen, während die Münchner über Kopfschmerzen bei Föhn klagen. Beides sind regionale Winde. Wind kann auch an einem Sommertag bei blauem Himmel auftreten. Wie entsteht Wind?

Wind ist eine Luftbewegung, die in der Regel parallel zur Erdoberfläche verläuft. Als Windrichtung wird stets die Richtung angegeben, aus der der Wind weht. Die Geschwindigkeit des Windes wird auch als Windstärke bezeichnet.

Voraussetzung für die Entstehung von Wind sind benachbarte Gebiete mit unterschiedlichem **Luftdruck**. Die Luft bewegt sich entlang des Luftdruckgradienten von **Hochdruckgebieten** zu **Tiefdruckgebieten**. Die Windstärke ist dabei proportional zum Luftdruckgefälle.

### Die Entstehung von Wind im Land-Seewind-System

Bei ruhiger Wetterlage stellt sich am frühen Nachmittag auf kleinem Raum an Seeufern oder Meeresküsten ein Seewind ein, während nachts ein Landwind weht. Dieses Land-Seewind-System entsteht am Nachmittag dadurch, dass durch Sonneneinstrahlung die Luftsäule über dem Land stärker erwärmt wird als über dem Wasser. Die Landoberfläche wirkt wie eine Heizplatte. Die erwärmte Luft steigt nach oben und verändert die Druckverhältnisse in der Höhe. Ein Höhenhoch entsteht. In der Höhe ergibt sich dadurch ein Druckgefälle zwischen dem Höhenhoch und dem Höhentief über dem Wasser. Entsprechend dem Luftdruckgradienten strömt Luft in der Höhe vom Land Richtung Wasser. Dadurch kommt es zu einer Luftmassenabnahme über dem Land und es entsteht ein Bodentief. Über dem Wasser erhöht die in der Höhe zugeflossene Luft den Luftdruck am Boden: ein Bodenhoch entsteht. Es stellt sich am Boden ein Ausgleichswind in Richtung des Druckgradienten ein, der Seewind. Dieses sich aufgrund thermischer Unterschiede einstellende Kreislaufsystem wird als Land-Seewind-System bezeichnet. Es wird so lange angetrieben, wie die Sonnenenergie eine stärkere Erwärmung des Festlandes bewirkt. Weil die Luftdruckgegensätze durch unterschiedliche Erwärmung entstehen, bezeichnet man diese Luftdruckgebiete als thermische Druckgebiete.

Surftipp
Regionale Windsysteme
29760X-4302

3 **Altocumulus lenticularis („Föhnfische") über dem Alpenvorland**

## Föhn – ein regionales Windsystem

„Schneefresser", „Traubenkocher" oder „Hexenwind" wurde früher der warme Fallwind genannt, der als **Föhn** von den Alpen Richtung Norden ins Alpenvorland weht.

### 4 Entstehung des Föhns

Wenn sich im Luv des Gebirges hoher Luftdruck und im Lee tiefer Luftdruck befindet, weht über das Gebirge ein Wind ... Die Luft muss also im Luv aufsteigen. Dabei kühlt sie sich mit zunehmender Höhe ab: zuerst trockenadiabatisch um 1 K je 100 m. Dabei steigt die relative Luftfeuchte. Wenn sie 100 % erreicht ... bilden sich Wolken. Beim weiteren Aufstieg kühlt sich die Luft feuchtadiabatisch – nur noch um ca. 0,5 bis 0,6 K/100 m – ab. Wenn die Luft den Gebirgskamm erreicht hat, überströmt sie das Gebirge. Die Wolken, die dabei über die Gipfel gelangen, werden als Föhnmauer bezeichnet. Hinter dem Gebirge sinkt die Luft wieder ab. Dabei erwärmt sie sich ... trockenadiabatisch ... Die Luft ist also nach dem Überströmen des Gebirges wärmer. ... Die „Föhnfische" oder Altocumulus lenticularis entstehen durch die Wellenbewegung, in welche die Luft beim Überströmen des Gebirges versetzt wird. Dabei bilden sich in jedem Wellenberg Wolken und lösen sich in den Wellentälern wieder auf ...

Matthias Forkel: Infoblatt regionale Windsysteme, vom 26.01.2006. Auf: www.klett.de (Juni 2010)

5 **Föhnmauer in Neustift (Tirol)**

6 **Entstehung des Föhns**

Nach Berthold Wiedersich (Hrsg.): Taschenatlas Wetter. Die turbulente Atmosphäre der Erde. Gotha: Klett Perthes 2003, S. 219

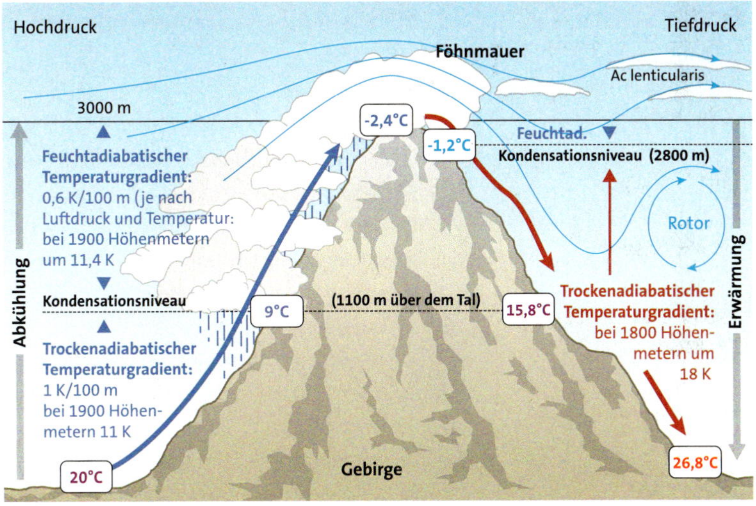


1 Stellen Sie die Entstehung eines thermischen Tief- und Hochdruckgebietes dar.

2 Erläutern Sie, wie beim Land-Seewind-System in der Nacht ein Landwind entsteht.

3 Erklären Sie mithilfe einer Rechnung, weshalb bei einer Föhnsituation die Lufttemperatur in gleicher Höhenlage auf der Luvseite geringer ist als auf der Leeseite.

4 Vergleichen Sie mithilfe einer Internetrecherche den Föhn mit anderen regionalen Windsystemen wie Bora, Mistral oder Chinook.

# 4.4 Grundzüge der Atmosphärischen Zirkulation

**1 Einzellenmodell der Atmosphärischen Zirkulation** (ohne Berücksichtigung von Corioliseffekt und Kontinenten)

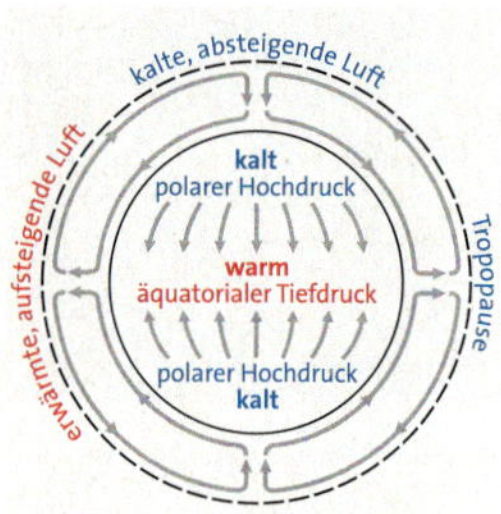


**2 Der geostrophische Wind**

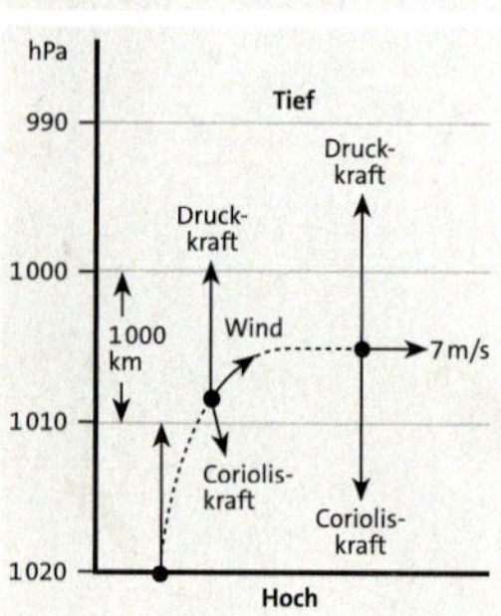


**3 Wirkung der Corioliskraft**

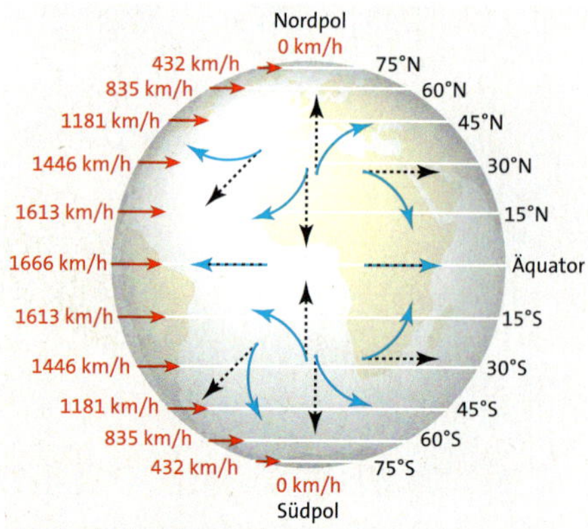


**Geschwindigkeitsangaben:**
Rotationsgeschwindigkeit der Erde in Abhängigkeit von der geographischen Breite

## Großräumige Luftbewegungen

Die Abläufe bei der Entstehung lokaler, thermisch bedingter Druck- und Windsysteme lassen sich nur bedingt auf den globalen Maßstab übertragen. Zu erwarten wären folgende Zirkulationsverhältnisse (Grafik 1): In den Tropen befände sich aufgrund der hohen Einstrahlung die äquatoriale Tiefdruckrinne und an den Polen aufgrund des Strahlungsdefizits ein thermisches Hoch. Der Kreislauf wäre in Form eines Einzellenmodells geschlossen. Damit könnte auch der Wärmeausgleich zwischen den Tropen mit der höchsten Nettoeinstrahlung und den Pole mit ihrer negativen Strahlungsbilanz erfolgen. Ohne diesen Wärmeausgleich würden auf der Erde extreme Temperaturunterschiede herrschen.

Dass dieses Modell nicht der Realität entspricht, zeigen unsere Erfahrungen. So verändern sich weder die Temperaturen stetig von den Tropen zu den Polen noch weht zum Beispiel auf der Nordhalbkugel ein beständiger Nordwind. Dagegen beobachtet man auf der Nordhalbkugel ausgeprägte Westwinde. In der hohen Troposphäre strömen Strahlströme oder **Jetstreams** mit Geschwindigkeiten von bis zu 500 Kilometer pro Stunde als Westwinde meistens in Mäandern um die Erde.

Wie lassen sich die unterschiedlichen Windsysteme (polare Ostwinde, Westwindgürtel der gemäßigten Breiten und Passate) und Drucksysteme (**Innertropische Konvergenzzone/ITC,** subtropischer Hochdruckgürtel und subpolare Tiefdruckrinnen) erklären? Der Grund dafür ist die ablenkende Kraft der Erdrotation, die **Corioliskraft**.

**4 Corioliskraft**

„Diese Kraft entsteht durch die Drehbewegung der Erde um ihre eigene Achse (Rotation). Am Äquator dreht sich die Erde schneller als an den Polen (am Äquator ist der „Weg" länger: v = s/t). Wenn nun ein Luftpaket seine geographische Breite verlässt, behält es diese Geschwindigkeit bei. Wenn es also beispielsweise auf der Nordhalbkugel nach Süden strömt, kommt es in Breiten, die sich schneller bewegen als seine Herkunftsregion. Das Luftpaket bewegt sich hier dann langsamer als die Erde unter ihm, damit hängt es hinter der Erde her, es wird also scheinbar nach Westen abgelenkt. Strömt es aber nach Norden, dann gelangt es in „langsamere" Regionen. Es ist also selbst schneller und eilt der Erdoberfläche voraus; der Wind wird ergo nach Osten abgelenkt. Auf der Südhalbkugel ist es aber anders herum."

Matthias Forkel: Die allgemeine Zirkulation der Atmosphäre: Luftdruckgebiete, Corioliskraft und Winde. Auf: http://klima-der-erde.de (Jan. 2008)

### Geostrophischer Wind

Wie stark ein Wind von seiner ursprünglichen Richtung abgelenkt wird, hängt von der Windgeschwindigkeit ab. Diese ist eine Folge der Gradientkraft. Bei deren andauernder Wirkung wird die Luft beschleunigt und in der Folge davon die Corioliskraft größer. Wenn Gradientkraft und Corioliskraft gleich groß sind, strömt die Luft mit konstanter Geschwindigkeit und ohne Richtungsänderung parallel zu den Isobaren. Dies geschieht in großen Höhen. Die hier ohne Einfluss der Bodenreibung wehenden Winde werden als geostrophische Winde bezeichnet. Zu diesen gehören die in 6 bis 10 Kilometer wehenden Jetstreams auf der nördlichen Halbkugel (Grafik 5).

Material
Schema planetarische Zirkulation
29760X-4401

Material
Buys-Ballotsches Windgesetz
29760X-4402

## Atmosphärische Zirkulation

Als **Atmosphärische Zirkulation** oder auch planetarische Zirkulation bezeichnet man die Gesamtheit aller großräumigen vertikalen und horizontalen Luftbewegungen auf der Erde. Wie in einer gewaltigen Wärmepumpe werden Luftmassen sowohl in der Höhe wie auch am Boden ständig umgewälzt. Winde sind spürbarer Ausdruck dieses globalen Temperaturaustausches. Aus der Druckverteilung auf der Erdoberfläche, der Corioliskraft sowie der Verteilung von Landmassen und Meeren ergeben sich drei Zirkulationssysteme (Grafik 6), die sich im Jahresverlauf entsprechend der Sonneneinstrahlung verlagern:

1. Die tropische **Passatzirkulation** der niederen Breiten, die sich im Jahresmittel etwa zwischen 35 °N und 30 °S ausbildet. Der englische Meteorologe George Hadley ging 1735 von einem direkten Luftkreislauf zwischen Äquator und Pol aus. Heute wissen wir, dass nur im Bereich der Passatzirkulation großräumige vertikale Kreisläufe auftreten. Sie werden auch als Hadley-Zirkulation bezeichnet.
2. Bei der außertropische Westwind-Zirkulation der höheren Breiten (Ferrellzelle) sorgen die großräumigen dynamischen Hoch-und Tiefdruckgebiete für einen horizontalen Luftaustausch und entsprechende Energietransporte. Es sind vor allem die **Zyklonen** (wandernde **Tiefdruckgebiete**), die für eine Verwirbelung unterschiedlich temperierter Luftmassen sorgen. Auf der Nordhalbkugel strömt an ihrer Ostseite Warmluft nach Norden und an der Westseite Kaltluft nach Süden.
3. An den Polen (Polarzellen) strömt aus den polaren **Hochdruckgebieten** kalte Luft oberflächennah ab: auf der Nordhalbkugel nach Süden, auf der Südhalbkugel nach Norden. Durch die Corioliskraft werden sie zu Ostwinden umgelenkt.

**5 Mehrzellenmodell der atmosphärischen Zirkulation**

Nach Federation of American Scientists, auf: www.fas.org/irp/imint/docs/rst/Sect14/FIG07_006.jpg (Juni 2010)

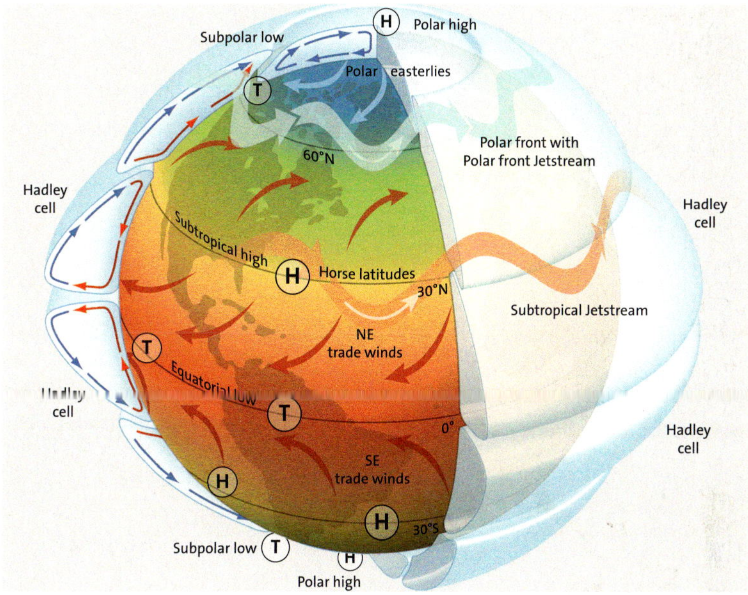


**6 Generalisiertes Modell der planetarischen Zirkulation**

Verändert nach www.hamburger-bildungsserver.de (Juni 2010)

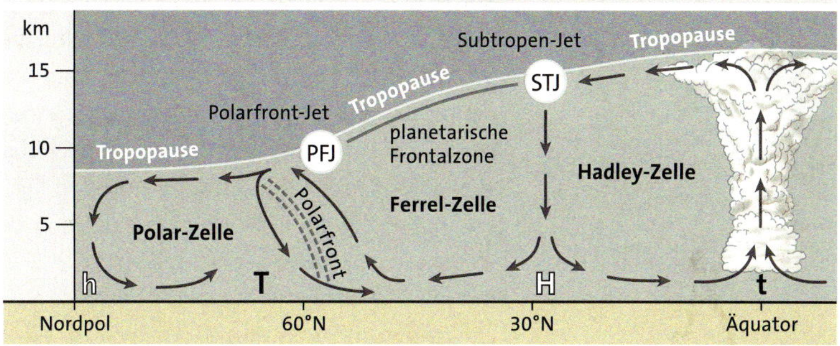


**7 Strömungsverhältnisse im bodennahen Luftdruckfeld der Nordhemisphäre**

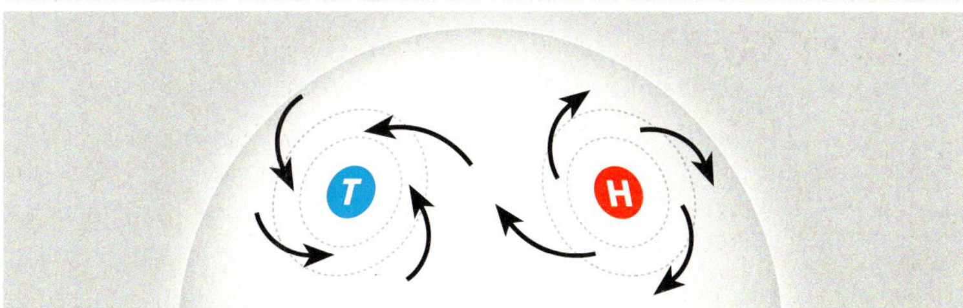


**1** Beschreiben Sie die Wirkung der Corioliskraft auf großräumige Luftbewegungen.

**2** Erläutern Sie die Regel von Buys-Ballot: „Wenn man auf der Nordhalbkugel mit dem Rücken zum Wind steht, befindet sich links vorne tiefer Druck, rechts hinten hoher Druck."

**3** Stellen Sie die Entstehung der planetarischen Luftdruck- und Windgürtel dar.

**8 Vertikalaufbau einer ozeanischen Passatströmung**

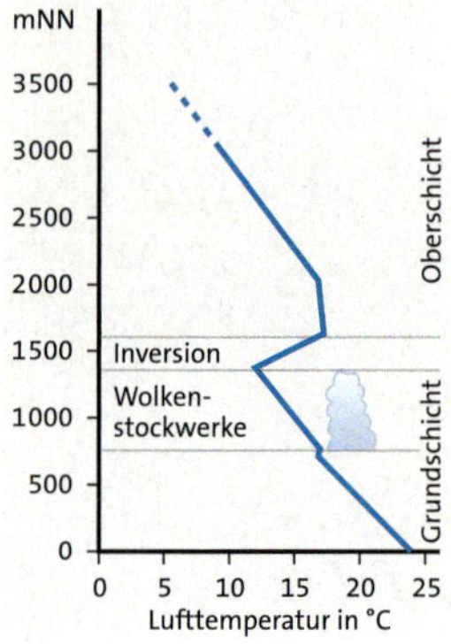


**9 Passatströmung: Schema mit doppelter ITC und Westwindzone**

verändert nach Hermann Flohn 1960

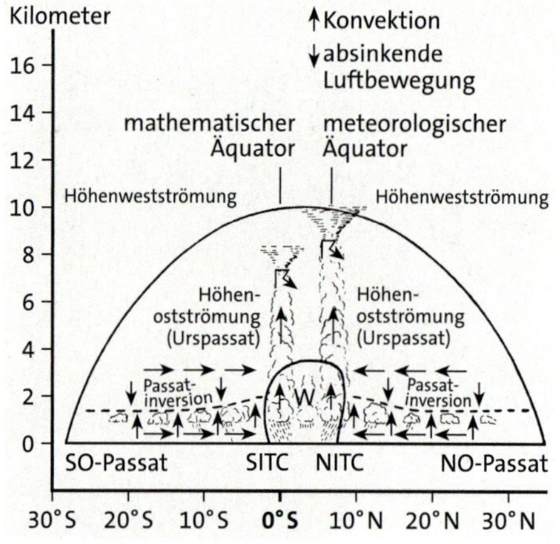


**Zenitstände der Sonne**
Die Sonne steht am 21. 3. und 23. 9. jeweils senkrecht über dem Äquator, am 21. 6. über dem nördlichen Wendekreis und 21. 12. über dem südlichen Wendekreis.

- - ➜
Seite 96
Passatinversion

## Tropische Zirkulation

Die tropische Zirkulation wird primär durch die **Passatzirkulation** geprägt.

Im Bereich des jeweiligen Zenitalstandes der Sonne kommt es zu einer starken Erwärmung der unteren Luftschichten. Die warme Luft dehnt sich aus, steigt dabei in die Höhe und der Luftdruck sinkt ab. Dabei bilden sich thermisch Bodentief und Höhenhoch. Die rund um den Äquator entstehenden Bodentiefdruckgebiete bilden die äquatoriale Tiefdruckrinne. Da die Luftmassen in diesen Bereich einströmen, heißt er auch **ITC (Innertropische Konvergenzzone).**

Die im Bereich der ITC feuchtadiabatisch aufsteigende Luft nimmt große Mengen an Wasserdampf mit. Bei der Abkühlung bilden sich mächtige Gewitterwolken mit Starkregen. Diese Niederschläge werden als Zenitalregen bezeichnet.

Aus dem Höhenhoch über der ITC strömt die Luft polwärts. Sie wird durch die **Corioliskraft** auf der Nordhalbkugel nach Nordosten bzw. auf der Südhalbkugel nach Südosten abgelenkt. Aus dieser Luftströmung sinkt ständig Luft ab und strömt wieder der ITC zu. Weil die bodennahe Reibung praktisch nicht vorhanden ist, kommen diese Winde aufgrund der Corioliskraft aus Osten. Sie werden als Urpassate bezeichnet. Im Bereich der Wendekreise sinken die Luftmassen trockenadiabatisch ab. Dadurch wird in Bodennähe ein beständig hoher Luftdruck aufgebaut, die subtropische Hochdruckzone.

Infolge des Druckgefälles zur ITC entsteht unter dem Einfluss der Corioliskraft eine östliche Strömung, der Nordostpassat (Nordhalbkugel) bzw. Südostpassat (Südhalbkugel).

Im jahreszeitlichen Verlauf verändert sich durch die unterschiedlich starke Erwärmung der Nord- bzw. Südhalbkugel die Lage der ITC. Dabei kommt es zur Aufspaltung in eine stark ausgeprägte ITC (thermischer oder meteorologischer Äquator) und eine schwächere ITC am mathematischen Äquator.

Die unterschiedliche Erwärmung von Festlands- und Wasserflächen führt im Bereich des Äquators zu einer zonalen Zirkulation, die nach ihrem Entdecker als **Walker-Zirkulation** bezeichnet wird. So steigt im Bereich der Sundainseln in Äquatornähe feuchtwarme Luft über dem warmen Oberflächenwasser auf, wobei intensive Niederschläge entstehen. Im östlichen tropischen Pazifik dagegen sinkt trockene und kühle Luft über dem kalten Oberflächenwasser des Humboldtstroms ab. Aus dem so entstandenen Druckgefälle entsteht in Bodennähe eine Luftströmung entlang des Äquators von Ost nach West, die Teil eines großen zonalen Zirkulationsrades ist.

Mit der Hadley- und Walker-Zirkulation lassen sich meridionale bzw. zonale Luftbewegungen in den Tropen beschreiben. Die in den Tropen häufig diagonal verlaufenden Winde sind meist das Ergebnis aus der Überlagerung der beiden Zirkulationszellen.

**10 Schema der mittleren zonalen Walker-Zirkulation in den Tropen**

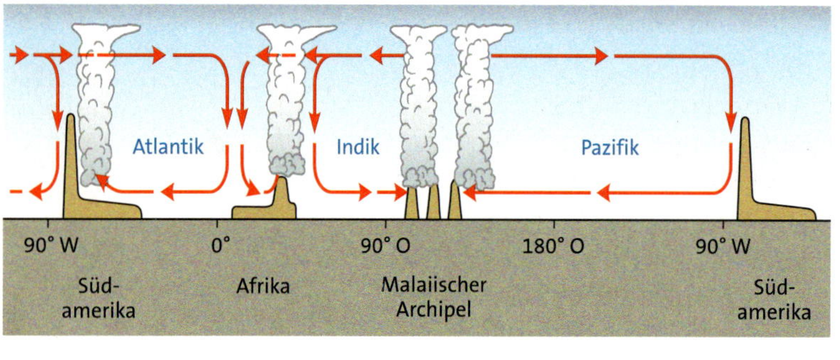

Material
Methode Wetterkarten interpretieren: Bangladesch
29760X-4404

**11** **Winde und Niederschlagsverteilung in Indien im Sommer (links) und Winter (rechts)**

Nach Dirk Bronger, Norbert von der Ruhren: Indien. Klett SII Länder und Regionen. Stuttgart: Klett 1986, S. 40

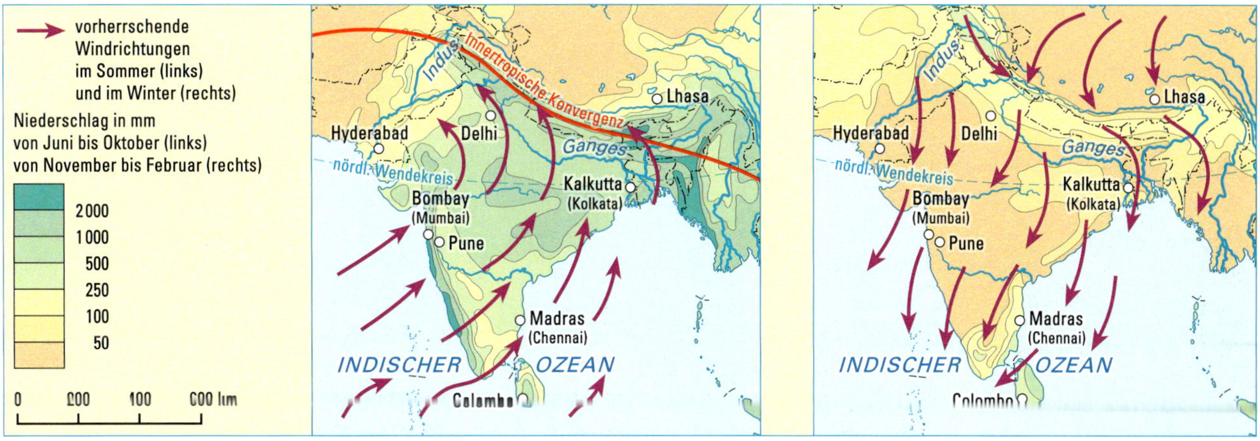


## Monsun

Ein Sonderfall der Passatzirkulation ist der **Monsun** (von arab. Mausin = Jahreszeit) in Südasien. Damit wird ein beständig wehender, kontinentweiter Wind mit halbjährlichem Richtungswechsel von mindestens 120° bezeichnet. Der Sommermonsun (Südwestmonsun) bringt große Niederschlagsmengen, der ablandige Wintermonsun (Nordostmonsun) ist trocken und bringt nur dann Regen, wenn er ein Meeresgebiet überquert.

In Indien gliedert sich das Monsunjahr in drei Abschnitte:

- kühlere, trockene Jahreszeit von Dezember bis Februar durch ablandigen Nordostpassat (ITC auf Südhalbkugel),
- heiße, trockene Jahreszeit von März bis Anfang Juni durch höheren Sonnenstand (ITC wandert auf Nordhalbkugel) und daraus resultierender allmählicher Erwärmung (trockene und warme Luft),
- heiße, feuchte Jahreszeit ab Mitte Juni als Folge des Südwestmonsuns: die ITC liegt im Norden Indiens.

Die weite Nordverlagerung der ITC kommt durch die Erwärmung der großen asiatischen Landmasse zustande. Das hier entstehende Hitzetief unterbricht den subtropisch-randtropischen Hochdruckgürtel und verbindet sich mit der ITC zu einem großen Bereich tiefen Drucks. Durch die Nordlage der ITC werden die Südostpassate der südlichen Halbkugel am Äquator in südwestliche Winde (Südwestmonsun) umgelenkt und können sich über dem Indischen Ozean mit Wasser vollsaugen. Durch zunehmende Flächenkonvergenz werden die wasserdampfgesättigten Luftmassen angehoben. Über der indischen Landmasse wird das Ansteigen dieser Luftmassen zum einen durch das Küstengebirge und zum anderen durch eine starke Erwärmung verstärkt. Die folgende Kondensation löst den Monsunregen aus.

Klimatologen verstehen unter dem Monsun sowohl den sommerlichen Südwestmonsun als abgelenkten Südostpassat, als auch den Wintermonsun, der von Oktober bis April aus Nordosten kommt und eigentlich ein Nordostpassat ist.

**12** **Klimadiagramm von Bombay (Mumbai)**

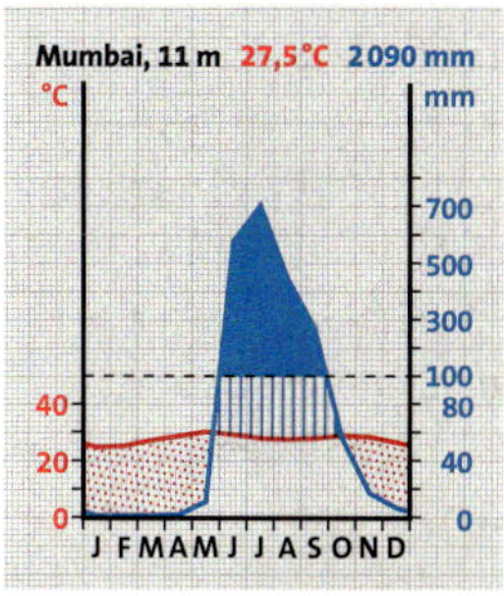


**4** Charakterisieren Sie anhand der Materialien die Passatzirkulation und den Monsun.

**5** Begründen Sie, weshalb die kontinentalen Passatzonen die Trockenzonen der Erde sind.

**6** Erklären Sie ausgehend von den Materialien, weshalb die Passatwinde auch als „trade-winds" bezeichnet werden.

**7** Überprüfen Sie die Aussage: „Beim Monsun handelt es sich um eine jahreszeitliche Entsprechung des tagesperiodischen Land-Seewind-Systems".

**13 „Normalsituation" und El Niño-Situation auf dem Pazifik**

Nach Arno Kreus, Norbert von der Ruhren (Hrsg.): Fundamente. Geographie Oberstufe. Stuttgart und Leipzig: Klett 2008, S. 35

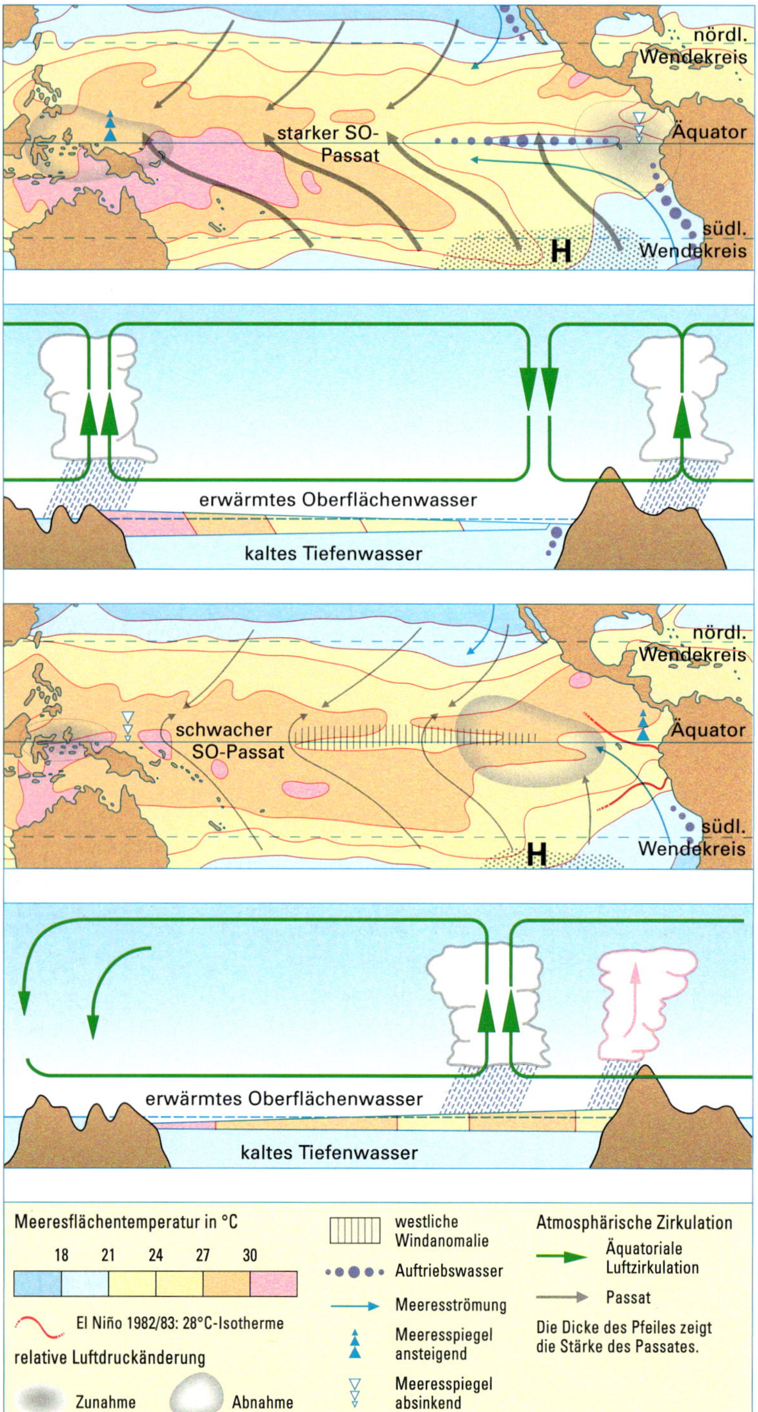


ENSO (El Niño-Southern Oscillation):
Das Phänomen El Niño ist eng verknüpft mit der Southern Oscillation. Das ist eine langsame Schwankung des Luftdrucks zwischen Indischem Ozean und tropischem Pazifik (markiert durch die Luftdruckdifferenz zwischen Darwin / Australien und der Insel Tahiti.

# El Niño

**El Niño** bedeutet „das Christkind". So benannten vor mehr als 100 Jahren peruanische Fischer die jedes Jahr zur Weihnachtszeit auftretende Erwärmung des Meeres vor ihrer Küste. Heute bezeichnet man nur die etwa alle vier bis neun Jahre auftretenden besonders starken Erwärmungen des äquatorialien Ostpazifiks als El Niño.

**14 Normalsituation und El Niño-Situation**

„Normalsituation: Ein starkes südostpazifisches Hochdruckgebiet bewirkt kräftige Passatwinde. Diese verstärken den Humboldtstrom und treiben Oberflächenwasser entlang dem Äquator nach Westen ... Im äquatorialen Bereich des westlichen und östlichen Pazifik entsteht ein Unterschied der Meeresoberflächentemperaturen von 8–10 K. Im Ergebnis dieses starken Temperaturgefälles verstärken sich auch die Luftdruckunterschiede und eine weitere Luftzirkulation, die sogenannte **Walker-Zirkulation** stellt sich ein. Der aus den Passaten entstehende äquatorparallele Ostwind führt zu einem Abströmen von Luftmassen aus dem Ostpazifik, welches durch absinkende Luft ausgeglichen wird. Über den Kaltwasserbereichen vor der Westküste Südamerikas entsteht so ein Hoch mit absinkender Luftbewegung und östlicher Luftströmung ...

El Niño-Situation: Das südostpazifische Hochdruckgebiet schwächt sich ab. Damit lassen die Passatwinde und der Humboldtstrom nach. Das im Westpazifik „aufgestaute" Wasser [fließt nach Osten] und führt zu einer Erhöhung des Meeresspiegels vor der südamerikanischen Küste um 10–20 cm. Mit dem warmen Wasser verschiebt sich auch das äquatoriale Tiefdruckgebiet über dem Westpazifik nach Osten. Dabei kehrt sich die Walker-Zirkulation um. Vor den Küsten Indonesiens bzw. Australiens sinkt Luft ab und strömt bodennah nach Osten. Dieser Westwind, der Strom warmen Wassers und die mit dem Tief verbundenen Niederschläge erreichen die Westküste Südamerikas ..."

Egbert Brodengeier: El Niño – Naturphänomen an der Westküste Südamerikas. In: Praxis Geographie, 30. Jg., H. 3. Braunschweig: Westermann 2000, S. 12

Material
El Niño-Southern Oscillation
29760X-4405

Surftipp
El Niño-Animation
29760X-4406

**15 Globale Auswirkungen von El Niño**

Nach Das ENSO-Phänomen, unter www.enso.info; P. Epstein: Krankheiten durch Treibhauseffekt. In: Spektrum d. Wissenschaft, Dossier 12/2000. Heidelberg: Spektrum, S. 80 f.

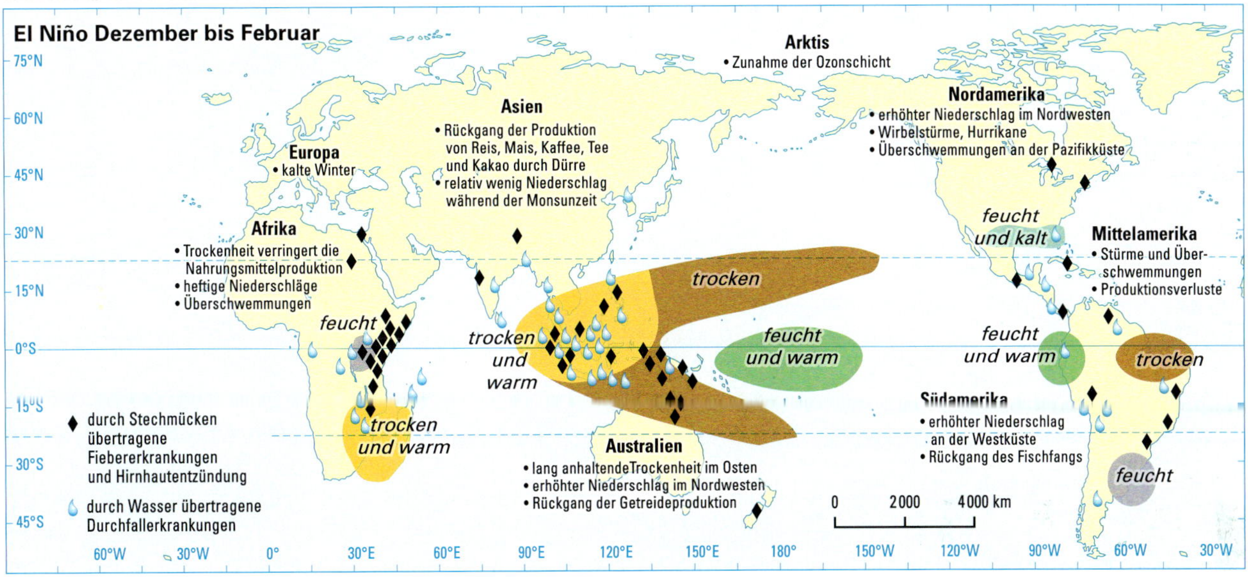


**16 La Niña**

„Während viele Menschen noch unter dem ungewöhnlichen Wetter leiden, geht es El Niño allerdings schon längst an den Kragen', weiß der Klimaexperte Latif. So schiebt sich zunächst fast unbemerkt eine Kaltwasserzunge, etwa 100 bis 200 Meter unter der Meeresoberfläche, langsam vom Westpazifik in Richtung Osten. Sobald sie vor der Küste Südamerikas die Oberfläche erreicht, beginnt ein neuer Kreislauf – im Vergleich zu El Niño nun allerdings mit umgekehrten Vorzeichen: Der Ostpazifik kühlt ab und sorgt damit letztendlich für eine stärkere Ausprägung der ursprünglichen Klimaverhältnisse. Das Hochdruckgebiet über der Küste Südamerikas sowie das Tiefdruckgebiet über Südostasien werden jeweils kräftiger. In weiten Teilen Südamerikas ist es deshalb noch trockener als in „normalen" Jahren; in Südostasien und Australien regnet es besonders viel. Die Klimaforscher bezeichnen diesen Zustand als La Niña (span. = das Mädchen), also quasi als kleine Schwester von El Niño."

Ute Hänsler: El Niño und La Niña – Forschen an der Klimaschaukel. In: GEOMAX, Ausg. 4, Sommer 2002. München: Max-Planck-Gesellschaft 2002, S. 2

**17 Ozean-Atmosphäre-Wechselwirkungen im Normalzustand (links) und während La Niña (rechts)**

Nach Mojib Latif: Das El Niño/Southern Oscillation-Phänomen. In: promet, H. 3/4, 2006. Offenbach: Deutscher Wetterdienst 2006, S. 124

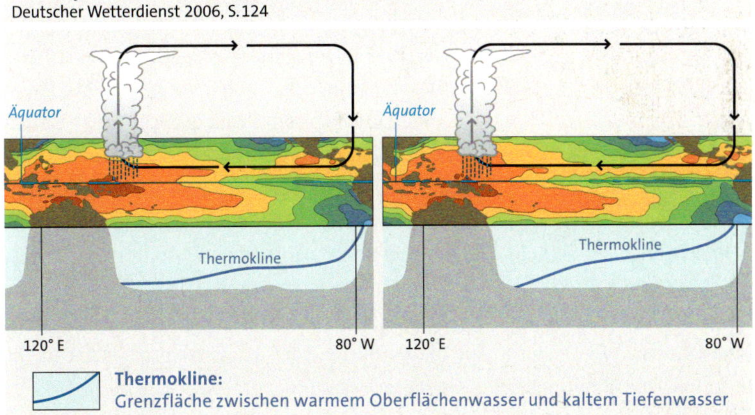


**8** Beschreiben Sie in eigenen Worten die Wechselwirkung zwischen Meer und Atmosphäre im Südpazifik während der Normalsituation.

**9** Vergleichen Sie in Form einer Tabelle folgende Situationen im Pazifik: Normalsituation, El Niño und La Niña.

**10** Erklären Sie am Beispiel von ENSO, wie große Ozeanflächen durch Wechselwirkung mit der Atmosphäre die Zirkulation in den Tropen steuern.

Seite 61–63
Meeresströmungen

**18 Schema der Druckverhältnisse in der Troposphäre und Ausbildung des Jetstreams**

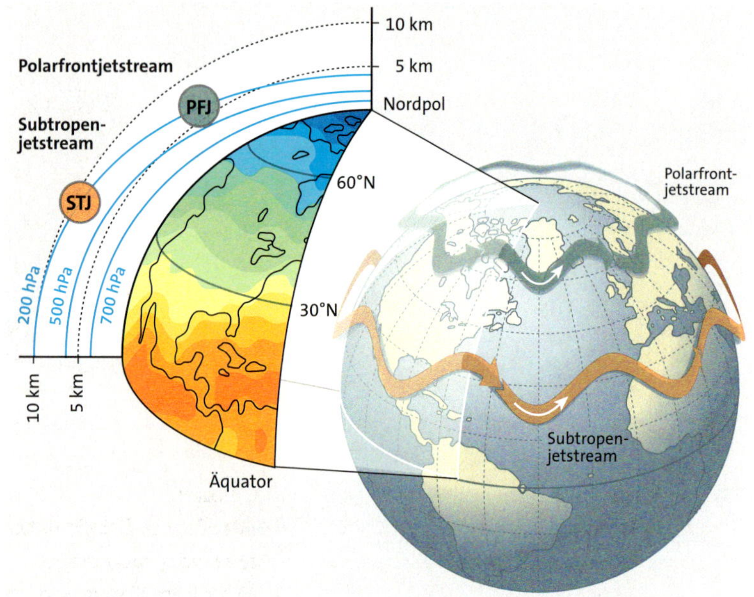


**19 Die Entwicklung von Mäandern in der Westwind-Höhenströmung**

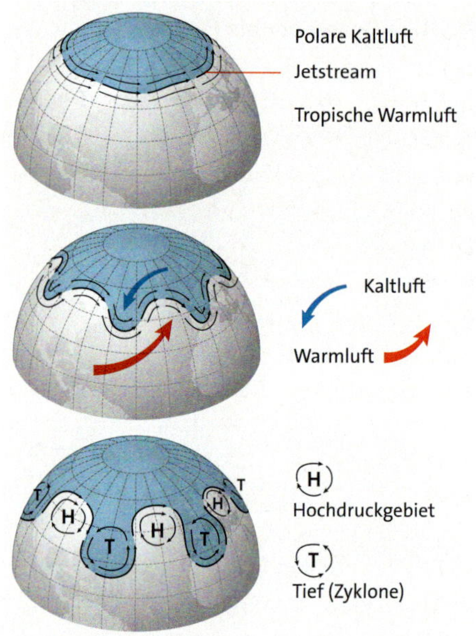


**Polarfont**
In den Bereichen von etwa 30–60° nördlicher bzw. 60–30° südlicher Breite grenzt in großer Höhe aufgrund der Wirkung der **Corioliskraft** warme tropische Luft unmittelbar an kalte Polarluft, ohne dass die Warmluft die Kaltluft überströmen könnte. Aufgrund des unterbundenen Luftmassenaustausches verschärfen sich in diesem Bereich die Gegensätze der Lufttemperaturen und des Luftdrucks auf relativ engem Raum.

## Außertropische Zirkulation

Innerhalb der planetarischen **Frontalzone** zwischen 30 °N und 60 °N entstehen durch besonders große Druck- und Temperaturunterschiede Strahlströme (engl. = **Jetstreams**). Das sind Starkwindfelder mit Geschwindigkeiten > 30 m/s. Sie können 100 bis 500 km breit sein, in der Vertikalen eine Ausdehnung von 1–4 km erreichen und mehrere Tausend Kilometer lang sein. Sie wurden erstmals während des Zweiten Weltkrieges beobachtet, als amerikanische Militärflieger von ihrem Einsatz in Europa in die USA zurückflogen. Man unterscheidet den Polarfront-Jetstream im polaren Bereich der Frontalzonen und den subtropischen Jetstream (Subtropenjet).

### Auswirkungen

Strahlströme behindern zunächst einen Ausgleich der meridionalen Temperatur- und Druckgegensätze. Diese Situation, in der sich auf der nördlichen Hemisphäre eine kalte Luftmasse im Norden und eine warme im Süden, getrennt durch den Jet, gegenüberstehen, bezeichnet man als „high-zonal-index". Ein Austausch von Luftmassen erfolgt nur dann, wenn die Luft in diesem Westwindband verwirbelt wird. Bei Temperaturunterschieden in der Höhe von mehr als 6 K pro 1000 km horizontale Entfernung im 500 hPA-Niveau beginnt die stabile Westwindströmung zu mäandrieren. Reliefunterschiede, z. B. zwischen Gebirgen und Meeren, verstärken diesen Effekt. Die entsprechende Situation wird „low-zonal-index" genannt. Damit bezeichnet man eine atmosphärische Strömung, bei der nur drei bis vier sehr lange und großamplitudige Wellen in der Höhenströmung beobachtet werden. In der Folge stoßen auf der Nordhalbkugel polare Kaltluftmassen äquatorwärts nach Süden vor und bilden Kaltlufttröge. Umgekehrt können tropische Warmluftmassen als Warmluftrücken weit nach Norden vorstoßen. Damit wird aber noch keine Energie ausgetauscht und Wärme transportiert.

Erst wenn sich aus dem mäandrierenden Jet Hoch- und Tiefdruckzellen ablösen („cut off"), kommt es zu einer Verwirbelung von polarer Kaltluft und subtropischer Warmluft und damit zum Energieaustausch im globalen Ausmaß. Die Folge ist, dass die Westwinddrift in dieser Situation blockiert wird. Man spricht deshalb von der Blocking-Action. Die Energiegegensätze können sich dann erneut aufbauen und es bildet sich eine neue Frontalzone heraus.

## Die Entstehung von Tief- und Hochdruckzellen im Polarfrontjet

Anders als in den thermischen **Tief- und Hochdruckgebieten** entstehen Tief- und Hochdruckzellen hier dynamisch. Im Gegensatz zu den thermisch bedingten Druckgebilden weisen dynamische Druckgebilde sowohl am Boden wie auch in der Höhe entweder hohen Druck beim Hochdruckgebiet oder beide Male tiefen Druck beim Tiefdruckgebiet auf. In den Druckgebilden selbst sind deutliche Windströmungen festzustellen, die mit den Druckgebilden wandern. Auf der Nordhalbkugel drehen sich in einem dynamischen Tief (**Zyklone**) die Luftmassen gegen den Uhrzeigersinn, im dynamischen Hochdruckgebiet (**Antizyklone**) umgekehrt. Sie folgen dabei der Regel, dass die Luft zum Tief hin, aber vom Hoch wegströmt.

Dabei bewegt sich am Boden einer Zyklone Luft in das Zentrum, sie konvergiert also und steigt auf. In der Höhe strömt sie nach außen: Eine Divergenz-Strömung kann beobachtet werden. Bei der Antizyklone verhält es sich umgekehrt; Konvergenz der Luftmassen in der Höhe, absteigende Luftmassen und Divergenz am Boden.

Ursachen für die Entstehung dieser Luftdruckzellen sind letztendlich Konvergenzen und Divergenzen im Polarfrontjet. Auslöser dafür ist das Mäandrieren des Jets. Verengt sich in einem Wellental des Jets die Luftströmung, wird die Luft zusammen – und gleichsam nach unten gedrückt. Dabei rotiert die Luft aufgrund der Wirbelbewegung (Vorticity) in dieser Strömung nach unten, sich im Uhrzeigersinn drehend. Am Boden herrscht dann hoher Luftdruck und die Luft strömt aus dem Hochdruckgebiet nach außen.

Kommt es im Polarfontjet zu Erweiterungen der Luftströmung, strömt die Luft auseinander und saugt nachfolgend Luft vom Boden nach. Die Luft rotiert in dieser aufsteigenden Strömung aufgrund der Vorticity gegen den Uhrzeigersinn nach oben. Am Boden entsteht, als Folge der Divergenz in der Höhe, ein Tiefdruckgebiet, in das die Luft einströmt.

Sowohl Tiefdruck- als auch Hochdruckgebiete wandern, durch den Polarfrontjet bewegt, nach Osten. Die Zyklonen werden eher auf der Polseite der planetarischen Frontalfront gebildet und ziehen nordostwärts. Zu ihnen gehören das Island- und Aleutentief. Die dort im Jahresmittel sehr häufig auftretenden, sich erneuernden Tiefdruckgebiete bilden den subpolaren Tiefdruckgürtel. Die nach Südosten ziehenden Antizyklonen entstehen äquatorseits. Sie verstärken die Hochdruckgebiete wie das Azoren- oder das Hawaii-Hoch und bilden den subtropisch-randtropischen Hochdruckgürtel.

**20** **Entstehung dynamischer Drucksysteme durch die Pump- und Saugwirkung des Jetstreams**

Nach Jürgen Bauer u. a.: Physische Geographie kompakt. 4. Aufl. Heidelberg: Spektrum 2004, S. 96

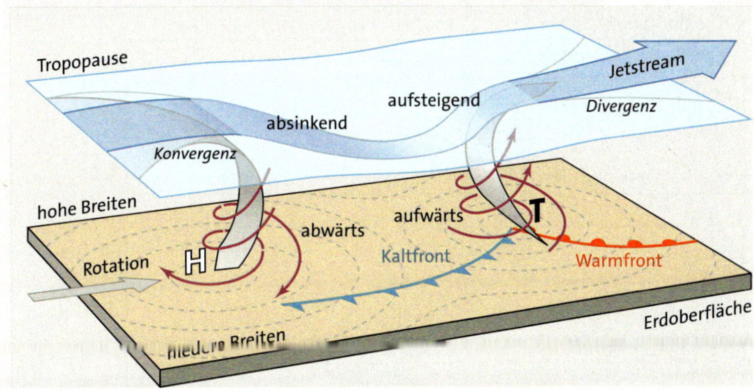


**21** **Schematische Darstellung des Luftdrucks und des Verlaufs der Isobaren in thermischen und dynamischen Druckgebilden**

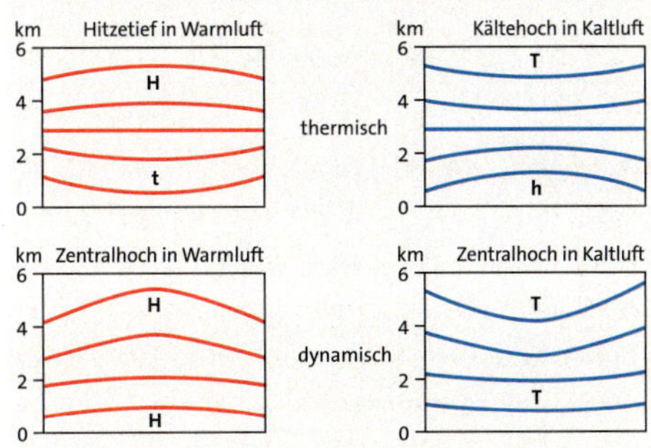


**Islandtief**
Das Islandtief ist ein nahezu ständig ausgeprägtes Tiefdruckgebiet im Bereich von Island.

**Azorenhoch**
Das Azorenhoch ist ein nahezu ständig ausgeprägtes Hochdruckgebiet im Bereich der Azoren.

**11** Arbeiten Sie aus den Materialien heraus, wie die Mäander des Westwind-Höhenbandes entstehen.

**12** Stellen Sie die Bedeutung des mäandrierenden Jetstreams für den globalen Wärmeaustausch dar.

**13** Vergleichen Sie dynamische und thermische Luftdrucksysteme.

## Wettererscheinungen beim Durchzug einer Zyklone

22 **Schematisches Profil einer ideal ausgebildeten Zyklone**

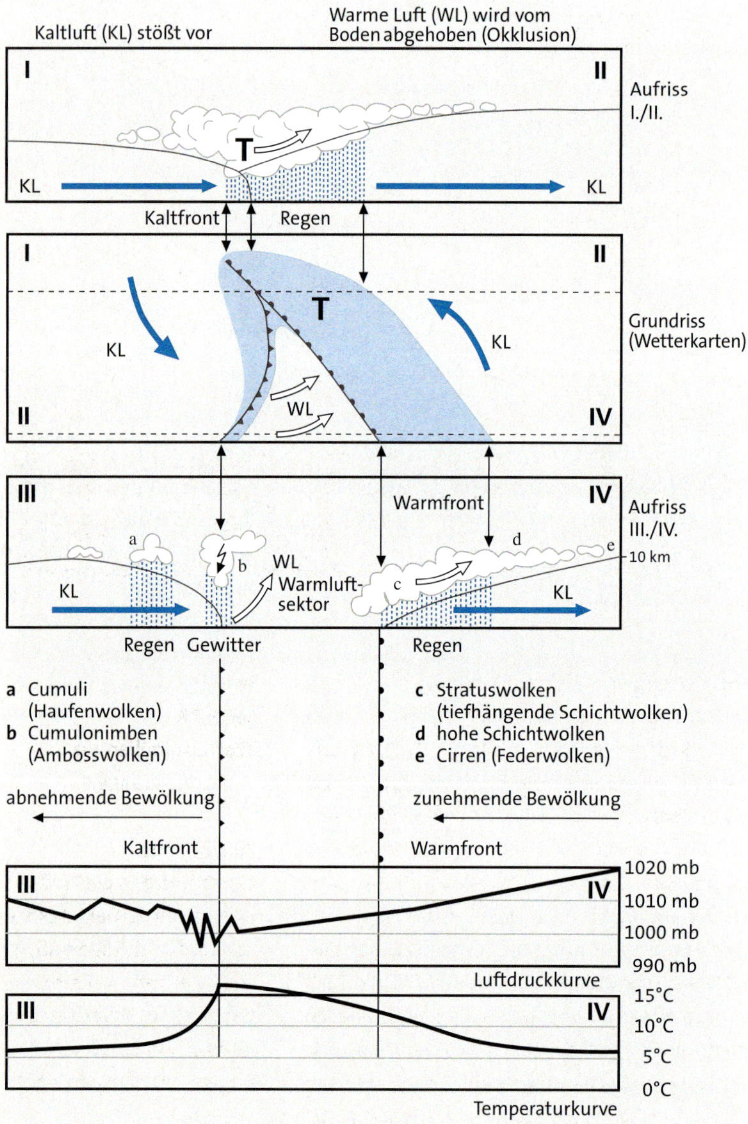


23 **Wolkenbild beim Durchzug einer Zyklone**

Ein dynamisches Tiefdruckgebiet (**Zyklone**) der planetarischen **Frontalzone** schaufelt gegen den Uhrzeigersinn subtropische Warmluft von Süden nordwärts gegen die dort lagernde polare Kaltluft und polare Kaltluft weit nach Süden. Damit kommt es zum Wärmeaustausch zwischen Äquator und den Polen.

An der Vorderseite der Zyklone wird Warmluft nach Norden transportiert und gleitet wie auf einer schräg ansteigenden Fläche auf die Kaltluft auf. Dabei ist die Höhenwarmfrontzone der Bodenwarmfrontzone in der Regel meist 100 bis 250 km voraus, sodass man nicht von einer einheitlichen **Warmfront** sondern eher von einer Übergangszone oder Frontalzone spricht.

Das langsame Aufgleiten der warmen Luft auf die kalte, vor ihr liegende Luft ist mit ihrer Anhebung und damit auch Abkühlung verbunden, in der Folge bilden sich Wolken. Dabei entsteht eine typische Abfolge von Schichtwolken: an der Spitze der Übergangszone Cirren, denen Cirrostratuswolken als feine, durchscheinende Schleierwolken folgen; diese werden abgelöst von hohen Schichtwolken, die sich zu mächtigen und tief liegenden Nimbostratuswolken verdichten. Die Altostratuswolken gehören dem zweiten Wolkenstockwerk an (2–7 km Höhe), die Nimbostratuswolken dem dritten Wolkenstockwerk (< 2 km Höhe); aus ihnen fällt ein lang anhaltender, gleichmäßiger Nieselregen, der auch als Landregen bezeichnet wird.

Mit dem allmählichen Verdrängen der kalten Luft steigt die Temperatur, der Luftdruck fällt und der Wind dreht von Süd auf südwestliche Richtungen. Hat die Warmluft die Kaltluft am Boden verdrängt, muss sie nicht mehr aufsteigen und es werden keine Wolken mehr gebildet. In der wetterkartographischen Darstellung wird dieser Bereich als Warmluftsektor bezeichnet. Dort kann es lokal zur **Konvektion** der Luft kommen, welche zur Bildung von Cumuluswolken führt, aus denen mitunter Regen fällt.

Der Warmluftsektor wird durch die nachrückende Kaltluft polaren Ursprungs aufgelöst. Die **Kaltfront** verdrängt die Warmluft am Boden und zwingt sie zum raschen Aufsteigen. Es bilden sich hoch aufragende Cumulonimbuswolken,

Material
Infoblatt Zyklone
29760X-4407

Surftipp
Wolkenatlas
29760X-4201

**24 Satellitenaufnahme einer Zyklone westlich von Europa am 27.10.2004**

**25 Idealschema der Entwicklung einer Zyklone über Europa**

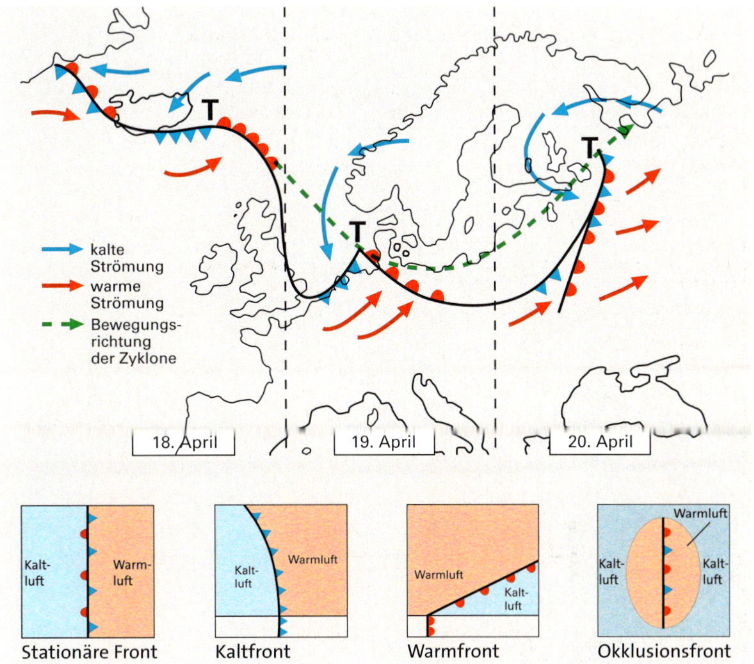


aus denen heftige Schauerregen mit großen Tropfen und auch Hagel fallen können. Mit dem Eintreffen des Kaltfrontbereiches sinkt die Temperatur rasch ab, der **Luftdruck** steigt wieder an und der Wind dreht von West auf nordwestliche Richtungen. Im Kaltluftsektor selbst ist die Sicht aufgrund der klaren Luft sehr gut. Das Wetter in diesem Abschnitt heißt Rückseitenwetter.

Im Zuge der Entwicklung einer Polarfrontzyklone holt im sogenannten Reifestadium die Kaltfrontzone die Warmfrontzone ein, es erfolgt die **Okklusion**. Dazu kommt es, weil die Warmfront beim Aufgleiten auf die vor ihr liegende Kaltfront Bewegungsenergie verliert und langsamer wird. Am Ende ist die restliche Warmluft vom Boden abgehoben und schwimmt als Warmluftlinse auf der Kaltluft, das Kerntief ist aufgefüllt.

Oft entstehen ganze Frontensysteme mit mehreren Tiefausläufern und Tiefdruckzentren, die vom Polarfrontjet von Westen nach Osten gesteuert werden und wechselhaftes Wetter verursachen. Die Zyklonen erfüllen neben dem Luftmassen- und Energieaustausch eine weitere wichtige Aufgabe: Vom Meer wird Wasserdampf aufs Land transportiert, der dort für Niederschläge sorgt.

**Entwicklung von Frontensystemen**

Im Polarfrontjet entstehen neben Zyklonen auch **Antizyklonen**. In ihnen sinkt die Luft ab und wird dabei erwärmt. Die erwärmte Luft nimmt mehr Wasserdampf auf, die Wolken lösen sich auf. Trockenes Wetter mit wolkenloser Luft und starker Einstrahlung am Tag sowie ebenso starker Ausstrahlung in der Nacht ist die Folge.

Der Polarfrontjet lässt in unregelmäßiger Abfolge Zyklonen und Antizyklonen über Mitteleuropa hinwegziehen, die das Wettergeschehen nachhaltig steuern. Je nach Lage der Druckgebilde wird Mitteleuropa dabei von Luftmassen unterschiedlichen Ursprungs beeinflusst. So können für Mitteleuropa polare, tropische, kontinentale oder ozeanische Luftmassen wirksam werden. Entsprechend der Jahreszeit und ihrer Herkunft ändern sich die Temperatureigenschaften und der Feuchtegehalt der herangeführten Luftmassen.

Seite 77
Wolkenfamilien und Wolkengattungen

**Antizyklone**
Damit werden die Luftmassen eines Gebietes beschrieben, die einen höheren Luftdruck als ihre Umgebung aufweisen und sich auf der Nordhalbkugel im Uhrzeigersinn drehen.

14 Erklären Sie die Entstehung von Warm- und Kaltfront.

15 Beschreiben Sie die Entwicklungsstadien einer Zyklone.

16 Begründen Sie die Wettervorgänge an einer Warm- und Kaltfront.

17 Erklären Sie das Fehlen von Warm- und Kaltfront in einer Antizyklone.

**26 Typische Luftströmungen über Mitteleuropa**

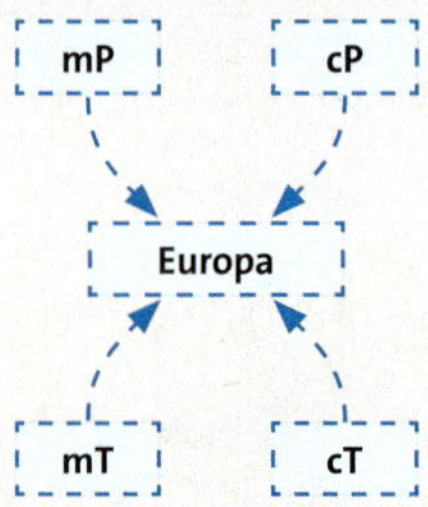


Wetterwirksame Hauptluftmassen schematisch

mP = maritime Polarluft
mT = maritime Tropikluft
cP = kontinentale Polarluft
cT = kontinentale Tropikluft

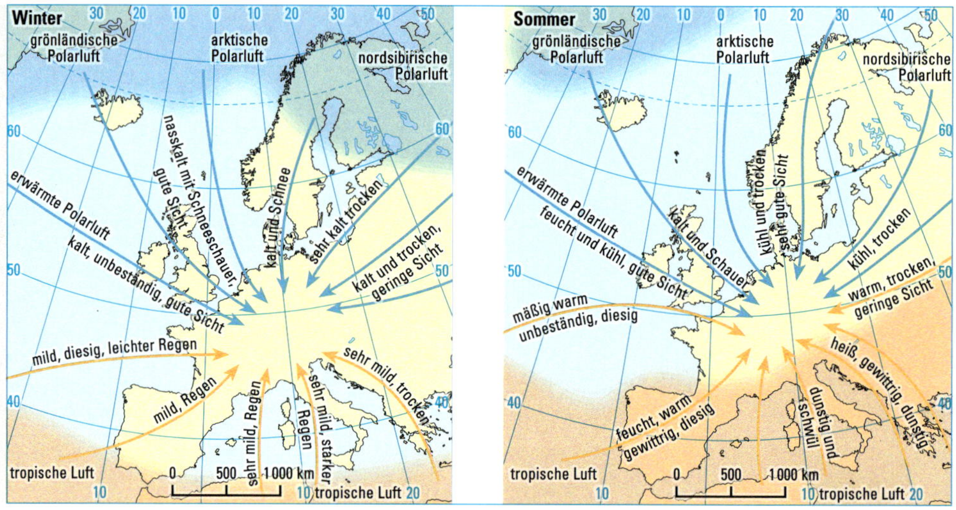


**Großwetterlage**
Großräumige Verteilung von Hoch- und Tiefdruckgebieten, die für den einheitlichen Charakter eines Witterungsabschnittes verantwortlich ist.

**Witterung**
Gleich bleibendes Wetter in einem Zeitraum von einigen Tagen bis Wochen.

## Wetterlagen in Mitteleuropa

Mitteleuropa ist ganzjährig das „Kampffeld" verschiedener Luftmassen, die sich je nach ihrer Herkunft in Temperatur und Luftfeuchtigkeit unterscheiden. Die Temperaturen werden weniger durch die solare Strahlungsbilanz bestimmt als durch Luftmassentransporte. Entsprechend der Lage Mitteleuropas und der Richtung der **Jetstreams** werden die klimatischen Verhältnisse in besonderem Maße durch die Westwinde bestimmt, sodass am häufigsten „Westwindwetter" herrscht. Im Durchschnitt ändert sich die Wetterlage in Mitteleuropa jedoch alle vier bis fünf Tage. Ursache dafür sind die durch dynamische **Hoch-** und **Tiefdruckgebiete** (**Antizyklonen** und **Zyklonen**) ausgelösten atmosphärischen Prozesse.

**27 Durchschnittliche Häufigkeit (in %) der Hauptwetterlagen über Mitteleuropa (1890–1950)**

Jürgen Bauer: a. a. O., S. 102

| Wetterlage | Januar | Juli | Jahresverlauf |
|---|---|---|---|
| SW-Lage | 6,2 | 1,0 | 2,8 |
| W-Lage | 24,0 | 28,4 | 25,1 |
| NW-Lage | 8,8 | 17,4 | 9,2 |
| N-Lage | 11,1 | 16,0 | 16,2 |
| O-Lage | 18,1 | 10,0 | 16,0 |
| Zentrales Hoch | 17,6 | 15,2 | 17,3 |
| übrige Wetterlagen | 14,2 | 12,0 | 13,4 |

In Mitteleuropa wechseln im Jahresverlauf unterschiedliche Großwetterlagen, was meist mit einer Änderung der Hauptwindrichtung verbunden ist. Dabei wird die Region je nach Lage der Druckgebilde von Luftmassen unterschiedlichen Ursprungs beeinflusst. Es können polare, tropische, kontinentale oder ozeanische Luftmassen wetterwirksam werden. Entsprechend der Jahreszeit und ihrer Herkunft ändern sich die Temperatureigenschaften und der Feuchtegehalt der herangeführten Luftmassen.
Wird z. B. maritime Polarluft im Winter über dem Atlantik nach Süden abgelenkt, um dann über Frankreich nach Mitteleuropa einzuströmen, erwärmt sie sich und sorgt bei uns für milde Winter. Die Westlage, die mit dem Durchzug von Zyklonen und der Zufuhr maritimer Luftmassen verbunden ist, tritt statistisch am häufigsten auf. Im Winter wirkt sie mildernd, im Sommer abkühlend. Im Herbst treten häufig Sturmtiefs mit orkanartigen Böen auf. Ein Kennzeichen der Westlage ist ihre Unbeständigkeit. Entsteht zwischen Island und den Britischen Inseln ein ausgedehntes Hochdruckgebiet, dann stellt sich die **Großwetterlage** Nord ein. An der Ostseite des Hochs gelangt kalte Polarluft in unseren Raum. Fallende Temperaturen sowie Schneefall im Winter und Frühjahr sind die Folge.

Material / Surftipp
Hauptluftmassen und Großwetterlagen
29760X-4408

Material
Infoblatt Elbehochwasser 2002
29760X-4409

**28 Wetterkarten zu typischen Großwetterlagen in Europa**

Nach Haack Weltatlas. Gotha: Klett-Perthes 2007, S. 95

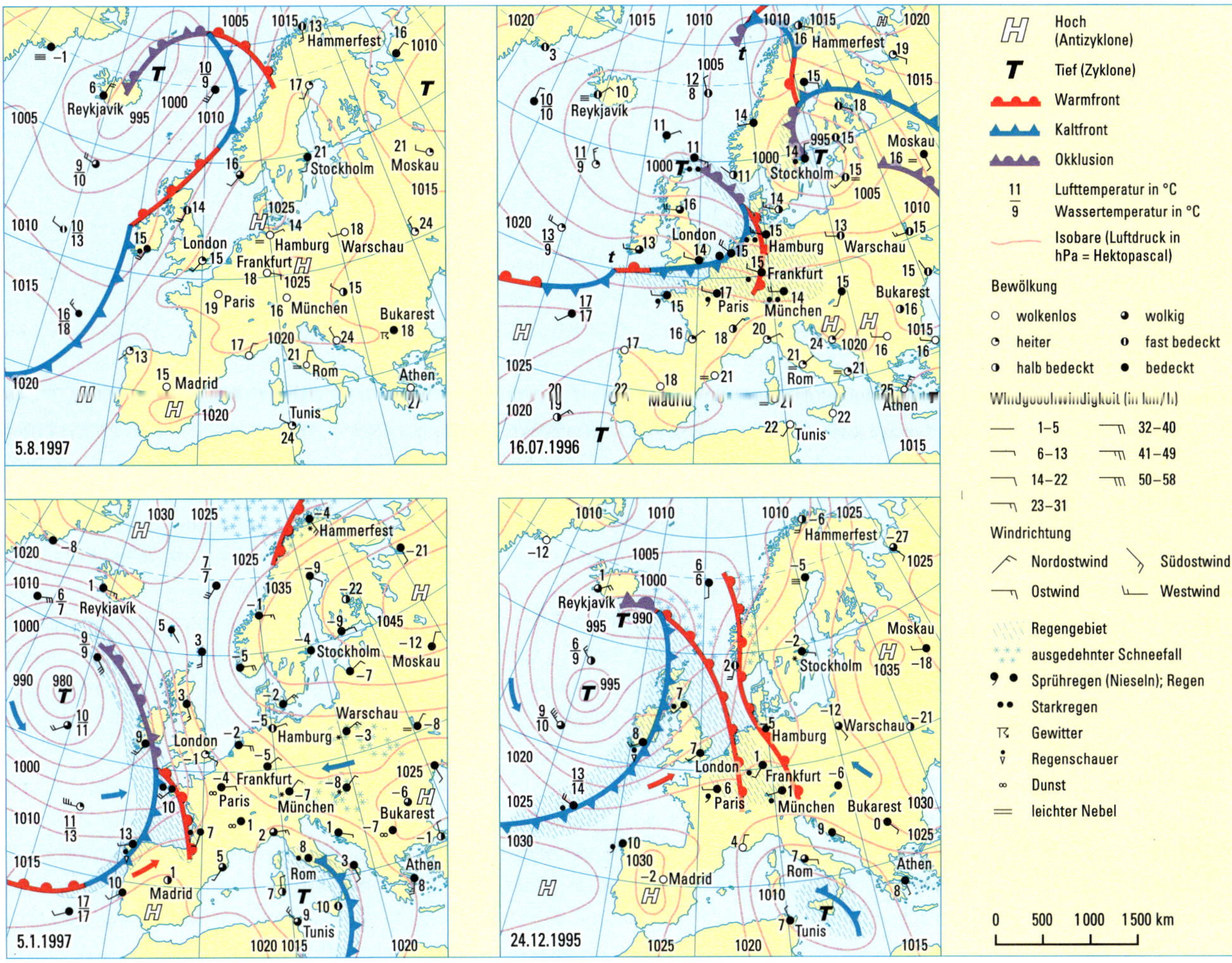


**29 Vb-Zugbahn eines Tiefdruckgebietes in Mitteleuropa im Vergleich zu „normalen Zugbahnen"**

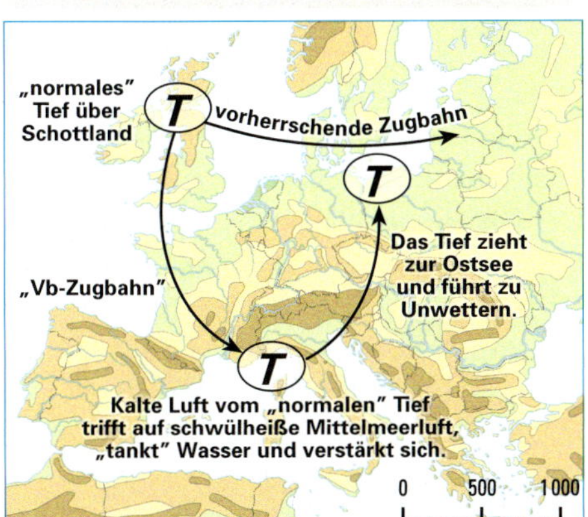


**Vb-Wetterlagen**

Diese Wetterlagen gehen häufig mit sehr starken Niederschlägen einher. Die Oderflut (1997) oder die Hochwasserkatastrophen im August 2002 an der Elbe sowie in Österreich und Bayern wurden durch Vb-Wetterlagen verursacht.

18 Stellen Sie die Eigenschaften der wetterwirksamen Hauptluftmassen (mP, mT, cP und cT) im Sommer und Winter in einer Tabelle dar.

19 Beschreiben Sie die typischen Wetterlagen (Karten 28) und bestimmen Sie die sich jeweils einstellende Hauptwindrichtung.

20 Gestalten Sie ein Poster zu den Ursachen und Folgen des Elbehochwassers 2002.

# TERRA METHODE

**Fernsehen, Internet und Presse veröffentlichen jeden Tag Wetterkarten. Diese stellen die Wettervorgänge in der unteren Troposphäre dar. Mithilfe der Symbole kann man die Karten relativ leicht lesen und durch Anwendung der Kenntnisse zu Wettervorgängen in Tief- und Hochdruckgebieten auch verstehen. Sogar eine grobe Wettervorhersage ist dann möglich.**

## Wetterkarten interpretieren

Die Bodenwetterkarte enthält die Messdaten der angeschlossenen Wetterstationen in Form von verschlüsselten Zahlen- und Buchstabengruppen, die maschinell auf eine Karte übertragen werden. Täglich müssen dazu mehrere Millionen Messdaten aus allen Teilen der Erde erfasst und verarbeitet werden, um Wetterkarten zu erstellen. Die Messwerte für Temperatur, Luftdruck, Bewölkung, Niederschlag, Windrichtung und Windgeschwindigkeit sowie der Verlauf der Fronten werden in Form von Symbolen in die Bodenwetterkarte eingetragen. Alle drei Stunden werden dazu die Messwerte der einzelnen Wetterstationen den Wetterdienstzentralen per Datenleitung übermittelt. Anschließend werden die gesammelten Werte von den Meteorologen analysiert und interpretiert. Dann werden die Fronten eingetragen. Nach dem Einzeichnen der Isobaren werden die Zentren und die Verteilung der Hoch- und Tiefdruckgebiete sichtbar. Für eine eingehende Beurteilung der Wetterkarte werden zudem Höhenwetterkarten, Satellitenbilder und Radarbilder herangezogen.

Zur Wettervorhersage gehört auch die Erstellung von Prognosekarten für die nächsten ein bis drei Tage. Aus dem bereits vergangenen und dem aktuellen Zustand der Atmosphäre wird unter Anwendung physikalischer Regeln sowie einem Abgleich der gemessenen Werte mit Modellen ein zu erwartender Zustand ermittelt. Hierbei spielen auch die Erfahrungen der Meteorologen eine große Rolle.

### 1. Schritt: Wetterlage beschreiben

Ordnen Sie die Karte zeitlich und räumlich ein und beschreiben Sie die Lage der Hoch- und Tiefdruckgebiete und den Verlauf von Fronten.

### 2. Schritt: Wetterwirksame Luftmassen ermitteln

Bestimmen Sie die aus der großräumigen Luftdruckverteilung resultierenden Hauptwindrichtungen und die damit verbundenen wetterwirksamen Luftmassen für ausgewählte Stationen bzw. einzelne Teilregionen Europas. Achten Sie dabei auf das Datum der Wetterkarte!

### 3. Schritt: Wetterdaten analysieren

Ermitteln Sie für ausgewählte Stationen, zum Beispiel Frankfurt am Main, die genauen Temperatur-, Niederschlags-, Bewölkungs-, Luftdruck- und Windverhältnisse, die vorherrschende Wettersituation. Nutzen Sie dazu die meteorologischen Angaben in der Legende und das Beispiel der vereinfachten Stationseintragung (Material 33).

### 4. Schritt: Wettervorhersage formulieren

Formulieren Sie für ausgewählte Stationen bzw. Regionen eine begründete Wettervorhersage. Beachten Sie dabei, wie sich die Druckverhältnisse ändern oder die Fronten verlagern könnten und welche Wetterveränderungen damit verbunden wären.

**30 Höhenwetterkarte**

„Die so genannten Höhenwetterkarten werden mithilfe von Daten aus Radiosonden ermittelt. Höhenwetterkarten bringen die unentbehrliche Ergänzung in Bezug auf das Geschehen in der freien Atmosphäre, insbesondere, was das Druck- und Strömungsfeld in diesen Höhen anbelangt. Störende Einflüsse durch Gebirge, Städte und andere Hindernisse fehlen hier und so haben die Isohypsen (Höhenschichtlinien einer bestimmten Luftdruckfläche) in der Regel einen glatteren Verlauf als die Isobaren der Bodenwetterkarte. Das Bild der Höhenwetterkarte kann ganz anders sein als dasjenige der Bodenwetterkarte."

Wikipedia: Höhenwetterkarte, vom 25.05.2010, unter: http://de.wikipedia.org/wiki/Wetterkarte

Material
Methode Wetterkarten interpretieren: Bangladesch
29760X-4404

**31** **Vereinfachte Bodenwetterkarte von Europa am 05.01.1997, 0:00 Uhr**

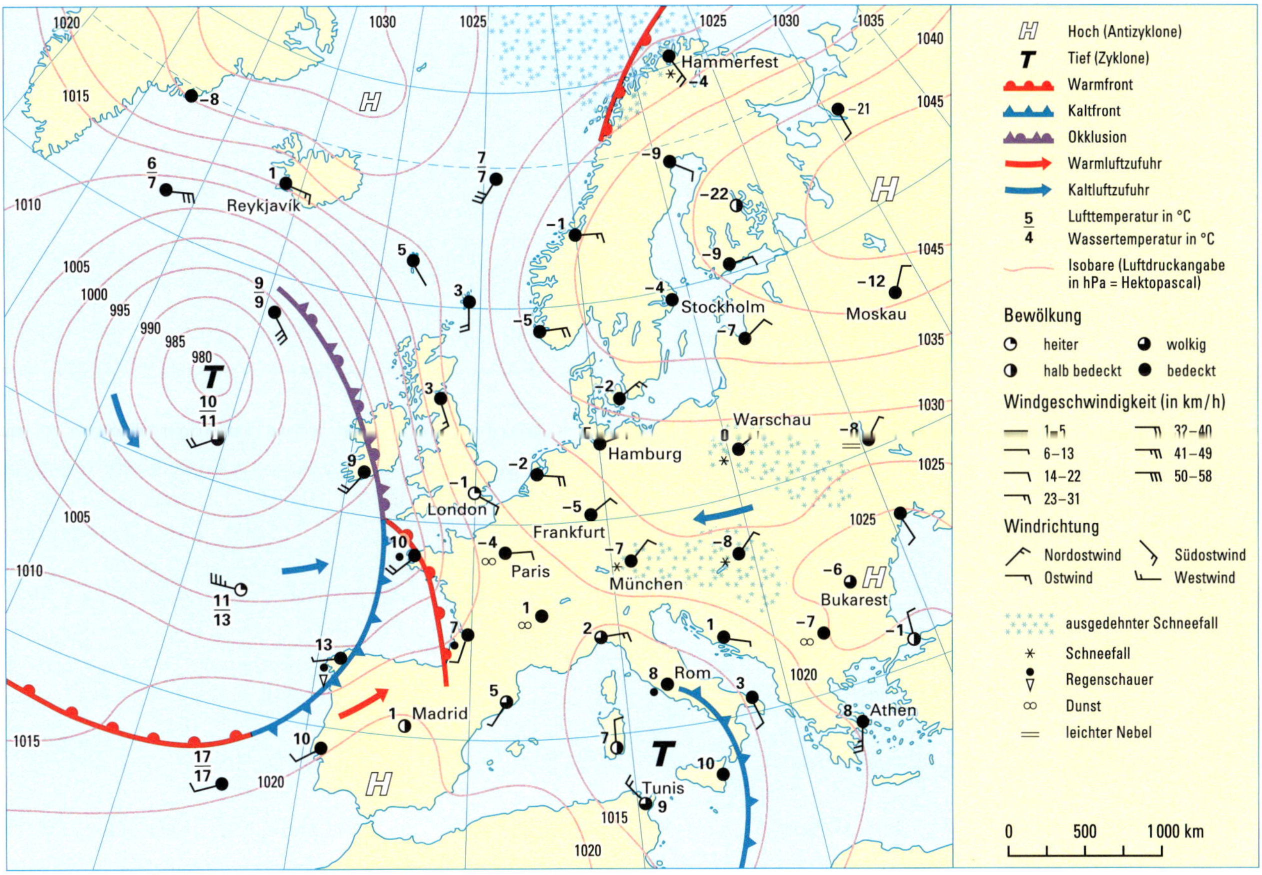


**32** **Interpretationsbeispiel zur Karte 31**

**Wettersituation in Europa**
Moskau: bedeckt, −12 °C Lufttemperatur, 1 040 hPa, Wind aus Norden, 14–22 km/h
Frankfurt: bedeckt, −5 °C Lufttemperatur, 1 025 hPa, Wind aus Nordost, 14–22 km/h
Paris: bedeckt, −4 °C Lufttemperatur, 1 020 hPa, Wind aus Ost, 14–22 km/h, Dunst
Reykjavik: bedeckt, +1 °C Lufttemperatur, 1 015 hPa, Wind aus Südost, 23–31 km/h

**Wetterlage für Deutschland**
Deutschland befindet sich im Einfluss eines osteuropäischen Festlandhochs, das kalte Festlandluft nach Deutschland führt. Es herrscht eine geschlossene Wolkendecke. Der Wind weht überwiegend aus Nordost und Ost, in Süddeutschland tritt vereinzelt Schneefall auf, im Osten von Bayern ist länger andauernder Schneefall zu erwarten.

**Wettervorhersage für Deutschland**
Deutschland gerät zunehmend in den Einfluss eines Frontensystems, ausgehend von einem Tief östlich der Britischen Inseln, wodurch zunächst milde Meeresluft herangeführt wird.

**33** **Beispiel für einen Stationseintrag (vereinfacht)**

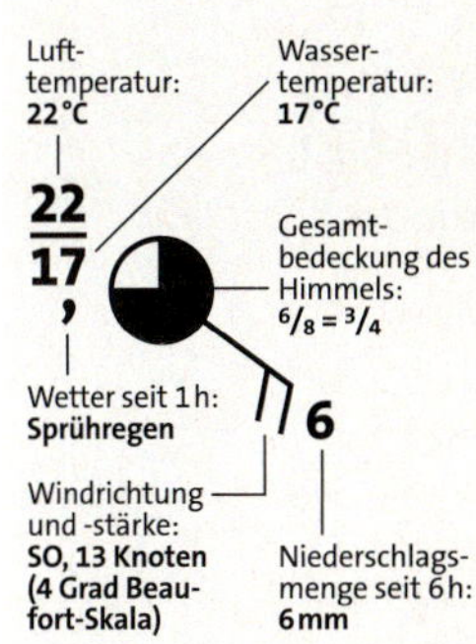


**21** Formulieren Sie ausgehend von der aktuellen Situation eine begründete Wettervorhersage für Ihr Bundesland.

**1 Klimazonen der Erde – genetische Gliederung nach Ernst Neef**

Nach Haack Weltatlas. Gotha: Klett-Perthes 2007, S. 220

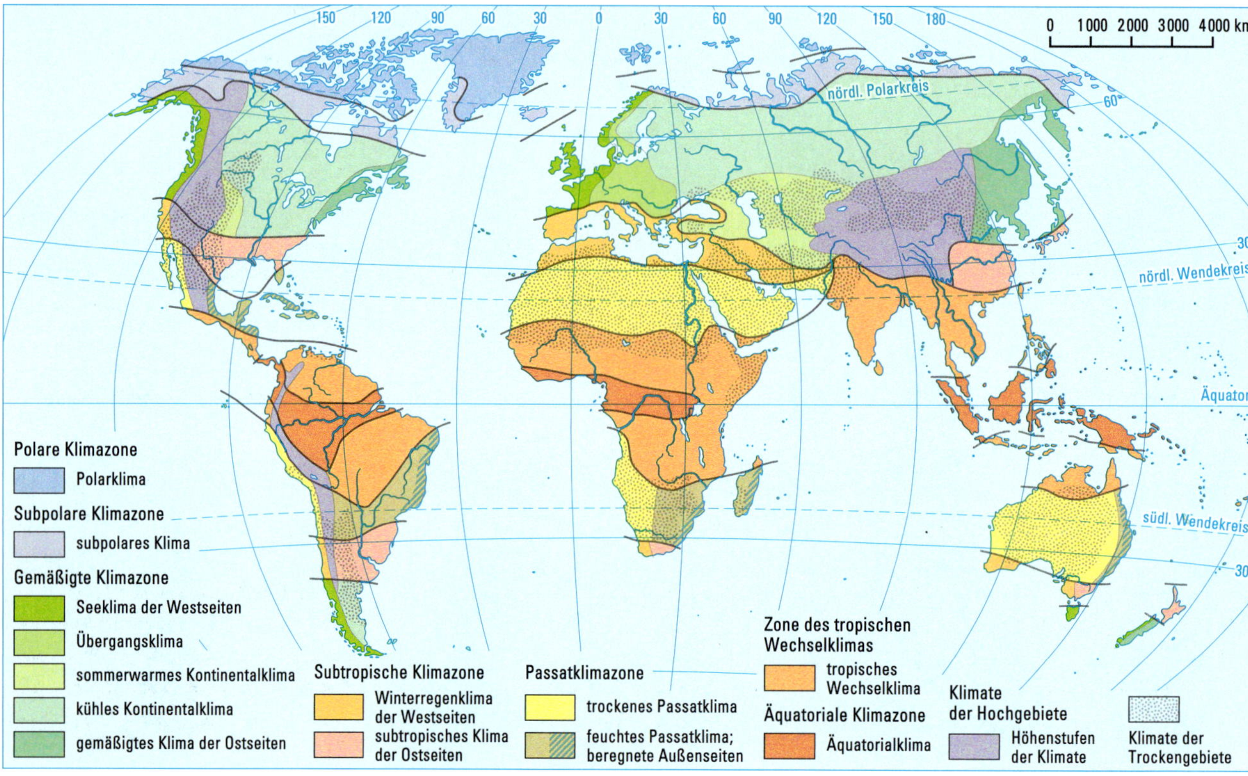


**2 Genetische Klimaklassifikation nach Ernst Neef**

| Klimazone | bestimmende Druckgebiete bzw. Winde | | Klimatyp |
|---|---|---|---|
| | Sommer | Winter | |
| Polare Klimazone | Polarhoch, polare Ostwinde | | Polarklima |
| Subpolare Klimazone | außertropische Westwinde | Polare Ostwinde | subpolares Klima |
| Gemäßigte Klimazone | außertropische Winde | | Seeklima der Westseiten<br>Übergangsklima<br>kühles Kontinentalklima<br>sommerwarmes Kontinentalklima<br>Ostseitenklima |
| Subtropische Klimazone | Subtropischer Hochdruckgürtel | Außertropische Westwinde | Winterregenklima der Westseiten<br>subtrop. Ostseitenklima |
| Passatklimazone | Passatwinde | | trockenes Passatklima<br>feuchtes Passatklima |
| Zone des trop. Wechselklimas | Innertropische Konvergenzzone | Passatwinde | tropisches Wechselklima |
| Äquatoriale Klimazone | Innertropische Konvergenzzone | | Äquatorialklima |
| Klimate der Hochgebirge | mit zunehmender Höhe nehmen Temperaturen ab, es bilden sich Höhenstufen | | |

# 4.5 Klimaklassifikationen

Klimakarten sind als Entscheidungshilfe bei der Nahrungs- oder Wasserversorgung genauso hilfreich wie bei der Planung von Reisen. Sie können für den Menschen Möglichkeiten und Begrenzungen der atmosphärischen Umwelt darstellen. Klimakarten klassifizieren das Klima einer Region nach unterschiedlichen Kriterien in Klimazonen. Grundlage für diese Karten ist ein System von Klimatypen, also eine **Klimaklassifikation**.

Am einfachsten wäre es, die Klassifikation der Klimazonen breitenkreisparallel nach den Beleuchtungszonen (Polarzone, gemäßigte Zone und Tropenzone) vorzunehmen. Das stößt auf Schwierigkeiten, da es z.B. zwischen den auf gleichem Breitenkreis von 50° N liegenden Städten Vancouver, Brüssel, Kiew und Komsomolsk große klimatische Unterschiede gibt. Deshalb wird das Klima der verschiedenen Beleuchtungszonen weiter differenziert mithilfe von genetischen oder effektiven Klassifikationskriterien.

Material / Surftipp
Klimaklassifikationen/Klimazonen
29760X-4501

Lesetipp
Klimadiagramme zu Köppen / Geiger
29760X-4502

**3 Schwellenwerte für B-Klimate nach Köppen und Geiger**

Nach Michael Wild, Michael Schnirch: WEBGEO – Klimaklassifikation nach Köppen und Geiger. Auf: www.webgeo.de (Febr. 2009)

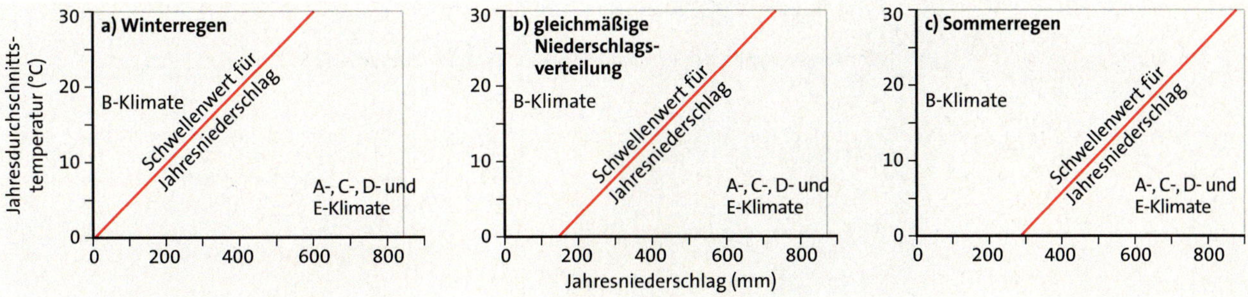


**4 Schwellenwerte für thermische Klimate nach Köppen und Geiger** nach ebenda

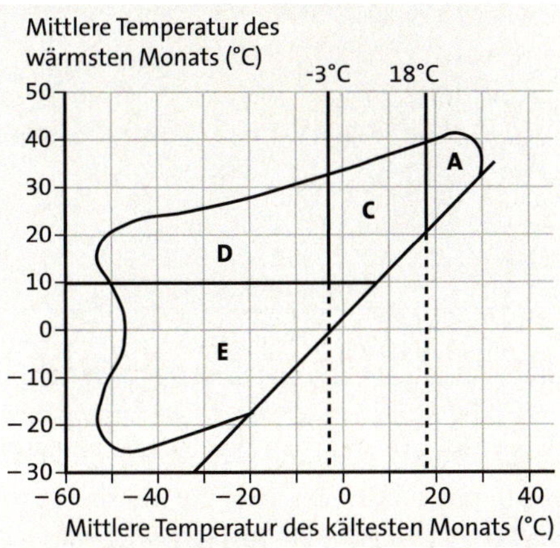


**5 Klimatabelle** (Temp.-Jahresmittel: 17,3 °C, Niederschlagsumme: 264 mm)

| | J | F | M | A | M | J | J | A | S | O | N | D |
|---|---|---|---|---|---|---|---|---|---|---|---|---|
| °C | 13 | 14 | 15 | 16 | 18 | 19 | 21 | 22 | 21 | 19 | 16 | 14 |
| mm | 51 | 55 | 40 | 20 | 4 | 1 | 0 | 2 | 4 | 12 | 23 | 52 |

**6 Klimatabelle** (Temp.-Jahresmittel: 13,7 °C, Niederschlagsumme: 500 mm)

| | J | F | M | A | M | J | J | A | S | O | N | D |
|---|---|---|---|---|---|---|---|---|---|---|---|---|
| °C | 9,2 | 10,9 | 11,5 | 12,7 | 14,3 | 15,9 | 16,8 | 17,2 | 16,9 | 15,9 | 12,5 | 9,6 |
| mm | 118 | 82 | 67 | 39 | 8 | 3 | 1 | 1 | 5 | 27 | 58 | 90 |

### Genetische Klimaklassifikationen

Bei diesen Klimaklassifikationen werden Gebiete zusammengefasst, die gleichen Einflussbereichen der **Atmosphärischen Zirkulation** unterliegen. Ernst Neef (Karte 1) geht für seine Klassifikation davon aus, dass sich auf der Erde aufgrund der solaren Einstrahlung vier stetige Zonen und drei alternierende unterscheiden lassen. Diese beruhen im Wesentlichen auf den Solarzonen und den Windgürteln der Atmosphärischen Zirkulation. Innerhalb dieser Klimazonen gibt es noch Klimatypen in Abhängigkeit von der Lage zum Meer und der Niederschlagsverteilung. Kriterien sind dabei die vorherrschenden Druck- und Windsysteme in diesen Zonen (Tabelle 2).

### Effektive Klimaklassifikationen

Bei diesen Klassifikationen werden auf der Basis möglichst zweckmäßiger Schwellenwerte von Temperatur, Niederschlag und potenzieller Verdunstung Klimazonen ermittelt. Am bekanntesten ist die Klassifikation von Köppen und Geiger, die die Klimadaten von verschiedenen Wetterstationen mit vegetationsgeographischen Ergebnissen ergänzten. (Karten in jedem Schulatlas, Online-Link 29760X-4501).
Die Klassifikation unterteilt mittels Temperaturschwellenwerten vier große Zonen A, C, D und E. Die Zone B unterscheidet sich von diesen durch die fehlende Feuchtigkeit (Trockengebiete). Eine weitere Aufgliederung dieser Großklimate erfolgt mit Kleinbuchstaben: zweiter Buchstabe – hygrische Differenzierung, dritter Buchstabe – eine weitere thermische Differenzierung.

**Thermische Großklimatypen nach Köppen/Geiger**
tropische A-Klimate:
kältester Monat > 18 °C
warmgemäßigte C-Klimate:
kältester Monat zwischen +18 °C und −3 °C
Schneeklimate D:
wärmster Monat > 10 °C,
kältester Monat < −3 °C
Eisklimate E:
wärmster Monat < 10 °C.

1 Grundsätzlich werden genetische und effektive Klimaklassifikationen unterschieden. Charakterisieren Sie diese beiden Typen.
2 Stellen Sie beispielhaft die Bedeutung von Klimaklassifikationen für Landwirtschaft, Industrie und Dienstleistungen dar.
3 Ordnen Sie die Klimatabellen 5 und 6 einem Klima-Haupttyp nach Köppen und Geiger zu.

# 4.6 Klima ausgewählter Lebensräume

## Fallbeispiel Küstenwüste Atacama

**1 Salzkruste im größten Salzsee Chiles (Salar de Atacama/ Atacamawüste)**

**2 Strömungsverhältnisse am äquatorialen Westrand Südamerikas**

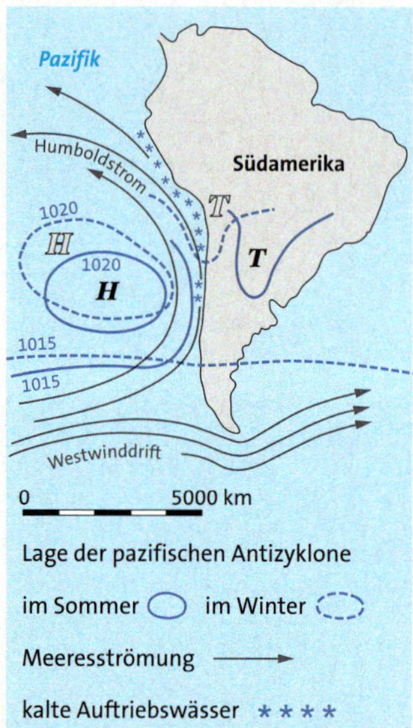


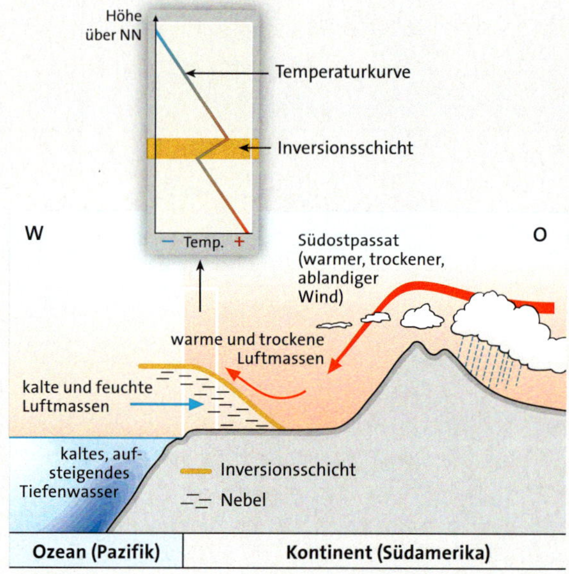


**Atacama**:
An der peruanisch-chilenischen Pazifikküste erstreckt sich über 2 500 km zwischen 5 °S und 28 °S eines der niederschlagsärmsten Gebiete der Erde – die Atacama. An manchen Stellen fiel dort jahrhundertelang kein Regen. Man gliedert die Atacama räumlich und klimatisch in eine Küstenwüste mit hoher Luftfeuchtigkeit von 80–100 % sowie geringen jährlichen und täglichen Temperaturunterschieden sowie in eine sich östlich des Küstengebirges erstreckende „Binnenwüste" mit geringer Luftfeuchtigkeit, geringer Jahresamplitude, aber hoher Tagesamplitude der Temperatur.

**Die Entstehung der Küstenwüste**
Bei der Entstehung der Küstenwüste Atacama müssen mehrere Faktoren betrachtet werden. Der entscheidende Faktor ist der Humboldtstrom. Er führt kaltes Wasser aus den antarktischen Gewässern nach Norden und sorgt an der Küste für ungewöhnlich niedrige Temperaturen.
Gegenüber tropischen Gebieten gleicher Breitenlage ergibt sich eine negative Temperaturanomalie von bis zu 8 K. Die Winde, die aus der südostpazifischen **Antizyklone** wehen, verstärken den Meeresstrom und treiben das Wasser seewärts, sodass an der Küste der Auftrieb von kaltem Wasser aus tieferen Schichten erfolgt. Die Luftschichten über der Wasseroberfläche kühlen dadurch weiter ab. Damit sinkt die maximale Luftfeuchte, es setzt Kondensation ein und es bilden sich dünne Nebelbänke.
Die warmen und trockenen **Passatwinde** wehen ganzjährig etwa küstenparallel aus südlicher und südöstlicher Richtung. Im Bereich der Anden wehen sie ablandig, wobei sich die absinkenden Luftmassen erwärmen. Diese Vorgänge werden durch die stabile Antizyklone, deren Ostrand etwa mit der Küstenline übereinstimmt, noch verstärkt. Die warmen und trockenen Passatwinde überlagern die kühlen, über dem Meer liegenden Luftmassen. So kann sich über der kalten Luft in etwa 800–900 m Höhe eine Temperaturinversion, die sogenannte **Passatinversion** ausbilden. Diese Temperaturanomalie wirkt als Sperrzone und verhindert die **Konvektion** und damit die Wolkenbildung. An der Unterseite der Inversionsschicht entstehen Hochnebel und Dunst, aus denen keine oder nur geringste Niederschläge, dann meist als Tau, fallen.
Östlich des Küstengebirges erreicht die Atacama Höhen von über 2 500 m und ragt damit weit über die Inversionsschicht hinaus, sodass die Hochnebel nicht mehr wirksam werden können. Dort dehnen sich die trockensten Gebiete aus, die Binnenwüsten sind.

**1** Stellen Sie die Entstehung einer Küstenwüste in einem Wirkungsgefüge dar.

Material / Surftipp
Atacama
29760X-4601

Material / Surftipp
Stadtklima
29760X-4602

Material
Methode Thermalscanneraufnahmen
29760X-4603

## Fallbeispiel Stadtklima

**3 Temperatur- und Windströmungsprofil durch ein Wohnviertel am Stadtrand von Ludwigshafen in einer Sommernacht**

Nach Roland Zimmermann: Klimawirkungen städtischer Freiräume in Ludwigshafen am Rhein. Mitteilungen Pollichia, Nr. 72. Bad Dürkheim, S. 244

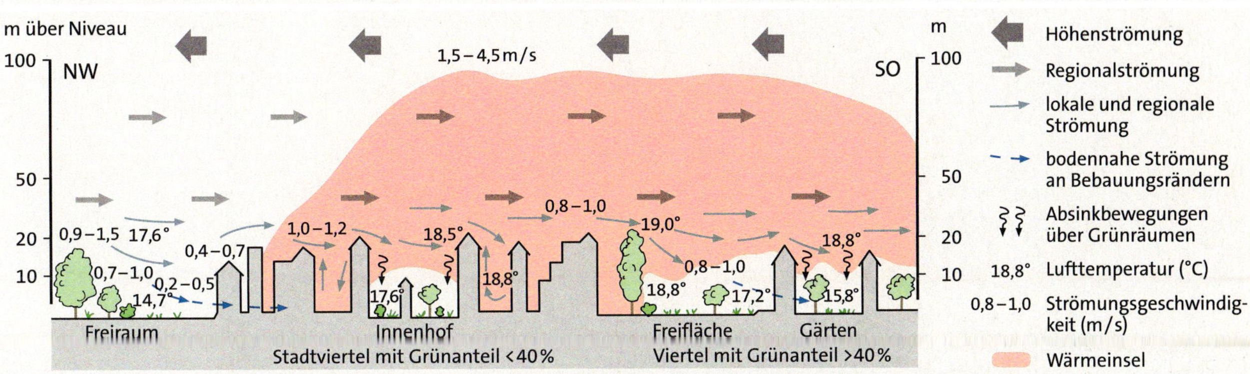


Die Überwärmung ist die deutlichste Veränderung des Stadtklimas gegenüber dem Umland. Aufgrund der erhöhten Belastung mit Abgasen kommt es zwar zu einer geringeren auf der Erdoberfläche auftreffenden **Globalstrahlung**. Dennoch ist die Nettostrahlung höher als im Umland, da der geringe **Albedowert** vieler verwendeter Baumaterialien zu einer geringeren Reflektion der Globalstrahlung führt. Die Energieabgabe im Wärmehaushalt erfolgt hauptsächlich unmittelbar in den fühlbaren Wärmestrom und in die Erwärmung der Baumaterialien (vertikaler Wärmestrom). Diese wirken durch die verzögerte Wärmeabgabe am Abend temperaturerhöhend. Dagegen ist die Umwandlung in Verdunstungswärme aufgrund einer eher geringen vorherrschenden Luftfeuchtigkeit nicht bedeutsam.

Weitere Quellen der **Städtischen Wärmeinsel** sind u. a.:

- Heizungsanlagen von Gebäuden,
- Abgase von Kfz und Gewerbe,
- Abwärme aus der Kanalisation.

Eine hohe Bebauungsdichte verringert die Windgeschwindigkeit und den Luftaustausch mit dem Umland. Ganz wichtig für das Stadtklima sind die meist über Frei- oder Wiesenflächen entstehenden „Kaltluftseen“. Dort kühlt die Oberfläche nachts sehr schnell ab, da eine hohe Ausstrahlung herrscht. Das Temperaturgefälle zur Stadt erzeugt lokale Druckunterschiede und führt zur Bildung lokaler Winde, welche für die Zufuhr von Frischluft große Bedeutung haben.

**4 Klimatopkarte von Leipzig:** Eine Klimatopkarte basiert auf einer Abend- und Morgenthermografie. Die Befliegungen fanden nach bzw. vor Sonnenaufgang während einer windschwachen Wetterlage statt.

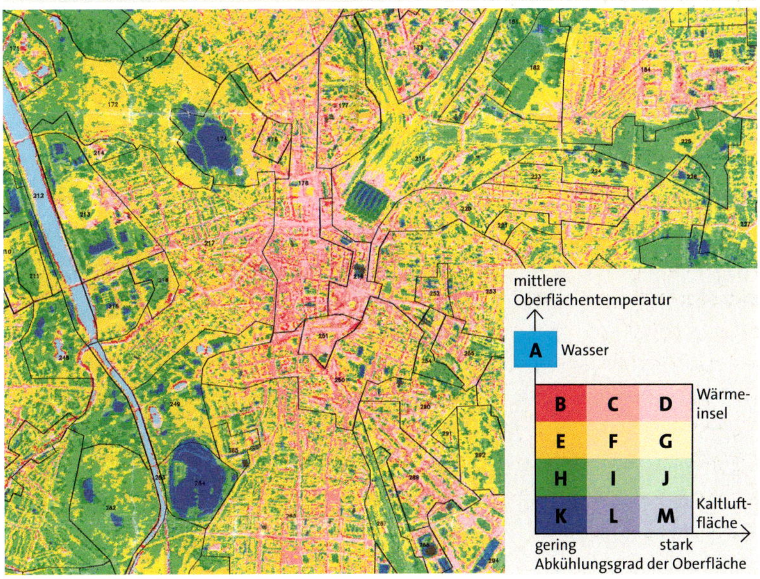


**2** Klimatopkarte von Leipzig:
a) Beschreiben Sie die Wärmeverteilung.
b) Erklären Sie, weshalb Straßenzüge besonders auffallen.

**3** Untersuchen Sie, wie sich die Bebauung auf die unterschiedlichen Nachttemperaturen in Ludwigshafen auswirkt.

**4** Stellen Sie die Einflussgrößen auf den städtischen Wärmehaushalt in einem Wirkungsgefüge dar.

# 4.7 Klimaänderungen

### 1 Veränderungstrend der Jahresmitteltemperatur von 1901 bis 2005

Nach Dieter Kasang: Räumliche Muster der Erwärmung. Auf: Hamburger Bildungsserver: www.hamburger-bildungsserver.de (Jan 2010), verändert nach IPCC (2007)

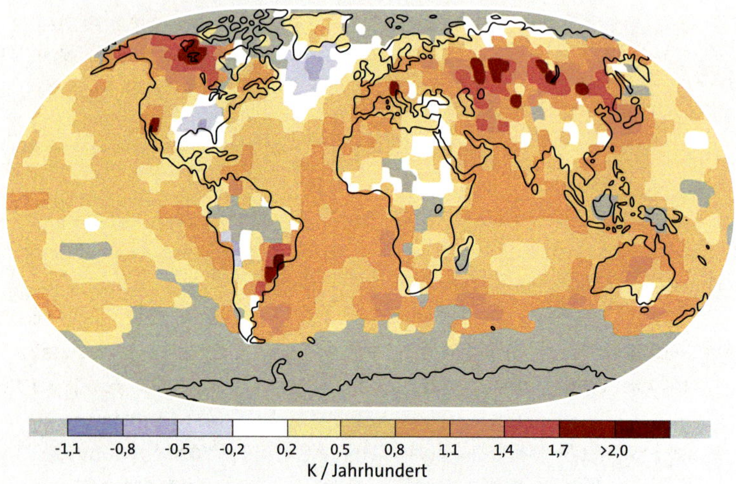


### 3 Abweichungen der globale Jahresmittelwerte der bodennahen Lufttemperatur 1860–2008 vom Mittel 1961–1990

Nach Dieter Kasang: Die globale Durchschnittstemperatur der letzten 150 Jahren. Auf: ebenda (Sept. 2009)

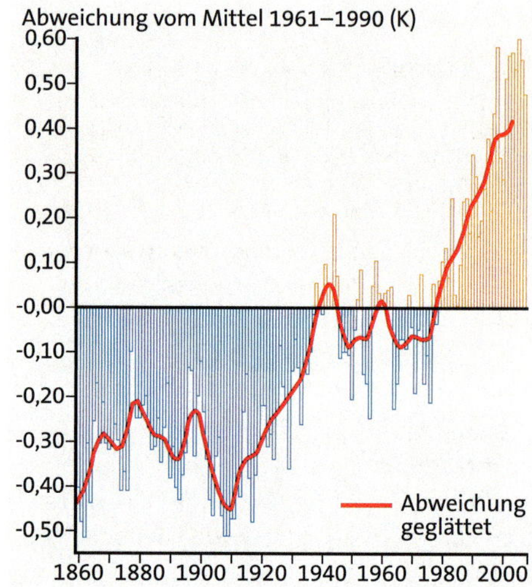


Seite 132
Ursachen globaler Temperaturveränderungen

Seite 132
Eisbohrkerne als Klimaarchiv

Die globale Erwärmung ist eine Tatsache. Das belegen zum Beispiel die vom IPCC (Text 4) veröffentlichten Beobachtungsdaten der Weltmitteltemperatur. Die gemessenen Temperaturdaten zeigen einen deutlichen Anstieg für die letzten 140 Jahre um mehr als 0,5 K. Die Wissenschaftler erwarten, dass die Veränderung der Temperatur nachhaltigen Einfluss auf das Klima und damit auf Natur, Gesellschaft und Wirtschaft haben wird.

Auch in der Vergangenheit hat es immer wieder sehr drastische Temperaturänderungen gegeben. Die Übergänge zwischen Kaltzeit und Warmzeit waren zum Teil sehr drastisch. Innerhalb von nur 1000 Jahren veränderte sich beim Wechsel von der letzten Kaltzeit zur aktuellen Warmzeit die globale Durchschnittstemperatur um ca. 4–5 K. Insgesamt überwogen in den letzten 500 Millionen Jahren warme Epochen. Die Eiszeiten waren vergleichsweise kurz.

### 2 Veränderungen der Jahresmitteltemperatur in den letzen 11000 Jahren

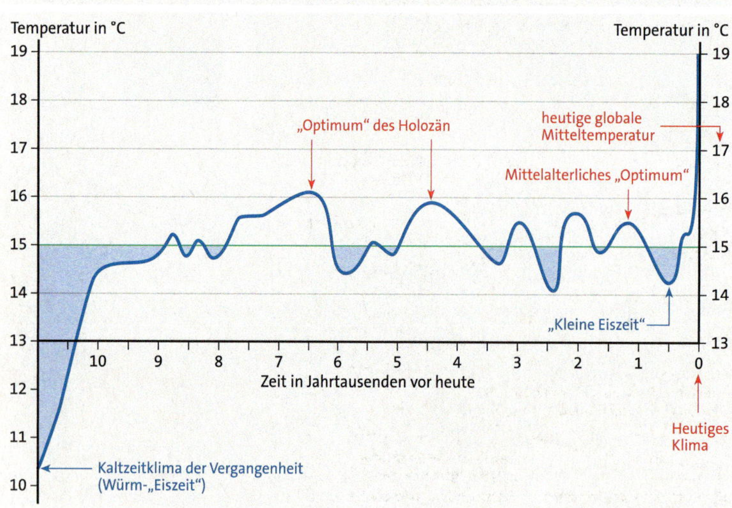


### 4 Das IPCC (Intergovernmental Panel on Climate Change)

Das IPCC wurde 1988 von der World Meteorological Organisation (WMO) und dem United Nations Environment Programme (UNEP) eingesetzt. Es hat die Aufgabe, in regelmäßigen Abständen (etwa alle fünf Jahre) den Zustand des Klimasystems und seine Auswirkungen auf die menschlichen Gesellschaftssysteme festzustellen. Weiterhin hat es Möglichkeiten der politischen Gegensteuerung zu benennen. Das IPCC betreibt keine eigene Forschung, sondern bedient sich der wissenschaftlichen Literatur. Bis heute sind vier Berichte veröffentlicht worden, 1990, 1995, 2001 und 2007.

**Surftipp**
IPCC / Klimaatlas Deutschland
29760X-4701

**Literaturtipp**
Klimawandel
29760X-4703

Die Klimadaten der Vergangenheit können Forscher nur mithilfe von natürlich vorkommenden Datenspeichern rekonstruieren, da Klimadaten erst seit etwa 1850 systematisch erfasst werden. Für die Zeit davor ist man auf Datenspeicher angewiesen, aus denen sich die Temperaturen indirekt erschließen lassen. Solche nicht unmittelbar gemessenen, sondern indirekt ermittelten Werte können Auskunft über die Klimabedingungen während ihrer Bildung geben und in ihrer Zusammenschau hinreichend genaue Aussagen über ehemalige Klimabedingungen machen.

### 5 Nachweise von Klimaänderungen

Nach Olaf Bubenzer, Ulrich Radtke: Natürliche Klimaänderungen im Laufe der Erdgeschichte. In: Wilfried Endlicher, Friedrich-Wilhelm Gerstengarbe (Hrsg.): Der Klimawandel, Einblicke, Rückblicke und Ausblicke. Potsdam Institut für Klimafolgenforschung: Potsdam 2007, S. 17, leicht gekürzt

| Archiv | erfassbarer Zeitraum (in Jahren) min. | max. | Informationen über |
|---|---|---|---|
| Eis | 1 | $10^6$ | T, N, $C_L$, B, V, E, S |
| Sedimente: | | | |
| marine | 10 | $10^8$ | T, $C_W$, B, E, M, N |
| limnische | < 1 | $10^5$ | T, B, E, N, V, $C_W$ |
| Terrestrische Sedimente und Bildungen | | | |
| Löß | $10^2$ | $10^6$ | N, B, E, V |
| Böden | $10^2$ | $10^6$ | N, B |
| Sinter | $10^2$ | $10^5$ | $C_W$, T, N |
| Fluviale Ablagerungen | $10^2$ | $10^5$ | N, B |
| Biologische Bildungen | | | |
| Baumringe | < 1 | $10^4$ | T, N, B, V, E, S |
| Pollen | 1 | $10^5$ | T, N, B |
| Korallen | 1 | $10^4$ | $C_W$, M, T, N |
| Torf/Moore | $10^2$ | $10^5$ | B |
| Historische Archive | < 1 | $10^4$ | T, N, B, V, E, M, S, $C_{LW}$ |

T – Temperatur, N – Niederschlag, B – Biomasse und Vegetationszusammensetzung, V – Vulkanausbrüche, E – Veränderungen im Erdmagnetfeld, M – Meeresspiegelschwankungen, C – Chemische Zusammensetzung von Luft ($C_L$) und Wasser ($C_W$), S – Schwankungen der Sonneneinstrahlung

**Ursachen von Klimaänderungen**
Zur Erklärung der langfristigen und kurzfristigen Klimaänderungen müssen natürliche Einflussfaktoren und vom Menschen bedingte Einwirkungen unterschieden werden.

### 7 Geänderte Rahmenbedingungen als Antriebsfaktoren der Klimaänderung

„Plattentektonische Prozesse bestimmen die Land-Meer-Verteilung auf der Erde, die Beschaffenheit der Ozeanbecken, die Position der Kontinente im Gradnetz und die Entstehung von Hochgebirgen. Letztere beeinflussen das Klima in mehrfacher Hinsicht: Gelangen durch Orogenese erhebliche Teile der Erdoberfläche in eine wesentlich größere Höhenlage, kann dies auch auf das Globalklima eine abkühlende Folgewirkung hervorrufen ... Allerdings vollziehen sich die angesprochenen Änderungen der Rahmenbedingungen sehr langsam, sodass auch der damit einhergehende Klimawandel auf sehr großer Zeitskala angesiedelt ist."

Jucundus Jacobeit: Zusammenhänge und Wechselwirkungen im Klimasystem. In: ebenda, S. 1 f.

**Einflussfaktoren globaler Klimaänderungen**

Externe Faktoren (Faktoren, die das Klima beeinflussen, aber nicht vom Klima beeinflusst werden):
- Erdbahnparameter
- tektonische Prozesse (Kontinentverschiebung, Vulkanismus)
- solare Variationen
- Meteoriteneinschläge

Interne Faktoren (Faktoren, die das Klima beeinflussen und vom Klima beeinflusst werden):
- Ozeane
- Atmosphärische Zirkulationen
- Albedo (Eis- und Vegetationsflächen)
- Kohlenstoffkreislauf
- Zusammensetzung der Atmosphäre

**Anthropogene Einflüsse**
- Veränderung der Anteile von Spurengasen in der Atmosphäre
- Änderungen der Landnutzung und Bebauung

### 6 Astronomische Einflüsse auf das Erdklima

Nach verschiedenen Autoren, stark abstrahiert, Betrachtung basiert auf heutiger Himmelskonstellation

**8 Einfluss von Änderungen der Sonneneinstrahlung und der vulkanischen Aktivität auf die Temperaturentwicklung**

Nach Dieter Kasang: Ursachen des Klimawandels – Interne Schwankungen und Solaraktivität. Auf: Hamburger Bildungsserver: www.hamburger-bildungsserver.de (Nov. 2009)

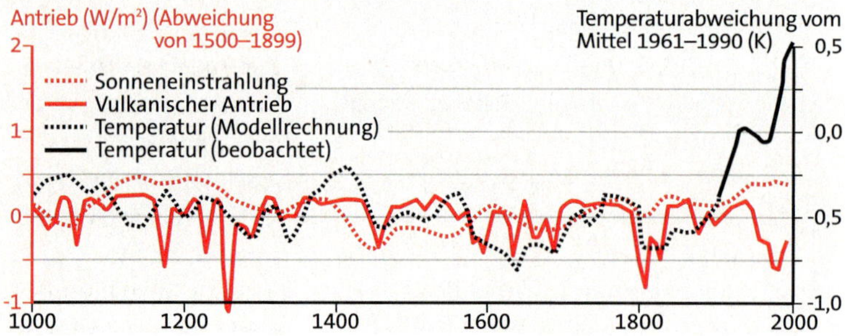


**Lesehilfe zu den Diagrammen 9:**
das Band in (a) zeigt Simulationen, die nur natürliche Antriebsfaktoren berücksichtigen: Schwankungen der solaren Einstrahlung und vulkanische Aktivitäten.
Das Band in (b) zeigt Simulationen, die anthropogene Antriebskräfte berücksichtigen: Treibhausgase und eine Schätzung bezüglich der Schwefelaerosole.
In (c) sind sowohl natürliche wie auch anthropogene Antriebsfaktoren berücksichtigt.

**9 Vergleich zwischen Modellrechnungen und Beobachtungen des Temperaturanstiegs (Abweichungen in K seit 1860)**

nach IPCC 2001

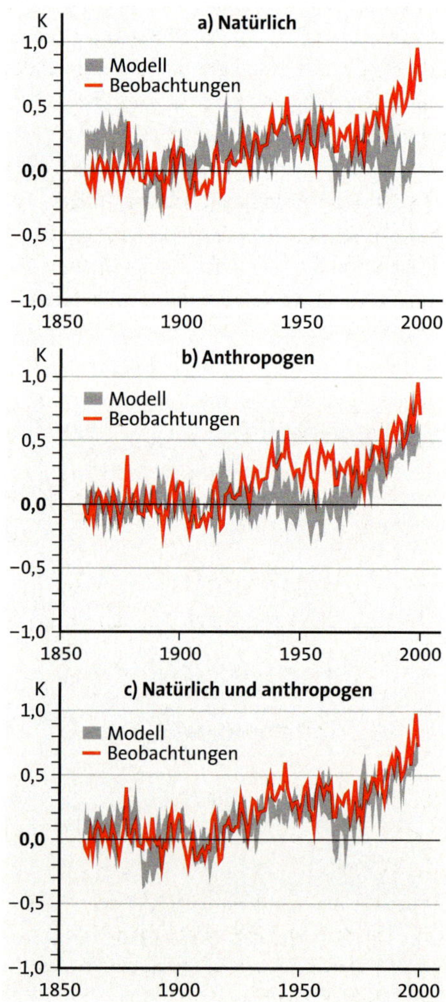


# Der anthropogene Einfluss auf das Klima

Vergleicht man den Temperaturverlauf an der Erdoberfläche und die $CO_2$-Konzentration in der **Atmosphäre** während der letzten 140 Jahre, lässt sich eine deutliche Parallelität beider Kurven feststellen. Ist also die Erhöhung der Kohlenstoffdioxid-Konzentration in der Atmosphäre die Ursache des Klimawandels?

**10 Temperatur und Kohlenstoffdioxid**

„Für die letzten 400 000 Jahre wurde ... ein bemerkenswerter Gleichlauf von $CO_2$[-Konzentration] und Temperatur im Wechsel von Kalt- und Warmzeiten gefunden. Aus dieser Ähnlichkeit im Verlauf kann aber nicht geschlossen werden, dass $CO_2$ die Temperaturänderungen antreibt oder umgekehrt. Die atmosphärische $CO_2$-Konzentration ergibt sich aus der Wechselwirkung zwischen den Kohlenstoffreservoirs der verschiedenen Komponenten im Klimasystem. Diese Wechselwirkung hängt unter anderem von der Temperatur ab, die wiederum ... auch über den **Treibhauseffekt** durch die $CO_2$-Konzentration bestimmt wird. Als sehr wahrscheinlich gilt, dass die heutige $CO_2$-Konzentration erheblich höher ist als jemals zuvor in den vergangenen 400 000 Jahren."

Bundesministeriums für Bildung und Forschung (BMBF): Temperatur und $CO_2$: Wer hat wen gesteuert? Auf: www.deklim.de/seiten/dek-frame.asp?content=/seiten/dek-oe-faq-de.asp (Juni 2010)

Da der anthropogene Anteil an der Klimaänderung nie mit hundertprozentiger Sicherheit bewiesen werden kann – dazu müsste eine Parallelwelt ohne Menschen geschaffen werden – versuchen Klimatologen Indizien mit einer geringen Irrtumswahrscheinlichkeit zu finden. Als Hypothese wird davon ausgegangen, dass menschliche Aktivitäten, z. B. in Form von Industrieabgasen, Brandrodungsfeldbau, aber auch Veränderungen der Eigenschaften der Landoberfläche durch Rodung oder Überweidung, zur Erhöhung der Treibhausgas- und **Aerosolkonzentration** beitragen und somit die Zusammensetzung der Atmosphäre verändern.

## 11 Komponenten des Strahlungsantriebs zwischen 1750 und 2005

Nach Jucundus Jacobeit: a.a.O., S.12

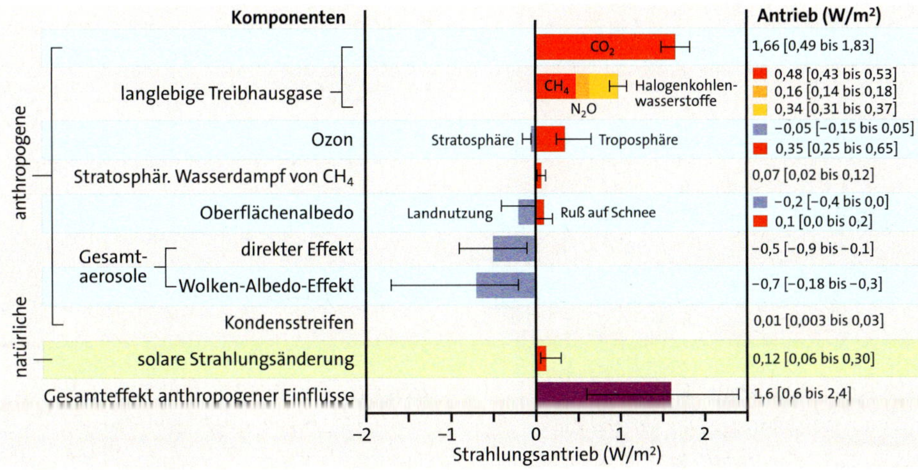


**Strahlungsantrieb:** Der Strahlungsantrieb misst den Einfluss eines Klimafaktors auf die Veränderung der Bilanz der in der Erdatmosphäre eintreffenden und von ihr ausgehenden Energie. Er wird in Watt pro Quadratmeter ($W/m^2$) ausgedrückt.
In Grafik 11 stehen die Strahlungsantriebswerte für Veränderungen im Verhältnis zu den auf das Jahr 1750 bezogenen präindustriellen Bedingungen.

Unstrittig ist, dass sich durch menschliche Aktivitäten die Konzentration von $CO_2$ und anderen Gasen in der Atmosphäre deutlich erhöht hat. Der schwedische Nobelpreisträger Svante Arrhenius postulierte bereits 1896, dass eine Verdopplung des $CO_2$-Gehalts in der Atmosphäre zu einem Temperaturanstieg von 4–6 K führen könnte. Für Aufsehen und eine Intensivierung der Forschung sorgten die ersten Ergebnisse einer Messstation, die 1957 auf dem Mauna Loa errichtet wurde und die Veröffentlichung der Daten des Eisbohrkerns von der sowjetischen Antarktis-Station Wostok.
Ende der 1980er Jahre konnte die Klimaforschung einen Temperaturanstieg für die letzten 130 Jahre um etwa 0,4 bis 0,6 K belegen. Der erste IPCC-Bericht von 1992 verwies auf eine mögliche Klimabeeinflussung durch den Menschen und ging davon aus, dass die globale Mitteltemperatur bis zum Ende des 21. Jh. um 1,5 bis 4,5 K ansteigen kann. Der vierte Bericht (2007) projiziert eine globale Erwärmung von 1,8 bis 4,0 K mit einer Schwankungsbreite von 1,1 bis 6,4 K. Die elf Jahre von 1995 bis 2006 zählten zu den wärmsten seit Beginn der Beobachtungen. Damit ändert sich die Temperatur mit einer Geschwindigkeit, wie sie in den letzten 10 000 Jahren nicht vorkam.

## 12 Treibhausgasgehalt und Temperatur

Datengrundlage Jean Jouzel et al.: Extending the Vostok Ice-Core Record of Paleoclimate to the Penultimate Glacial Periode. Nature, Vol. 364 (29. July 1993) pp. 407–412. Nach Praxis der Naturwissenschaften – Physik, 43. Jg., H. 6 (Sept. 1994). Köln: Aulis 1994, S. 13

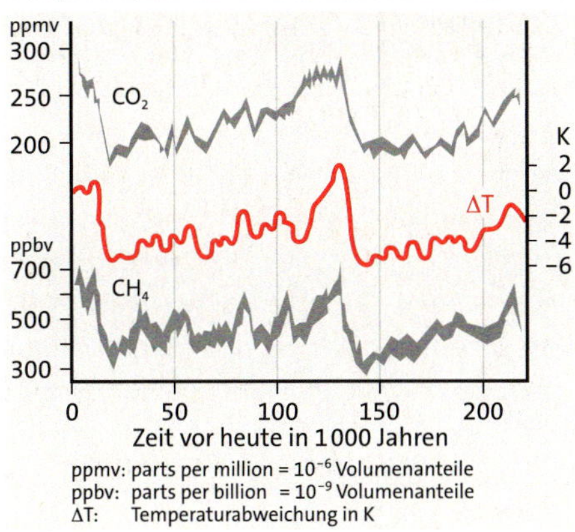


## 13 Charakteristika der Treibhausgase $CO_2$ und $CH_4$

| | $CO_2$ | $CH_4$ |
|---|---|---|
| Mittlere Verweilzeit (in Jahren) | 50 bis 200 | 12 |
| Relatives Treibhauspotenzial (Index: $CO_2$ = 1)* | 1 | 23 |
| Beitrag zum anthropogenen Treibhauseffekt (in %) | 60 | 20 |

* Relatives molekulares Treibhauspotenzial gemessen an der Treibhauswirkung von $CO_2$ über 100 Jahre

1. Charakterisieren Sie die globale Erwärmung für den Zeitraum 1860–2008.
2. Arbeiten Sie aus Grafik 1 die Trends der Jahresmitteltemperaturen 1901–2005 heraus.
3. Stellen Sie die Bedeutung des IPPC dar.
4. Stellen Sie mit einer Internetrecherche dar, wie mit Eis Klimadaten rekonstruiert werden.
5. Erläutern Sie an zwei Beispielen, wie sich externe Einflüsse auf das Klima auswirken.
6. Erklären Sie den Zusammenhang zwischen der globalen Klimaerwärmung in den letzten 150 Jahren und menschlichen Aktivitäten.
7. Arbeiten Sie den anthropogenen Anteil am Strahlungsantrieb heraus.

4 TERRA **KOMPETENT**

Diese Doppelseite bietet Ihnen die Möglichkeit der Selbsteinschätzung: Beherrsche ich das erforderliche Fachvokabular – verfüge ich tatsächlich über die mit der Bearbeitung dieses Kapitels angestrebten Sach-, Methoden- und Handlungskompetenzen? Überprüfen Sie sich selbst.

Wichtige Fachbegriffe
Advektion
Aerosol
Albedo
Antizyklone
Atmosphäre
Atmosphärische Zirkulation
Corioliskraft
El Niño
Föhn
Frontalzone
Globalstrahlung
Großwetterlage
Hochdruckgebiet
Innertropische Konvergenzzone (ITC)
Jetstream
Kaltfront
Klimaklassifikation
Konvektion
Luftdruck
Monsun
Okklusion
Ozonschicht
Passat
Städtische Wärmeinsel
Taupunkt
Tiefdruckgebiet
Treibhauseffekt
Walker-Zirkulation
Warmfront
Zyklone

Die Definitionen dieser Begriffe finden Sie im Arbeitsanhang (S. 192–201).

# Wissen vernetzen

**1 Schematische Darstellung des Klimasystems (menschliche Einflüsse sind gepunktet dargestellt)**

Nach Jucundus Jacobeit: a. a. O. S. 1

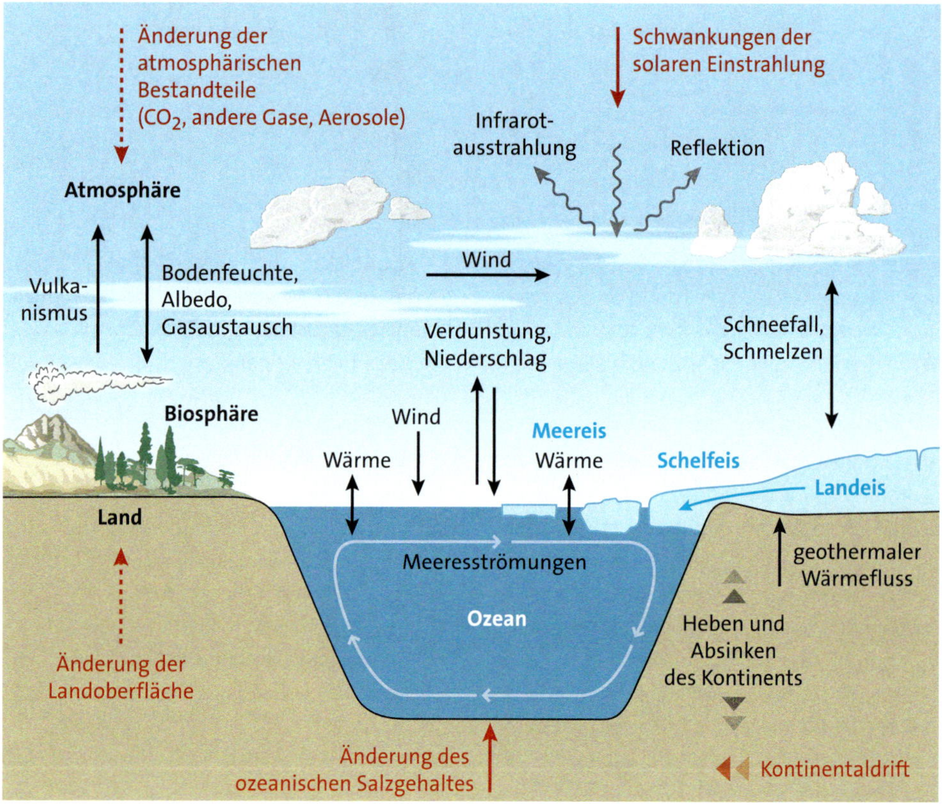


Kleidung, Zentralheizung, Klimaanlage und weitere zivilisatorische Errungenschaften haben uns zu einer großen Unabhängigkeit von Wetter und Klima verholfen. Meist sehen wir im Wetter vor allem nur noch einen begrenzenden Faktor für unsere Freizeitgestaltung. Sind wir mit dem Wetter oder dem Klima unzufrieden, so können wir in einem Reisebüro für ein paar Wochen unser „Traumklima" kaufen. Wenn aber ein ganzer Sommer verregnet ist, sintflutartige Niederschläge die Flüsse über die Ufer treten lassen, ganze Regionen unter Wasserknappheit leiden oder Wirbelstürme das Land verwüsten, dann wird uns klar, dass wir uns auf die Wirkung der elementaren Kräften der Atmosphäre durch schützende Maßnahmen zwar in begrenztem Rahmen einrichten können, ihnen aber doch insgesamt gesehen relativ hilflos gegenüberstehen.

Allerdings wird uns immer mehr bewusst, dass unser Handeln das Klima entscheidend verändern kann. Um zu verstehen, weshalb sich das Wetter immer wieder ändert, wie Klimaunterschiede entstehen, was Klimawandel bedeutet und wie er zustande kommt, ist eine genaue Kenntnis der atmosphärischen Prozesse nötig.

Dazu hat Ihnen das vorangegangene Kapitel grundlegende Einsichten vermittelt. Es wurde unter anderem deutlich, dass Wetter und Klima auf der Erde primär durch die von der Sonne eingestrahlte Energie „angetrieben" werden und dass das System Atmosphäre nicht unabhängig von anderen Systemen, z. B. der Hydrosphäre und Biosphäre, existiert. Es steht mit diesen Systemen in ständiger, enger Wechselwirkung. Dies verdeutlicht noch einmal auch die Grafik 1.

**Material**
Bogen zur Selbsteinschätzung
29760X-4801

# Kompetenzen überprüfen

**Überprüfen** Sie Ihre bei der Bearbeitung dieses Kapitels erworbenen Kompetenzen.

Nehmen Sie dabei die untenstehende **Selbsteinschätzung** Ihres Kompetenzstandes unter Verwendung der folgenden Klassifikation vor:
1 = stimmt, 2 = stimmt überwiegend,
3 = stimmt teilweise, 4 = stimmt nicht

Eine Checkliste mit der Möglichkeit zum Ankreuzen Ihres Kompetenzstandes steht Ihnen im Internetauftritt dieses Schülerbuches unter dem ONLINE-Link 29760X-4801 zur Verfügung. Wenn Sie Hilfe benötigen, wenden Sie sich an Ihre betreuende Lehrerin oder Ihren Lehrer.

**2 Arbeitschritte für die Selbsteinschätzung**

**1. Schritt**
Führen Sie die Selbsteinschätzung zunächst allein durch.

**2. Schritt**
Vergleichen Sie die Ergebnisse im (Zweier-) Team.

**3. Schritt**
Arbeiten Sie Möglichkeiten und Methoden heraus, festgestellte Lücken zu schließen und Defizite zu beseitigen.

**Sachkompetenz – Ich kann ...**
- ausgehend von Grafik 1 erklären, welche Faktoren den Strahlungshaushalt bestimmen, welche atmosphärischen Prozesse lokale Wetterereignisse hervorrufen, wie ozeanische Strömungen das Klima beeinflussen und wie der Mensch auf das Klima einwirkt;
- die Atmosphärische Zirkulation in ihren Grundlagen darstellen;
- die außertropische und tropische Zirkulation in ihrer Entstehung, Ausprägung und Wirkung erklären;
- die klimatische Zonierung der Erde erklären;
- die klimatischen Besonderheiten von Städten beschreiben und erklären;
- Ursachen von Klimaänderungen analysieren.

**Methodenkompetenz – Ich kann ...**
- mithilfe von Schemazeichnungen den Aufbau der Atmosphäre und den Strahlungshaushalt der Erde erklären;
- aus verschiedenen Wolkenformen mögliche Wetterprognosen erstellen;
- anhand von Wetterkarten und Satellitenbildern Wetterlagen analysieren und Wetterprognosen erstellen;
- die Genese des Klimas eines Ortes mithilfe eines Klimadiagramms erklären;
- die Aussagekraft von verschiedenen Klimaklassifikationen und Klimakarten vergleichend darstellen;
- ausgewählte geographische Arbeitsmaterialien (Texte, Grafiken, Statistiken, Fotos) im Hinblick auf Veränderungen des Klimas auswerten;
- für die wichtigsten Ursachen und Folgen des El Niño-Southern-Oscillation-Phänomens ein Wirkungsgefüge erstellen.

**Handlungskompetenz – Ich kann ...**
- Wetterkarten und Klimadiagramme für meine persönlichen Freizeitaktivitäten und Urlaubsreisen nutzen;
- die klimatischen Auswirkungen meines alltäglichen Tuns, z. B. als Konsument oder Verkehrsteilnehmer, überprüfen und gegebenenfalls korrigieren;
- sachlich und methodisch fundiert in einem Team (z. B. schulische Lerngruppe, Umweltorganisation) an Maßnahmen zum Klimaschutz mitwirken;
- im Rahmen einer Podiumsdiskussion kritisch zu den Argumenten zum Für und Wider des Klimawandels Stellung nehmen.

5

# Form und Gestaltung der Oberfläche: die Geomorphologie

„Ein Geograph kann an beliebiger Stelle auf der Erde aus dem Flugzeug steigen und die Entstehung des Reliefs erklären, indem er die vorgefundene Landschaft analysiert und interpretiert wie ein literarisches Werk.“ (Gregor Falk 2010)
Das Relief unserer Erde ist extrem vielgestaltig und reicht von schroffen Gipfelregionen bis zu den ausgedehnten flachen Tafelländern. Jede gegenwärtig auf der Erde beobachtete Oberflächenform ist das Ergebnis teilweise langer und komplexer Formungsprozesse. Diese Formung wird nie abgeschlossen sein, dass Gesicht der Erde wird sich auch weiterhin verändern.

**Drei Schritte bis zum Ziel**

**Ziel**

Wenn Sie dieses Kapitel durchgearbeitet haben, können Sie:
- unterschiedliche Oberflächenformen beschreiben,
- die Entstehung typischer Oberflächenformen erklären.

**1. Grundlagen erarbeiten**

- Verwitterung, Transport und Ablagerung,
- Kreislauf der Gesteine.

**2. Wissen vernetzen**

- Formung der Oberfläche durch Wasser, Eis, Wind, Lösung und den Menschen,
- Vielgestaltiges Relief als Ergebnis der Formungsprozesse,
- Entstehung von Landschaften.

**3. Kompetenzen an Fallbeipielen vertiefen**

- Meeresspiegelanstieg, Küstenschutz und Hochwasser,
- abtauender Permafrost,
- Landnutzungswandel in Bangladesch,
- Landschaftsgestalter Mensch.

**1 Tagebaurand Nochten (Niederlausitz)**
**2 Rand des Wright Gletschers, Antarktis**
**3 Mediterraner Karst (Polje Centinje in Montenegro)**
**4 Sylt (Nordfriesische Inseln)**
**5 Verwitterungsformen der ariden Gebiete (Mt. Olga/Australien)**
**6 Zusammenfluss von Missouri und Mississippi**
**7 Einsturzdoline auf der Schwäbischen Alb**

2

4

6

7

# 5.1 Entstehung der Landschaftsformen

**1 Landschaftsformen im Überblick**

**Kompetenzen in diesem Kapitel erwerben**
- Landschaftsformen und Geofaktoren kennen;
- die Entstehung verschiedener Landschaftstypen beschreiben;
- grundlegende Prozesse wie Materialaufbereitung, Transport und Ablagerung erläutern;
- Reliefgestaltung durch verschiedene exogene Faktoren erläutern;
- den Einfluss des Menschen auf die Gestaltung der Landschaft analysieren;
- geologische Karten interpretieren.

Die Oberflächenformen auf der Erde sind unter unterschiedlichen Bedingungen entstanden. Es sind die Prozesse und Zyklen, die in und zwischen den einzelnen **Geosphären** ablaufen, die zur Formung der Erdoberfläche führen. So entstehen schließlich Höhenzüge, steile Täler, Dünen, flache Flussauen und viele weitere Formen. Dabei wirken **Endogene** und **Exogene Geofaktoren**.

**Endogene Geofaktoren.** Hierzu zählen alle Kräfte, die aus dem Erdinneren heraus auf die Gestaltung der Erdoberfläche einwirken. Dies sind nicht nur spektakuläre und oft äußerst schnell ablaufende Ereignisse wie Vulkanausbrüche oder Erdbeben, sondern auch langwierige Prozesse wie die Auffaltung von Gebirgen in Jahrmillionen.

**Exogene Geofaktoren.** Sie wirken von außen auf die Erdoberfläche ein. Insbesondere Wind und Wasser, aber auch Eis modellieren die Landschaft. Einen ganz wesentlichen Einfluss auf das Relief hat das Klima einer Region, denn der Jahresrhythmus von Temperatur und Niederschlägen bestimmt mit, wie schnell Gesteine und andere an der Oberfläche befindliche Materialien zersetzt werden.

**Gliederung der Erdoberfläche.** Meer und Festland prägen das Antlitz unseres Planeten. Von den 510 Mio. km² seiner Gesamtoberfläche entfallen knapp 29 % auf das Festland. Gut drei Prozent der gesamten Oberfläche liegen unter einer dauerhaften Eisdecke.

Neben diese übergeordneten horizontalen Gliederungsmerkmale tritt die vertikale Gliederung der Erde, die die durchschnittliche Verteilung auftretender Geländehöhen wiedergibt

**2 Systematik der Oberflächenformen der Erde**

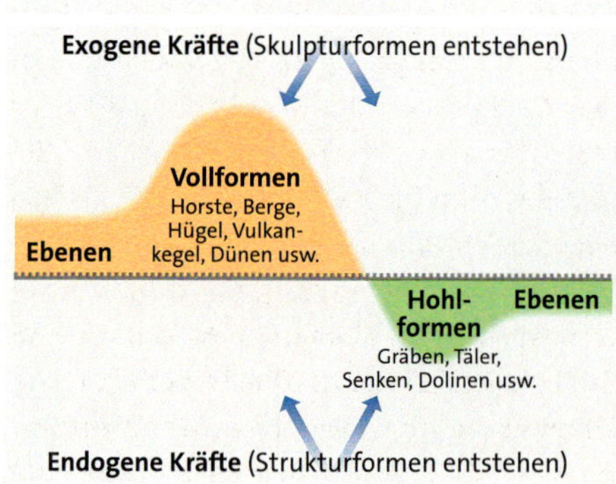

Material
Landschaftswandel
29760X-5101

(Grafik 3). Die unterschiedliche Verteilung von Höhen und Tiefen auf der Erde, aber auch Massenunregelmäßigkeiten in Erdkruste und Erdmantel sorgen dafür, dass die Schwereverhältnisse (Anziehung/Fliehkraft) auf der Welt uneinheitlich verteilt sind. Mathematisch betrachtet ist die Erde keine Kugel, sondern eher ein leicht abgeflachter, verbeulter und um die eigene Achse „eiernder" Körper, der auch als Geoid bezeichnet wird. Im Bereich des Indischen Ozeans wurde mit ca. –108 m die größte Einbeulung dieses Körpers nachgewiesen.
Die heutige Erdoberfläche ist Resultat des Zusammenspiels Endogener und Exogener Geofaktoren, deren Wirkung geologisch unterschiedlich lange Zeiträume umfasst. Spontane Massenbewegungen infolge von Erdbeben oder vulkanischer Tätigkeit, aber auch Hangrutschungen nach Starkregenfällen zählen zu den kurzfristigen Veränderungen des Reliefs. Im Gegensatz dazu kann sich die langsame Heraushebung eines Gebirges an der Grenze zweier konvergierender Platten über Millionen von Jahren erstrecken. Dort wo Magma, also endogenes Material, bei Vulkanausbrüchen die Erdkruste durchdringt und als Lava an die Oberfläche gelangt, entstehen Vollformen, die ebenfalls dem endogenen Formenschatz zuzuordnen sind. Die Art der vulkanischen Tätigkeit (explosiv, effusiv, gemischt) und die Fließfähigkeit (Viskosität) der Lava bestimmen die dabei entstehenden Oberflächenformen. Diese reichen von weit ausgedehnten, flach geneigten Lavatafeln oder Ergussdecken über Schicht- und Schildvulkane bis zu einzelnen Quell- oder Staukuppen.

**Was ist Landschaft?** Umgangssprachlich verbinden wir mit dem Begriff die Wiese, durch die sich ein Bach schlängelt, Wälder, die Bergrücken und Hänge bedecken, Vulkanlandschaften, Gebirge oder Meeresküsten. Landschaft kann aber auch als komplexer Natur- und Kulturraum begriffen werden, wie z. B. das Allgäu oder der Schwarzwald.
Geographisch wird der Begriff **Landschaft** verwendet für einen räumlichen Ausschnitt eines Landschaftsökosystems. Dieser wird durch das Zusammenwirken verschiedener Geofaktoren wie z. B. Relief, Wasser, Boden, Klima und

**3 Schematisierte Hypsometrische Kurve der Erde**

Nach Herbert Wilhelmy: Geomorphologie in Stichworten, Kiel 1992

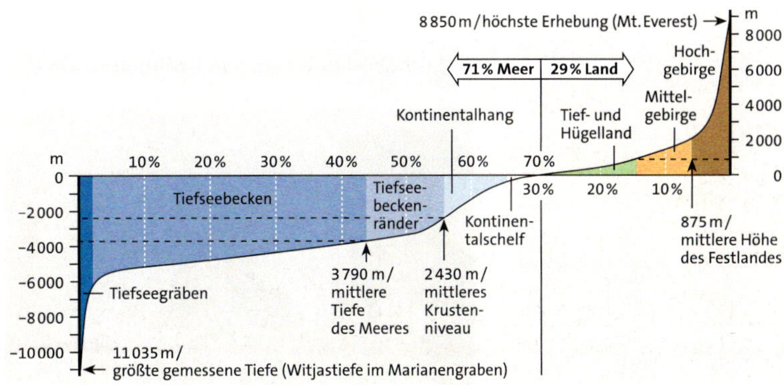


menschliche Aktivitäten als einheitliches Erscheinungsbild wahrgenommen. Sind in einer Landschaft die Einflüsse des Menschen deutlich erkennbar, z. B. als landwirtschaftlich genutzte Flächen oder Gebäude, spricht man von einer Kulturlandschaft. Weitgehend vom Menschen unbeeinflusst ist dagegen die Naturlandschaft. Der Landschaftshaushalt beschreibt den Funktionszusammenhang der in einem abgegrenzten Teil des Landschaftsökosystems wirkenden Geofaktoren.


Seite 6–7
Geosphäre

Seite 8–9
Entstehung der Erde


**4 Landschaft, Landschaftshaushalt und Landschaftsökologie**

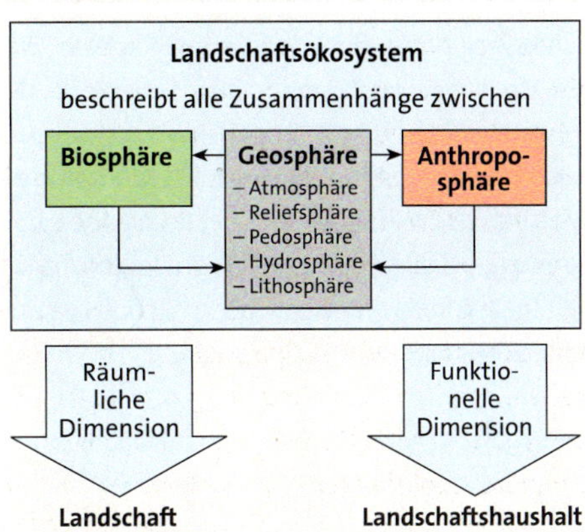


1 Beschreiben Sie mithilfe von Grafik 1 die verschiedenen Landschaftsformen.
2 Definieren Sie ausgehend von Grafik 4 den Begriff Landschaft.
3 Erstellen Sie eine grafische Übersicht zu den die Landschaft prägenden Geofaktoren.

# 5.2 Verwitterung: Voraussetzung für die Landschaftsformung

1 **Tafoni-Bildung an Sandsteinfelsen am Westrand des Djadoplateaus, Niger**

Die **Verwitterung** sorgt für die Aufbereitung kompakter Gesteine, die schließlich in verlagerbare Bestandteile zerlegt werden. Das aus seinem ursprünglichen Gesteinsverbund gelöste oder gelockerte Material kann z.B. durch **Deflation** (Ausblasung) oder **Erosion** (linienhafte Abtragung) umgelagert werden. Die Geschwindigkeit der chemischen und physikalischen Prozesse wird von den klimatischen Rahmenbedingungen und der Härte des Ausgangsgesteins bestimmt. Selbst das härteste Gestein kann in langen Zeiträumen verwittern. Sämtliche Prozesse, die unter Einwirkung des Wassers, des Windes, des Eises aber auch der Sonneneinstrahlung Gesteine zersetzen, greifen ineinander, wenngleich je nach Ökozone eine der Komponenten dominiert.

## Ursachen der Verwitterung

### Physikalische (mechanische) Ursachen

Besonders in den Trockengebieten der Erde, aber auch in Regionen, die einen markanten Frostwechsel aufweisen, dominiert die mechanische Gesteinszerkleinerung. Die stoffliche Zusammensetzung verändert sich dabei nicht. Zunächst wird das ursprüngliche Mineralgefüge durch Temperaturwechsel oder Eisbildung in den Klüften gelockert, um dann schließlich vollständig zerstört zu werden. Dadurch vergrößert sich die Oberfläche des Gesteins und auch die chemische Verwitterung kann nunmehr zur weiteren Aufbereitung der Gesteine beitragen.

### Chemische Ursachen

Die chemische Verwitterung verändert die stoffliche Zusammensetzung des Gesteins. Nicht mehr die bloße Zerkleinerung prägt die ablaufenden Prozesse, sondern chemische Reaktionen, die sich je nach Lage im Raum und je nach mineralischer Zusammensetzung des Materials unterschiedlich intensiv vollziehen. Hohe Temperaturen, ausreichend Feuchtigkeit, aber auch die Dichte der vorhandenen Vegetation sind entscheidende Größen, die die chemischen Prozesse beeinflussen. So ist durch die intensive Sonneneinstrahlung und die hohe Feuchtigkeit der Einfluss chemischer Prozesse in den immerfeuchten Tropen viel intensiver als in unseren Breiten. Die Mineralien werden entweder direkt gelöst oder gehen unter dem Einfluss von Wasser, Säuren oder anderweitigen Stoffen der Bio-, Hydro- und Atmosphäre neue Verbindungen ein. So entstehen schließlich neue Stoffe mit veränderten physikalischen und chemischen Eigenschaften.

**2** **Formen der physikalischen Verwitterung**

# Verwitterungsformen

**Mechanische Verwitterungsformen**

**Thermische Verwitterung (Insolationsverwitterung).** Ursache der thermischen Verwitterung ist die unterschiedliche Erwärmung und Abkühlung der Gesteine an der Erdoberfläche. Zunächst wird ein Teil des Gesteins von der Sonne aufgeheizt. Insbesondere die sonnenzugewandten Flächen erwärmen sich, die Kontaktflächen zum Untergrund und das Gesteinsinnere bleiben kühl. Infolge der Erwärmung nimmt das Volumen der aufgeheizten Teile zu und es kommt im Gestein zu Spannungen. Auch die Zusammensetzung trägt aufgrund unterschiedlicher Ausdehnungskoeffizienten der verschiedenen Mineralien zur Lockerung des Gesteinsgefüges bei.
Besonders wirksam ist die thermische Verwitterung in Regionen mit ständigen, kurzfristigen Temperaturschwankungen, wie beispielsweise am Nordrand der Sahara. Dort kommt es zu Tag-Nacht-Temperaturunterschieden von mehr als 50 K. Von Kern- oder Trümmersprüngen spricht man, wenn unter diesen Bedingungen große Gesteinsblöcke schlagartig in große Teile zerspringen. Besonders die abschreckende Wirkung des kühlen Wassers bei Gewittern kann Kernsprünge auslösen. Weitere Erscheinungen sind das Abschuppen oder Abblättern kleinerer Partikel vom Außenrand des Gesteins oder die Ablösung plattiger, je nach Klüftung des Materials oft schalenförmiger Teile (Exfoliation).

**Frostverwitterung (Frostsprengung).** Die Grundvoraussetzungen der Verwitterung durch Frostsprengung sind Wasser und das Auftreten von Frösten. Dabei gilt: Je häufiger sich Gefrier- und Auftauperioden abwechseln und je extremer die Frostwechsel auftreten, desto intensiver vollzieht sich die Zerkleinerung des Gesteins.
Wasser vergrößert sein Volumen beim Gefrieren um bis zu neun Prozent – wohl jeder kennt die geplatzte Flasche im Eisfach. In Gesteinsklüften und Spalten, in denen eingedrungenes Wasser gefriert, führt der Eisdruck schließlich zur Absprengung ganzer Steinteile. Die Druckwirkung und die Sprengkraft des Spaltenfrostes (Congelifraktion) führen in Hochgebirgen wie den Alpen zur Ausbildung weitflächiger Schutthalden. Zusätzlich werden die Prozesse der Gesteinszerlegung in den Gebirgen je nach Hangexposition durch den Schwarz-Weiß-Effekt (unterschiedliche Aufheizung von Schnee und Fels) forciert. Neben natürlichen Oberflächen können auch Straßen oder Gebäude von der Frostverwitterung in Mitleidenschaft gezogen werden.

**3** **Auftretende Drücke während der physikalischen Verwitterung**

| Verwitterungsprozess | Druck (in hPa) |
|---|---|
| Wurzelsprengung | 10 000 |
| Salzsprengung | 100 000 |
| Insolationsverwitterung | 500 000 |
| Frostsprengung | 2 000 000 |

**1** Foto 1 zeigt einen „Tafoni".
a) Überlegen Sie wie es zur Bildung derartiger Formen kommen kann.
b) Überprüfen Sie Ihre „Hypothesen" mit Hilfe des Internets.

**2** Ordnen Sie die Fotos dieser Doppelseite den verschiedenen Verwitterungsformen zu zu. Erläutern Sie die Entstehung der Formen.

**4 Kristallisationsverwitterung**

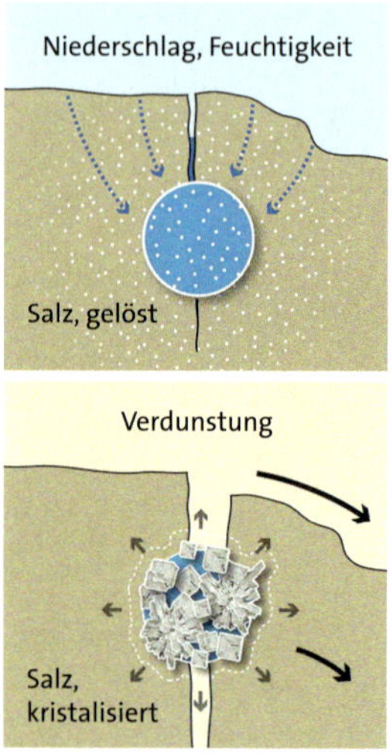


**5 Kristallisationskruste (Wüste Atacama)**

**6 Wurzelsprengung**

**Kristallisationsverwitterung – Salzsprengung.** Die Kristallisation von in Wasser gelösten Stoffen in Klüften und Spalten eines Gesteins übt Druck auf die angrenzenden Gesteinsflächen aus, der zur mechanischen Zerlegung führt. Bevor es dazu kommt, müssen mehrere Voraussetzungen erfüllt sein. Dazu zählen die Durchfeuchtung des Gesteins mit Wasser und die anschließende Verdunstung durch hohe Temperaturen. Zunächst löst Wasser im Untergrund vorhandene Salze. Infolge einsetzender Verdunstung beginnen die zuvor gelösten Salze zu kristallisieren. Durch das Wachstum der Kristalle entstehen Druckkräfte, die das Gestein zerlegen können. Insbesondere ein häufiger Wechsel von trockenen und feuchteren Abschnitten bei vergleichsweise hohen Temperaturen forciert das Wachstum von Salzkristallen.

Ein Beispiel, das die Ausfällung von gelösten mineralischen Bestandteilen eindrucksvoll dokumentiert, bilden die Krustenböden in ariden Regionen der Erde. Starke Sonneneinstrahlung und hohe Temperaturen verursachen eine kräftige Verdunstung in den oberflächennahen Bodenschichten. Dadurch kommt es zum Aufstieg von Kapillarwasser aus tieferen Schichten, das in Oberflächennähe ebenfalls verdunstet. Dabei werden die mitgeführten Salze oder andere mineralische Bestandteile ausgefällt und verbleiben als relativ harte Schicht im Boden. Dort wo diese von Wind oder von Wasser freigelegt wird, entstehen feste Krusten.

**Wurzelsprengung und Hydrovarianz.** Eine weitere Ursache der mechanischen Gesteinszerlegung ist die biologisch-physikalische Verwitterung, bei der die Einwirkung von Wurzeln zur Sprengung von Gesteinen führen kann. Vorhandene Gesteinsspalten und Klüfte eignen sich als Wachstumsbahnen für das Wurzelwerk von Büschen und Bäumen. Das Wachstum der Wurzeln führt dazu, dass sich der Druck auf das umgebende Gestein erhöht und Teile „abgesprengt“ werden. Selbst feinste Haarwurzeln sind bereits am Prozess der biogenen Verwitterung beteiligt.

Schließlich kann auch ein ständiger Wechsel von Durchfeuchtung und Austrocknung, die Hydrovarianz, zur Zermürbung des Gesteins führen.

**Druckentlastung.** Gesteine werden nicht nur abgelagert, in größere Tiefen verlagert und verändert, sondern gelangen durch Hebung oder Abtragung der hangenden Schichten auch an die Oberfläche. Damit einher geht eine Veränderung des auf das Gestein wirkenden Druckes. Es kommt zur Bildung von Druckentlastungsklüften, Rissen und Spalten. An diesen Schwachstellen setzen dann die exogenen Kräfte die Verwitterung fort.

3 Als Architekt erhalten Sie den Auftrag ein Gebäude aus Natursteinen in der Innenstadt zu errichten. Verfassen Sie ein Gutachten, welches die Gesteine benennt, die Ihnen am besten geeignet erscheinen.

Material
Rauchgasverwitterung
29760X-5201

Material
Hydrolytische Verwitterung/Kaolinitisierung
29760X-5202

**7 „Sandsteinkrebs" an einer Skulptur in Avignon / Südfrankreich**

**8 Lösen von Natriumchlorid in Wasser (Teilchenmodell)**

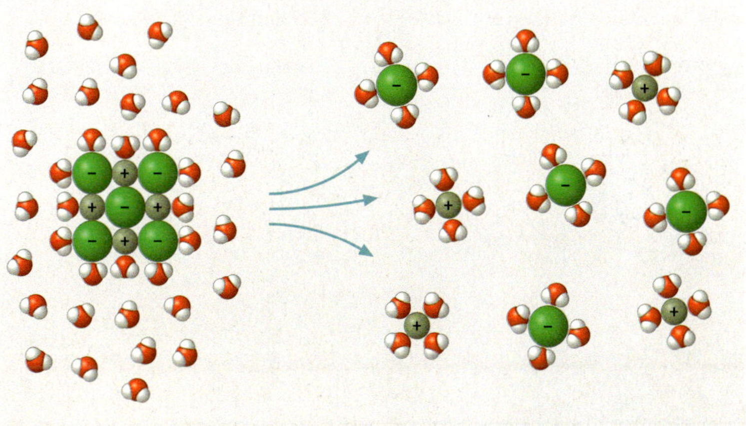

### Chemische Verwitterungsformen

**Hydratationsverwitterung.** Die Hydratation ist die erste Stufe der Gesteinslockerung im Zuge der chemischen Verwitterung. Sie basiert auf Anlagerung von Wassermolekülen an die Grenzflächenionen der Kristallränder eines Gesteins. Diese Wasseranlagerung bewirkt ein Aufquellen und führt zur Vergrößerung des Volumens. Dadurch wird eine Lockerung des Gesteins bewirkt. Obgleich die Hydratation, also die Bildung von Hydrathüllen, abgesehen von der Wasserverfügbarkeit, weitgehend unabhängig von der jeweils herrschenden klimatischen Situation abläuft, stellt sie die dominante Form chemischer Gesteinsumwandlung in den kühlhumiden Breiten dar.

**Lösungs- und Kohlensäureverwitterung.** Lösungsverwitterung ist das Lösen von Gestein in Wasser. Die Löslichkeit variiert mit der chemischen Zusammensetzung des Gesteins. Salze (z.B. NaCl und verschiedene Sulfate) sind besonders gut löslich. Bei der „Auslösung" aus dem Gestein lagern sich die polaren Wassermoleküle mit ihrer negativen „Sauerstoff-Seite" an die Kationen und mit ihrer positiven „Wasserstoff- Seite" an die Anionen des Salzes an. Dadurch werden die Ionen aus dem Kristallgitter herausgelöst und in Lösung abtransportiert. Wasser enthält in der Natur verschiedene Säuren, deren Gegenwart die Lösungsprozesse beschleunigt. Kohlensäure, die durch Reaktion von Kohlenstoffdioxid aus der Luft mit Niederschlagswasser gebildet wird, unterstützt das Lösen von sonst nur schwer löslichen Kalkgesteinen.

**Biologisch-chemische Verwitterung.** Alle Lebewesen und Pflanzen setzen organische Säuren frei, die zu chemischen Veränderungen der Gesteinsstruktur führen können. Vor allem Huminsäuren sind für zahlreiche bodenbildende Prozesse unabdingbar (vgl. S. 154).

**Oxidationsverwitterung.** Der Begriff Oxidationsverwitterung beschreibt die chemische Reaktion einzelner Gesteinsbestandteile mit Sauerstoff, der im Wasser oder in der Luft vorliegt. Ein Beispiel ist die Oxidation von Eisen(II)- zu Eisen(III)-Ionen (Fe2+ zu Fe3+). Das „gerostete" Gestein ist erheblich lockerer als das Ausgangsmaterial und kann somit leichter ver- und umgelagert werden. Tropische Verwitterungsböden, die Eisen(III)-Ionen enthalten, weisen meist eine kräftige Rotfärbung auf (vgl. S. 161).

**9 Kalklösung**

Kohlenstoffdioxid ($CO_2$) aus der Luft wird in Wasser gelöst, es bildet sich Kohlensäure ($H_2CO_3$).

$CO_2 + H_2O \dashrightarrow H_2CO_3$

Kohlensäure löst Kalk

$H_2CO_3 + CaCO_3$
$\dashrightarrow Ca(HCO_3)_2$
(gelöstes Calciumhydrogenkarbonat)

Wie viel Kalk ($CaCO_3$) gelöst werden kann, hängt vom Druck, von der Temperatur des Wassers und von der Menge des zur Verfügung stehenden Kohlenstoffdioxids ab.

→ Seite 150–155
Bodenentwicklungsfaktoren

**4** Ermitteln Sie mithilfe der Klimakarte im Atlas, welche Form der Verwitterung an den nachfolgend genannten Orten dominiert: Jakutsk, London, In Salah, Juba, Pontianak. Begründen Sie Ihre Überlegungen.

**5** Stellen Sie tabellarisch die Hauptmerkmale der Verwitterungsformen dar (klimatische Bedingungen, ablaufende Prozesse, Ergebnisse).

# 5.3 Von der Verwitterung bis zur Sedimentation

**1 Flachmuldentalrand mit Inselberg im zentralen Hochland Südafrikas**

**3 Doppelte Einebnungsfläche**

Nach Julius Büdel, in Herbert Wilhelmy: Geomorphologie in Stichworten, Bd.2. 6. Aufl. Berlin/Stuttgart: Bornträger 2002, S. II/132

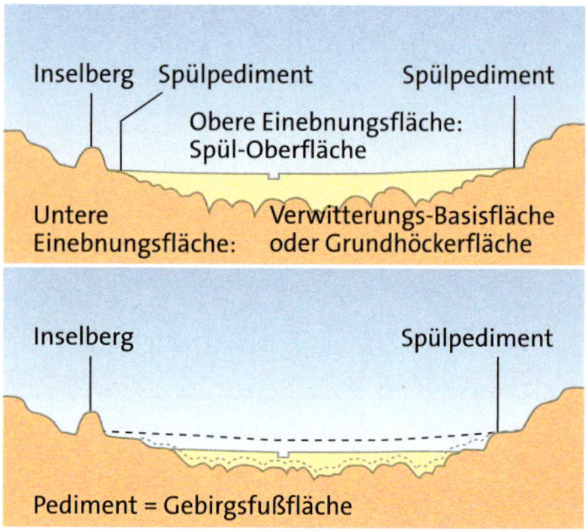


**2 Beispiel für „Wollsackverwitterung" (Burg Falkenberg in der Oberpfalz)**

**denudare** (lat.)
entblößen

→ Seite 116
Fließendes Wasser formt die Erdoberfläche

→ Seite 120
Entstehung und Formung von Küsten und Meeren

← Seite 111
Chemische Verwitterung

## Transport und Materialumlagerung

Eine Voraussetzung zur Formung der Erdoberfläche ist das Vorhandensein transportierbarer Materialien. Gesteine werden im Zuge der Verwitterung in kleinere, umlagerbare Bestandteile zerlegt. Abhängig von den klimatischen und geologischen Rahmenbedingungen erfolgt der Transport entweder durch bewegtes Wasser (Flüsse, Wellen), bewegtes Eis (Gletscher), bewegte Luft (Wind) und das Eigengewicht der Materialien (Schwerkraft). Während in den kühlgemäßigten Breiten Flüsse zum Abtransport des verwitterten Materials und zur Talbildung beitragen, dominieren in den warmhumiden Tropen flächenhafte Gestaltungsprozesse (Denudation).

### Flächenbildung

Die wesentlichen Voraussetzungen für den Prozess der Flächenbildung werden durch die klimagesteuerten Rahmenbedingungen wie hohe Bodenfeuchtigkeit und hohe Bodentemperaturen geschaffen. Die chemische Verwitterung sorgt für die tiefgründige Aufbereitung des Gesteins. Gröbere Gesteinspartikel, die der Erosion Vorschub leisten würden, fehlen weitgehend. Niederschläge, die häufig in Form von Starkregen niedergehen, tragen das entstandene Lockersediment weitflächig ab, Spülmulden entstehen. Nur noch einzelne Inselberge dokumentieren als Reste das einstige Höhenniveau der durch Flächenspülung eingerumpften Landschaft. Im Tertiär, unter subtropischen Bedingungen, dominierte auch in Mitteleuropa die flächenhafte Abtragung der Verwitterungsdecken.

Gegen Ende der 1950er Jahre wurde von dem deutschen Geomorphologen Julius Büdel die Theorie aufgestellt, dass die Flächenbildung in den wechselfeuchten Tropen das Ergebnis einer Kombination geologischer, klimatischer und geomorphologischer Faktoren darstellt. In der Tiefe, im Bereich der unteren Einebnungsfläche, erfolgt die eigentliche Verwitterung des Gesteins entlang vorgezeichneter Schwächezonen. Dabei entstehen Grundhöcker. Wie in einer großen Wanne wird das verwitterte Material bei Starkregenereignissen in der Spülmulde umgelagert, wobei im Bereich der oberen Einebnungsfläche eine nahezu waagerechte Ebene entsteht (Grafik 3, oben). Kommt es im Zuge tektonischer oder klimatischer Veränderungen zur Abtragung des Verwitterungsmaterials, wird die Grundhöckerfläche nach und nach freigelegt (Grafik 3, unten). Eindrucksvolle Granitformationen, sogenannte Wollsäcke, in den Deutschen Mittelgebirgen bilden Reste der ehemaligen Grundhöcker (Foto 2).

Material
Rumpftreppenbildung
29760X-5301

Material
Geologie und Relief der süddeutschen Mittelgebirge
29760X-5302

Material
Sedimentgesteine
29760X-5303

## Ablagerung und Bildung von Sedimentgesteinen

Verwittertes, abgetragenes, in der Luft, im Wasser oder mit dem Gletschereis transportiertes oder gelöstes Material kann unter verschiedenen Voraussetzungen wieder abgelagert werden (Grafik 4). Dieser Vorgang wird als Sedimentation bezeichnet.

Je nach Transportmedium wird zwischen marinen, fluviatilen, glazialen oder äolischen Sedimenten unterschieden. Die Sedimentation kann auf dem Land (terrestrisch), am Grunde eines Sees (limnisch) oder im Meer (marin) stattfinden.

Lagern sich über den abgesetzten Lockersedimenten weitere Materialien ab, werden diese durch den zunehmenden Druck nach und nach verfestigt, und es entstehen kompakte Sedimentgesteine, die Sedimentite. Die verschiedenen Ablagerungsgesteine werden in klastische, biogene und chemische Sedimente unterteilt (Material 7).

Ein typisches Merkmal von Sedimenten ist ihre meist regelmäßige Schichtung.

**4 Abtragung/Umlagerung/Sedimentation im Längsprofil eines Flusses**

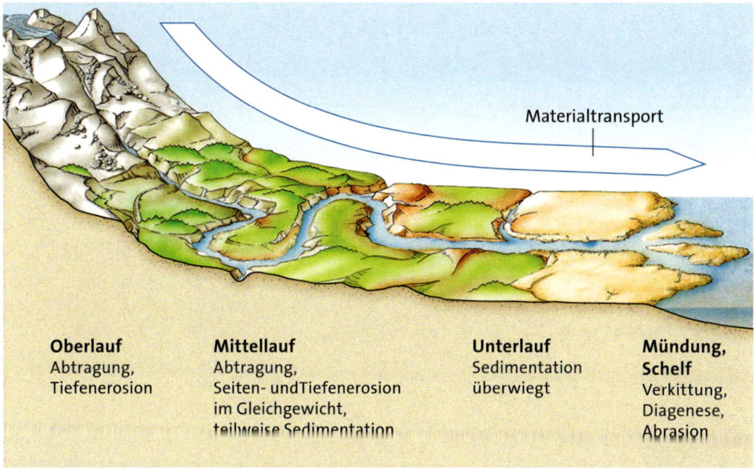


**5 Sedimenteintrag an der Mündung des Huang He in das Gelbe Meer**

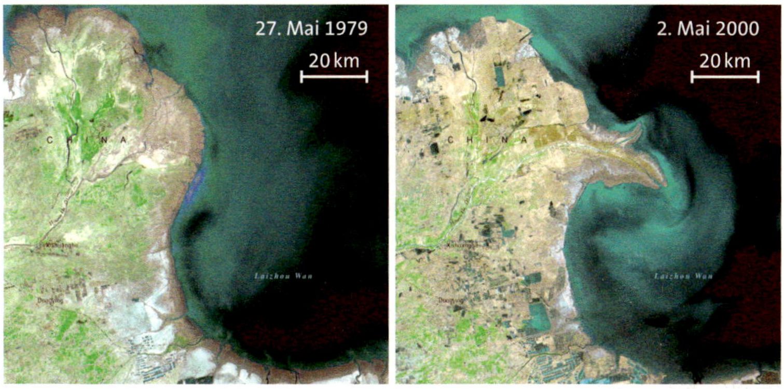


**6 Entstehung von klastischen Sedimentgesteinen und chemischen Sedimenten**

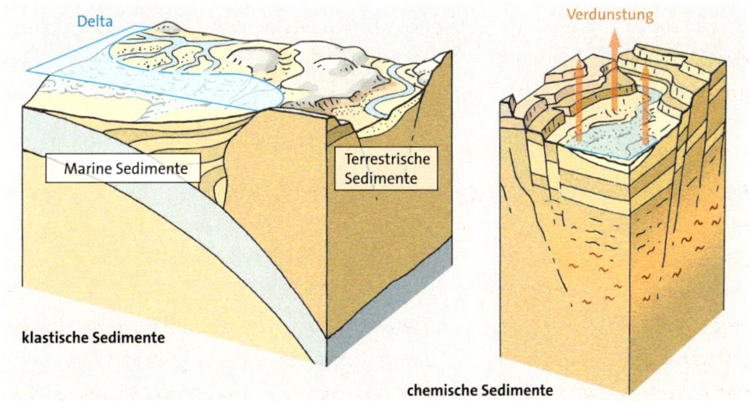


**7 Sedimenttypen**

**1 Klastische Sedimente (Trümmergesteine):**
Sie entstehen durch die Ablagerung eines transportierten und zuvor durch Verwitterung zerkleinerten Gesteins. Sand/Sandstein ist ein typischer Vertreter dieser Gruppe.

**2 Biogene Sedimente:**
Sie entstehen aus abgestorbenen Organismen wie Pflanzen oder Tieren. Torf/Kohle oder Bruchstücke aus Muschelschalen/Kalkstein sind typische Beispiele.

**3 Chemische Sedimente:**
Sie bilden sich durch die Ausfällung von gelösten Stoffen. Salze/Salzgesteine als Rückstand aus verdunstetem Wasser zählen zu dieser Gruppe.

**1** Erläutern sie die Entstehung der Sedimentite.

**2** Ergänzen Sie Material 7 tabellarisch um weitere Sedimente.

**8 Anteil der Gesteine an der Erdkruste**

| | |
|---|---|
| Magmatite | 65 % |
| Sedimentite | 8 % |
| Metamorphite | 27 % |

Seite 8
Entstehung der Erde

Seite 29
Magmatite

Seite 40
Metamorphite

Seite 113
Sedimentite

**9 Blockbild des vollständigen Gesteinskreislaufs**

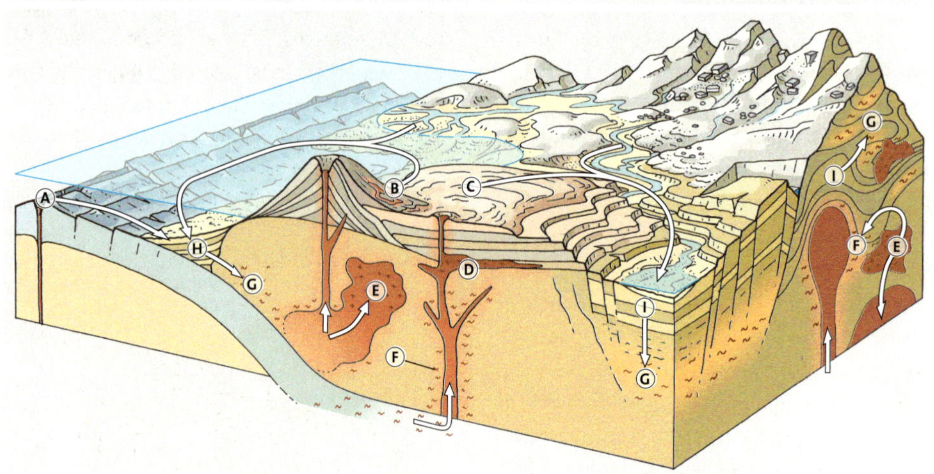


## Kreislauf der Gesteine

Der **Gesteinskreislauf** zeigt den Zusammenhang zwischen den Gesteinsarten in ihrer Entstehung und Veränderung. Endogene und exogene Prozesse sind Motoren dieses Vorgangs, der sich über einen sehr langen geologischen Zeitraum erstreckt. Allerdings sind auch Teilkreisläufe in vielfältigster Form möglich.

**10 Gesteine im Gesteinskreislauf**

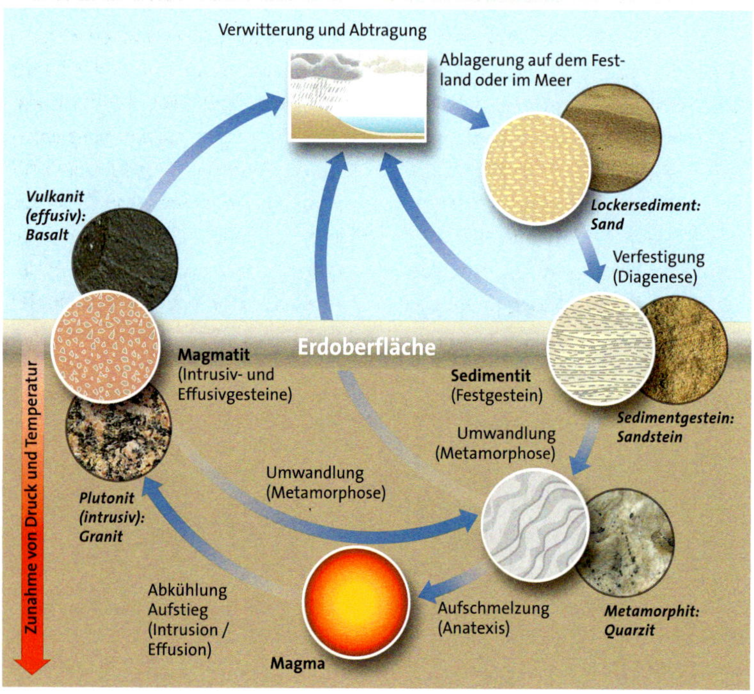


**Beispielkreislauf.** Ein magmatisches Gestein steht an der Erdoberfläche an. Es entstand aus erkalteter Lava nach einem Vulkanausbruch. An der Erdoberfläche unterliegt das Gestein der Abtragung durch Verwitterung. Das abgetragene Material wird durch exogene Kräfte wie Wind oder Wasser abtransportiert und an einem anderen Ort zunächst als Lockersediment abgelagert. Durch die Überlagerung mit weiteren Sedimenten kommt es zur Verfestigung. Aus dem Lockersediment entsteht ein Sedimentgestein.

Gelangt das Sedimentgestein z. B. durch tektonische Prozesse in größere Tiefen, erhöhen sich Druck und Temperatur. Der Prozess der Metamorphose setzt ein, das Sedimentgestein wird in ein metamorphes Gestein umgewandelt. Gelangt dieses Gestein in noch größere Tiefen, wird es wegen der noch höheren Temperaturen aufgeschmolzen. Durch die fließende Bewegung des Magmas im Erdmantel kann dieses in Risse und Klüfte der Erdkruste eindringen. Dort, wo der Druck zu groß wird, kommt es zu Vulkanismus. Mit der erkaltenden Lava an der Erdoberfläche entsteht erneut magmatisches Gestein. Der Kreislauf ist geschlossen.

**3** Erstellen Sie zur Grafik 9 die Beschriftung (Grafik zum Ausdrucken unter Online-Link 29760X-5304)

**Material**
Schema des Gesteinskreislaufs zum Ausdrucken
29760X-5304

**Surftipp**
Geologische Zeittafel detailliert und Datierung
29760X-5305

## Wie alt sind Gesteine?

Bereits 1669 gewinnt Nicolaus Steno die für uns heutzutage banal klingende Erkenntnis, dass unten liegende Sedimente älter sind als die darüber abgelagerten Gesteine, ohne jedoch ihren jeweiligen Ablagerungszeitpunkt angeben zu können. Das Erkennen dieser Gesetzmäßigkeit bildet die Grundlage der modernen Stratigraphie, also der Untersuchung von Schichtungen und ihrer zeitlichen Abfolge. Allerdings gelang erst mit der Entdeckung der Radioaktivität durch Becquerel (1896) und der Formulierung des Zerfallsgesetzes durch Rutherford (1902) eine genaue (absolute) Datierung von Gesteinen. Inzwischen wurde eine Reihe von Untersuchungsmethoden zur Altersbestimmung von Gesteinen entwickelt.

Das Wissen um die zeitliche Abfolge von Ablagerungsprozessen ist von entscheidender Bedeutung, da nur so geologisch-geomorphologische Prozesse wie die Bildung von Deltas oder Gebirgen korrekt beschrieben werden können.

Beim explosionsartigen Ausbruch des Laacher-See-Vulkans in der Eifel vor rund 13 000 Jahren wurden gewaltige Mengen Asche (griech. Tephra) über Norddeutschland hinweg bis nach Schweden verweht, abgelagert und seither von anderen Sedimenten überdeckt. Diese dünne Bimslage findet man bei Bohrungen in einigen Metern Tiefe noch heute. Sie dient als Leithorizont, der Rückschlüsse auf das nachfolgende Ablagerungsgeschehen erlaubt. Auch das Vorkommen von Fossilien oder Pflanzenresten in Schichten erlaubt die Bestimmung des jeweiligen Ablagerungszeitpunktes.

**11 Die Verbreitung der Laacher-See-Tephraablagerungen in Mitteleuropa**

Nach Hans-Ulrich Schmincke: Vulkanismus. 2. Aufl. Darmstadt: Wiss. Buchgesellschaft 2000, S. 171

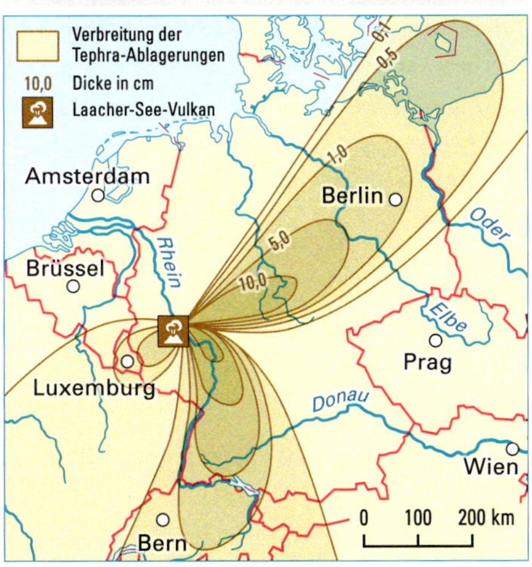


**13 „Ötzi" in Originalfundsituation**

**12 Der Zerfall der C-14 Isotope**

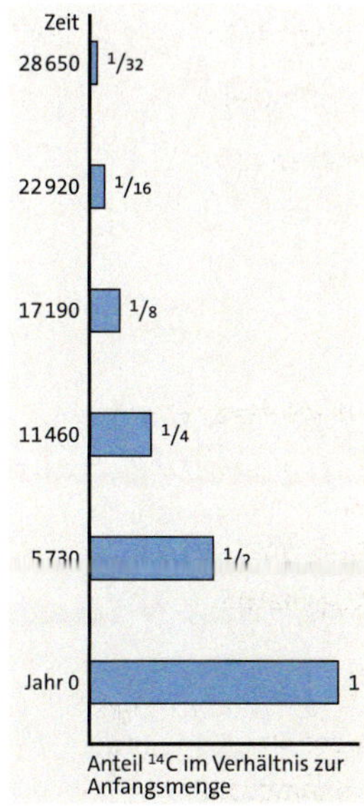


**14 Wann starb „Ötzi"? – Die Radiokarbondatierung**

Chemisch basiert die Radiokarbon-Altersbestimmung darauf, dass Kohlenstoff in mehreren Isotopen vorkommt. Isotope sind Atome desselben Elements mit unterschiedlichen Massezahlen. Sie haben die gleiche Anzahl an Protonen, aber eine unterschiedliche Anzahl an Neutronen. Neben dem stabilen C-12 mit 6 Neutronen und 6 Protonen (98 % des Kohlenstoffes) existiert auch instabiler radioaktiver Kohlenstoff (C-14) mit 8 Neutronen. Mit seiner Hilfe wird datiert.

Alle Lebewesen nehmen zu Lebzeiten einen Anteil radioaktiver C-14-Isotope über Atemluft und Nahrung auf. Nach dem Tod beginnt der radioaktive Zerfall der C-14 Isotope, die Konzentration des C-12 bleibt unverändert. Da man die C-14 Konzentration eines lebenden Wesens kennt, kann man anhand des gemessenen Restwertes von C-14 in toten Organismen ihr Alter bestimmen. C-14 hat eine Halbwertzeit von 5 730 Jahren, das heißt, nach dieser Zeit liegt nur noch die Hälfte der ursprünglichen Konzentration vor. Fundstücke bis zu einem Alter von 50 000 Jahren lassen sich mit dieser Methode recht exakt datieren. Insofern spielt die Radiokarbonmethode auch eine wichtige Rolle in der Archäologie. Auch „Ötzis" Alter von rund 5 300 Jahren wurde so ermittelt.

**4** Geologische Datierungsmethoden

a) Informieren Sie sich mithilfe des Internets über folgende Datierungsmethoden:
– Dendrochronologie, Warvenchronologie, Pollenanalyse, Kalium-Argon-Datierung.

b) Beschreiben Sie die Methoden und ihre jeweiligen Anwendungsfelder.

# 5.4 Fließendes Wasser formt die Erdoberfläche

**1 Materialtransport in Fließgewässern**

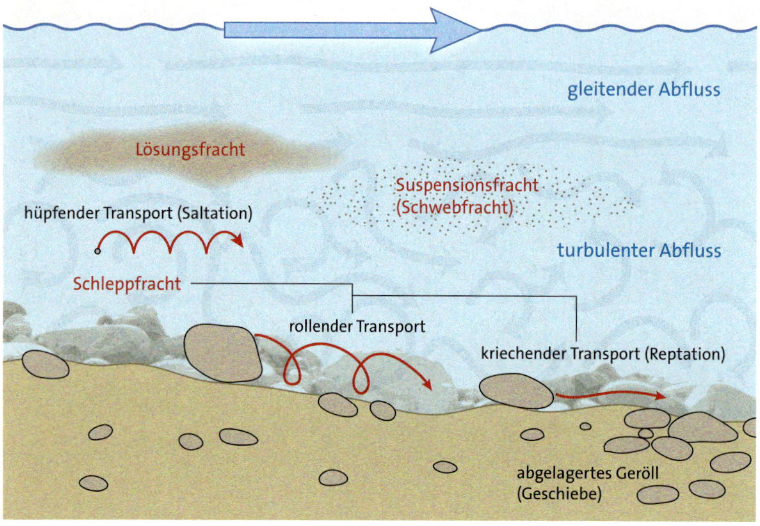


**3 Hjulström-Diagramm**

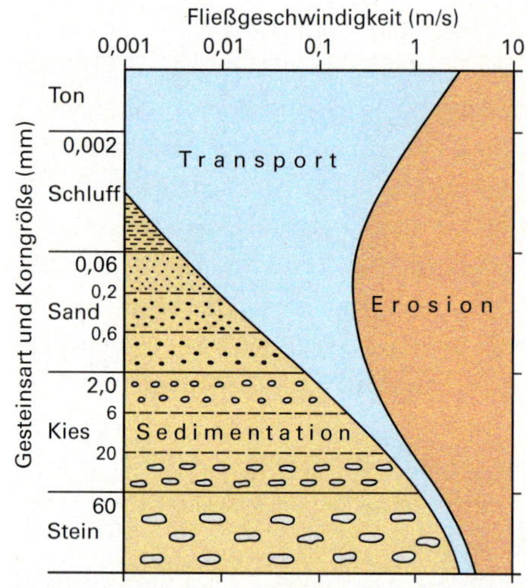


Erosion, Transport und Sedimentation in Abhängigkeit von Korngröße und Fließgeschwindigkeit

**2 Erosion und Denudation**

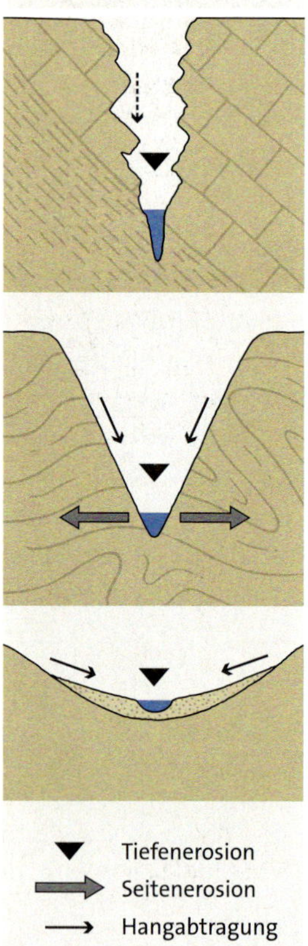


Von allen geomorphologisch wirksamen Kräften hat die Kraft des fließenden Wassers den stärksten Einfluss auf die Formung der Erdoberfläche. Dabei formt nicht in erster Linie das Wasser selbst die Landschaft, sondern die transportierten Teilchen, die Schlepp- und Schwebfracht.

Je nach Fließgeschwindigkeit, die vom Gefälle und der Wassermenge abhängt, werden zunächst tonige und mit zunehmender Geschwindigkeit sandige und kiesige Teilchen im Flußbett entweder hüpfend, rollend oder schwebend bewegt (Grafik 1). Einem Sandstrahlgebläse ähnlich haben diese Teilchen am Grund des Fließgewässers abhobelnde oder schleifende Wirkung und bewirken eine Eintiefung der Täler. In Abhängigkeit von der Abflussgeschwindigkeit wird zwischen laminarem (gleitendem) und turbulentem Abfluss unterschieden.

Neben der linearen Tiefenerosion findet an den Rändern des Flussbetts Seitenerosion statt. Die Bildung von Tälern hängt jedoch nicht nur von der Transportkraft des Wassers, sondern auch von der Beschaffenheit des geologischen Untergrundes ab. Da alle Flüsse letztendlich ins Meer münden, arbeiten sie wie große Transportbänder, die das durch die Verwitterung zerkleinerte Material der Kontinente in die Ozeane verfrachten.

## Talformen

Täler resultieren aus der erosiven Kraft des fließenden Wassers und der flächenhaften Abtragung der Talflanken, der sogenannten Denudation. Die Erosion kann wirken, wenn die Schleppkraft des Flusses $E_{KIN} = 0{,}5\,m \cdot v^2$ (m = Wassermenge, v = Fließgeschwindigkeit) höher ist als die zu bewältigende Materialfracht. Übersteigt die Menge des mitgeführten Sediments die Schleppkraft des Gewässers, kommt es zur Akkumulation (Ablagerung).

Im Oberlauf eines Flusses dominiert aufgrund des steileren Gefälles eher die Tiefenerosion, im Unterlauf die Ablagerung. Die Korngröße der mitgeführten Sedimente verringert sich dabei mit zunehmendem Transportweg.

Daneben hängt die Intensität der Talformung aber auch von der Härte des Gesteinsuntergrundes ab.

**1** Bestimmen Sie mithilfe des Hjulström-Diagrammes, welche Fließgeschwindigkeit nötig ist, um Kies von 6 mm Korngrößendurchmesser zu transportieren.

## 4 Fluviale Prozesse und Talformen im Überblick

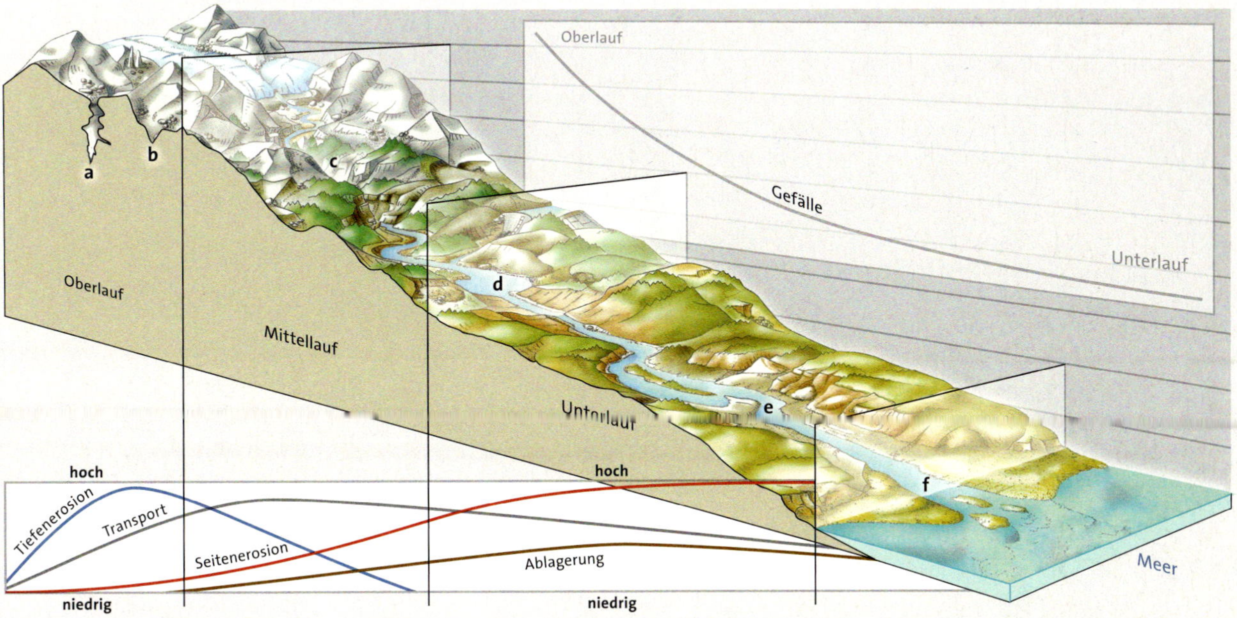


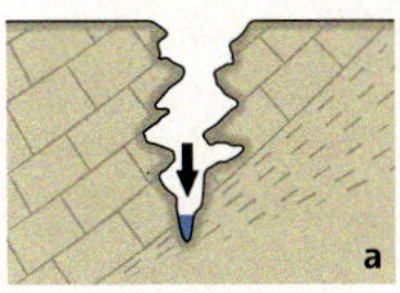


**Klamm**: Starke lineare Erosion, sehr steile Hänge, turbulent fließender Fluss nimmt die gesamte Breite der Sohle ein. Vorkommen: häufig einst vergletscherte Gebirgsregionen, wenn das Haupttal durch Eis tiefer ausgeschürft ist als das Nebental.

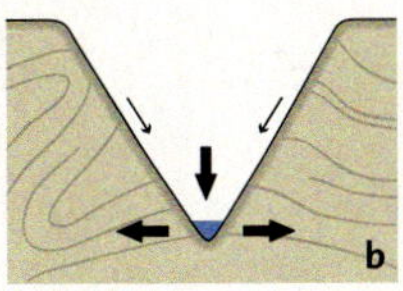


**Kerbtal**: Kräftige Tiefen- aber auch Seitenerosion, oft ausgeprägte Abtragung der Hänge, Fluss nimmt meist die gesamte Breite der Talsohle ein. Vorkommen: Gebiete mit kräftigen Niederschlägen und tektonischer Hebung des Geländes.

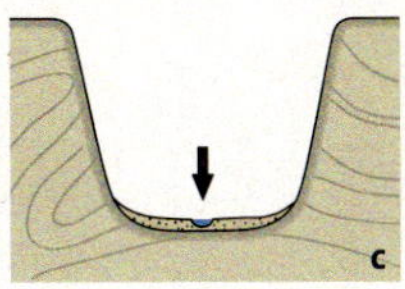


**Trogtal**: Starke Seiten- und Tiefenerosion durch Gletschereis, präglaziale fluviale Vorform (meist Kerbtal) übertieft; U-förmiger Querschnitt mit muldenförmigem Talboden und steilen Trogwänden. Vorkommen: im Bereich ehemaliger Talgletscher.

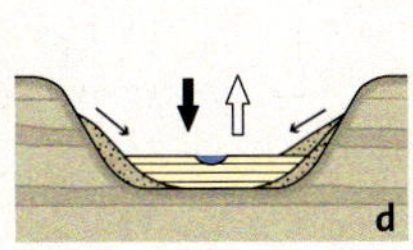


**Sohlental**: Kaum mehr lineare Erosion, Hangabtragung. Talboden, z. B. ehemaliger Kerbtäler, aufgefüllt mit Schotter oder anderen Sedimenten. Vorkommen: Mittel- und Unterläufe vieler Flüsse.

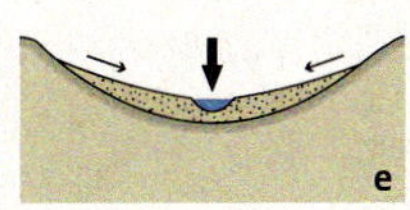


**Muldental**: Keine Tiefenerosion, kaum Seitenerosion, flächige Umlagerung der Hangsedimente. Vorkommen: Unterläufe vieler Flüsse, flache Hohlformen wechselfeuchter Tropen („Spülmulden"), oft aus Sohlentälern hervorgegangen.

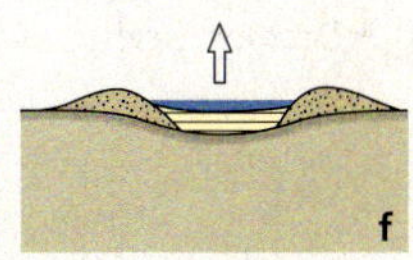


**Dammfluss**: Nur noch Akkumulation. Dabei Flussbetterhöhung soweit, dass der Fluss auf seiner Talsohle oder Flussebene zwischen selbst aufgeschütteten Dämmen fließt; häufig oberhalb von Deltamündungen. Bei Hochwasser Ausbrechen und Laufveränderungen.

## 5 Sonderfall der Talbildung in Trockengebieten: Cañons

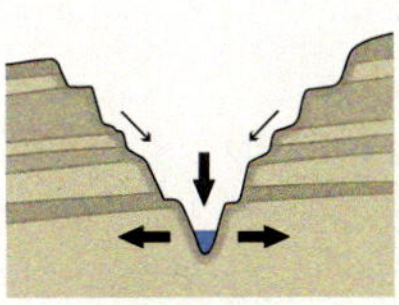

Grand Canyon, Arizona, USA

Lineare Erosion, kaum Seitenerosion, teilweise Denudation. Abwechselnd flache und steile Hänge in Abhängigkeit vom Gesteinsuntergrund. Fluss nimmt volle Breite der Sohle ein. Vorkommen: aride und semiaride Gebiete.

**2** Talformen

a) Ermitteln Sie mithilfe von Fotos aus dem Internet die Formen folgender Täler: Partnachklamm, Sognefjord, Fish River, Brahmaputra in Bangladesch.

b) Beschreiben Sie den Formenschatz auf diesen Fotos unter Zuhilfenahme von Grafik 4.

**3** Erklären Sie, warum es auch im Oberlauf zu Mulden- und Sohlentälern kommen kann.

**4** Nicht jeder Fluss lässt sich in Ober-, Mittel- und Unterlauf gliedern. Weisen Sie diese Aussage an Beispielen nach.

Seite 153
Korngrößen

# Mäanderbildung und Materialakkumulation

## 6 Mäandrierender Fluss und Mäanderbildung

Grafiken nach Frank Press, Raymond Sievers: Understanding Earth, 2. Aufl. New York: W. H. Freeman 1998, S. 325

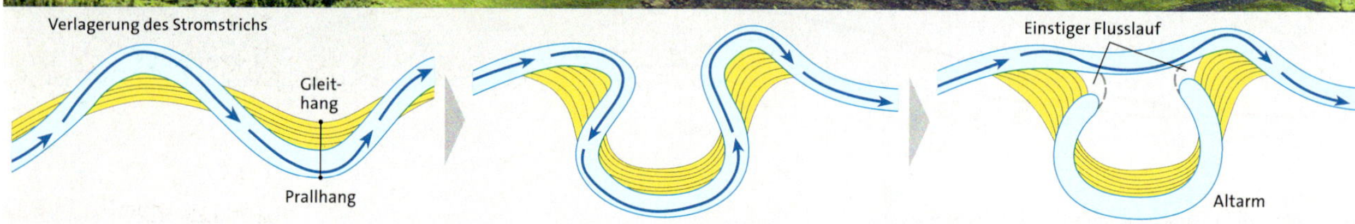


## 7 Strömungsverhältnisse im Flussbett

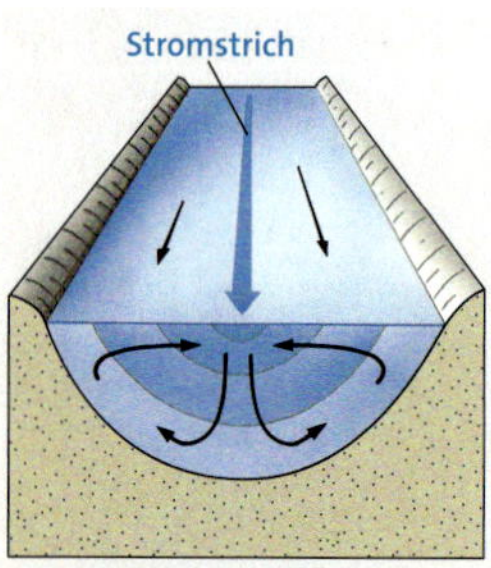


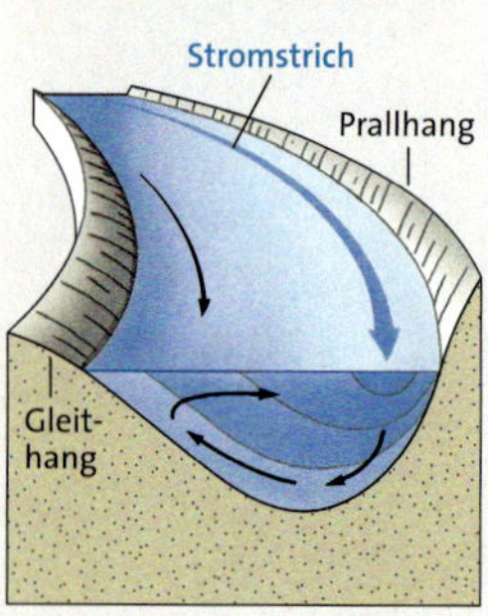


Flüsse und Bäche folgen auf ihrem Weg zum Meer dem natürlichen Gefälle. Dies geschieht meist nicht auf dem kürzesten Weg in gerader Linie bergab, sondern aufgrund der physikalischen Eigenschaften fließenden Wassers eher in einem pendelnd schwingenden Lauf. Die entstehenden Flussschlingen werden als **Mäander** bezeichnet (altgriech. für türkischen Fluss Menderes).

Die Reibungsverhältnisse im Bett eines Fließgewässers führen zu unterschiedlichen Abflussgeschwindigkeiten. Während an den Ufern die Reibung besonders hoch ist, kann das Wasser zur Mitte hin quasi ungebremst abfließen. Auch im Bereich der Sohle wird der Wasserabfluss abgebremst. Der Stromstrich, der Bereich mit der höchsten Strömungsgeschwindigkeit, befindet sich nur bei linear fließenden Gewässern, z. B. Kanälen, in der Mitte. Er verlagert sich wegen der Flussschlingenbildung zu den Rändern. Dies führt dazu, dass dort, wo der Stromstrich auf die Biegung prallt, die Schleppkraft ihre größte Wirkung entfaltet und Material lateral erodiert wird (Seitenerosion). Mitunter wird an den Prallhängen die Uferkante unterschnitten. Gegenüber, am Gleithang, ist die Fließgeschwindigkeit am niedrigsten, dort wird mitgeführtes Material akkumuliert, da aufgrund des laminaren Abflusses am Gleithang die Schleppkraft deutlich nachlässt.

Bei fortgesetzter Schlingenbildung können Mäander abgeschnitten werden. Altwässer, die später oft verlanden, bleiben zurück. Im hügeligen Gelände entstehen so die „Umlaufberge". Wiesenmäander oder freie Mäander bilden sich auf den großen Schwemmlandebenen im Unterlauf, wo das natürlich fließende Gewässer seinen Verlauf immer wieder verändert. Talmäander entstehen in Gebieten starker tektonischer Hebung, die zur Eintiefung des Flusslaufes führt.

Zur Ablagerung von mitgeführten Materialien kommt es auch in gefällsarmen Bereichen eines Flusses, weil sich dort ebenfalls die Fließgeschwindigkeit deutlich verringert. Die Schleppkraft reicht nicht mehr aus. Sortiert vom groben bis zum feinkörnigen Materialien erfolgt die Ablagerung entlang des Längsschnittes. Ein durch Tide- oder Sturmfluthochwasser stark gebremster Abfluss im Mündungsbereich kann aus Flüssen fast stehende Gewässer machen. Dann ist die Akkumulation besonders stark und führt zur natürlichen Höherlegung des Flussbettes gegenüber dem Umland. Kommt es bei Hochwasser zur flächenhaften Überschwemmung und Akkumulation, können sich über einen längeren Zeitraum Aufschüttungsebenen bzw. im Mündungsbereich von Flüssen Flussdeltas bilden.

**8 Bildung einer Aufschüttungsebene**

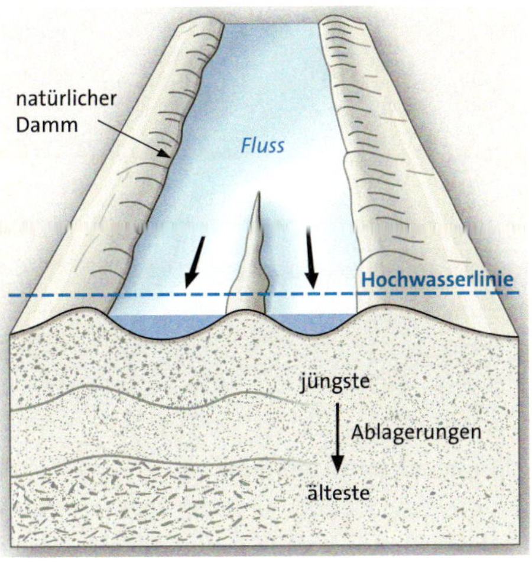


## Flussbegradigung und Hochwasser

Niederschlagsabhängig führen alle Gewässer unterschiedlich viel Wasser. Bei außergewöhnlichen Starkregenereignissen, vielerorts oft durch die Schneeschmelze noch verstärkt, können die Flüsse aus ihrem Bett treten, im Tiefland weite Flächen überschwemmen oder sich im Gebirge in reißende Ströme verwandeln. Diese natürlichen Prozesse bedrohen immer wieder den Lebensraum des Menschen in dicht besiedelten Gebieten.
Durch wasserbauliche Maßnahmen, beispielsweise durch **Flussbegradigungen**, wird versucht das Abflussregime der Gewässer zu kontrollieren, um so die Nutzungspotenziale eines Flusses für den Menschen zu erhöhen.

**9 Anthropogene Umgestaltung eines Fließgewässers**

Nach James Hutton in: Barbara W. Murck, Brian J. Skinner, Stephen C. Porter: Dangerous Earth. New York: Wiley 1997, S. 211

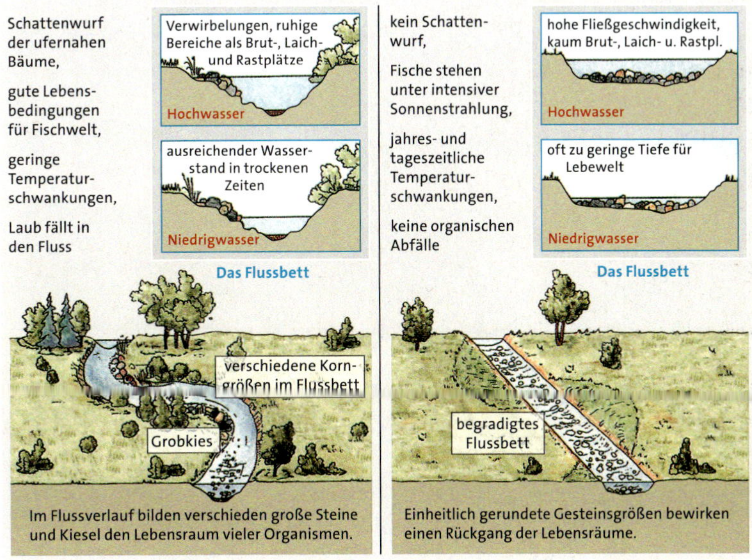


**10 Der Rhein bei Ketsch**

Seite 126–127
Deltas

**5** Erklären Sie mithilfe der Abbildungen und des Textes dieser Doppelseite die Bildung und Zerstörung von Mäandern und Flussaufschüttungsebenen.

**6** Erörtern Sie die Auswirkungen einer Flussbegradigung auf das natürliche System. Berücksichtigen Sie dabei insbesondere folgende Aspekte: Vegetation, Grundwasser, Hochwasserproblematik, Fließgeschwindigkeit, Schiffbarkeit, Nutzung der Wasserkraft.

# 5.5 Entstehung und Formung von Küsten und Meeren

**1 Das Meer formt die Küste**

**3 Küstenmorphologische Grundbegriffe**

Nach Hans Kugler, Daniel Schaub in: Manfred Hendl, Herbert Liedtke (Hrsg.): Lehrbuch der Allgemeinen Physischen Geographie. Gotha: Perthes 1997, S. 210

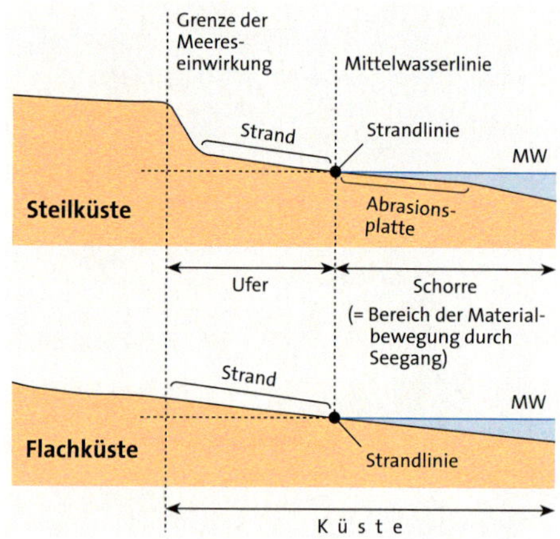


Die Küsten bilden den Grenzsaum zwischen Meer und Festland, dessen Gestaltung von vielen Faktoren abhängt. Von See her wirken Wellen und die Gezeiten auf das Land ein und tragen zur Modellierung des Küstenverlaufs bei. Je höher die Wellenenergie, desto mehr Material wird abgetragen, der Küstenverlauf verlagert sich binnenwärts. Eine geringere Wellenenergie, beispielsweise in geschützten Buchten, führt oft zu Materialakkumulation. Zu den landwärtigen Komponenten der Küstenformung zählen die Härte des Gesteins, die tektonische Struktur, aber auch die klimatischen Bedingungen. Je nachdem ob Material abgetragen oder abgelagert wird, entstehen Abrasions- oder Akkumulationsküsten.

**Kliffbildung und Abtragung**

Während die Sedimentumlagerungen an **Flachküsten** im Landschaftsbild mitunter nur schwer abzulesen sind, dokumentieren Kliffküsten die Kräfte des Meeres eindrucksvoll. Trifft die See auf ansteigendes Gelände und widerstandsfähiges Material, kommt es zur Herausbildung von **Steilküsten**. Als „Angriffswaffen" stehen der Brandung Gerölle, Kiese und Sande zur Verfügung, die bei stärkerem Seegang immer wieder gegen das ansteigende Land geschleudert werden. Nach und nach wird der anstehende Fels am Kliﬀfuß, dem Bereich zwischen mittlerer Hoch- und Niedrigwasserlinie, gelockert, bis das Meer schließlich einzelne Gerölle aus dem Gesteinsverbund herauslöst. Auch

**2 Wellenbewegung und Brandung**

Nach Frank Press, Raymond Sievers: Understanding Earth, 2. Aufl. New York: W. H. Freeman 1998, S. 422 f.

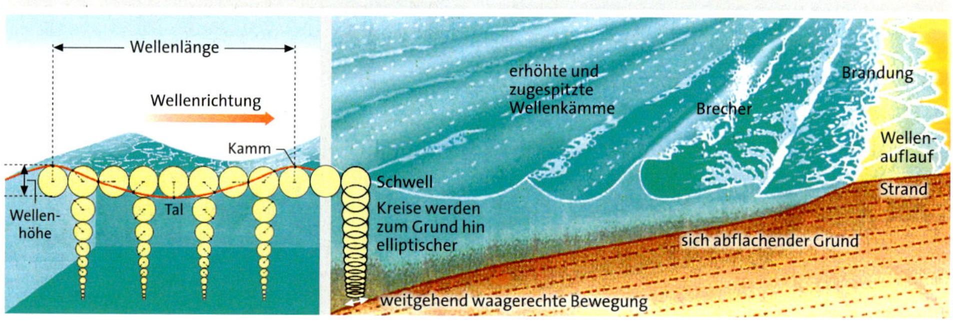

**Literaturtipp**
Terraglobal Küsten und Meere
29760X-5501

**Material**
Küstenformen nach Valentin
29760X-5502

## 4 Veränderung der Insel Sylt

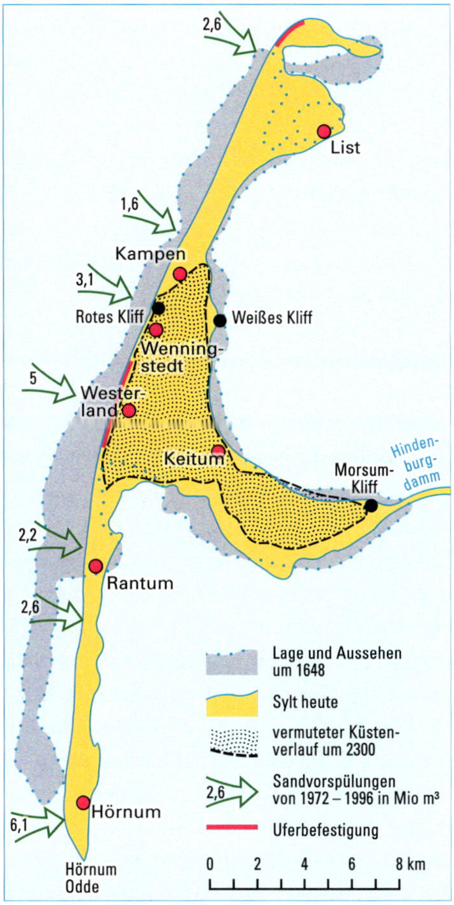


die bloße Druckkraft der in Klüfte und Spalten eindringenden Wellen sowie die Verwitterung durch salziges Spritzwasser lockern den Fels. Der fortwährende Angriff der Brandung führt zur Unterschneidung des **Kliffs**, bis schließlich das überhängende Gestein abbricht. Schrittweise wird die Kliffkante binnenwärts verlegt, bis sie schließlich nicht mehr regelmäßig von den Brechern erreicht wird. Das aktive Kliff geht dann in ein passives oder „fossiles" Kliff über. Nun wirken nur noch die Verwitterungskräfte des Festlandes und der Neigungswinkel der Steilkante verringert sich. Ferner können tektonische Hebungen Kliffs dem marinen Einfluss entziehen. Bei anhaltender Hebung sind dem so entstandenen fossilen Kliff häufig ein oder mehrere marine Terrassen vorgelagert, die ihrerseits entweder Hebungsvorgänge oder Meeresspiegelschwankungen dokumentieren.

## 5 Küstenformen und ihre Entstehung

Nach Hans Kugler, Daniel Schaub: a. a. O., S. 209

| Genetischer Prozess | | Präexistentes Relief | Küstentyp | |
|---|---|---|---|---|
| Transgression | Abtragung, Kliff- und Schorrenbildung | Trogtäler | Fjordküste | Steilküste |
| | | subglaziäre Rinnentäler und Zungenbecken | Fördenküste | |
| | | Rundhöcker | Schärenküste | |
| | | fluviale Gebirgstäler | Riasküste | Steilküste |
| | Abtragung, Auflandung | Grund- und Endmoränenrelief / breite Zungenbecken | Boddenküste | |
| | Wirkung von Gezeitenströmen | Flachtäler großer Tieflandsflüsse | Ästuarküste | Flachküste |
| Transgression, Regression | Auflandung im Gezeitenbereich unter Mitwirkung der Vegetation | | Wattküste | Flachküste |
| | | | Mangrovenküste | Flachküste |
| | biogener Küstenaufbau | | Korallenriffküste | |

## 6 Entstehung eines Kliffs

Nach Otto Maull, in Herbert Wilhelmy: Geomorphologie in Stichworten, Bd. 3. 5. Aufl. Berlin/Stuttgart: Bornträger 1992, S. III/117

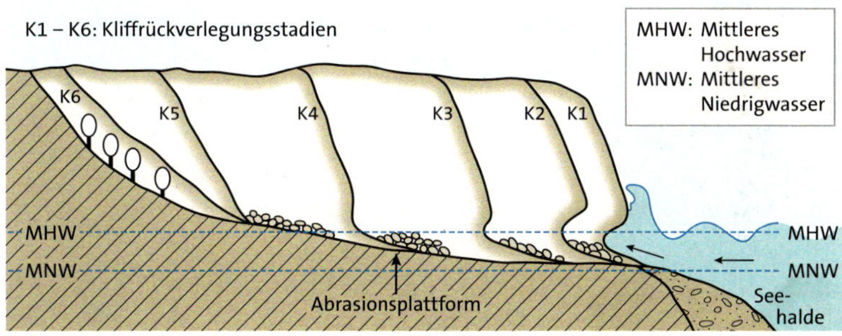


**1** Küsten gehören zu den dichtestbesiedelten Gebieten der Erde. Nennen Sie Gründe dafür.

**2** Küsten sind die Kampfzonen zwischen Land und Meer. Erläutern Sie diese Aussage.

**3** Erörtern Sie die Zukunft der Insel Sylt unter geomorphologischen und ökonomischen Aspekten.

**4** Die globale Temperaturerhöhung lässt einen Anstieg des Meeresspiegels erwarten. Erläutern Sie die möglichen Auswirkungen auf die verschiedenen Küstentypen.

**7 Elemente der Flachküste bei Hirtshals (DK)**

**8 Entstehung von Flachküste und Ausgleichsküste**

Nach Manfred Hendl, Herbert Liedtke: a. a. O., S. 212

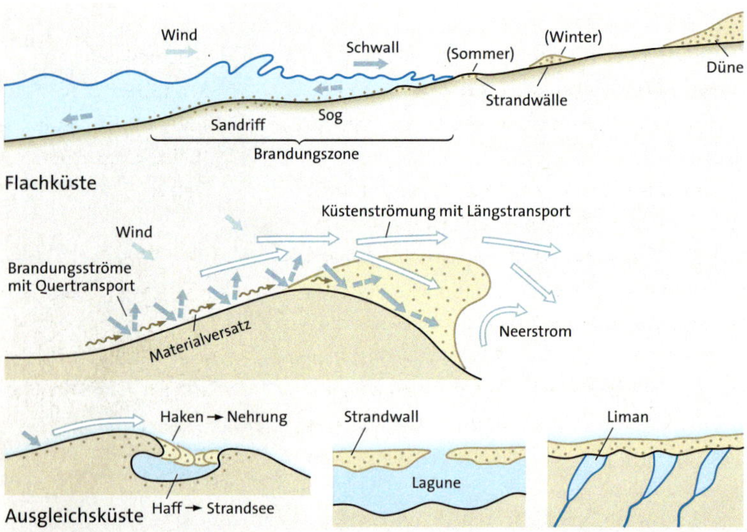


**9 Haffküste bei Danzig (Frisches Haff), Blick von Norden**

# Ingressions- und Ausgleichsküsten: Fallbeispiel Ostsee

Im Gegensatz zur Nordsee ist die Ostsee ein gezeitenschwaches Binnenmeer ohne die weiten, bei Ebbe trockenfallenden Wattflächen. Der Tidenhub beträgt nur wenige Dezimeter. Auch hinsichtlich ihrer Entstehung und der gegenwärtigen Formenbildung unterscheiden sich beide Meere und ihre Küsten deutlich voneinander.

### Küstenformen der Gegenwart

Im Zuge der Eiszeiten entstand im Bereich der heutigen südlichen Ostseeküste zunächst ein leicht hügeliges Relief, geprägt von End- und Grundmoränen. Aufgrund isostatischer Ausgleichbewegungen senkte sich die Landoberfläche geringfügig ab. Bedingt durch den holozänen Meeresspiegelanstieg stieß die Ostsee nach dem Niedertauen der Gletscher in die eiszeitlich geprägten Gebiete vor (Transgression). Dort wo Täler und Schmelzwasserrinnen überflutet wurden, entstanden trichterförmige Buchten wie die Flensburger Förde. Drang das Meer in hügelige Moränenlandschaften ein, bildete sich die **Boddenküste**, an der nur die höheren Erhebungen als Inseln oder Halbinseln aus dem Meer ragten. Damit war die Formung der **Ingressionsküste** noch nicht abgeschlossen, denn Wind und Wellen sorgen seither für eine Umlagerung erheblicher Sedimentmengen. Die vorherrschenden Westwinde bewirken eine küstenparallele Strömung, mit der Sandteilchen nach Osten transportiert werden. Das verfrachtete Material wird an Landvorsprüngen abgelagert und baut Strandhaken auf, die als Nehrungen weiter nach Osten wachsen. Buchten, die dabei vom offenen Meer abgeschnürt werden, bezeichnet man als Haff.

### Ein Meer entsteht

Weite Teile der Landoberfläche des heutigen Mecklenburg-Vorpommern wurden während der Weichseleiszeit durch glaziale Prozesse überformt. Mit dem Niedertauen der Gletscher bildeten sich größere Süßwasserstauseen zwischen den festländischen glazialen Vollformen und dem im Norden liegenden Eiskörper, der das heutige Ostseebecken noch weitgehend ausfüllte. Nach

**Material**
Infoblatt ein Meer entsteht
29760X-5503

**10 Entstehung der Boddenküste von Rügen**

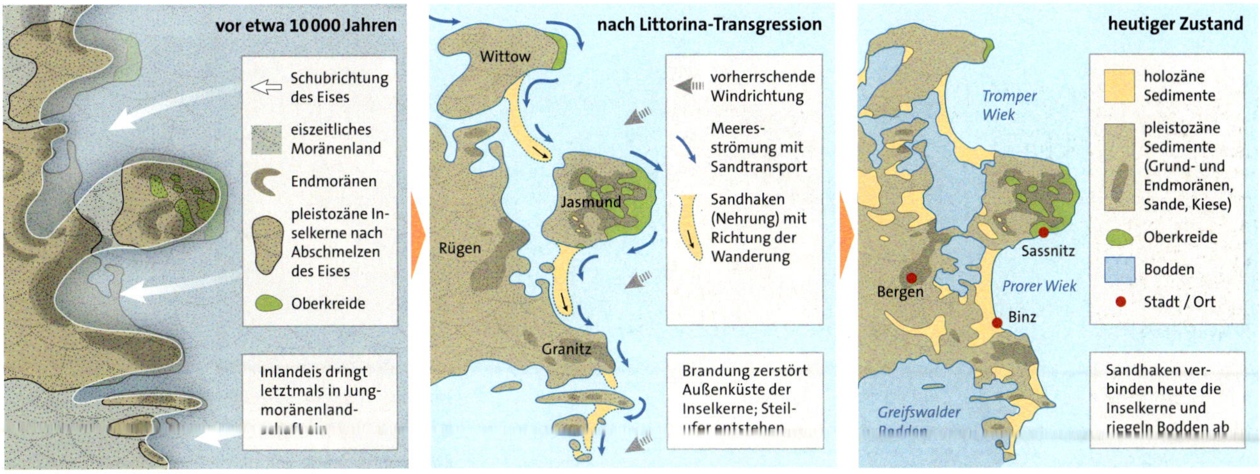


und nach dehnte sich die transgredierende Ostsee in die zahlreichen Becken und Hohlformen eiszeitlichen Ursprungs aus. Im Hinblick auf die Ostseeentwicklung werden üblicherweise vier Stadien ausgewiesen:

**Baltischer Eisstausee.** Vor etwa 13 000 Jahren sammelte sich hinter einer mächtigen Eisbarriere Schmelzwasser der abtauenden Inlandeismassen im sogenannten Baltischen Eisstausee. Als die Eisbarriere vor ca. 10 000 Jahren niedertaute, lief der Eisstausee in Richtung Nordsee aus.

**Yoldiameer.** Erstmals besaß damals die spätere Ostsee über die Mittelschwedische Senke direkten Anschluss an die salzhaltige Nordsee, sodass für einige Jahrhunderte salzhaltiges Wasser in die Ostseesenke vordringen konnte. Die Küste des Yoldiameeres (benannt nach der Leitmuschel Yoldia Arctica) verlief aber noch nördlich der heutigen Küstenlinie.

**Ancylussee.** Aufgrund der kräftigen glazialisostatischen Aufstiegsbewegung Skandinaviens wurde jedoch vor ca. 9 500 Jahren der Zufluss salzhaltigen Wassers abgeschnürt. Eine Aussüßung durch die in das Becken entwässernden Flüsse setzte ein. Der steigende Seespiegel des Ancylussees (benannt nach der Leitschnecke Ancylus fluviatilis) drang in sämtliche unter −8 m NN gelegene Gebiete vor. An den Rändern des Sees kam es durch den steigenden Grundwasserspiegel zu Moorbildungen.

**Littorinameer.** Der kräftige Meersspiegelanstieg nach dem Ende der letzten Kaltzeit führte dazu, dass die Landbrücke zwischen Norddeutschland und Skandinavien immer kleiner wurde. Vor 8 500 bis 8 000 Jahren konnte das Meer diese Landbrücke überspülen und sich in Richtung Osten ergießen. Dieses Ereignis wird als Littorina-Transgression (benannt nach der Strandschnecke Littorina Littorea) bezeichnet und leitete die Bildung der heutigen Ostsee ein.

Wie an der Nordsee führte der deutliche Meeresspiegelanstieg im Atlantikum auch in den später überfluteten Zonen der südlichen Ostsee zur Ausbildung weiter Transgressionsmoore. Nachfolgend (bis 5 700 vor heute) drang die Ostsee bis weit in das eiszeitlich angelegte Relief des Hinterlandes ein. Erst im nachfolgenden Subboreal begannen abrasive und akkumulative Prozesse die Küste nachhaltig zu gestalten. Das vorläufige Resultat dieser Entwicklung bildet die heutige, noch immer im Wandel befindliche, Küstenmorphologie der Bodden- und **Ausgleichsküsten**.

**11 Leitfossilien:**
Schnecken geben Auskunft über die Paläoökologie der Ostsee

*Ancylus Fluviatilis (Süßwasser)*

*Littorina Littorea (Salzwasser)*

Seite 33
Isostasie

**5** Foto 7 zeigt einen typischen Flachküstenabschnitt.
a) Beschreiben Sie die Formen.
b) Erläutern Sie deren Entstehung.

**6** Erarbeiten Sie zu den Teilabbildungen von Material 10 jeweils einen kurzen Text, der die dargestellte Situation beschreibt.

**7** Erörtern Sie mögliche künftige geomorphologische Entwicklungen der Ostseeküste.

**12 Deichbruch „Hollandflut" 1953**

**13 Landsataufnahme vom Nordteil der schleswig-holsteinischen Wattenküste**

**14 Details des Wattenmeers: Wattwurm und Rippelmarken**

**15 Gezeiten und Gezeitenterminologie**

Nach Wasserreservoire der Erde I. Auf www.uni-koeln.de/math-nat-fak/didaktiken/bio/botanik/kremer/folien/FolSlgVL_Meer_08.pdf, S. 12 (Juni 2010)

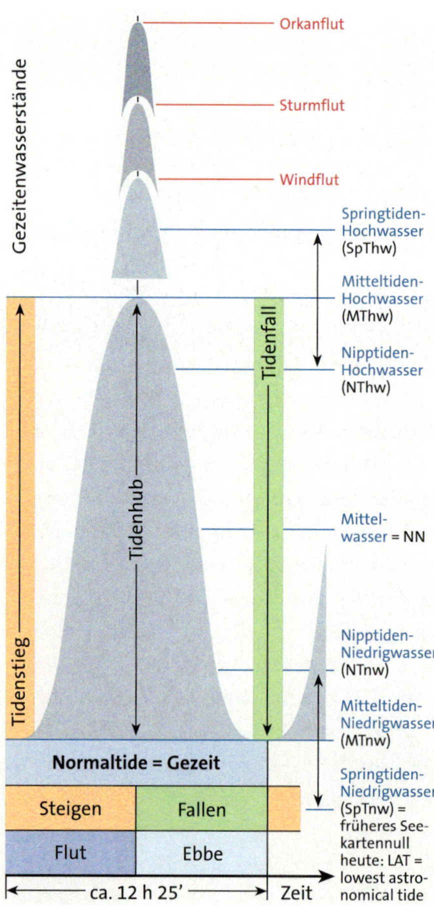


## Küste in täglichem Wandel – Die norddeutsche Wattenküste

Auf den zweiten Blick entpuppt sich die vielleicht eintönig braun und langweilig wirkende **Wattenküste** als ein einzigartiger Lebensraum für viele seltene Tier- und Pflanzenarten. Unter anderem deshalb wurde sie Mitte der 1980er Jahre zum Nationalpark erklärt.

Neben den vielfach verzweigten Rinnen und Prielen haben die Wellen filigrane Rippelmarken in den Sand gezeichnet. Auch die üppige Fauna hinterlässt, wie z.B. der Wattwurm Arenicola marina, markante Spuren (Foto 14).

Die wohl erste Beschreibung der deutschen Nordseeküste liefert der römische Schriftsteller und Offizier Gaius Secundus Plinius in seiner Naturgeschichte, in der es unter anderem heißt: „In ungeheurem Andrang stürzt dort in einem Zeitraum von Tag und Nacht zweimal das Meer heran, breitet sich ins Unermessliche aus und bedeckt einen ewig in der Natur strittigen Raum". Treffend beschreibt Plinius bereits vor rund 2000 Jahren das zyklische Auftreten der Tide, die für die Formung des Watts von entscheidender Bedeutung ist. (siehe Seite 66)

An tidebeeinflussten Flachwasserbereichen wie der deutschen Nordseeküste wird nicht nur Material abgetragen, sondern auch abgelagert, was zur Ausbildung der weiten sandigen und schlickigen Wattflächen führt. Das

**Surftipp**
Integriertes Küstenzonenmanagment IKZM in Deutschland
29760X-5504

**16 Meeresspiegelanstieg der Nordsee im Weichsel-Spätglazial und Holozän mit Angaben zur Entwicklung des niedersächsischen Küstenraumes**

Nach Holger Freund, Hansjörg Streif: Natürliche Pegelmarken für Meeresspiegelschwankungen der letzten 2000 Jahre im Bereich der Insel Juist. In: Peterm. Geogr. Mitt., 134. Jg., Pilotheft. Gotha: Klett-Perthes 2000, S. 35

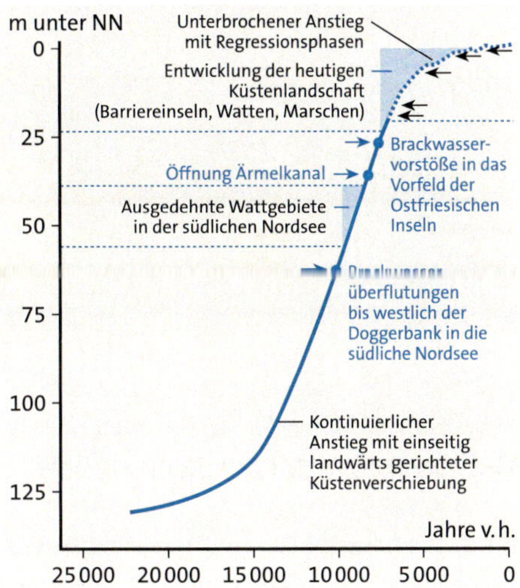


**17 Küste im Wandel – historisches Kartenmaterial (links 1240, rechts 1651)**

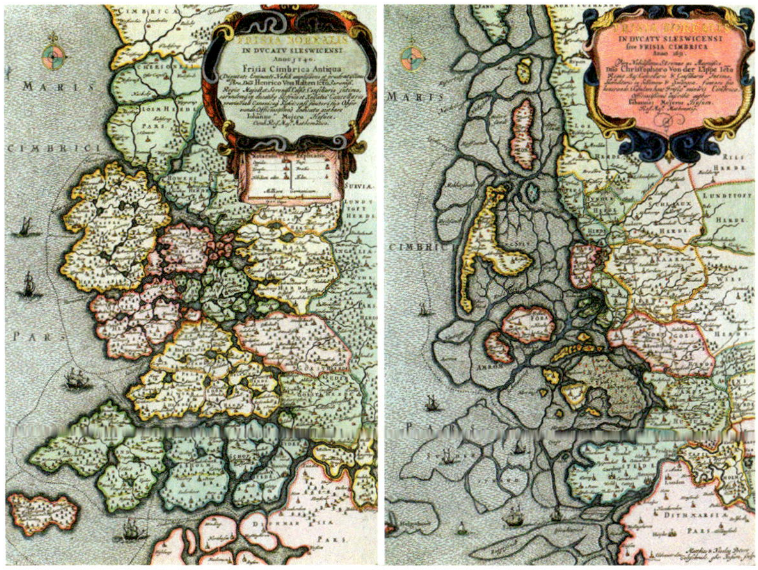

**18 Mögliche Ursachen für einen Meeresspiegelanstieg**

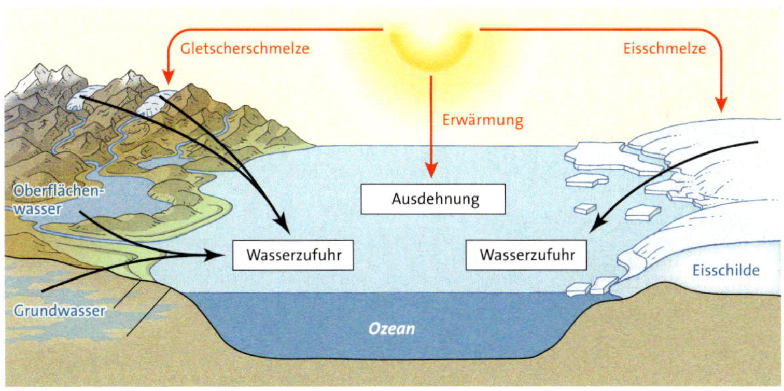


Wattenmeer in seiner heutigen Form ist das Ergebnis eines seit Jahrtausenden andauernden Landschaftswandels mit einem dynamischen Ablauf von Abrasion und Akkumulation.

Während der Weichseleiszeit verlief die Nordseeküste mehrere hundert Kilometer weiter westlich, doch verlagerte sich die Küste im Zuge des Meeresspiegelanstiegs immer weiter nach Osten. Dabei wurde Material abgelagert und das heutige Wattenmeer wuchs stetig. Noch bis ins Mittelalter hinein waren weite Gebiete zwischen den Nord- und Westfriesischen Inseln Festland, doch verheerende Sturmfluten sorgten für Landverluste. Erst durch moderne Deichbauten konnte die Gefahr verheerender Überschwemmungen minimiert werden.

Dennoch wirken im „amphibischen Übergangsbereich" nach wie vor die gewaltigen Material umlagernden Kräfte des Meeres, denen sich auch der moderne Mensch trotz größter technischer und finanzieller Aufwendungen immer wieder stellen muss.


Seite 66–67
Fallbeispiel Wattenmeer


**8** Ermitteln Sie mithilfe des Atlas die Namen der auf dem Satellitenbild 13 sichtbaren Inseln und die geomorphologischen Merkmale des Wattenmeeres.

**9** Recherchieren Sie die wesentlichen Aufgaben und Ziele des Integrierten Küstenzonenmanagments (IKZM) in Deutschland (siehe ONLINE-Link).

**10** Erörtern Sie vor dem Hintergrund der Kurve in Grafik 16 und des historischen Kartenmaterials 17 den für die kommenden 100 Jahre vom IPCC prognostizierten Anstieg des Meeresspiegels.


Seite 98
IPCC

19 **Delta der Lena in Ostsibirien**

20 **Ästuare von Elbe und Weser mit Jadebusen**

## Flussmündungen ins Meer – Ästuare und Deltas

**aestuarium** (lat.)
niedere Flussmündung

Die heute vorfindbaren Flussmündungen sind geologisch sehr junge Formen, da sie erst nach der letzten Kaltzeit entstanden. Damals führte das Abschmelzen der Gletscher zu einem deutlichen Anstieg des Meeresspiegels. Die Unterläufe der Flüsse, deren Mündungen damals teilweise mehrere hundert Kilometer weiter seewärts lagen, wurden überflutet. Als häufig vorkommende Flussmündungsformen bildeten sich im Laufe der Zeit **Ästuare** und **Deltas** heraus.

### Ästuare

Bei den Ästuaren handelt es sich um Trichtermündungen von Flüssen im Einflussbereich der Gezeiten. Sie entstehen an Flachküsten mit großem Tidenhub. An der Nordsee zählen zu den Ästuaren die Mündungen von Elbe, Weser und Themse. Besonders eindrucksvoll sind aber die bis zu 30 km breiten Mündungsarme des Amazonas.

Ästuare werden unter dem Einfluss des bei Ebbe und Flut ein- und ausströmenden Wassers gebildet, wobei die Flussmündung trichterförmig erweitert wird. Das schwere Salzwasser dringt bei Flut von der See her keilförmig in den Fluss vor und wird vom Süßwasser des Flusses überlagert. Dabei werden durch den starken Flutstrom das Flussbett und die Ufer erodiert. Die Sedimente werden flussaufwärts transportiert. Dieses Material kann durch den meist schwächeren Ebbestrom nicht wieder komplett abtransportiert werden. So entstehen Sandbänke, die für die Schifffahrt hinderlich werden können. Die an den Ästuaren meist weit im Landesinneren liegenden Häfen (z.B. Hamburg, Bremen, London) müssen daher regelmäßig ausgebaggert werden.

←
Seite 80
Coriolisablenkung

Aufgrund der Coriolisablenkung fließt das Meerwasser bei Flut auf der Nordhalbkugel stärker am linken Flussufer aufwärts, dort finden sich deshalb die Steilufer. Bei Ebbe fließt das Wasser mehr am rechten Ufer wieder ins Meer zurück, dort dominieren die Sandbänke. Auf der Südhalbkugel ist es umgekehrt.

### Deltas

Ein Delta kann nur entstehen, wenn die Sedimentzufuhr des Flusses größer ist als die Abtragung im Mündungsbereich. Die größten Deltas können sich im Bereich gezeitenschwacher, tektonisch stabiler Flachwasserküsten ohne nennenswerte Meeresströmungen im Mündungsbereich bilden. Diese idealen Voraussetzungen treffen jedoch selten alle zusammen, sodass quasi alle Deltas in Bezug auf ihre Genese individuell charakterisiert werden müssen.

Jedes Delta besteht aus einem Netz weit verzweigter Arme. Wegen der Verlangsamung der Fließgeschwindigkeit wird dort das mitgeführten Sediment, meist tonig-schluffiges Material, abgelagert. Die entstehenden Schwemmkegel

Surftipp
Thames Barrier
29760X-5505

21 **Thames Barriers**

22 **The Thames Barrier**

"Flooding is an increasingly important topic for London. Global climate change, likely caused by human interruption of natural systems, cycles, and balances, is responsible for rising sea levels, which directly impact the severity of floods in the Thames estuary. Despite a high projection of 1 meter of sea level rise within the next 100 years, the Thames Barrier, completed in 1982, is expected to protect London from increasingly intense flooding until 2070."

"Severe flood in London could paralyse the central part of the London Underground, cause damage to fresh water and sewer systems and disrupt power, gas, telephone and vital data services. Thousands of homes, shops, factories, businesses and buildings would be affected. It could take months to get London functioning again. The financial cost of a major flood could be enormous, possibly topping £80 billion without counting the cost in human suffering and potential loss of life."

Timothy Gale, Nilus Klingel: Flood-Prone London, unter: http://walbrookriver.org/?page_id=5 (Mai 2010), und: Climate Change Commission: Climate Change Commission Report 08/2007, S. 24

23 **Potenzielles natürliches Überschwemmungsgebiet der Themse**

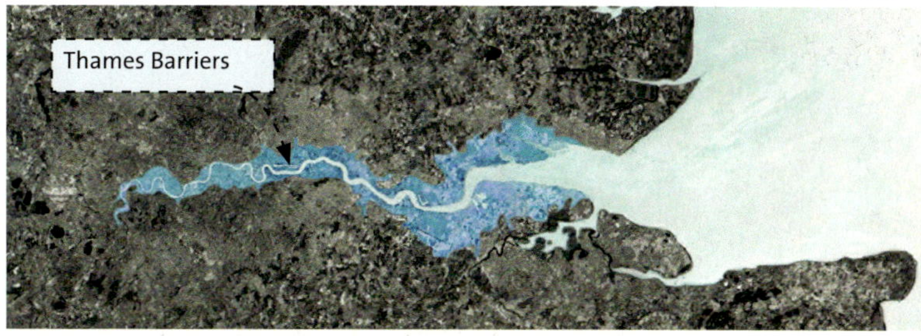


24 **Funktionsweise der Thames Barriers**

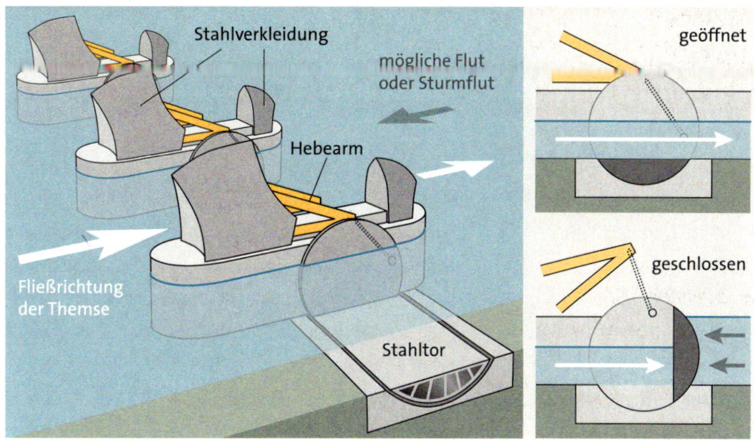


schieben sich so weit seewärts vor, bis die marine Abrasion die Sedimentation übersteigt. Nicht nur die Menge und die Größe des vom Fluss herantransportierten Materials sowie die Intensität der Gezeiten bestimmen die Größe und die Wachstumsgeschwindigkeit eines Deltas, sondern auch die tektonischen Verhältnisse im Mündungsbereich. Sowohl ein schneller, steiler Abfall des submarinen Schelfbereiches, als auch eine tektonisch bedingte Senkung des Küstenraumes wirken sich negativ auf die Deltabildung aus. Insbesondere die Anzahl der Mündungsarme bestimmt die Breite eines Deltas.

11 Erstellen Sie eine Tabelle, die die wesentliche Faktoren der Bildung von Ästuaren und Deltas vergleicht.

12 Auswertung der Satellitenbilder dieser Doppelseite:

a) Lokalisieren Sie die Bilder mittels Atlas.

b) Charakterisieren Sie wichtige topographische Elemente auf den Bildern.

c) Ermitteln Sie die Jahreszeit der Aufnahme von Bild 19 mithilfe des Internet. Begründen Sie Ihre Überlegungen.

13 Erörtern Sie die Notwendigkeit technischer Schutzmaßnahmen (Thames Barriers) im Bereich des Themseästuars.

25 **Satellitenbild des Deltas von Ganges, Brahmaputra und Meghna**

27 **Intakter Mangrovensaum im Küstenbereich**

26 Zyklon Sidr

„In Bangladesch steigen die Opferzahlen nach dem verheerenden Zyklon Sidr weiter. Am Abend gaben die Behörden die Zahl der Toten mit fast 2 200 an ... Viele Dörfer sind noch immer von der Außenwelt abgeschnitten ... Der Zyklon hatte das südasiatische Land am Donnerstag mit Windgeschwindigkeiten von 250 Kilometern in der Stunde erreicht. Er verursachte eine fünf Meter hohe Welle, die drei Küstenorte verwüstete. Die meisten Menschen starben allerdings durch die starken Windböen."

Tagesschau vom 17.11.2007, auf www.tagesschau.de/ausland/bangladesch30.html (Mai 2010)

← Seite 126 – 127 Deltas

## Klima- und Landnutzungswandel im Küstenraum – Fallstudie Bangladesch

Dramatische Meldungen erreichen uns über die Medien, z. B. „Bangladesch – in der Todeszone des Klimawandels. Der Klimawandel treibt die Meerespegel in die Höhe und bedroht damit den Lebensraum von Millionen Menschen. Bangladeschs bettelarme Bevölkerung ist akut bedroht, viele Hütten liegen nur Zentimeter über der Flutkante ..." (Matthias Gebauer, Spiegel-online, Juni 2007). Derartig zugespitzte Aussagen greifen jedoch zu kurz und vernachlässigen wesentliche Tatsachen im komplexen Ursachen-Wirkungsgefüge.

**Naturraum**

Die Landesnatur ist von einem der weltgrößten Deltas geprägt, dass die Flüsse Brahmaputra, Ganges und Meghna während der letzten 10 000 Jahre aufgeschüttet haben. Weite Regionen sind von unzähligen Wasserläufen durchzogen und liegen nur wenige Meter über dem Meeresspiegel. Regelmäßig überschwemmen die Flüsse zur Monsunzeit (Ende Mai bis Anfang Oktober) Teile des Landes. Auch fruchtbarer Schlick wird dabei abgelagert. Die Anlage von Deichen und Dämmen bildet eine große Herausforderung. Jedes Jahr ziehen Zyklone, tropische Wirbelstürme, mit erheblichem Gefahrenpotenzial über den Golf von Bengalen. Windgeschwindigkeiten bis über 250 km/h und bis zu 20 m hohe Wellen treten auf. Erreichen die Wirbelstürme die Küste, kühlen sie ab, und Starkregen mit Niederschlagsmengen bis zu 500 l/m² fallen.

**Bevölkerung**

Bangladesch ist eines der am dichtesten besiedelten Länder der Erde (1 023 Ew./km²), die Bevölkerungszahl wächst kräftig. Immer intensivere Landnutzung ist nötig, trotz der eng begrenzten Agrarressourcen. Dabei werden auch Flächen kultiviert, die durch Wirbelstürme und Hochwasser, extrem gefährdet sind.
Obwohl die Armutsrate seit 1991 stetig um 1 % pro Jahr zurückgeht, lebt noch immer fast die Hälfte der Bevölkerung unter der Armutsgrenze (weniger als ein US-$ pro Tag).

**Aquakulturen**

Garnelenzucht ist in Bangladesch eine traditionelle, ursprünglich den natürlichen Bedingungen angepasste Wirtschaftsform. Mit den Gezeiten und bei Überschwemmungen gelangten Garnelenlarven in die Reisfelder, wo sie kultiviert wurden.
Anfang der 1980er Jahre stieg die weltweite Nachfrage nach Garnelen stark an. Die industrielle Zucht der Tiere begann. Weitflächig wurden Mangrovenwälder zur Anlage von Garnelenfarmen gerodet. Diese intensive Produktion erwies sich als nicht nachhaltig. Nach einigen Jahren mussten die Flächen aufgegeben werden. Insbesondere die starke Versalzung macht eine Wiederaufforstung oder gar erneute landwirtschaftliche Nutzung nahezu unmöglich.

Lernen im Netz
Methode Luft- und Satellitenbilder interpretieren
29760X-5506

28 **Shrimp-Farmen**

**Mangroven**

Mangrovenwälder beherbergen eine vielfältige und einzigartige Fauna und Flora. Das Wurzelgeflecht bietet Fischen, Muscheln und Krabben idealen Lebensraum. Larven und Jungtiere finden hier beste Bedingungen. Auch die Auswirkungen von Stürmen werden gemindert, da die Wälder die Windgeschwindigkeiten reduzieren. Darüber hinaus haben die Mangroven eine große Bedeutung für die Küstenmorphologie. Sie bremsen die Erosion und tragen zur verstärkten Sedimentation bei. Insbesondere die Luftwurzeln fangen den Schlick regelrecht ein.

Die Sundarbans im Süden Bangladeschs bilden den größten zusammenhängenden Küstenurwald der Erde. Aufgrund seiner Einzigartigkeit ist der Restbestand UNESCO-Weltnaturerbe.

Noch bis vor wenigen Jahrzehnten trugen die Sturmflut bedingten Hochwasserereignisse einen anderen Charakter, dem sich die Menschen über viele Jahrhunderte angepasst hatten. Durch den Rückstau der Flüsse, drang insbesondere für die Landwirtschaft unbedenkliches, durch die mitgeführte Sedimentfracht sogar eher positiv wirkendes, Süßwasser in die Weite des Deltas ein. Auch der Anstieg des Wasserspiegels erfolgte langsamer als heute, so dass meist ausreichend Zeit blieb, Schutz zu suchen.

Folgen der weitflächigen Abholzung sind u. a. höhere Windgeschwindigkeiten, rascherer und höherer Wasserauflauf und Sedimentverlust. Ohne die Abholzung der Mangroven könnte das Delta trotz des Meeresspiegelanstieges weiter wachsen, die vom Weltklimarat (IPCC) prognostizierten Szenarien wären bei intakten Ökosystemen weitaus weniger bedrohlich für Bangladesch.

29 **Garnelen- und Krabbenproduktion Bangladeschs (Aquakulturen)**

Nach FAO, Mai 2010

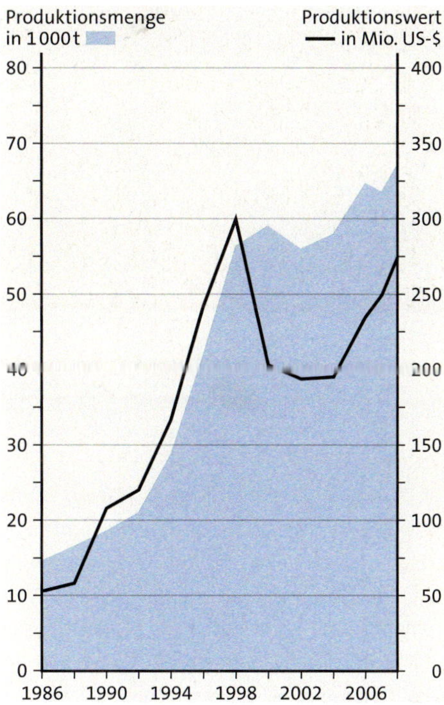


30 Medienmeldungen

„Eine Studie der Universität Chittagong in Bangladesh kommt zu dem Schluss, dass Garnelenfarmen mehr Arbeitsplätze vernichten als sie schaffen. Ein Reisfeld von 40 Hektar erfordert 50 Arbeiter, ein Garnelenteich fünf."

www.greenpeace.de/themen/meere/fischerei/artikel/shrimps_delikatesse_im_norden_zerstoerung_im_sueden/

„Vor zehn Jahren waren Riesengarnelen eine teure Delikatesse. Heute kostet eine tiefgefrorene 20 Stück Packung Black Tiger King Prawns beim Discounter nur noch ein Paar Euros. Fahims Vater arbeitet als Tagelöhner auf der Shrimpfarm eines wohlhabenden Grundbesitzers. Gerade acht Euro verdient er pro Monat. „Das reicht nicht, um die Kinder zu versorgen", klagt Mutter Sondha, „nur einmal am Tag bekommen sie etwas Reis".

Gregor C. Falk: Bangladeschs Küste - Lebens- und Wirtschaftsraum unter Druck, in: Praxis Geographie. Braunschweig: Westermann 03/2010, S. 36

**14** Die Anlage von Deichen und Dämmen bildet eine große Herausforderung für Bangladesch. Nehmen Sie unter Berücksichtigung der Texte dieser Doppelseite und des Satellitenbildes 25 zu dieser Aussage Stellung.

**15** Beschreiben Sie die Entwicklung des Garnelenexports von Bangladesch (Grafik 29).

**16** Landnutzungswandel in Bangladesch
a) Vergleichen Sie die Küstenregionen in den Fotos 27 und 28.
b) Erstellen Sie ein Wirkungsgefüge, das die Auswirkungen des Landnutzungswandels darstellt.
c) Erörtern Sie die verschiedenen Auswirkungen des Landnutzungswandels.
d) "Shrimp farms harm poor nations" Diskutieren Sie diese Überschrift eines BBC-Beitrages vor dem Hintergrund von Meldungen aus den Medien (z. B Material 30).

# 5.6 Gletscher formen die Oberfläche

**1 Rand des grönländischen Inlandeises**

**2 Tschiervagletscher, Graubünden (Schweiz)**

**3 Gletschereis-entstehung**

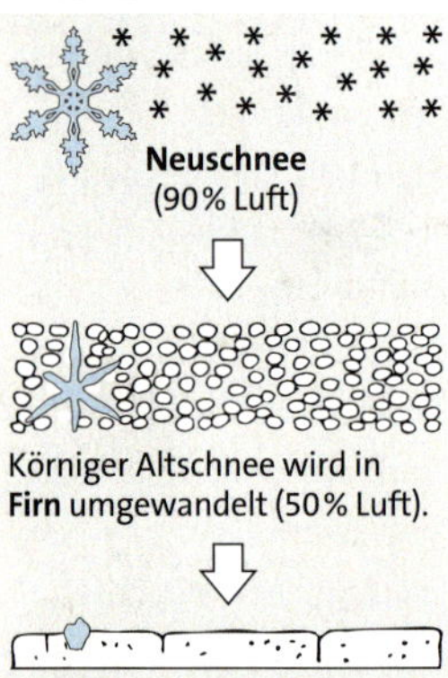


Die Formenbildung durch das Eis erfolgt durch die großen Plateaugletscher der Erde, die z.B. Grönland und die Antarktis bedecken, sowie durch die Gletscher der Hochgebirge. Rund 10% der Erde sind eisbedeckt und 1,2% des gesamten Wassers der Erde ist als Eis gebunden (vgl. S.55). Während der Erdgeschichte führten längerfristige Klimaveränderungen immer wieder zu Schwankungen des globalen Eisvolumens.

Die eigentliche Reliefformung geschieht durch die Bewegung der Gletscher und die dadurch hervorgerufene abhobelnde und schleifende Wirkung auf den Untergrund, die Glazialerosion. Entscheidend für die Erosionsleistung sind sowohl die Beschaffenheit des Untergrundes als auch der Druck der aufliegenden Eismassen. Immerhin liegt die Mächtigkeit der großen Inlandgletscher teilweise bei über 3 km.

Grundvoraussetzung für die Entstehung von Gletschern sind dauerhaft so niedrige Temperaturen, dass der gefallene Schnee im Laufe eines Jahres nicht vollständig abschmilzt und die Schneemassen in den darauffolgenden Jahren weiter wachsen. Durch den jährlich hinzukommenden Neuschnee und ein sommerliches Antauen geraten die tiefer liegenden, ursprünglich lockeren, Schneemassen mehr und mehr unter Druck und über Zwischenstufen (Grafik 3) entsteht schließlich kompaktes Gletschereis. Durch den hohen Druck an der Gletscherbasis schmilzt Eis sogar bei Temperaturen unter 0°C und tritt oft als Gletscherbach aus.

**4 Gletscherschliff**

**5 Querschnitt durch die Antarktis**

Nach John May 1988; in: Wolf Dieter Blümel: Physische Geographie der Polargebiete. Stuttgart u. a.: Teubner 1999, S. 59

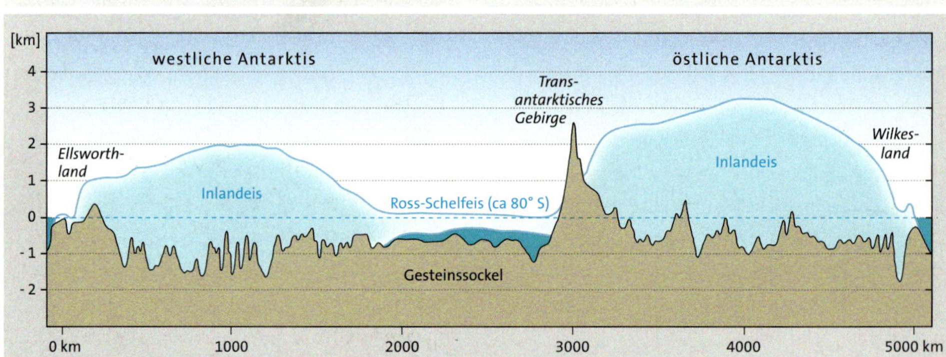

Material
Tal- und Gewässersystem ehemals vergletscherter Hochgebirge
29760X-5601

Surftipp
Wachsende Gletscher
29760X-5602

### 6 Weiße Riesen auf dem Rückzug

„Gletscher prägen nicht nur die Hochgebirgsregionen der Erde, in den Polargebieten bedecken ihre Eispanzer ganze Kontinente. Sie kalben Eisberge so hoch wie ein Mehrfamilienhaus und speichern mehr als drei Viertel der weltweiten Süßwasserreserven. Wo sie sich vorschieben prägen sie die Landschaft. Doch trotz ihrer Größe und Mächtigkeit, die „weißen Riesen“ sind extrem empfindlich. Auf das immer wärmer werdende Klima reagieren sie mit Abschmelzen. Vor allem in den Alpen schrumpfen die Gletscher mit alarmierender Geschwindigkeit. Die Folgen sind Erdrutsche, Murgänge und Überschwemmungen. Auch am Meeresspiegel zeigen sich bereits erste Auswirkungen. Würden alle Gletscher der Welt schmelzen, könnte der Meeresspiegel statt weniger Zentimeter sogar um 70 m ansteigen. Aber nicht überall sind die weißen Riesen auf dem Rückzug. In manchen Regionen wachsen sie sogar noch. Dennoch geben die Klimatologen keine Entwarnung die globale Erwärmung ist Realität und die Gletscher sind die ersten Indikatoren der kommenden Veränderungen ...“

Jens Oppermann in: scinexx vom 26.03.2003, unter: www.g-o.de/dossier-80-1.html, geringfügig verändert

### 7 Modell eines Talgletschers

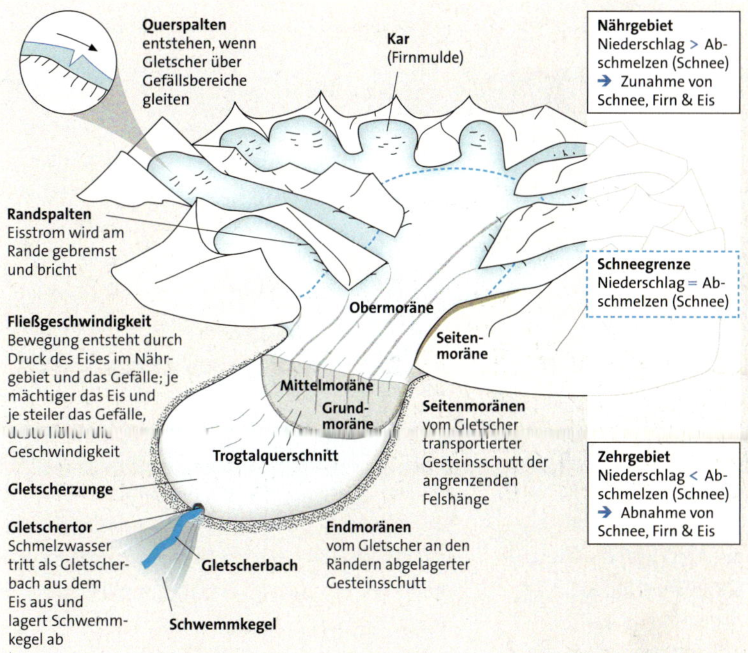


## Talgletscher

Im Hochgebirge sammelt sich der Schnee zunächst in kleineren Firnmulden, die durch die Glazialerosion vergrößert werden. Diese oft steilwandigen Kare sind das eigentliche Ursprungsgebiet der Gletscher. Bedingt wird das zähplastische Fließen des Eises durch das natürliche Gefälle, den Eisnachschub in den höheren Gebirgsregionen und die Gleitfähigkeit auf den Schmelzwasserbildungen an der Unterseite des **Talgletschers**. In seiner Vorwärtsbewegung vertieft und verbreitert der Gletscher das von ihm überfahrene Tal.

Der Gletscherrand oszilliert. In früher stärker vergletscherten Gebieten dokumentieren die markant U-förmigen **Trogtäler** die einstige Eisbedeckung und erosive Arbeit der Gletscher. Wurden diese Täler nacheiszeitlich überflutet, entstanden Fjorde. Häufig wurden kleinere Seitentäler weniger stark tiefer gelegt, sodass seit dem dem Abtauen des Eises Wasserfälle von den Rändern in das Trogtal stürzen. Auch die Bildung einer Klamm oder eines Hängetals kann auf die Vertiefung der ursprünglichen Erosionsbasis zurückgeführt werden. Neben Seiten-, Mittel- und Obermoräne ist den Talgletschern eine Endmoräne vorgelagert, die von einem Gletscherbach durchflossen wird. Vor ihr wird vom Schmelzwasser ein Schwemmkegel aus Geröll und Gesteinsschutt abgelagert. Unter dem Eis zu feinem Gesteinsmehl zerriebener Fels gibt dem Schmelzwasser eine milchige Färbung, die Gletschertrübe.

Seite 116–117
Talbildung

1 Beschreiben Sie den Einfluss von Gletschern auf die Formung der Landschaft.
2 Arbeiten Sie aus den Materialien dieser Doppelseite wesentliche Voraussetzungen für die Entstehung eines Gletschers heraus.
3 Benennen Sie mithilfe von Grafik 7 die glazialen Formen des Tschiervagletschers (Foto 2).
4 Nicht alle Gletscher der Erde schmelzen zurück, einige wachsen. Bewerten Sie diese Beobachtungen von Geowissenschaftlern (z.B. mithilfe des Online-Links 29760X-5602).

**8 Eisbohrkern aus der Antarktis – polares Klimaarchiv**

Mithilfe von Eisbohrkernen lässt sich die klimatische Entwicklung der Erde rekonstruieren. Das mit 800 000 Jahren älteste erbohrte Eis stammt aus einer Tiefe von über 3 200 m. Aufschluss über das Paläoklima liefern u. a. Analysen im Eis eingeschlossener Luftbläschen und Festteilchen. Das Verhältnis der Sauerstoffisotope ($18_O$ und $16_O$) im Vergleich zum heutigen Wert gibt Aufschluss über die jeweiligen Temperaturschwankungen. Der $18_O$-Gehalt ist von der Kondensationstemperatur abhängig. Niedrige $18_O$-Gehalte stehen deshalb für niedrige Temperaturen, hohe $18_O$-Gehalte für hohe Temperaturen.

Seite 99
Astronomische Einflüsse auf das Erdklima

# Kaltzeiten

Im Pleistozän (ca. 1,8 Mio. bis 10 000 Jahre v. h.) führten wiederholte Temperaturabsenkungen um bis zu 10 K zur weltweiten Ausbreitung der Gletscher auf weite Teile Nord- und Mitteleuropas, Nordamerikas, Skandinaviens und Asiens.
Im Alpenraum stießen sie als Eisstromnetze bis in tiefer gelegene Täler vor. Dort wurden vier Hauptvereisungsphasen nachgewiesen, die von wärmeren Abschnitten unterbrochen wurden. Benannt sind sie vom Älteren zum Jüngeren nach Nebenflüssen von Donau und Isar: Günz, Mindel, Riss und Würm (vgl. Diagramm 11 und Online-Link 29760X-5603).
In Norddeutschland finden sich an der Oberfläche Spuren von drei Kaltzeiten, während auf eine vierte, die Elbeeiszeit, nur durch Bohrungen geschlossen werden kann. Namen gebend waren auch hier heutige Flüsse, die in etwa die maximale Südausdehnung der Gletscher nachzeichnen (vgl. Diagramm 11).
Neben den glazigenen Formen dokumentieren u. a. Eisbohrkerne aus den Polargebieten die klimatische Situation während der Kaltzeiten (Foto 8). Die Ursachen für die Temperaturschwankungen sind noch nicht eindeutig geklärt. Das Klima der zwischengeschalteten Warmzeiten (Interglaziale) war dem heutigen ähnlich, zeitweise sogar wärmer.

**Aus der Geschichte der Eiszeitforschung**
Noch vor 150 Jahren herrschte über die Entstehung der Landschaften Norddeutschlands Unklarheit. Die Vulkanisten behaupteten, dass die Findlinge vom Harz und den Alpen weit ins Land hinaus geschleudert wurden. Die Neptunisten meinten, dass eine Wasserflut die Gesteine herantransportiert hätte, nach der Drifttheorie wären es Eisberge auf einem Norddeutschland bedeckenden Meer gewesen. Einen Durchbruch erlebte die Eiszeitforschung 1875 mit den Erkenntnissen des schwedischen Geologen Otto Torell, der im Rüdersdorfer Kalkstein bei Berlin Gletscherschrammen nachwies. Daraus schloss er, dass Teile Nord- und Mitteleuropas einst unter Eismassen begraben waren. Bald darauf konstatierte Albrecht Penck, dass Norddeutschland dreimal vom Inlandeis überdeckt wurde.

**Eiszeit in Nord- und Mitteleuropa**
Zu Zeiten seiner größten Ausdehnung reichte das skandinavische Inlandeis bis an den Nordrand unserer Mittelgebirge. Die Oberfläche nördlich davon wurde maßgeblich durch die pleistozänen Eismassen gestaltet.
**Skandinavien.** Durch die Absenkung der klimatischen Schneegrenze vereinigten sich die dortigen Gebirgsgletscher zu einem Eiskomplex. Schneefälle bei fortwährend kühlen Temperaturen ließen den Gletscher im Nährgebiet auf bis

**9 Mögliche Ursachen globaler Temperaturveränderung**

**Verlagerung der Erdachse**
Derzeit beträgt der Neigungswinkel der Erde, die Schiefe der Ekliptik, 23°27‘. Innerhalb von rund 40 000 Jahren schwankt der Winkel zwischen 22,1° und 24,5°.

**Exzentrizität**
Dieser Begriff bezeichnet das Verhältnis zwischen großer und kleiner Achse der elliptischen Erdumlaufbahn um die Sonne. Derzeit ist die Erde der Sonne im Nordwinter etwas näher. Die Ellipsenbahn verändert sich.

**Kontinentaldrift**
Über geologisch längere Zeitabschnitte werden mit der Verschiebung der Kontinente unter anderem die klimatischen Bedingungen und die Meeresströmungen modifiziert.

**Vulkane**
Kräftige explosive Ausbrüche schleudern gewaltige Mengen an Staub und Gase bis in die Stratosphäre wo sie z. T. über Jahre hinweg verbleiben. Dort absorbieren sie Strahlung.

**Meteoriten**
Einschläge größerer Meteoriten können die Erdbahnparameter und somit auch das globale Klima verändern. Im Zuge eines Impacts können gewaltige Staubmengen in die Atmosphäre geschleudert werden.

**Sonnenaktivität**
Auf der Sonne kann man wärmere und kältere Zonen lokalisieren. Es scheint Zusammenhänge zwischen Protuberanzen und vergrößerter Strahlungsintensität auf der Erde zu geben.

**Surftipp**
Langfristige Klimaänderungen
29760X-5603

**10 Weichseleiszeit in Europa**

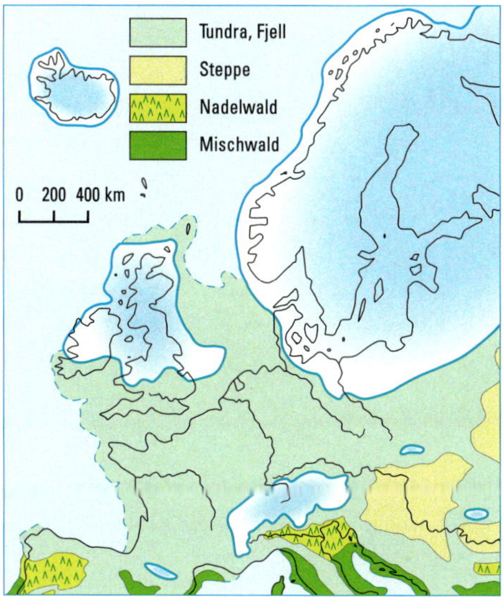


**11 Temperaturveränderungen und Eisvorstöße im Pleistozän**

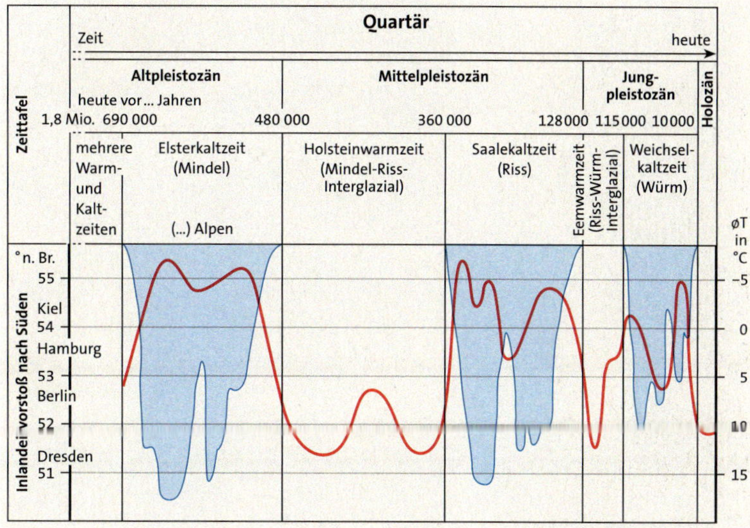


zu 3 km Mächtigkeit anwachsen. Die Auflast in den zentralen Vereisungsgebieten führte zu einer radialen Ausdehnung als Inlandeisdecke bis nach Mitteleuropa (Karte 10).

Das Inlandeis verlagerte erhebliche Materialmengen. Im Nährgebiet dominierte die Erosion, im Zehrgebiet die Akkumulation. Die Gletscher „entblößten" die Oberfläche bis auf das Grundgebirge und verfrachteten das Material nach Süden. Wie Schmirgelpapier wirkten die mitgeführten Sande und Kiese. Im anstehenden Felsgestein zeichnen Gletscherschrammen (Foto 4, S. 130) die Bewegungsrichtung des Eises nach. Auch größere Blöcke wurden aus dem Gesteinsverbund herausgelöst, vom Eis umschlossen und abtransportiert (Foto 12). Zurück blieben eine leicht wellige Felslandschaft mit abgeschliffenen Felskuppen, den Rundhöckern sowie Trogtälern (Grafik 4, S. 117). Nacheiszeitlich füllten sich die flachen Senken mit Wasser, und ausgedehnte Seen sowie Moore verleihen den Fjells einen abwechslungsreichen Landschaftscharakter.

Durch den postglazialen Meeresspiegelanstieg gerieten Teile Skandinaviens unter Wasser. Dort wo das Meer Trogtäler überflutete, entstanden die Fjorde. Drang das Wasser in flachwelliges Relief vor, bildete sich eine Schärenküste aus. Hier ragen inzwischen aufgrund glazialisotatischer Hebung zahlreiche Rundhöcker als kleine Inselgrüppchen aus dem Wasser.

**Alpenraum.** Nur besonders hohe Alpengipfel ragten aus dem Eisstromnetz heraus. Im inneralpinen Raum dominierte glaziale Erosion, Kare und Trogtäler entstanden. Am Rande des Eises wurde mitgeführtes Gesteinsmaterial als Endmoräne abgelagert. Vom Schmelzwasser verfrachtete Materialien wurden als Schotterfelder vor den Moränen abgelagert. Gut erhalten sind die fluvioglazialen Schotter der letzten beiden Eiszeiten, die würmeiszeitlichen Niederterrassen und die risseiszeitlichen Hochterrassen.

Auch Teile des heutigen Alpenvorlandes waren von Gletschern bedeckt, die sich fächerförmig ins Vorland ausbreiteten. Nach Norden vorstoßende Gletscherzungen schürften Hohlformen aus, die sich nach dem Eisrückschmelzen mit Wasser füllten, die heutigen Zungenbeckenseen.

Zwischen den Alpengletschern und dem Inlandeis Norddeutschlands, dem Periglazialraum, herrschte während der Eiszeiten Tundrenklima mit den typischen Permafrosterscheinungen. In den Hochlagen der Mittelgebirge, z. B. am Feldberg (Südschwarzwald), weisen Moränen und Kare auf lokale Vergletscherungen hin.

**12 Findling in Ostjütland**

Seite 33
Glazialisostasie

Seite 136–137
Permafrost


**5** Beschreiben Sie die klimatische Entwicklung der Erde während der vergangenen zwei Millionen Jahre.

**6** Erörtern Sie mögliche Gründe für globale Temperaturschwankungen.

**13 Quartäre Landschaftsgliederung Norddeutschlands**

**14 Einblick in eine Endmoräne**

**Die Weichseleiszeit in Norddeutschland.** Vor rund 100 000 Jahren endete die Eemwarmzeit und ein Temperaturrückgang setzte ein. Schließlich drang das Inlandeis von Skandinavien nach Süden vor, um vor rund 18 000 Jahren etwas südlich von Berlin seine maximale Ausdehnung zu erreichen. Dabei überfuhren die Gletscher ein Gelände, das bereits in früheren Eiszeiten modelliert worden war. Die Gletscher transportierten Gesteine unterschiedlicher Art und Größe, die nach dem Niedertauen in der Landschaft zurückblieben: große Findlinge, Kiese und Sande. Wie ein gewaltiger Bulldozer schob das Eis an seinem Rand Gesteinsmaterial vor sich her.

Weit geschwungene Endmoränenzüge, die sich während längerer Stillstandsphasen des Gletschers bildeten, dokumentieren den lobenartigen Verlauf des Eisrandes. Bei Eisvorstößen wurden zuvor abgelagerte Moränenzüge in Stauchmoränen umgeformt. Insgesamt entstand durch das Gletschereis eine typische Abfolge von Landschaftselementen (Grafik 15), die glaziale Serie.

Die unter dem Eis wirkenden Druckkräfte zerrieben auch größere Blöcke zu Sand oder feinem Gesteinsmehl, das vom Schmelzwasser abtransportiert wurde. Vor den Moränen wurde dieses Material abgelagert, die Sander entstanden.

**16 Seen als Zeugen der jüngsten Eiszeit**

**Material**
Quartäre Bildungen im Alpenraum und in Norddeutschland im Vergleich
29760X-5604

**15 Entstehung des glazialen Formenschatzes in Norddeutschland**

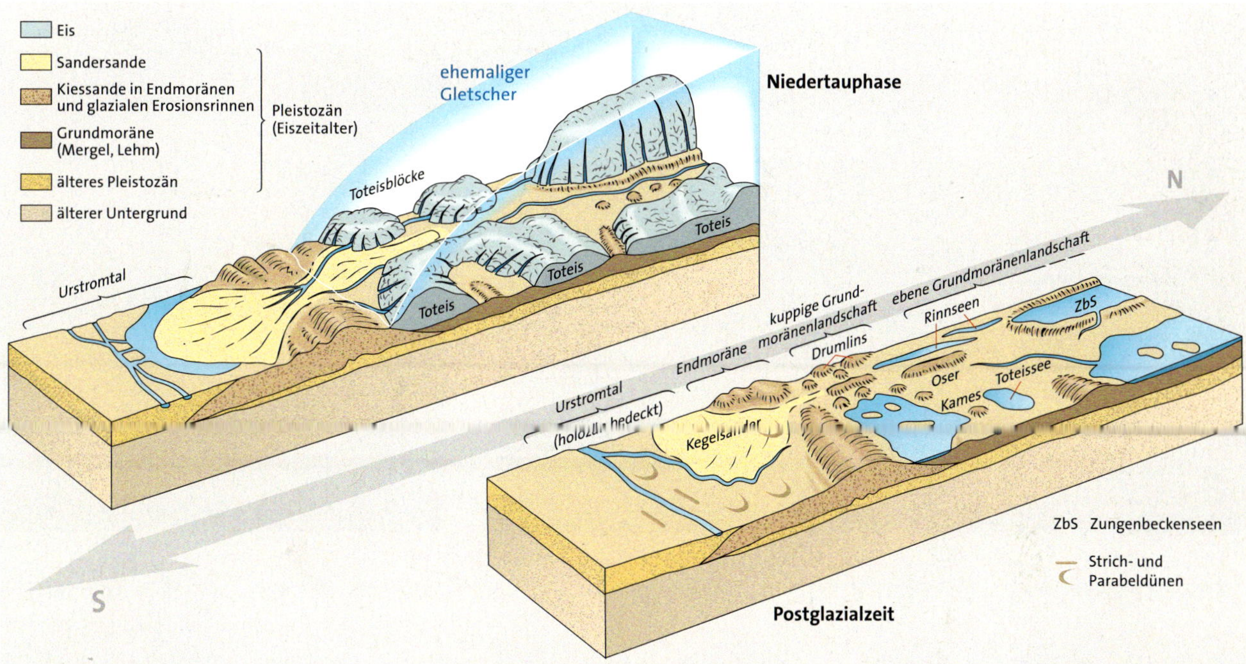


**1. Phase (Vorschubphase):**
Der Gletscher dehnt sich nach Süden aus. Im Eis eingeschlossene Gesteine aller Größen werden transportiert. Das Material stammt entweder aus den Ursprungsgebieten des Gletschers oder wurde aus dem von ihm überfahrenem Untergrund herausgelöst. Unter dem Eis abfließendes Schmelzwasser erodiert rinnenartige Vertiefungen in den Untergrund.

**2. Phase (Stillstandsphase):**
Das Eis dehnt sich nicht mehr weiter nach Süden aus. Am Gletscherrand werden durch Absetzungs- oder auch Stauchungsvorgänge Moränenzüge abgelagert, die sich aus unsortierten Steinen, Kiesen, Sanden und Tonen zusammensetzen. Das abfließende Schmelzwasser durchbricht an einigen Stellen die Endmoräne und fließt in Bächen und Flüsschen dem natürlichen Gefälle folgend ab. Im Wasser mitgeführte Sande, die aus der Moräne ausgewaschen werden, lagern sich unmittelbar südlich der Endmoräne ab, Sander entstehen.

**3. Phase (Niedertauphase):**
Der Gletscher schmilzt ab und gibt das zuvor eisbedeckte Gelände frei. Ausgetaute Steine, Kiese, Sand und Ton bilden die Oberfläche der Grundmoräne. Verstärkt fällt Schmelzwasser an, das die zuvor angelegten Rinnen füllt, bzw. im Urstromtal abfließt. Zwischen Gletscher und Moränen entstehen im Bereich ehemaliger Gletscherzungen die Zungenbeckenseen. Insbesondere in Mulden und Geländesenken bleiben Toteisreste noch lange erhalten. Vor direkter Sonneneinstrahlung geschützt, wird ihr Abtauen durch eine Sand und Staubauflage verzögert. Taut auch das Toteis endgültig ab, entstehen in den Senken kleinere Seen, die die Bezeichnung Sölle oder Pfuhle tragen. In die wassererfüllten Hohlformen transportiert das Schmelzwasser auch feine Sedimente, die Seetone. Wegen der jahreszeitlich wechselnden Transportkraft weisen diese eine unterschiedliche Körnung auf: bei sommerlich starkem Abfluss sind sie grobkörniger, im Winter feinkörniger. Die Analyse der Wechsellagerung erlaubt Rückschlüsse auf die einstigen klimatischen Bedingungen (Warvenchronologie). Auch die Dünenbildung und Lössverfrachtung setzen sich in der Niedertauphase weiter fort.

In einigen Gegenden formte der Wind aus dem Sand Längs- und Parabeldünen oder blies die feinsten Partikel (Schluff) fort. Dieser Staub (Löss) wurde nördlich der Mittelgebirge abgelagert. Die auf ihm ausgebildeten fruchtbaren Böden (z. B. Schwarzerden) sind heute eine wichtige Grundlage der landwirtschaftlichen Nutzung. Von kurzen Vorstoßphasen abgesehen, taute das Eis langsam ab. Mit dem Beginn des Holozäns um 10 000 v. h. endete diese vorerst letzte Eiszeit.
Zurück blieb eine gegliederte Landschaft mit zahlreichen Zungenbeckenseen, Rinnenseen, Söllen, vermoorten Talungen, trockenen Sandergebieten, Dünenfeldern, Drumlins, Kames und Moränenzügen (vgl. Grafik 15).


Seite 138
Äolische Prozesse

Seite 161
Schwarzerden


**7** Erklären Sie die während der Eiszeiten entstandenen Landschaftsformen in Skandinavien, den Alpen und in Norddeutschland.

**8** Erläutern Sie die Karte der quartären Landschaftsgliederung Norddeutschlands.

17 **Sommer in der Taiga (Alaska)**

19 **Periglaziales Hangfließen**

18 **Eiskeil im Permafrost**

**permanere** (lat.)
fortdauern

**gelare** (lat.)
gefrieren

## Permafrost

In Gebieten mit Jahresmitteltemperaturen ≤ 1 °C und Niederschlägen ≤ 1 000 mm bildet sich ausgedehnter **Permafrost**. Ein entscheidender Faktor für die Bildung des bis in große Tiefen dauerhaft gefrorenen Bodens ist die Schneebedeckung, da eine lang andauernde Schneedecke als isolierende Schicht wirkt und das Auftauen tiefer liegender Schichten unterbindet.

Permafrost besteht aus zwei Schichten, der geringer mächtigen sommerlichen Auftauschicht (Active Layer) und der darunter liegenden dauerhaft gefrorenen Schicht (Grafik 21).

Je nach Ausprägung wird zwischen kontinuierlichem, diskontinuierlichem und sporadischem Permafrost unterschieden. Unter Einfluss der klimatischen Rahmenbedingungen variiert der Permafrost von Zone zu Zone in seiner räumlichen Ausdehnung und Tiefe. In den arktischen Tundren sind z.B über 90 % der Fläche dauerhaft bis in eine Tiefe von über 500 Metern gefroren. Die größte Tiefe erreicht der Permafrost mit über 1 500 m in Teilen Nordsibiriens. Etwas weiter südlich, in der nördlichen Taiga, nimmt Permafrost zwischen 30 % und 80 % der Fläche ein. Nur noch sporadisch tritt er in der südlichen Taiga auf, und auch die Mächtigkeit der gefrorenen Schichten liegt hier unterhalb des „Active Layer“ nur noch bei wenigen Dezimetern.

Außerhalb der arktischen und subarktischen Areale ist Permafrost in den Hochgebirgen verbreitet. Insgesamt ist fast ein Viertel aller Landflächen der Erde von Permafrost geprägt.

Weil der Untergrund ab einer bestimmten Tiefe ganzjährig gefroren bleibt, bildet er eine Stauschicht für das Bodenwasser. So entstehen beim sommerlichen Auftauen der aktiven Schicht ausgedehnte sumpfig-moorige Gebiete. Derartige Extrembedingungen stellen Bauingenieure vor große Herausforderungen: Pipelines, Schienen und Gebäude müssen auf Stelzenkonstruktionen errichtet werden. Straßenbau ist unter diesen Bedingungen kaum möglich. Der Gütertransport erfolgt deshalb meist im Winter auf den gefrorenen Flüssen. Auch Exploration und Förderung von Bodenschätzen (z. B. sibirisches Erdgas) wird durch die gefrorene Schicht erschwert.

Die Dynamik des Permafrostes prägt die Landschaft. Bereits auf schwach geneigten Hängen beginnt die obere, aufgetaute und durchtränkte Schicht im Sommer über dem in der Tiefe gefrorenen Boden abzugleiten (Gelifluktion/Solifluktion). Es können wulstartige Loben entstehen (Foto 19). Die waldlosen Ebenen der Tundra sind weitflächig durch polygonale Steinringe gekennzeichnet. Über Eislinsen im Untergrund, die über viele Jahre wachsen, können sich Bodenerhebungen – Palsas oder Pingos – bilden.

Surftipp
Folgen des Dauerfrostabtauens
29760X-5605

**20** **Zirkumarktische Permafrostgebiete und arktische Eisdecke**

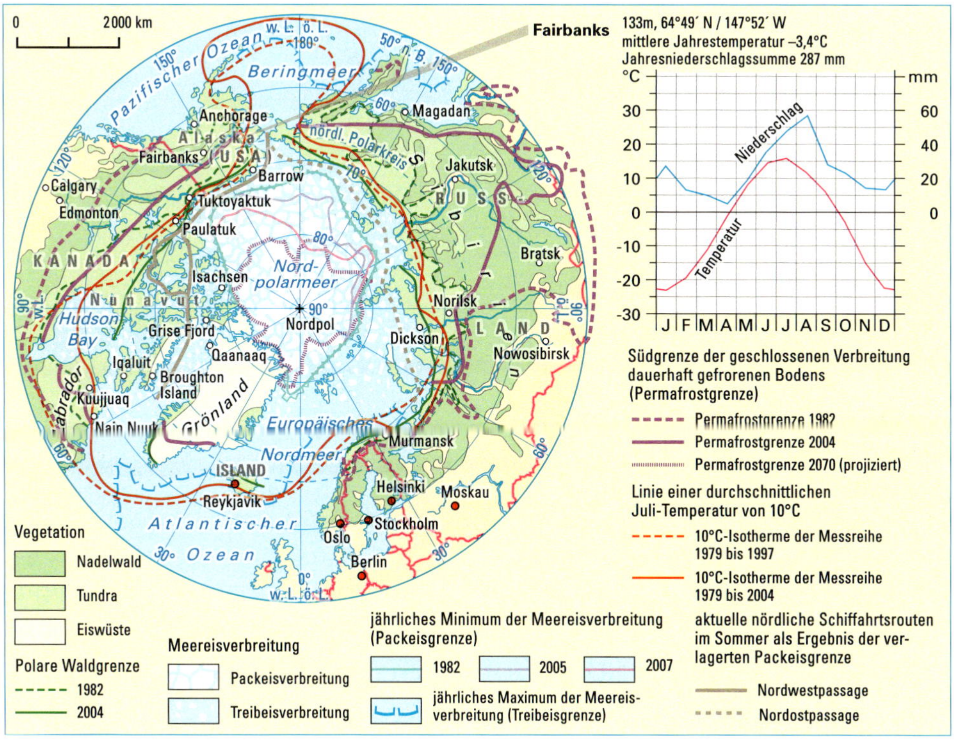


**23** **Steinringe im Permafrostgebiet:**
Im Untergrund wachsende Eislinsen führen zum seitlichen Abrutschen größerer Gesteinstrümmer

**21** **Struktur des Permafrostes**
Nach http://de.wikipedia.org/wiki/Permafrostboden (Mai 2010)

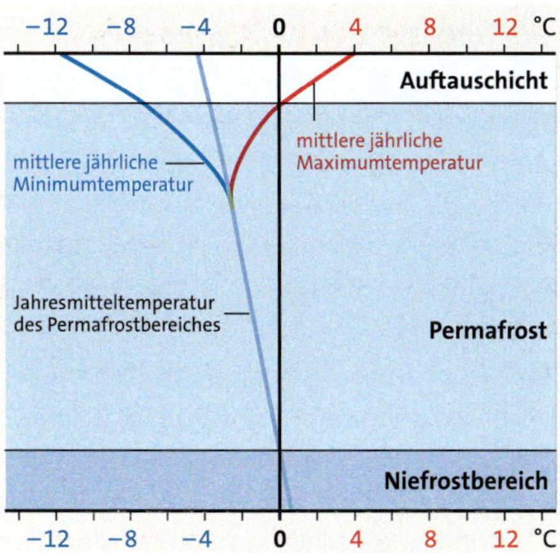


**22** **Entwicklung der Bodentemperatur in Fairbanks, Bonanza Creek**
Nach www.arctic.noaa.gov/images/romanovsky_fig3.gif (Juni 2010)

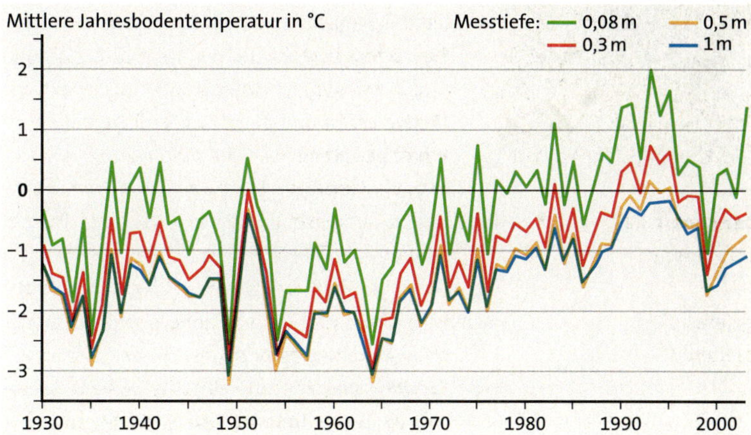


**9** Lokalisieren Sie die Verbreitungsgebiete des Permafrostes (Karte 20).

**10** Charakterisieren Sie die in den Fotos 17 bis 23 sichtbaren Permafrostphänomene.

**11** Erläutern Sie die Auswirkungen des globalen Temperaturanstiegs auf die Permafrostareale (Grafik 22 und Karte 20).

**12** Erstellen Sie eine Übersicht der Folgen, die sich aus dem Abtauen des Permafrostes ergeben. Recherchieren Sie hierzu auch im Internet (ONLINE-Link 29760X-5605).

# 5.7 Landschaftsformung durch äolische Prozesse

## 1 Pilzfelsen

**ailos** (griech.):
Gott der Winde

Seite 162 – 163
Bodengefährdung

## 3 Äolischer Transport und Dünenbildung

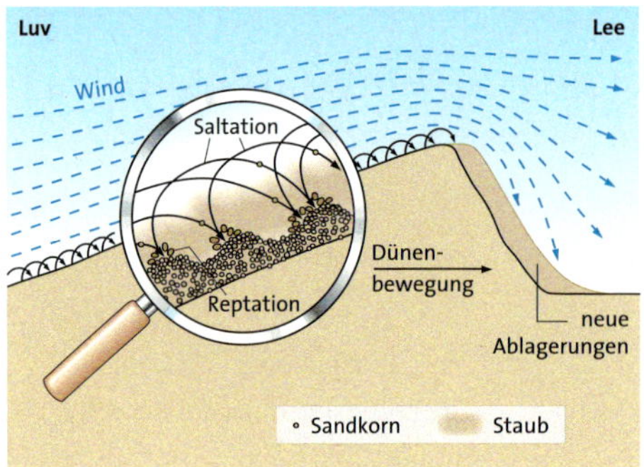


## 4 Dünenformen

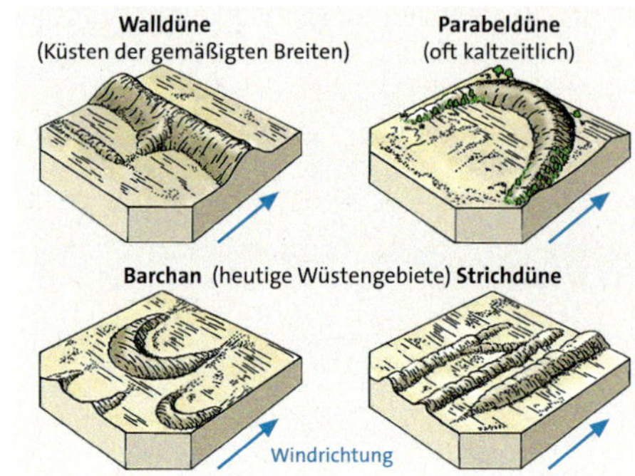


Die Windenergie kann die Erdoberfläche verändern. Dabei ablaufende äolischen Prozesse sind z. B. das Ausblasen von Partikeln (Deflation), die abschleifende Wirkung von in der Luft transportiertem Sand oder Staub (Korrasion) sowie die Ablagerung des transportierten Materials.

Damit äolischer Transport erfolgen kann (Grafik 3), müssen mehrere Bedingungen erfüllt sein. Zunächst muss die Windenergie ausreichen, um Teilchen in Bewegung zu setzen. Diese werden je nach Korngröße unmittelbar in die Luft gewirbelt und verweht oder fallen, nachdem sie kurz in die Luft geschleudert wurden, wieder zu Boden (Saltation). Schlagen Partikel auf größere Körner, können diese scheinbar kriechend über den Boden bewegt werden (Reptation).

## 2 Wüstentypen der Sahara

Je glatter eine Oberfläche, desto ungehinderter kann der darüber streichende Wind Partikeln erfassen und forttragen. Auch Vegetationsbedeckung und Bodenfeuchte beeinflussen den Materialtransport erheblich.

Die mechanische Schleifwirkung der im Wind mitgeführten Teilchen (Sandschliff), poliert an der Oberfläche liegende Gesteine oder formt zum Teil bizarre Gesteinsformationen (Foto 1). Hindernisse oder nachlassende Windgeschwindigkeit bewirken Materialakkumulation. Dabei entstehen Sand- und Staubdecken. Auch **Dünen** (Grafik 4) sind das Resultat äolischer Ablagerungs- und Verfrachtungsvorgänge.

**Winderosion.** Knapp ein Viertel der landwirtschaftlich intensiv genutzten Böden Deutschlands sind erheblich durch Winderosion gefährdet. Jedes Jahr werden tausende Tonnen wertvollen Ackerbodens regelrecht vom Winde verweht und gehen langfristig verloren. Das ist besonders Besorgnis erregend, da die bodenbildenden Prozesse sehr lange Zeiträume umfassen. Derzeit geht weit mehr Boden durch Erosion verloren als neu gebildet wird. Die Gründe für den Bodenverlust liegen vor allem in der Umwandlung kleinparzellierter Nutzflächen in eine große strauch- und baumlose Agrarsteppe.

1. Beschreiben Sie die Entstehung von Dünen.
2. Erläutern Sie Maßnahmen gegen die Bodengefährdung durch Winderosion.

**Surftipp**
Fallbeispiele Massenselbstbewegungen
29760X-5801

# 5.8 Massenselbstbewegungen

**1 Massenselbstbewegung:** A – Schuttlawine; B – Felssturz; C – Bergrutsch

Reliefformende **Massenselbstbewegungen** sind schwerkraftbedingt. Man unterscheidet langsam und schnell verlaufende Erscheinungen, z. B. einerseits in Sekundenschnelle zu Tal gleitende Hänge, andererseits das oft sehr langsame „Hangkriechen" (Grafik 2).
Während die Gravitation zentrale Ursache derartiger Materialverlagerungen ist, sind Durchfeuchtung, Erdbeben, Vulkanausbrüche oder auch Baumaßnahmen oft die Auslöser.
Bei den meisten Massenbewegungen handelt es sich um flächenhafte Abtragungsprozesse (Denudation). Durchfeuchtet das Wasser die Oberfläche, führt dies zu einer Herabsetzung der Reibungskräfte und obere Bodenschichten, Gerölle oder ganze Gesteinspakete geraten hangabwärts in Bewegung. Oft bilden Gesteinsgrenzen oder wasserundurchlässige Schichten (z. B. tonige Lagen) eine Gleitebene für das hangende Material. „Erdrutsch" ist allerdings nicht gleich Erdrutsch. Unterschieden wird zwischen Bodenfließen, Bergrutsch, Schlammstrom, Schuttlawine und Felssturz (Übersicht 3).

**2 Beispiele für gravitative Prozesse**
Nach Manfred Hendl, Herbert Liedtke: Lehrbuch der allgemeinen physischen Geographie, 3. Aufl. Gotha: Perthes 1997, S. 172

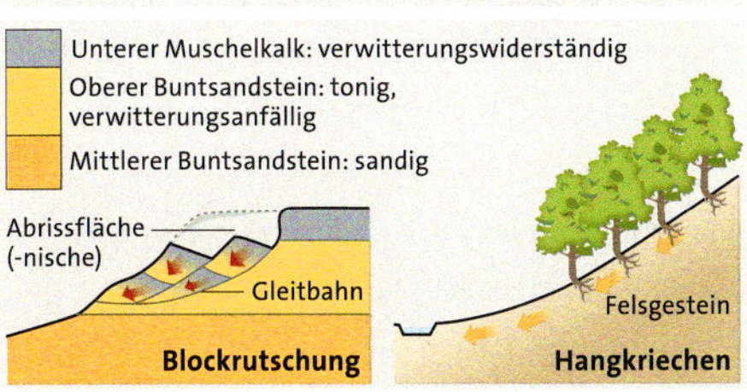


**3 Übersicht Massenselbstbewegung**
Nach Alan H. Strahler, Arthur N. Strahler: Physische Geographie, 4. Aufl. Stuttgart: Ulmer 2009, S. 506

| | | | |
|---|---|---|---|
| Art des Materials | Gestein (trocken) | Schutt, Feinmaterial, Wasser | Wasser und Sediment |
| physikalische Eigenschaften | hart, spröde, fest | plastische Substanz | fluid |
| Art der Bewegung | fallen, rollen, gleiten | fließen innerhalb der Masse | fließen |
| langsame Bewegung ↓ | Felskriechen, Bodenkriechen | Schuttkriechen<br>Solifunktion | |
| | Bergrutsch | Erdfließen (als Blockrutschung oder fließend)<br>Schlammstrom | Flusstransport |
| schnelle bewegung | Felssturz | Schuttlawine im Hochgebirge<br>Mure | |

**4 Maximale Hangwinkel verschiedener Materialien**
Nach Barbara W. Murck, Brian J. Skinner, Stephen C. Porter: Dangerous Earth. New York: Wiley 1997, S. 156

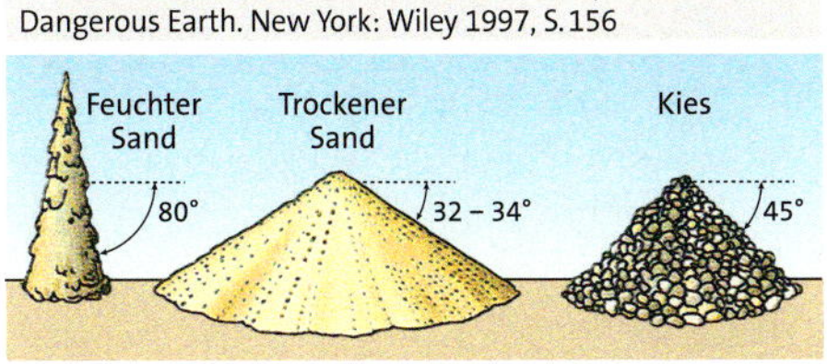


**denudare** (lat.) = entblößen)

**1** Erläutern Sie, welche Art der Massenselbstbewegung die Fotos von Material 1 zeigen.
**2** Der Klimawandel erhöht im Alpenraum die Gefahr von Felsstürzen und Murenabgängen. Auch Siedlungen und Verkehrswege sind akut bedroht. Bewerten Sie diese Aussage.

# 5.9 Reliefformung durch Lösung – Karst

## 1 Die mediterrane Karstlandschaft

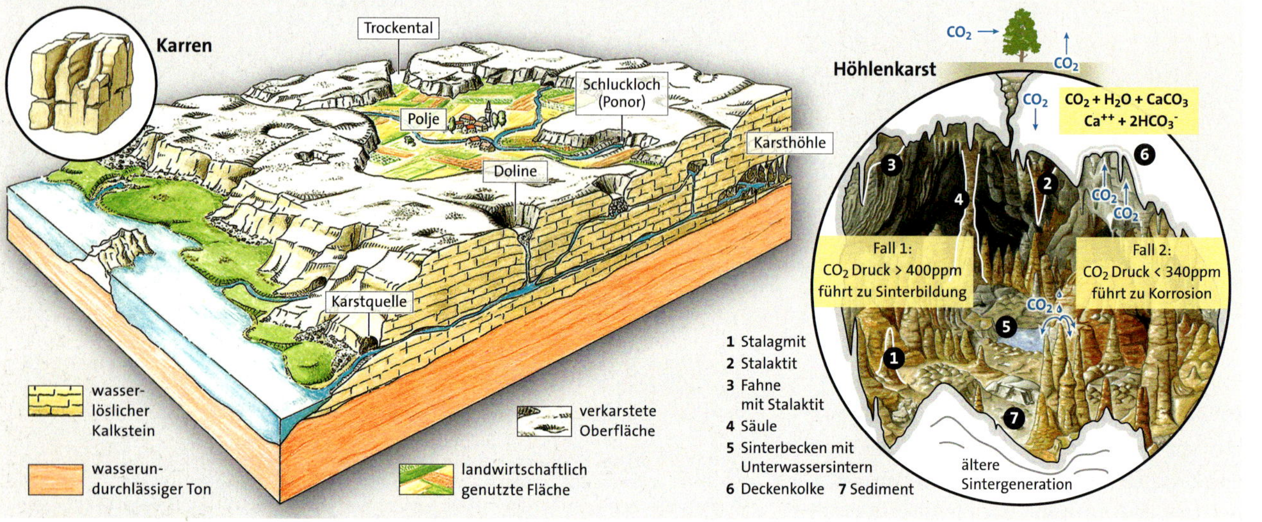


## 2 Einsturzdoline Winter Park, Florida

Translated and adapted after: Barbara W. Murck, Brian J. Skinner, Stephen C. Porter: Dangerous Earth. New York: Wiley 1997, p. 177. Reprinted with permission of John Wiley & Sons, Inc.

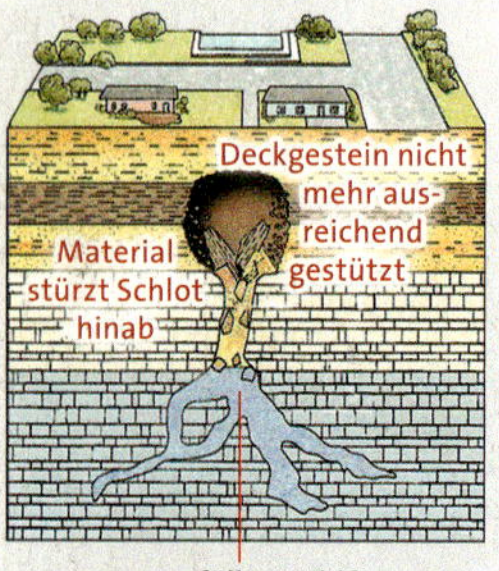


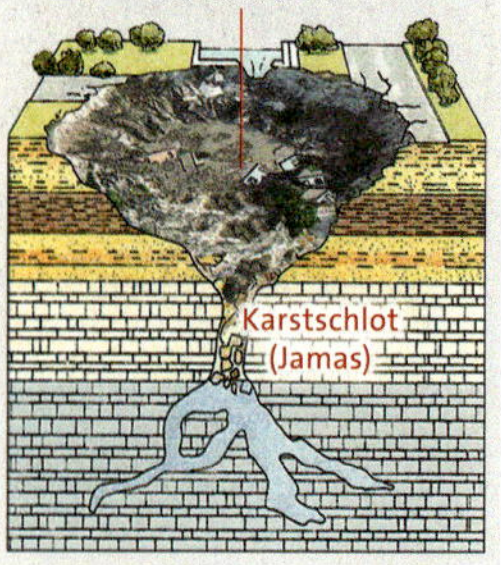


In Gebieten deren Gesteine anfällig für chemische Verwitterungsprozesse sind, spielt die Formung der Oberfläche durch Lösung (Korrosion) eine entscheidende Rolle. Das Grundwasser erweitert Gesteinsklüfte und schafft riesige unterirdische Höhlen. Auch an der Oberfläche entsteht der typische Formenschatz des **Karsts**.

### Außertropischer Karst

Karst war ursprünglich die Bezeichnung für die vegetationsarme und durch Kalkgesteine gekennzeichnete Region nordöstlich von Triest, wird aber inzwischen für alle Landschaften der Welt gebraucht, welche die Merkmale dieser Verwitterungsform zeigen. Zu den verkarstungsfähigen Gesteinen zählen neben Kalk und Dolomit auch Gips, Salzgesteine und Kalksandstein.

Infolge der Lösungsvorgänge bildet sich je nach Ausgangsgestein und klimatischen Rahmenbedingungen das Karstrelief aus (Grafik 1). Dabei entstehen an der Oberfläche durch Korrosion Karren: rillen- oder schüsselartige Hohlformen, deren Größe zwischen einigen Millimetern und Metern variiert. In den Gesteinsuntergrund einsickerndes Wasser höhlt entlang tektonisch vorgezeichneter Klüfte oder Spalten den Untergrund aus und schafft im Laufe der Zeit unterirdische Hohlformen unterschiedlicher Größe. Bricht das über einer Lösungshohlform lagernde Gestein ein, entstehen steilwandige Einsturzdolinen.

Die Karstlandschaften kennzeichnet ein unzusammenhängendes oder sogar fehlendes oberflächiges Gewässernetz. Dagegen existiert ein komplexes System unterirdischer Flussläufe.

Im globalen Maßstab eher kleinere Karstgebiete sind die Schwäbische und Fränkische Alb sowie der Französische und Schweizer Jura.

## 3 Eine Einsturzdoline entsteht

„Auf einem verlassenen Grundstück in Winter Park bei Orlando in Florida verschwindet plötzlich ein kleines Bäumchen im Erdboden. Innerhalb von nur 10 Stunden entwickelte sich dort, wo noch kurz zuvor der Baum stand, ein steilwandiger Krater mit einem Durchmesser von über 20 m. Im weiteren Verlauf der Nacht wuchs der Krater weiter an und bereits am Mittag des darauf folgenden Tages war er 100 m breit und 30 m tief. Langsam füllte sich das ‚Loch' mit Wasser. Vorläufige Schadensbilanz: Teile eines Wohnhauses, sechs Industriegebäude und das öffentliche Schwimmbad waren ganz oder teilweise vom Krater verschlungen worden."

Übersetzt und verändert nach ebenda, S. 173

**4 Tropfsteinhöhle**

**5 Turmkarst in den Tropen (Guilin, Südchina)**

Grafiken nach H. Lehmann, in Herbert Wilhelmy: Geomorphologie in Stichworten, Bd. 3. 5. Aufl. Berlin/Stuttgart: Bornträger 1992, S. III/54,

## Tropischer Karst

Im Gegensatz zu Poljen, Dolinen und Karren in den Gemäßigten Breiten prägen Vollformen mit zwischengeschalteten flachen Ebenen die Karstgebiete der feuchtwarmen Tropen. Das vorläufige Endresultat der Verkarstung über einen langen geologischen Zeitraum ist eine von Karsttürmen und -kegeln geprägte Landschaft.

Intensive Niederschläge über 2500 mm fließen im Initialstadium zunächst oberflächig auf den mächtigen Kalkablagerungen ab (Material 5a). In den entstehenden Senken werden Tone sedimentiert, und langsam setzen Bodenbildung sowie Pflanzenwachstum ein. Damit stehen Huminsäuren bereit, die den Lösungsprozess beschleunigen. Sternförmig wachsen die Hohlformen (Cockpits) in die Kalkablagerungen hinein (M 5b). Begünstigt durch die hohen Temperaturen setzt sich die Kalklösung bis zum Vorfluterniveau fort (M 5c). In diesem Stadium kommt die Tiefenwirkung der Lösungsverwitterung zum Erliegen. Die entstandenen Kegel werden nur noch von den Seiten her angegriffen. Schließlich bleiben isolierte Karsttürme zurück, teilweise hundert und mehr Meter hoch (M 5d). Ursprünglich wurde nur die starke Lösungsaktivität wegen der in den Tropen höheren Temperaturen für diesen „reiferen" Formenschatz verantwortlich gemacht, doch kann wärmeres Wasser weniger $CO_2$ binden. Als unmittelbare Folge bildet sich auch weniger Kohlensäure ($H_2CO_3$). Insofern ist tropisches Niederschlagswasser zunächst weniger lösungsaktiv als das der Gemäßigten Breiten und der Wechselfeuchten Subtropen (Mittelmeerraum). Es ist die ganzjährig hohe biologische Aktivität, die üppige Vegetation, die reichlich die bereits erwähnten Huminsäuren bereitstellt. Sie greifen, begünstigt durch die höheren Temperaturen, die Gesteine besonders intensiv an. Lösung setzt somit im Verbund mit ausreichender Vegetationsbedeckung verstärkt am Sockel der Karsttürme an. Dabei entstehen Lösungshohlkehlen (Foto 6).

**6 Hohlkehlenartige Unterschneidung durch Lösung am Fuße eines Karstturms**

**1** Beschreiben Sie die Entstehung der Winter Park-Einsturzdoline.

**2** Erläutern Sie die Entstehung der Karstformen in den Tropen.

**3** Stellen Sie tabellarisch die Unterschiede zwischen tropischen und nichttropischen Karstgebieten dar.

# 5.10 Landschaftsgestalter Mensch

1 **Palm Island, Dubai**

2 **Drei-Schluchten-Staudamm, China**

Seite 7
Sphärenmodell der Erde

Seite 106 – 107
Landschaft

3 **Gully-Bildung auf Ackerflächen im Hochland von Bolivien**

Die Aktivitäten des wirtschaftenden und siedelnden Menschen hinterlassen rund um den Globus deutliche Spuren im Landschaftsbild. Längst ist die ursprüngliche Naturlandschaft vielerorts in eine intensiv genutzte Kulturlandschaft überführt worden. Nicht immer erfolgt der vom Menschen induzierte **Landschaftswandel** unter Berücksichtigung natürlicher Gleichgewichte. Übermäßige Nutzung ökologischer Ressourcen kann auch dem Reliefgefüge irreversiblen Schaden zufügen. Mitunter führen unangepasste Eingriffe zu negativen Rückkopplungseffekten im Bereich der Anthroposphäre. Sie können dann sogar häufig die wirtschaftlichen Ergebnisse schmälern.

Zahlreiche Beispiele zeigen, dass neben den wirtschaftlichen Schäden unmittelbare Bedrohungspotenziale für Lebens- und Wirtschaftsräume erwachsen können. Die Abholzung der Regenwälder führt zu verstärkter Erosion, gewaltige Staudammbauten und Flussbegradigungen stören hydrologische Systeme und beeinflussen die Abfluss- und Sedimentationsdynamik großer Flüsse. Unangepasste Landnutzung kann Desertifikation hervorrufen und Materialverlust durch Winderosion bewirken, die Abholzung von Schutzwäldern im Gebirge erhöht die Gefahr von Muren- und Lawinenabgängen. Nicht zuletzt die Versiegelung und Umgestaltung riesiger Flächen durch Siedlungs- und Verkehrswegebau ist ein erheblicher Eingriff in die Reliefsphäre. Diese Aufzählung ließe sich beliebig erweitern und zeigt auch, dass die Prozesse keineswegs Erscheinungen unserer jüngsten Vergangenheit darstellen, sondern teilweise schon vor Jahrhunderten ihren Anfang nahmen. Insbesondere landwirtschaftliche Aktivitäten, z. B. in Form von Rodungen und Terrassierungen, leiteten bereits vor tausenden von Jahren den Wandel von einer Natur- in eine Kulturlandschaft ein.

Erst langsam setzt in vielen Ländern ein bewusster und verantwortungsvollerer Umgang mit der uns umgebenden Oberfläche ein. So müssen bei Gesteinsentnahmen aus der Erdkruste (z. B. Steinbrüche oder Tagebau) inzwischen europaweit strenge Auflagen des Landschaftsschutzes eingehalten werden (Quellentext 4). Nach wie vor erweist sich die globale Ausgestaltung einer **nachhaltigen Nutzung** des Systems Erde als problematisch, da Entwicklungsdefizite, Bevölkerungsdruck und politisch-wirtschaftliche Interessen dem Landschaftsschutz in vielen Regionen der Erde enge Grenzen setzen.

**Literaturtipp**
Landschaft: Schutz und Nutzungskonflikte
29760X-5101

## 4 Aus dem Bundesnaturschutzgesetz

**§ 1 Ziele des Naturschutzes und der Landschaftspflege**

(1) Natur und Landschaft sind auf Grund ihres eigenen Wertes und als Grundlage für Leben und Gesundheit des Menschen auch in Verantwortung für die künftigen Generationen im besiedelten und unbesiedelten Bereich ... zu schützen ...

(4) Zur dauerhaften Sicherung der Vielfalt, Eigenart und Schönheit sowie des Erholungswertes von Natur und Landschaft sind insbesondere

1. Naturlandschaften und historisch gewachsene Kulturlandschaften, auch mit ihren Kultur-, Bau- und Bodendenkmälern, vor Verunstaltung, Zersiedelung und sonstigen Beeinträchtigungen zu bewahren...

(5) Großflächige, weitgehend unzerschnittene Landschaftsräume sind vor weiterer Zerschneidung zu bewahren. Die erneute Inanspruchnahme bereits bebauter Flächen sowie die Bebauung unbebauter Flächen im beplanten und unbeplanten Innenbereich, soweit sie nicht für Grünflächen vorgesehen sind, hat Vorrang vor der Inanspruchnahme von Freiflächen im Außenbereich. Verkehrswege, Energieleitungen und ähnliche Vorhaben sollen landschaftsgerecht geführt, gestaltet und so gebündelt werden, dass die Zerschneidung und die Inanspruchnahme der Landschaft sowie Beeinträchtigungen des Naturhaushalts vermieden oder so gering wie möglich gehalten werden. Beim Aufsuchen und bei der Gewinnung von Bodenschätzen, bei Abgrabungen und Aufschüttungen sind dauernde Schäden des Naturhaushalts und Zerstörungen wertvoller Landschaftsteile zu vermeiden; unvermeidbare Beeinträchtigungen von Natur und Landschaft sind ... durch Förderung natürlicher Sukzession, Renaturierung, naturnahe Gestaltung, Wiedernutzbarmachung oder Rekultivierung auszugleichen oder zu mindern.

## 5 Weinbauterrassen am Kaiserstuhl

## 6 Blockbild Tagebau Garzweiler (westliche Kölner Bucht)

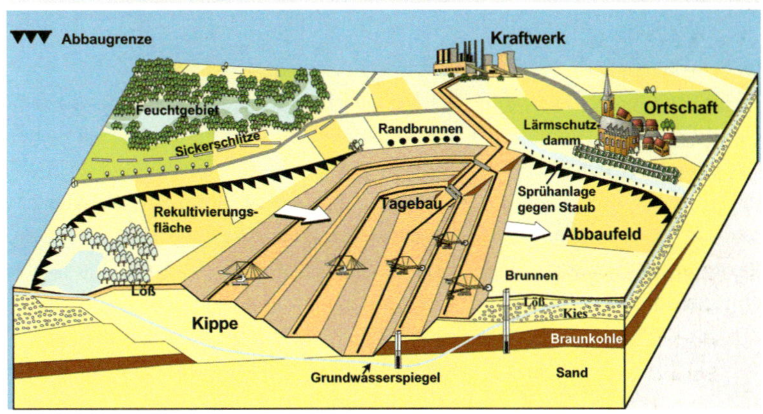


**1** Im Text werden Nutzungsformen genannt, die zur Veränderung des ursprünglichen Reliefs führen. Nennen Sie weitere Beispiele.

**2** Erörtern Sie mögliche Auswirkungen großer Staudammprojekte auf das Relief.

**3** Foto 5 zeigt die Folgen menschlicher Eingriffe in den Landschaftshaushalt. Erstellen Sie unter Einbeziehung weiterer Quellen (Internet, Atlas) für die gezeigten Phänomene ein Ursache-Wirkungsgefüge.

**4** Bewerten Sie unter Berücksichtigung der Grafik 6 die landschaftsverändernden Auswirkungen des Abbaus von Braunkohle in der Kölner Bucht.

TERRA **METHODE**

**Geologische Karten sind eine wichtige Arbeitsgrundlage der Geowissenschaften. Von hohem praktischem Wert sind sie auch für die Landwirtschaft, den Umweltschutz und die Rohstoffgewinnung. Bei geplanten Bauvorhaben geben sie z.B. Auskunft über die geologische Beschaffenheit, insbesondere über die Stabilität des Baugrundes. Geologische Karten zeigen einen Ausschnitt der festen Erdkruste. Dargestellt sind in der Regel die an der Oberfläche anstehenden Gesteine sowie die tektonischen Strukturen. Um diese Informationen zu sammeln, finden sowohl im Gelände als auch im Labor Untersuchungen der Gesteine statt. Als Grundlage für geologische Karten dienen topographische Karten, in welche die gewonnenen Ergebnisse eingezeichnet werden.**

**1 Entstehung der südwestdeutschen Schichtstufenlandschaft**

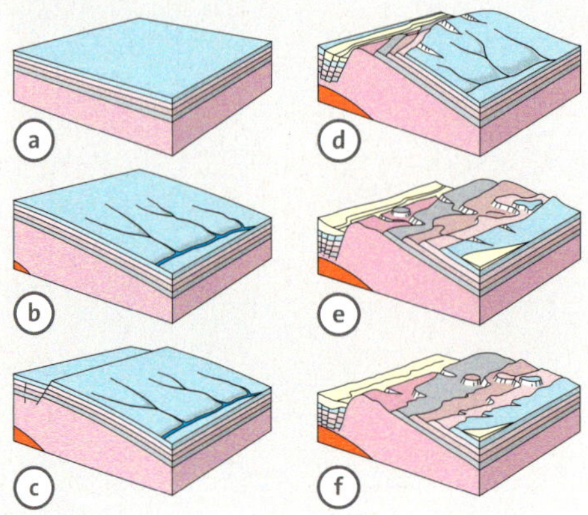


Mit der Auffaltung der Alpen begann in den nördlich davon gelegenen Regionen eine Phase tektonischer Unruhe. Aufsteigendes Magma bewirkte im Bereich des heutigen Oberrheingrabens tektonische Hebung. Das verfestigte mesozoische Deckgebirge wurde dabei schräg gestellt, zentrale Teile des Grabens sackten in die Tiefe. Fließgewässer formten zwischen Rhön und Donau eine stark zergliederte **Schichtstufenlandschaft** (Ausschnitt vgl. Karte 2).

# Interpretation Geologischer Karten

Mithilfe der Karte 2 auf der Nachbarseite lernen und üben Sie geologische Karten zu interpretieren. Die folgenden Arbeitsschritte sollen Ihnen dabei als „roter Faden“ dienen.

### 1. Schritt: Formales/Orientierung

Nach einer gründlichen Betrachtung der Karte, der Benennung des Themas, der Quelle und des Erstellungsdatums erfolgt die räumliche Einordnung des gezeigten Ausschnitts. Dies macht es bei geologischen Karten mitunter erforderlich, eine zweite topographische oder Übersichtskarte zu Rate zu ziehen. Ebenfalls zur Orientierung gehören die Ermittlung des Maßstabs und der Größe des gezeigten Raumausschnittes.

### 2. Schritt: Beschreibung der Karte

Ein wesentlicher Punkt bei der Beschreibung geologischer Karten ist die gründliche Einarbeitung in die Kartenlegende. Wichtig ist nun, die Karte nach zusammenhängenden Strukturen zu untersuchen, um zu einer gegliederten Beschreibung zu gelangen. Dabei können entweder markante Teilräume in ihrem geologischen Aufbau nacheinander (z.B. von Norden nach Süden) beschrieben werden oder es erfolgt eine Betrachtung der Gesamtkarte, gegliedert nach geologischen Strukturen. Bei beiden Gliederungsmöglichkeiten steht die Lagebeschreibung geologischer Einheiten im Vordergrund (Was liegt wo?).

### 3. Schritt: Erklärung und Analyse des Karteninhalts

Der reinen Lagebeschreibung folgt nun die Analyse der strukturellen Zusammenhänge (Warum?). Da die Beschreibung aller Prozesse und Zusammenhänge viel zu komplex wäre, ist es sinnvoll, die Analyse, aber auch die nachfolgende Diskussion auf begründete Schwerpunkte zu begrenzen. (Vgl. hierzu auch Grafik 2 auf S. 9 und eine Geologische Zeittafel, z.B. ONLINE-Link 29760X-5305).

### 4. Schritt: Bewertung und Diskussion

Am Schluss der Interpretation können Überlegungen stehen, die sich aus der Beschreibung und Analyse der Karte ergeben. Meist müssen dabei weitere Quellen herangezogen werden. Bei unserer Karte könnten unter anderem folgende Fragestellungen diskutiert werden: Welchen Einfluss haben die geologischen Gegebenheiten auf die landwirtschaftliche Nutzung, den Bau von Verkehrswegen und Siedlungen usw. ...?

**2 Geologische Reliefkarte des südwestdeutschen Schichtstufenlandes**

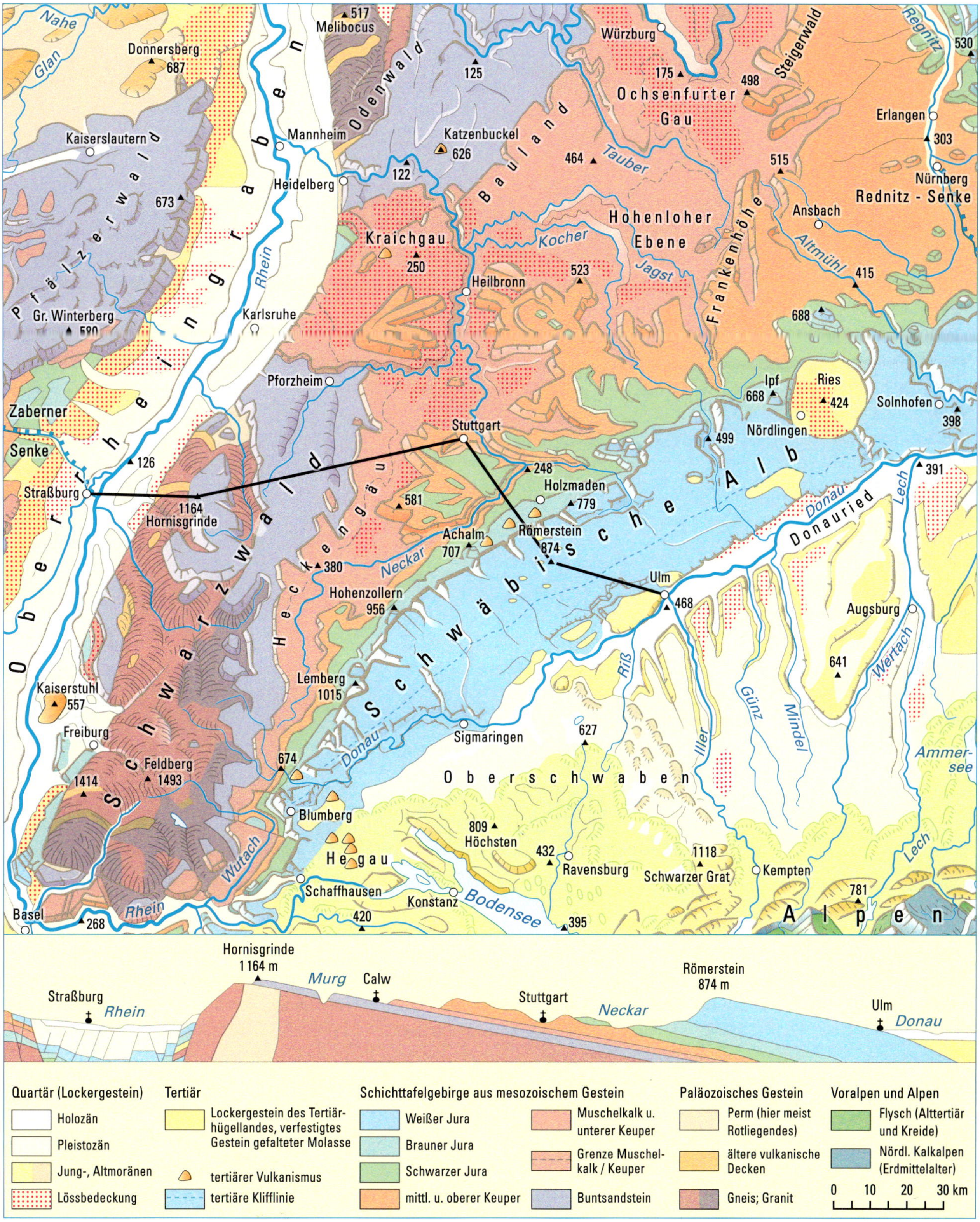

5 TERRA **KOMPETENT**

**Diese Doppelseite bietet Ihnen die Möglichkeit der Selbsteinschätzung: Beherrsche ich das erforderliche Fachvokabular – verfüge ich tatsächlich über die mit der Bearbeitung dieses Kapitels angestrebten Sach-, Methoden- und Handlungskompetenzen? Überprüfen Sie sich selbst.**

**Wichtige Fachbegriffe**

Ästuar
Ausgleichsküste
Boddenküste
Deflation
Delta
Dünen
Endogene Geofaktoren
Erosion
Exogene Geofaktoren
Flachküste
Flussbegradigung
Geosphäre
Gesteinskreislauf
Ingressionsküste
Karst
Kerbtal
Klamm
Kliff
Landschaft
Landschaftswandel
Mäander
Massenselbstbewegung
nachhaltige Nutzung
Permafrost
Schichtstufenlandschaft
Steilküste
Talgletscher
Trogtal
Verwitterung
Wattenküste

Die Definitionen dieser Begriffe finden Sie im Arbeitsanhang (S. 192–201).

# Wissen vernetzen

**1 Prozessgefüge der Reliefentstehung**

**Geomorphologie**
(Lehre von der Entstehung des Reliefs)

**Materialaufbereitung**
(Verwitterung)

**Physikalische Verwitterung**
- Thermische Verwitterung
- Frostverwitterung
- Salzsprengung
- Wurzelsprengung
- Bioturbation
- Druckentlastung

**Chemische Verwitterung**
- Hydrationsverwitterung
- Lösung und Oxidation
- biolog.- chem. Verwitterung

**Materialumlagerung**
(Dislokation und Transport)

**bewegtes Wasser (z. B. Flüsse)**
- lineare Erosion
- Lösung

Formen (z. B.): Täler, Dolinen

**bewegtes Eis (Gletscher)**
- Glazialerosion

Formen: Trogtäler, Rundhöcker

**bewegte Luft**
- Deflation

Formen: Ausblasungswannen

**Materialablagerung**
(Akkumulation und Sedimentation)

**Sedimentation klastischer Materialen**
- Moränen
- Deltas
- Wattenmeer
- Schwemmfächer
- Dünen
- Löss

**Chemische Sedimentation**
- Salzkrusten
- Gipslager
- Tropfsteine
- Kalktuff

**Sedimentation organischen Materials**
- Muschelschalen
- Moor
- Torf
- Kohle

**Exogene (z. B. Klima) und Endogene Geofaktoren (z. B. Tektonik) bestimmen Reliefformungen**

Alle Formen der Erdoberfläche sind das Ergebnis der Wirkung unterschiedlicher Exogener und Endogener Geofaktoren. Eine wesentliche Grundlage für die Formung ist das Vorhandensein transportierbarer Materialien. Je nach Region und Klima sorgen unterschiedliche Verwitterungsarten für die Zerlegung des Gesteins. Die Materialverlagerung übernehmen Wind, Wasser, Eis aber auch menschliches Wirken. Reicht die Schleppkraft der Transportmedien nicht mehr aus, werden mitgeführte Sedimente abgelagert. Auch die deutschen Landschaften weisen einen sehr vielfältigen Formenschatz auf. Weite Teile des Norddeutschen Tieflandes aber auch die Alpen wurden intensiv von den eiszeitlichen Gletschern geformt. Während in Norddeutschland mächtige Ablagerungen aus Moränenmaterialien an der Oberfläche anstehen, prägen die festen Gesteine des Grundgebirges die Oberflächen der Mittelgebirgszone.

**Material**
Bogen zur Selbsteinschätzung
29760X-5121

# Kompetenzen überprüfen

**Überprüfen** Sie Ihre bei der Bearbeitung des Kapitels erworbenen Kompetenzen.

Nehmen Sie dabei die untenstehende **Selbsteinschätzung** Ihres Kompetenzstandes unter Verwendung der folgenden Klassifikation vor:
1 = stimmt
2 = stimmt überwiegend
3 = stimmt teilweise
4 = stimmt nicht

Eine Checkliste mit der Möglichkeit zum Ankreuzen Ihres Kompetenzstandes stellt Ihnen im Internetauftritt dieses Schülerbuches unter dem ONLINE-Link 29760X-5121 zur Verfügung.
Wenn Sie Hilfe benötigen, wenden Sie sich an Ihre betreuende Lehrerin oder Ihren Lehrer.

**2 Arbeitschritte für die Selbsteinschätzung**

**1. Schritt**
Führen Sie die Selbsteinschätzung zunächst allein durch.

**2. Schritt**
Vergleichen Sie die Ergebnisse im (Zweier-) Team.

**3. Schritt**
Arbeiten Sie Möglichkeiten und Methoden heraus, festgestellte Lücken zu schließen und Defizite zu beseitigen.

**Sachkompetenz – Ich kann ...**
- die Landschaftselemente und -formen benennen,
- die Entstehung der Landschaftstypen beschreiben,
- die Reliefgestaltung durch verschiedene exogene Faktoren (Wasser, Eis, Wind usw.) erläutern,
- grundlegende Prozesse wie Materialaufbereitung (Verwitterung), Transport und Ablagerung (Akkumulation und Sedimentation) erläutern,
- den Einfluss des Menschen auf die Gestaltung der Landschaft analysieren.

**Methodenkompetenz – Ich kann ...**
- eine geologische Karte auswerten,
- Zusammenhänge zwischen geologischem Unterbau und Reliefbildung an Modellen erläutern,
- auf Fotos gezeigte Lokalitäten auf einer geologischen Karte verorten.

**Handlungskompetenz – Ich kann ...**
- sachlich und methodisch fundiert in einer Lokale Agenda 21-Gruppe an der zukunftsfähigen Gestaltung meines Heimatraumes mitwirken,
- im Rahmen einer Befragung bei der Baubehörde die Bauleitplanung meiner Gemeinde im Hinblick auf den Schutz der Reliefsphäre, Flächenrecycling und ökologische Ausgleichsmaßnahmen überprüfen,
- Personen in meinem Familien-, Bekannten- und Freundeskreis von der Notwendigkeit eines schonenden Umgangs mit der Umwelt überzeugen. Ich kann diese Kompetenz ggf. auch in einem Rollenspiel beweisen.

# 6 Die Böden

Hebt ein Bagger eine Baugrube aus, so wird das dabei anfallende „Bodenmaterial" meist recht achtlos zur Seite geschoben. Doch worum handelt es sich bei dem Boden und welche Bedeutung hat er für uns?
Als Boden bezeichnet man den geringmächtigen, mit Wasser, Luft und Lebewesen durchsetzten obersten Teil der Erdkruste. Er ist durch Umwandlung mineralischer und organischer Substanzen entstanden und in der Lage, höheren Pflanzen als Standort zu dienen. Mit Atmosphäre, Hydrosphäre, Biosphäre und Lithosphäre bildet er ein System, das durch den wirtschaftenden Menschen beeinflusst wird, aber auch Auswirkungen auf dessen Tun hat.
Bereits diese knappe Definition macht deutlich, dass der Boden nicht nur eine von mehreren Komponenten im natürlichen Ökosystem ist, sondern eine entscheidende Grundlage für das Leben auf der Erde darstellt. Er steht in enger Wechselbeziehung mit dem Wasser, der Luft, den Pflanzen, Tieren und Menschen und übt zusammen mit diesen Geofaktoren eine Reihe wichtiger Funktionen in der Ökosphäre aus:
Während die Bodenkunde (Pedologie) sich schwerpunktmäßig mit dem Aufbau, der Entstehung und der Typisierung von Böden beschäftigt, zielt die Bodengeographie darüber hinausgehend auf eine Erklärung der räumlichen Verbreitung der Böden im Rahmen der geographischen Ökosystemlehre ab.

**Drei Schritte bis zum Ziel**

**Ziel**

Die Entstehung und die Bestandteile des Bodens zu kennen sowie seine Funktionen zu verstehen, hilft, ihn gerade auch angesichts des enormen Flächenverbrauchs in Ländern wie Deutschland als wertvolles, erhaltenswertes und vielerorts auch gefährdetes und somit zu schützendes Gut zu erkennen und wertzuschätzen.

**1. Schritt: Grundlagen erarbeiten**

- Faktoren der Bodenbildung,
- Stoffe und Vorgänge bei der Bodenbildung.

**2. Schritt: Wissen vernetzen**

- Bodenfruchtbarkeit und ihre Grundlagen,
- Entwicklung der Böden in Zeit und Raum,
- die verschiedenen Typen von Böden in Mitteleuropa und anderen Teilen der Welt und die sie prägenden Prozesse.

**3. Schritt: Kompetenzen anwenden**

- Funktionen des Bodens verstehen,
- Gefährdungen des Bodens erkennen,
- einfache Bodenuntersuchungen durchführen.

**1 Bodenaufschluss durch Straßenbauarbeiten**
**2 Ackerfläche in Deutschland**
**3 Deflation über einer Ackerfläche in Westkansas (USA)**
**4 Gullyerosion auf Ackerflächen**

2

4

# 6.1 Wie entsteht Boden?

**Kompetenzen in diesem Kapitel erwerben:**
- die Entwicklung von Böden als Resultat des Zusammenwirkens der beteiligten Geofaktoren erklären;
- wichtige bodenbildende Prozesse erläutern;
- wichtige Bodentypen nach ihren wesentlichen Eigenschaften charakterisieren;
- Faktoren, welche die Bodenfruchtbarkeit bestimmen, erläutern;
- Formen der Bodendegradation beschreiben und ihre Ursachen und Wirkungszusammenhänge erklären.

- - ➔
Seite 108 – 111
Verwitterung
Seite 138
äolische Prozesse

Für viele Pflanzen und Tiere, aber auch für uns Menschen bildet die **Pedosphäre** eine zentrale Existenzgrundlage. **Böden** dienen dem Anbau von Feldfrüchten, speichern Niederschlagswasser oder wirken als Filter und Puffer von Schadstoffen.

Wird z.B. durch den Bau einer Straße ein **Bodenprofil** bis zum anstehenden Ausgangsgestein freigelegt, können wir gut erkennnen, dass sich der Boden hinsichtlich Farbe, Struktur und Mineralzusammensetzung vom darunterliegenden Ausgangsgestein unterscheidet.

Es stellt sich nun die Frage, wie Böden entstehen und welche Faktoren Einfluss auf ihre Entwicklung haben.

### Geofaktoren der Bodenentwicklung

Die Bodenbildung wird durch das Zusammenwirken verschiedener Geofaktoren bestimmt. Insofern weisen die Böden hinsichtlich ihrer Ausprägung und Zusammensetzung je nach Standortbedingungen und Entwicklungszeit unterschiedliche Merkmale auf.

Durch das Einwirken physikalischer und chemischer Verwitterungsprozesse wird das Ausgangsgestein gelockert und aufbereitet.

Die Anfälligkeit des zugrundeliegenden Gesteins für das Einwirken von Verwitterungsvorgängen ist von seiner Konsistenz (z.B. Klüftigkeit, Korngröße) und seinen Mineralbestandteilen abhängig. So entwickeln sich aus silikatischen Ausgangsgesteinen eher saure, aus karbonatischen Ausgangsgesteinen eher basische Böden. Auf lockeren Sanden läuft die Bodenentwicklung schneller ab als etwa auf harten Basalten.

Durch Einstrahlung, Temperatur, Niederschlag und Verdunstung bestimmt das Klima, inwieweit Böden mit Feuchtigkeit und Wärme versorgt werden. Hohe Niederschläge können eine Auswaschung von Nährstoffen oder oberflächlichen Bodenabtrag durch Abschwemmen der Bodenkrume bewirken. Eine Austrocknung kann zur Entstehung von Schwundrissen, zum Verlust der Kohäsion der Bodenpartikel führen und somit die Winderosion (Deflation) fördern. Auch die Verwitterungsintensität wird durch die Temperatur und das Feuchteangebot im Boden bestimmt. So ermöglicht ein hohes Wasserangebot in Verbindung mit hohen Temperaturen intensive chemische Verwitterung, während trocken-heiße Bedingungen beziehungsweise häufiger Frostwechsel eher eine physikalische Verwitterung begünstigen.

Die Bodenluft ist wichtig für die Atmung der Pflanzenwurzeln. Ihr Anteil im Bodenkörper ist abhängig von der Menge des **Bodenwassers**, welches wiederum eine entscheidende Rolle für die Zu- und Abfuhr von Stoffen im Boden sowie für die Aufnahme von Nährstoffen über die Pflanzenwurzeln spielt. Lockere, gut durchwurzelbare Böden besitzen eine hohe **Bodengare**.

**1 „Garer" Boden mit lockerem Gefüge und guter Durchwurzelung**

**2 Schema der die Bodenbildung beeinflussenden Faktoren**

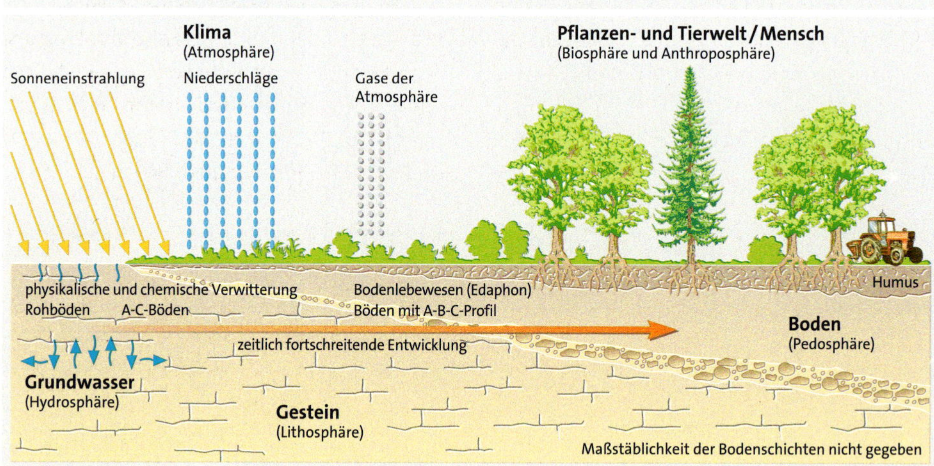

Surftipp
Bodenkunde
29760X-6101

Material
Arten des Bodenwassers
29760X-6102

Surftipp
Bodenwasser und Bodenluft
29760X-6103

**3 Beispiel für die Zusammensetzung eines Waldbodens (ohne Bodenluft und -wasser, in Vol.-%)**

Nach Gerd Hintermaier-Erhard, Wolfgang Zech: Wörterbuch der Bodenkunde. Stuttgart: Enke 1997, S. 32

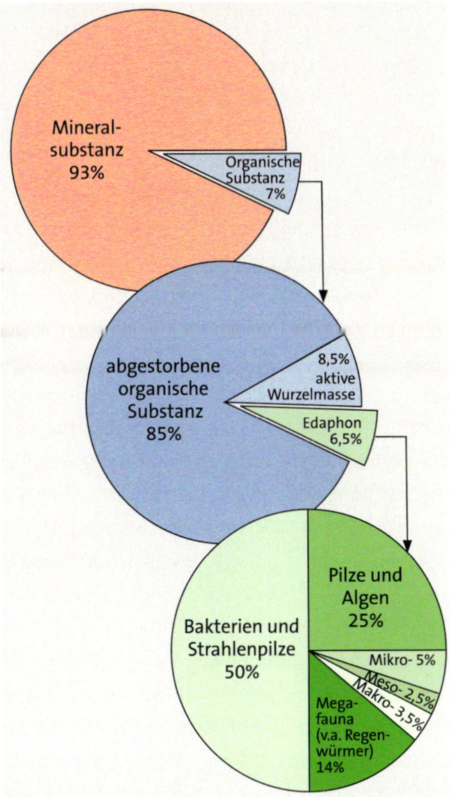


**4 Fauna im Boden**

Aufgrund ihrer Fähigkeit zur Zerkleinerung und Zersetzung abgestorbener pflanzlicher und tierischer Bestandteile hat die Bodenfauna (Edaphon) eine nicht zu unterschätzende ökologische Funktion. Bodenkriecher und -wühler durchmischen die mineralischen und organischen Bestandteile des Bodens (**Bioturbation**), wodurch der Gasaustausch zwischen Bodenluft und Atmosphäre gefördert wird. Insbesondere den Regenwürmern kommt bei diesen Prozessen eine besondere Bedeutung zu.

Bis zu 2000 Regenwürmer können auf einer Bodenfläche von einem Quadratmeter leben!

**Kohäsion**
Zusammenhalt der einzelnen Partikel im Boden.

Die Pflanzen- und Tierwelt ist einerseits abhängig vom Nährstoff- und Wasserangebot des Bodens, führt diesem andererseits aber auch organische Substanz zu. Bodenlebewesen sorgen für deren Zerkleinerung, Um- bzw. Abbau und Zersetzung. Dichte Vegetation schützt den Boden vor Abtragung und Austrocknung, Wurzeln tragen zur Lockerung des Ausgangsmaterials wie auch des Bodengefüges bei.
Auch das Relief hat einen nicht zu unterschätzenden Einfluss auf den Boden. So bietet z. B. ein ebenes bis schwach geneigtes Gelände gute Voraussetzungen für eine ungestörte, tiefgründige Bodenentwicklung, während an steileren Hanglagen eine beständige Abtragung und Kappung der jeweiligen oberen Bodenschichten stattfindet. Die Exposition bestimmt den Grad der Besonnung und der Durchfeuchtung.
Über die naturgegebenen Faktoren hinaus hat auch das Wirken des Menschen, meist indirekt durch Eingriffe in die Vegetation, Folgen für den Bodenhaushalt. Schon seit der Bronzezeit lassen sich in Mitteleuropa Abspülung und Auswaschung als örtliche Folge von Rodungen nachweisen. Zunehmend haben nichtstandortangepasste und einseitige Beanspruchungen weltweit zur Verarmung von Böden geführt.

**1** Erstellen Sie ein Wirkungsgefüge, welches die bodenbildenden und -beeinflussenden Faktoren mit ihren Auswirkungen auf den Boden und ihre Beziehungen untereinander zum Ausdruck bringt.

**2** Erörtern Sie, welche Faktoren bedingen, dass die Bodenbildung mit zunehmender Höhenlage in Gebirgen zum Erliegen kommt.

**3** Erklären Sie, durch welche unterschiedlichen Bedingungen die Bodenbildung jeweils in der trocken-kalten Polarzone und in tropisch-humiden Gebieten geprägt ist.

**Bodenart**
Der Begriff bezeichnet die Korngrößenzusammensetzung des Bodens. Dabei wird zwischen Grob- (Korngröße > 2 mm) und Feinboden (Korngröße < 2 mm) unterschieden, wobei ersterer für die Lockerheit, letzterer für die Bodengüte (Nährstoff-, Wasserhaltevermögen) bedeutsam ist. Böden mit einem Grobbodenanteil von > 75 % werden als „Skelettböden" bezeichnet.

**Kationenaustauschkapazität**
Sie ist die Fähigkeit eines Bodens zum Kationenaustausch, d.h. Nährstoffe in pflanzenverfügbarer Form zu speichern, und ist somit ein wichtiger Faktor für die Beurteilung der Bodenfruchtbarkeit. Die Kationenaustauschkapazität wird in Milliäquivalent (mval) je 100 Gramm trockener Bodenmasse angegeben.

**6 Noch rein mineralisches Substrat: Ruderalstandort ehemaliger Tagebau mit Ansätzen einer initialen Bodenbildung**

**7 Junger Boden mit noch hohem Mineral- und Skelettanteil: wenig entwickelte Rendzina auf Kalkschotter**

## Mineralisierung als bodenbildender Prozess

Der überwiegende Anteil des Bodens besteht aus dem sogenannten Mineralkörper, der hauptsächlich aus der Gesteinsverwitterung hervorgegangenen ist. Das Ausgangsgestein wird durch physikalische und chemische Verwitterung in seine Mineralbestandteile zerlegt. Bei der physikalischen Verwitterung erfolgt durch Frost-, Hitze- und Salzsprengung eine Zerkleinerung des Gesteins, welches dabei allerdings chemisch unverändert bleibt. Erst die chemische Verwitterung bewirkt die weitere Zerlegung in die Mineralbestandteile. Durch den Einfluss von Säuren oder durch Lösungsvorgänge werden z. B. aus Granit die Primärminerale Feldspat, Quarz und Glimmer freigesetzt. In weiteren chemischen Prozessen werden unter Freisetzung von Kationen, die als Pflanzennährstoffe dienen, daraus **Tonminerale** gebildet.
Die chemische Verwitterung vollzieht sich in den einzelnen Klimaregionen unserer Erde mit unterschiedlicher Geschwindigkeit. Je höher die Temperaturen und Niederschläge sind, desto intensiver läuft sie ab. So ist sie in den immerfeuchten Tropen vier- bis fünfmal so stark

**5 Verwitterungs- und Abbauprozesse im Boden**

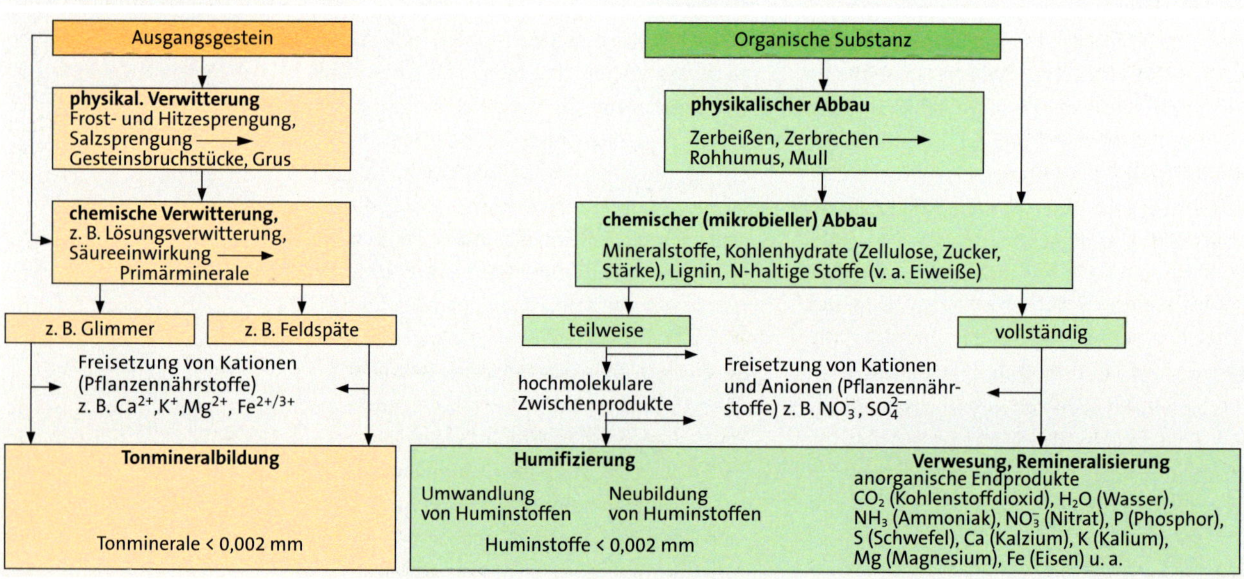

Material
Infoblatt Verwitterung
29760X-6104

**8** **Korngrößendreieck zur Bestimmung gemischter Feinsubstrate (Bodenarten) und Beurteilung ihrer Bearbeitbarkeit**

Es werden dabei hauptsächlich Sand-, Schluff- und Tonböden sowie als Mischform Lehmböden unterschieden. Übergangsformen werden mit Haupt- und Nebenbestandteilen angegeben (z. B. „Schluff, sandig" (Abkürzung U,s) oder „Lehm, tonig" (Abkkürzung L,t).

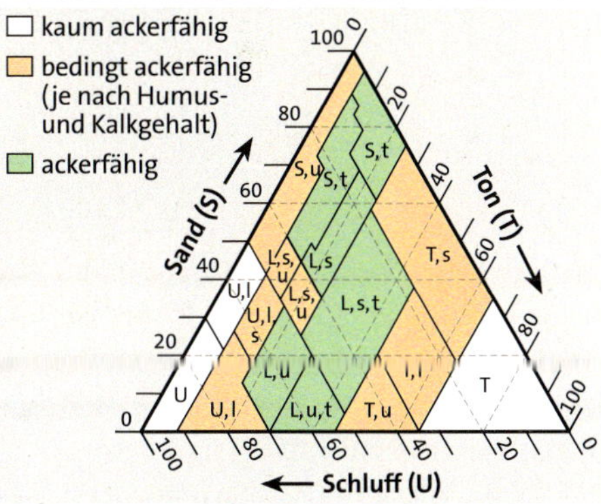


**9** **Korngrößenfraktionen nach DIN 4020/22 und Bodeneigenschaften in Abhängigkeit von der Bodenart**

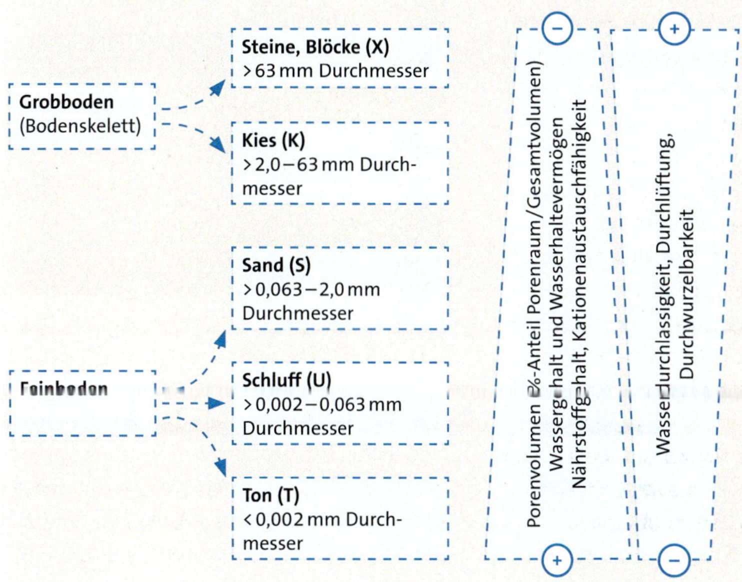


**10** **Aufbau und Kationenaustauschkapazität von Tonmineralen**

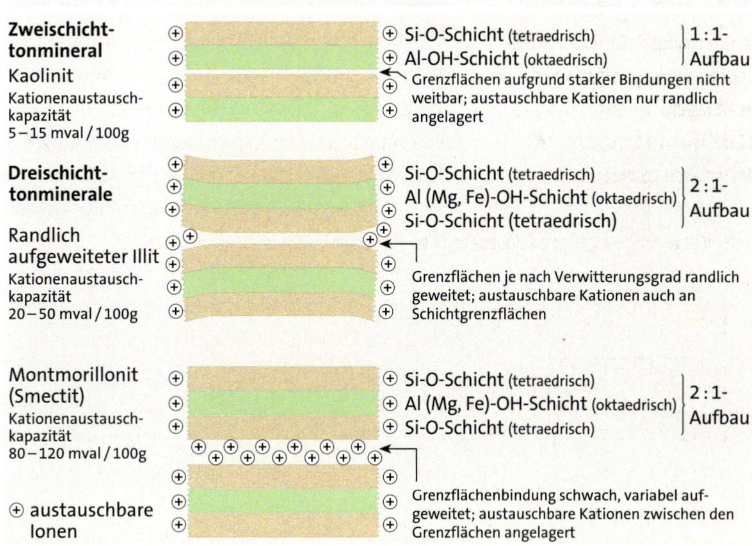


wie in den mittleren Breiten. Entsprechend besitzen die Böden der immerfeuchten Tropen eine größere Mächtigkeit als die unserer Breiten: ca. 8 – 10 m im Vergleich zu ca. 1 m.

Entscheidend für die **Bodenfruchtbarkeit** ist bei der mineralischen Substanz deren chemische Eigenschaft, eine bestimmte Menge an Pflanzennährstoffen zu speichern und an die Pflanzen abzugeben (**Kationenaustauschkapazität**). Nur die kleinste Gruppe der mineralischen Substanz, die Tonminerale, besitzt diese Fähigkeit.

### Tonminerale

Die Tonminerale bestehen aus mehreren Silikat-Molekülschichten. Sie werden deshalb als Schichtsilikate bezeichnet. Ihre verschiedenen Arten unterscheiden sich strukturell durch die unterschiedliche Anzahl von Silikatschichten.

Bei den Dreischichttonmineralen ist die Kationenaustauschkapazität besonders groß, da hier die Ionen zwischen den Schichten angelagert werden können. Sie kommen vor allem in den Böden der mittleren Breiten vor. Die austauscharmen Zweischichttonminerale herrschen in den Böden der immerfeuchten Tropen und in den niederschlagsreichen Teilen der Feuchtsavannen vor. Die unterschiedliche Austauschkapazität ist der entscheidende Grund dafür, dass die Fruchtbarkeit der meisten tropischen Böden geringer ist als die in den Außertropen.

**4** Erklären Sie die Funktion der Tonminerale.

**5** Bestimmen Sie durch grobe Einschätzung die Bodenarten eines Ihnen zur Verfügung stehenden Bodensubstrates (z. B. Blumen-, Gartenerde). Verwenden Sie dazu die Grafik 8.

**6** Beurteilen Sie die Vor- und Nachteile von Böden mit jeweils hohem Kies-, Sand- bzw. Tongehalt aus bodenkundlicher Sicht.

Die Menge Boden, die man mit zwei Händen halten kann, enthält mehr Lebewesen als Menschen auf der Erde existieren!

**12 Humus**

**13 Ton-Humus-Komplexe**

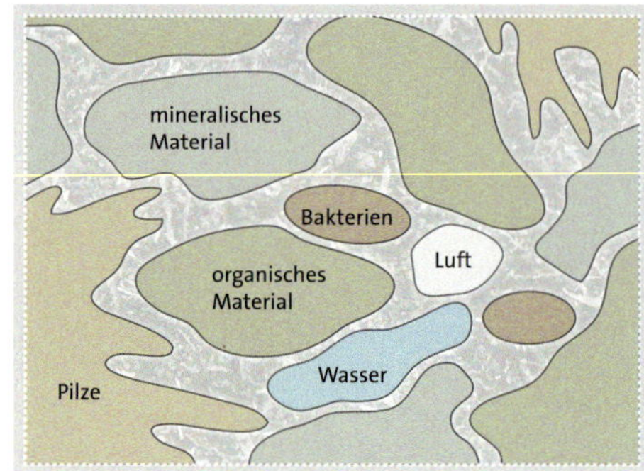


**11 Kationenaustauschkapazität von Huminstoffen und Tonmineralen**

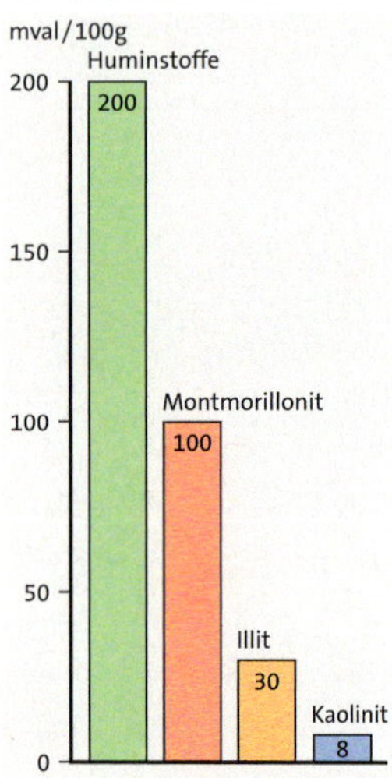


## Humifizierung

Wie das Ausgangsgestein, so wird auch die organische Bodensubstanz, welche aus abgestorbenen pflanzlichen und tierischen Bestandteilen besteht, umgewandelt. Der Umwandlungsprozess geschieht durch das **Edaphon**, das sind Kleinlebewesen wie Regenwürmer, Springschwänze, Milben oder Fliegenlarven sowie Mikroorganismen wie Bakterien, Algen und Pilze, die das organische Material zunächst mechanisch zerkleinern und dann chemisch zersetzen.

Produkte im Ergebnis dieses Prozesses sind u.a. Mineralstoffe, verschiedene Kohlehydrate, Eiweiße und andere Stoffverbindungen. Je nach weiterem Umwandlungsgrad werden daraus **Huminstoffe** (Huminkolloide).

Die letzte Stufe beim Abbau der organischen Substanz ist die Mineralisierung. Bei diesem Prozess werden die organischen Substanzen in anorganische überführt, z.B. in Kohlenstoffdioxid, Ammonium, Phosphate oder Stickstoff.

Die Huminkolloide weisen wie die **Tonminerale** eine Korngröße von $< 0{,}002$ mm auf und entscheiden zusammen mit diesen über die Fruchtbarkeit eines Bodens. Wie die Tonminerale haben sie die Fähigkeit, Pflanzennährstoffe in großen Mengen zu speichern. Ihre **Kationenaustauschkapazität** liegt jedoch um das Zwei- bis Dreifache über der der Tonminerale. Ebenso ist ihre Fähigkeit, Wasser und Gase anzulagern, im Vergleich zu den Tonmineralen um ein Vielfaches höher. Dementsprechend weisen Böden mit einem hohen Anteil an Huminstoffen, wie z.B. die Schwarzerdeböden in den kontinentalen Steppengebieten, eine außerordentlich hohe potenzielle **Bodenfruchtbarkeit** auf.

Die Auflockerung und Durchmischung von mineralischen und organischen Bodenbestandteilen wird durch Bodenwühler, wie z.B. Wühlmäuse, vorgenommen (**Bioturbation**). Dadurch ist auch ein guter Gasaustausch zwischen Boden- und atmosphärischer Luft gewährleistet. Noch weitergehend ist die Rolle vieler Kleinlebewesen, allen voran der Regenwürmer, welche in ihrem Verdauungstrakt durch Verbindung von mineralischen und organischen Stoffen für die **Bodengüte** wertvolle krümelige und stabile **Ton-Humus-Komplexe** erzeugen.

### pH-Wert

Die gesamten chemischen, biotischen und physikalischen Bodenbildungsprozesse, vor allem die Verfügbarkeit und Speicherfähigkeit der Pflanzennährstoffe, werden durch den pH-Wert gesteuert. Mit dem pH-Wert wird in diesem Falle die Säurekonzentration im Boden angegeben. Der ph-Bereich, in dem Nutzpflanzen optimal gedeihen, ist unterschiedlich. So beträgt er bei Weizen 6,5–7,0 (neutraler Bereich), bei Hafer ca. 6,0 (schwach saurer Bereich).

Auch die chemische Verwitterung ist vom ph-Wert abhängig. Je niedriger er ist, desto stärker verläuft die chemische Verwitterung. Bei niedrigen pH-Werten kommt es ferner zu einer erheblichen Einschränkung der biotischen Aktivitäten. Dauert dieser Zustand über längere Zeit an (z.B. durch den Eintrag saurer

**Material**
Infoblatt Bodenbildende Prozesse
29760X-6105

## 14 Die Bedeutung des pH-Wertes

Nach Dietrich Schroeder: Bodenkunde in Stichworten. Kiel: Hirt 1972, S. 78, und Eduard Mückenhausen: Die Bodenkunde. Frankfurt: DLG Verlag 1993, S. 25

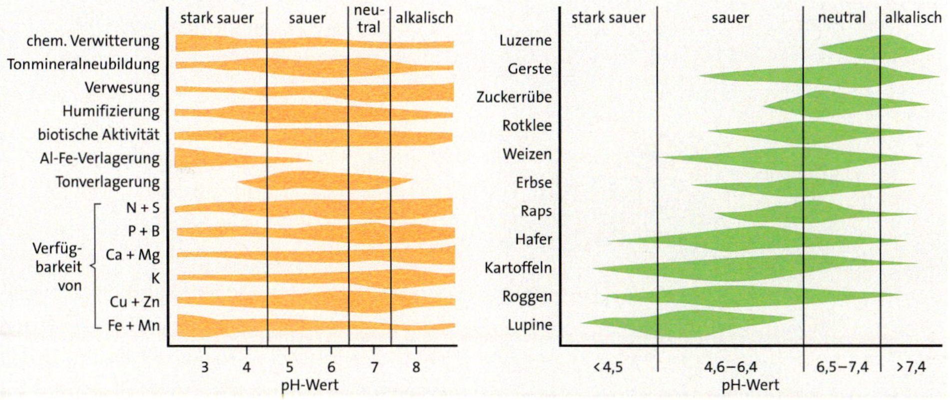


## 15 Die Folgen des Säureeintrags in den Boden

Nach Joerg Kues, Egbert Matzner, Dieter Murach: Saurer Regen und Waldsterben. Göttingen: Verlag Die Werkstatt 1984, S. 77

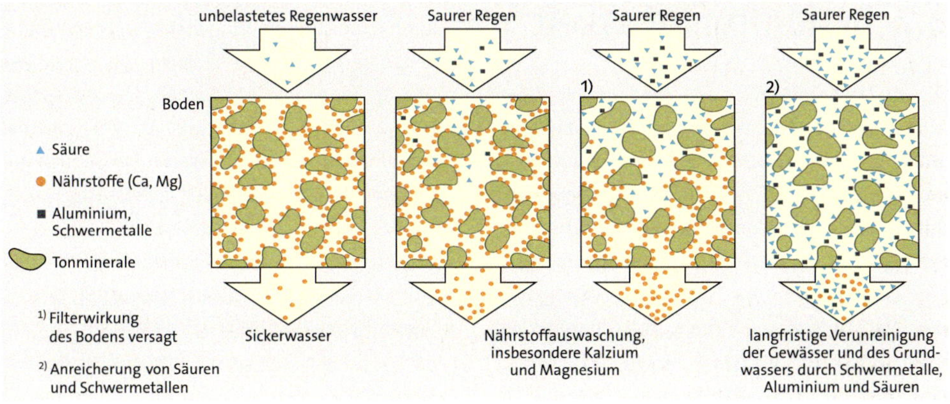


Niederschläge), werden die Bodenlebewesen geschädigt. Einer der ersten „Flüchtlinge“ ist dann der Regenwurm.

Zwar besitzen die Böden verschiedene Möglichkeiten zur **Pufferung**, mit denen der Säureeintrag über eine bestimmte Zeit ausgeglichen werden kann, ständiger Säureeintrag führt jedoch zur Zerstörung dieser Pufferfunktion. Im Endstadium kommt es dann zur vollständigen Auswaschung der Pflanzennährstoffe und zur Freisetzung von Metallionen, die potenziell Zellgifte sind. Im weiteren Verlauf gelangen diese Metallionen ins Grundwasser und belasten es in erheblicher Weise.

**7** Stellen Sie die den Tonmineralen bzw. Huminstoffen im Boden zukommenden Funktionen dar (Grafik 5). Erläutern Sie, worin die Gemeinsamkeiten bzw. Unterschiede liegen.

**8** Erklären Sie die Bedeutung der Ton-Humus-Komplexe.

**9** Analysieren Sie die Grafik 14 hinsichtlich des Einflusses des ph-Wertes auf die Verfügbarkeit von Pflanzennährstoffen.

**10** Erläutern Sie, bei welchem ph-Wert die Zersetzung der organischen Substanz optimal abläuft (Grafik 14).

**11** Erläutern Sie die Auswirkungen des Säureeintrages auf den Boden und das Grundwasser (Grafik 15).

**12** „Torfböden“ gelten aufgrund ihrer dunklen Farbe bei vielen Menschen als besonders ertragreich. Beurteilen Sie diese Meinung.

**1 Ackerbau in der Magdeburger Börde – hier gibt es die fruchtbarsten Böden Deutschlands**

**2 Die wichtigsten Elemente des Bodennährstoffhaushalts:**

Nach Winfried E. H. Blum: Bodenkunde in Stichworten, 6. Aufl. Berlin u. a.: Borntraeger 2007, S. 148

Hauptnährelemente (-mineralstoffe):
- Stickstoff (N)
- Schwefel (S)
- Kalium (K)
- Calcium (Ca)
- Magnesium (Mg)

In Spuren vorhandene Nährelemente:
- Bor (B)
- Molybdän (Mo)
- Chlor (Cl)
- Eisen (Fe)
- Mangan (Mn)
- Zink (Zn)
- Kupfer (Cu)

Zusätzlich wichtig:
$C^{4+}$-, $O^{2-}$- und $H^{+}$-Ionen aus
- Wasser ($H_2O$)
- Kohlenstoffdioxid ($CO_2$)

## 6.2 Bodenfruchtbarkeit

Die **Bodenfruchtbarkeit** ist abhängig von der Menge der verfügbaren Nährstoffe, die über eine günstige Bodenstruktur und ausreichend Wasser für die Pflanzen aufschließbar sein müssen. Pflanzen benötigen unterschiedliche Nährstoffe für ihren Stoffwechsel und zum Wachstum.

Fruchtbare Böden sind durch einen ausgeglichenen Nährstoffhaushalt, eine hohe Produktion pflanzlicher Substanz sowie die Fähigkeit, vielfältige Vegetation tragen zu können, gekennzeichnet. Günstige Faktoren sind dabei vor allem:
- ein hoher Gehalt an wertvollem Humus,
- eine möglichst tiefgründige Entwicklung,
- eine geringe Verdichtung mit großem Porenvolumen (gute Durchwurzelbarkeit, gute Wasseraufnahme und -abfuhr sowie -speicherung, guter Bodenluft- und Bodenwärmehaushalt),
- ein ausgeprägtes, vielfältiges Bodenleben,
- ein nicht zu saures bzw. basisches Milieu,
- eine günstige Zusammensetzung der **Tonminerale** und **Huminstoffe**.

Letzter Faktor wiederum steht im engen Zusammenhang mit dem Nährstoffangebot, da er entscheidend die Kationenaustauschfähigkeit und damit die Pflanzenverfügbarkeit der im Boden gespeicherten Nährstoffe bestimmt.

Durch verschiedene Maßnahmen können Landwirte den Anteil der Huminstoffe im Boden erhöhen. Dies erfolgt z. B., indem bei der Gründüngung Leguminosen als Zwischenfrucht zur Humusanreicherung angebaut werden. Knöllchenbakterien an den Wurzeln erhöhen dabei auch den Bodenstickstoffgehalt. Durch Ausbringung von Stallmist wird die Entwicklung und Erhaltung des Bakterienlebens gefördert, auf schweren, tonhaltigen Böden verbessert eingearbeitetes Stroh die Durchlüftung.

Die potenzielle Bodenfruchtbarkeit stellt einen Optimalzustand dar, bei dem alle natürlichen pedogenetischen Faktoren bestmöglich zusammenwirken. Für die Landwirtschaft ist eher die tatsächliche Bodenfruchtbarkeit von Bedeutung. Bei ihr kommt es zu Einschränkungen aufgrund nicht idealer Ausprägung eines oder mehrerer Faktoren

**3 Bodenmelioration: Mensch-Boden-Verhältnis aus historischer und nutzungsorientierter Sicht**

Ließ sich der sesshaft werdende Mensch in Mitteleuropa zunächst an Orten mit günstigen Standortbedingungen für den Ackerbau nieder, so sorgten zunehmender Bevölkerungsdruck und wachsende ackerbauliche Nutzungsintensität spätestens im Hochmittelalter dafür, dass die nutzbaren Flächen durch das Vordringen in Wälder, Moore oder Mittel- und Hochgebirgslagen erheblich erweitert wurden. Damit einher gingen Bemühungen zur Ertragssteigerung auf diesen ackerbaulich weniger günstigen Grenzertragsflächen (**Bodenmelioration**). Die aus den Waldrodungen hervorgegangenen Standorte wiesen oft saure, flachgründige und rasch erschöpfte Böden auf, die längerer Brachephasen bedurften. Sümpfe und Moore wurden durch Trockenlegung, z. T. auch durch Abbrennen oder Auftrag von Sand nutzbar gemacht.

Die Einführung der mineralischen Düngung ab der Mitte des 19. Jh. ermöglichte eine erhebliche Nutzungsintensivierung vieler Böden. Spezifische Düngergaben erlaubten es nun, Nährstoffmangel oder anderen negativen Tendenzen, wie Versauerung, entgegenzuwirken.

**Material**
Bodengütekarte von Deutschland
29760X-6201

**Surftipp**
digitale Bodeninformationssysteme
29760X-6202

**4 Ausschnitt aus Bodengütekarte von Bayern 1 : 100 000, Bl. 7 : Kitzingen**

Wiedergabe mit Gehnemigung des Bayerischen Landesvermessungsamtes München, Nr. 3054/02

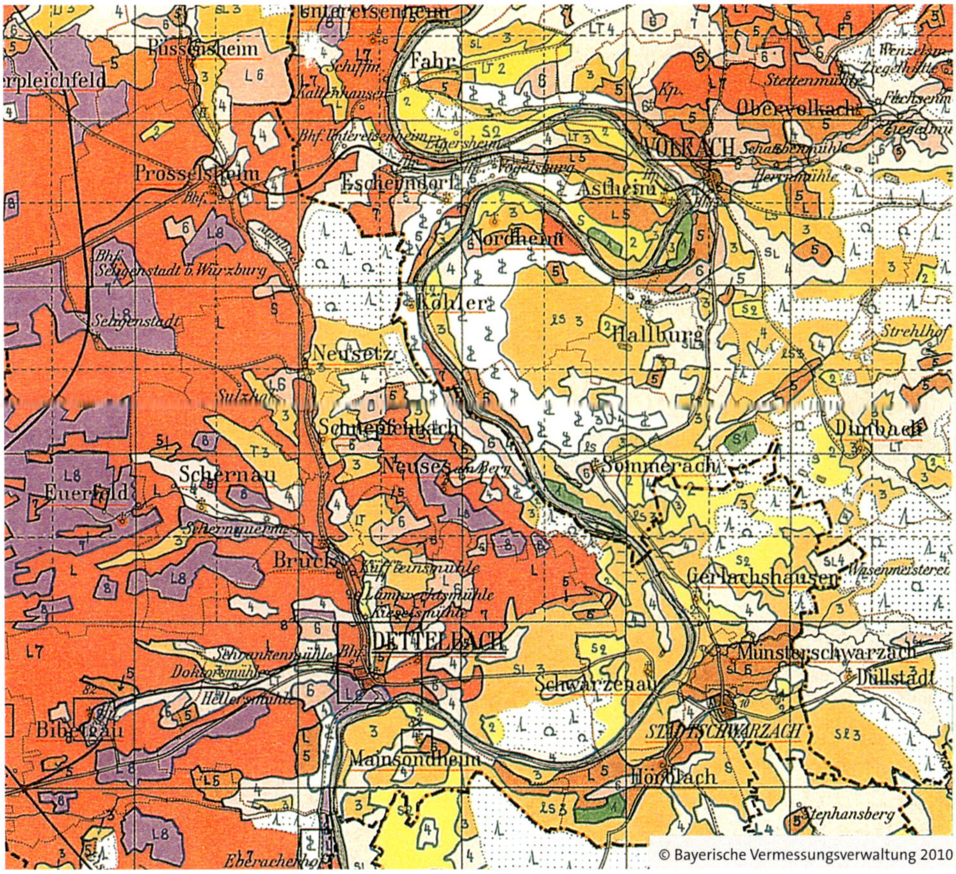




| Ertragsmeßzahlen je ha | | | Ertragsfähigkeit |
|---|---|---|---|
| grün | 0 | 0-9 | sehr schlecht |
| | 1 | 10-19 | |
| gelb | 2 | 20-29 | schlecht |
| | 3 | 30-39 | |
| braun | 4 | 40-49 | mittel |
| | 5 | 50-59 | |
| rot | 6 | 60-69 | gut |
| | 7 | 70-79 | |
| violett | 8 u. 9 | 80-100 | sehr gut |

Wald · Grünland

Ertragsmeßzahl = Bodenwertzahl × Fläche

**Bodenarten**
S Sand
Sl anlehmiger Sand
lS lehmiger Sand
SL stark lehmiger Sand
sL sandiger Lehm
L Lehm
LT schwerer Lehm
T Ton

bzw. auch zu positiven Abweichungen durch meliorative (bodenverbessernde) Eingriffe. So kann ein potenziell guter Boden wegen mangelnder Niederschläge schlechtere Ergebnisse zeigen, der Ertrag eigentlich schlechter Böden durch Düngerzugaben aber gesteigert werden.

In Deutschland wird die **Bodenfruchtbarkeit** bzw. -güte in der Regel gemäß den Grundlagen der Reichsbodenschätzung von 1934 bewertet. Hierbei wird die Ertragsfähigkeit eines Bodens durch eine „Bodenwertzahl" ausgedrückt, die unter Berücksichtigung verschiedener Faktoren das Verhältnis zu den besten Böden Deutschlands, den Schwarzerden der Magdeburger Börde (Bodenwertzahl 100), angibt. Böden auf **Löss** in den Gäulandschaften kommen so auf rund 70–80 Punkte, Rendzinen der Schwäbisch-Fränkischen Alb auf 30–50, Grenzertragsböden auf unter 30. Diese Bewertung geht in amtliche Karten ein und dient als Grundlage etwa für die Besteuerung oder für die Wertfestsetzung bei Flurbereinigungsmaßnahmen.

**1** Erklären Sie den Begriff Bodenfruchtbarkeit.

**2** Beurteilen Sie die Behauptung: „Je mehr Düngerzugaben, desto besser für den Boden und den Ertrag."

**3** Beschreiben Sie die Verteilung der verschiedenen Bodengüteklassen in Karte 4. Stellen Sie Hypothesen zu den Ursachen auf.

**4** Erörtern Sie die Frage, ob es – global gesehen – einen „idealen Boden" geben kann.

**5** Erläutern Sie, warum die in Grafik 8 auf Seite 153 als „kaum" bzw. „bedingt ackerfähig" ausgewiesenen Böden so bezeichnet werden.

**1 Vertikaler Aufbau eines typischen dreihorizontigen Bodens**

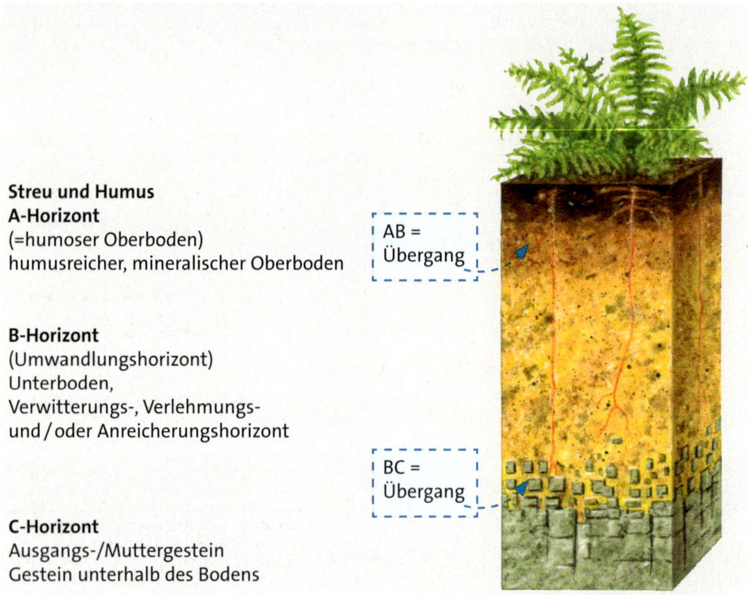


**2 Kennzeichnung der Bodenhorizonte (Auswahl)**

| | |
|---|---|
| O | organischer Auflagehorizont,<br>Sammelbegriff für eine Auflage aus mehr oder weniger zersetzter Pflanzensubstanz (O von organisch) |
| Of | Vermoderungshorizont (f von engl. fermentation layer) |
| Oh | Humusstoff-Horizont,<br>Horizont mit überwiegend organischer Feinsubstanz (h von Humus) |
| A | Oberboden,<br>oberster Mineralhorizont, vermischt mit Humus |
| Ah | durch Anreicherung von Humus entstandener oberster A-Horizont |
| Ae | durch Auswaschung von Huminstoffen und Säuren gebleichter A-Horizont (e von eluvial = ausgeschlämmt) |
| Al | durch Auswaschung von Ton aufgehellter A-Horizont (l von lessiviert = ausgewaschen) |
| Ap | durch Pflugarbeit gewendeter und durchmischter A-Horizont (p von Pflug) |
| B | Unterboden,<br>Sammelbegriff für den Verwitterungs- und/oder Anreicherungshorizont |
| Bv | durch Verwitterung verbraunter B-Horizont (v von verwittert) |
| Bh | mit Huminstoffen angereicherter B-Horizont |
| Bs | mit Eisen- und Aluminiumoxiden angereicherter B-Horizont (s von Sesquioxid = Al- und Fe-Oxide) |
| Bt | mit Ton angereicherter B-Horizont |
| C | Ausgangsgestein |
| Cv | schwach verwitterter Übergangshorizont zum Ausgangsgestein |
| G | durch das Grundwasser beeinflusster Horizont (G von Grundwasser) |
| S | durch Staunässe beeinflusster Horizont (S von Stauwasser) |

# 6.3 Bodentypen

Im Unterschied zur **Bodenart**, welche die Korngrößenzusammensetzung eines Bodens angibt (vgl. S. 152), kennzeichnet die Bezeichnung eines **Bodentyps** diejenigen Böden, die sich in einem gleichen oder sehr ähnlichen Entwicklungszustand befinden. Da in einem Landschaftsraum mit gleichartigen Bodenbildungsfaktoren (Ausgangsgestein, Relief, Klima, Vegetation, Wasser, Bearbeitung durch den Menschen) die Verwitterungs-, Umwandlungs- und Verlagerungsprozesse ähnlich ablaufen, entstehen auch gleichartige Böden. Diese Gleichartigkeit drückt sich sichtbar in einer Folge von **Bodenhorizonten** aus. Darunter versteht man horizontal angeordnete Bodenschichten, die dieselben Merkmale und Eigenschaften hinsichtlich Farbe, Gefüge, Mineralgehalt oder Chemismus besitzen. Diese Bodenhorizonte bilden die Grundlage für die Klassifizierung der Bodentypen.

Normalerweise wird ein **Bodenprofil** – von oben nach unten betrachtet – in die drei Horizonte A, B und C gegliedert. Über dem A-Horizont liegt in der Regel noch eine organische Auflage, die mit dem Buchstaben O bezeichnet wird. Die Mächtigkeit der einzelnen Horizonte ist sehr unterschiedlich, sie kann beim A-Horizont von wenigen Zentimetern bis zu mehreren Metern schwanken. Unter Umständen kann sogar ein Horizont fehlen, wie z. B. der B-Horizont bei der Schwarzerde, wo der mächtige A-Horizont direkt über dem kalkhaltigen Ausgangsgestein, vielfach **Löss**, liegt (vgl. Bodenprofil auf S. 161).

Zur Verdeutlichung der Prozesse, die in und zwischen den einzelnen Bodenhorizonten stattfinden, werden die Großbuchstaben der Horizonte durch Kleinbuchstaben ergänzt (vgl. nebenstehende Tabelle 2).

Diese Systematik wird vor allem in Deutschland verwendet. Gebräuchlich ist auch eine für mitteleuropäische Verhältnisse erarbeitete Systematik, die auf den Bodenmerkmalen aufbaut. Grundlage ist eine Einteilung in terrestrische, semiterrestrische (z. B. Moorböden) und hydrische Böden. Die beiden letztgenannten werden auch als **hydromorphe Böden** bezeichnet.

Material
Infoblatt Bodentypen
29760X-6301

Surftipp
Bodenprofile, Bodenklassifikationen
29760X-6302

**Paradeboden für die europäische Landwirtschaft: Die Parabraunerde**
Dieser Bodentyp hat weite Verbreitung in Mitteleuropa, wo er als typischer Boden insbesondere der niederschlagsreicheren Regionen gelten kann. Er ist zonal mit der Braunerde (vgl. Seite 160) vergesellschaftet und stellt in der Regel deren Weiterentwicklung im Sinne einer zeitlichen Abfolge dar. Hauptunterscheidungsmerkmal ist die Tatsache, dass bei der Parabraunerde feine Partikel der Tonfraktion mit dem Sickerwasser aus höheren in tiefere Bereiche des Bodenkörpers verlagert werden. Dieser an deutlich humide Bedingungen geknüpfte Vorgang wird als **„Lessivierung“** (Tonverschlämmung) bezeichnet. Die typische Horizontfolge des Bodentyps ist Ah–Al–Bt–(Bv)–C. Durch Auswaschung von Tonmineralen, Oxiden und organischen Stoffen nimmt der untere Teil des A-Horizonts eine fahle Farbtönung an. Ausgewaschene Partikel werden mit dem Sickerwasser abwärts verlagert und reichern sich im B-Horizont an (Bt), der dadurch bräunlich verfärbt und aufgrund der Anreicherung in den Hohlräumen verdichtet wird. Dieser Vorgang ist an gut durchspülte, zunächst wenig verdichtete Böden mit leicht saurem Milieu gebunden und ist somit typisch für niederschlagsreiche Regionen Mitteleuropas. Bei noch nicht vollständigem Übergang von der Braun- zur Parabraunerde ist unter dem Bt- noch ein verbliebener Bv-Horizont erkennbar.

1 Erklären Sie die Prozesse bei der Entstehung einer Parabraunerde.
2 Analysieren Sie am Beispiel der Bodentypen Podsol und Latosol (siehe S. 161) den Einfluss von Klima und chemischer Verwitterung auf die Bodenbildung.
3 „Die Fruchtbarkeit der Böden in den Tropischen Regenwäldern hält nicht, was die Vegetation verspricht“. Nehmen Sie Stellung zu dieser Aussage.
4 Beschreiben Sie mithilfe der Grafik 4 und des ONLINE-Links 29760X-6302 die Bodenentwicklung vom Rohboden zum Pseudogley.

## 3 Profil und Eigenschaften einer Parabraunerde auf Löss

Profil 47, Giebelstadt, Lkr. Würzburg Ausschnitt aus Blatt 47 der Merkblätter „Böden und ihre Nutzung“ der Bayerischen Landesanstalt für Bodenkultur und Pflanzenbau, Freising, o.J. Auf: www.lfl.bayern.de/iab/boden/10654/?auswahl=typ&typ[]=Parabraunerde (Juni 2010), verkleinert und leicht verändert

**Ap** 0–28 cm: dunkelgraubrauner, stark humoser, stark lehmiger Schluff; feinbröckeliges bis krümeliges Gefüge; gut durchwurzelt, zahlreiche Wurmröhren

**Al** 28–42 cm: graubrauner, schwach humoser, schluffiger Lehm; feinsubpolyedrisches bis kohärentes Gefüge; schwach durchwurzelt; Wurmröhren

**Bt** 42–80 cm: dunkelbrauner, schwach humoser, schluffiger Lehm; polyedrisches Gefüge; zahlreiche Wurmröhren

**Cv** 80–100 cm+: gelbbrauner, stark kalkhaltiger, stark lehmiger Schluff; Kalkkonkretionen; Kohärentgefüge; starke Wurmtätigkeit

**Porengrößenverteilung**

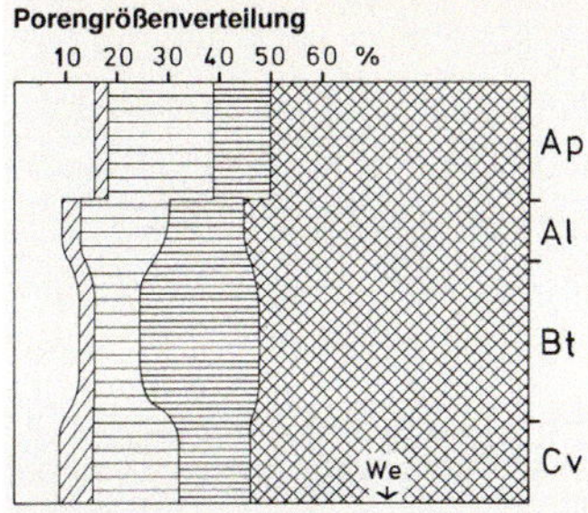


>50 µ ∅ Luftkapazität, LK
10–50 µ ∅ } nutzbare Feldkapazität, nFK
0,2–10 µ ∅ } nutzbare Feldkapazität, nFK
<0,2 µ ∅ Totwasser, TW
feste Bodensubstanz

| | LK % | nFK % | nFK mm | TRG g/cm³ | Ld | Ton % | Schluff % |
|---|---|---|---|---|---|---|---|
| Ap | 15 | 23 | 64 | 1,37 | 1,52 | 17 | 79 |
| Al | 9 | 21 | 29 | 1,53 | 1,76 | 26 | 70 |
| Bt | 12 | 12 | 46 | 1,46 | 1,77 | 34 | 63 |
| Cv | 9 | 24 | 48 | 1,49 | 1,68 | 21 | 77 |

Effektive Durchwurzelungstiefe (We): 100 cm

Nutzbare Feldkapazität bis 100 cm (nFK/We): 187 mm

Bodenschätzung: L 3 Lö 79/78

## 4 Bodenentwicklung auf Löss im gemäßigt warmen, humiden Klima

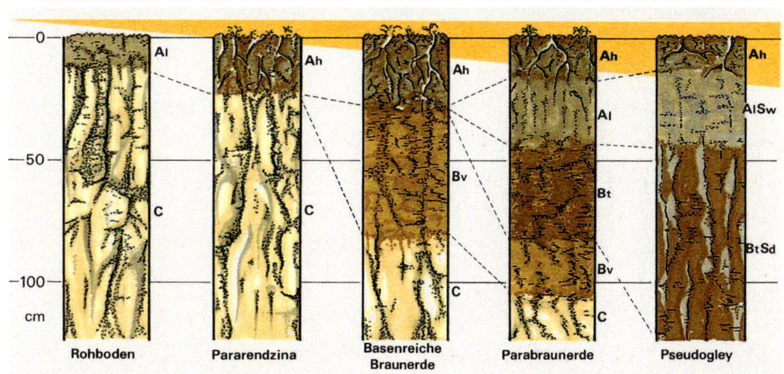

# Ausgewählte Bodentypen

## 5 Rendzina

Hierbei handelt es sich um einen Ah–C-Boden (humoser „Oberboden" folgt direkt über Ausgangsgestein) auf kalkreichen Substraten. Häufig findet man ihn auf (verkarstetem) Kalkuntergrund. Der Ah-Horizont kann bei ausreichend langer Entwicklungszeit unter günstigen Standortbedingungen auch mehrere Dezimeter mächtig sein, dann ist dieser Boden landwirtschaftlich durchaus nutzbar. Typisch ist die Rendzina für die Kalkbereiche der Schwäbisch-Fränkischen Alb sowie für die Nördlichen Kalkalpen („Gebirgsrendzinen").

Der entsprechende **Bodentyp** auf silikatischem bzw. kalkarmem Untergrund ist der vor allem in Mittelgebirgslagen verbreitete Ranker, der in der Regel dünnmächtig und von geringer Wertigkeit ist.

Vorstufen von Rendzina und Ranker sind sogenannte „Rohböden" mit einem Ai–C-Profil (i steht für initial).

## 6 Braunerde

In zonaler Betrachtung ist die Braunerde der für das gemäßigt-humide Klima Mitteleuropas prägende Bodentyp. Dieser weist ein vollständiges A–B–C-Profil auf. Braunerden sind nicht an einen bestimmten Untergrund gebunden, aber vor allem für Laubmischwaldgebiete typisch. Mit fortschreitender Bodenentwicklung können sich Braunerden beispielsweise aus Rankern oder Rendzinen entwickeln. Ihren Namen erhält die Braunerde vor allem aufgrund der Braunfärbung der Bodenpartikel durch Eisenoxid- und -hydroxidbildungen sowie wegen des hohen Tonmineralgehalts im B-Horizont, der bei genügender Entwicklungszeit deutlich über einen Meter Mächtigkeit aufweisen kann.

Die typische Horizontabfolge lautet Ah–Bv–C mit unscharfen Übergängen.

Aufgrund ihres lockeren Gefüges und ihres hohen Nährstoffgehalts, vor allem auf karbonatischem Untergrund mit daraus resultierenden höheren Boden-pH-Werten, sind Braunerden meist gut landwirtschaftlich nutzbar.

## 7 Gley

Der Gley ist ein intrazonaler semiterrestrischer, typischer **hydromorpher Boden** niederschlagsreicher Gebiete, der vor allem in Tälern und Senken mit durchgehend hohem Grundwasserstand anzutreffen ist. Unter einem vom Grundwasser nicht mehr beeinflussten Ah-Horizont folgt ein Oxidationshorizont (Go), der durch gelöste und an der Oberfläche des geringfügig schwankenden Grundwasserspiegels durch Oxidation ausgefällte Metallionen (vor allem Eisen) rostfarben erscheint. Darunter folgt der ständig Sauerstoffmangel aufweisende Reduktionshorizont (Gr), in dem die dreiwertigen (braun) in zweiwertige Eisenverbindungen (grau) überführt werden, was die typisch fahlen grau-grünen Farben bewirkt.

Die typische Horizontabfolge lautet Ah–Go–Gr. Gleye sind landwirtschaftlich von geringem Nutzen. Sie sind allenfalls als Grünland- oder Weidestandort („schwere", nasse Böden) geeignet.

**Surftipp**
Bodentypen
29760X-6303

## 8 Podsol

Der Podsol, mit der typischen Horizontabfolge ist (O)–Ah–Ae–Bh–Bs–C, findet sich vor allem in der borealen Nadelwaldzone, aber auch in niederschlagsreicheren Gegenden Mittel- und v.a. Osteuropas insbesondere auf silikatreichem, lockerem Ausgangsgestein. Charakteristische Prozesse der Podsolentwicklung (**Podsolierung**) sind die Freisetzung von Metallionen und ihre Verbindung mit organischen Stoffen sowie deren Verlagerung in tiefere Bodenbereiche, wo mit steigendem pH-Wert zunächst organische Stoffe angereichert (humose Schwarzfärbung) und schließlich darunter Metallionen durch Oxidation ausgefällt werden (rotgelbe bis -braune Färbung). Der Podsol ist ein „saurer“ Boden, da sich durch säurereiche Nadelstreu und relativ tiefe Temperaturen allenfalls schlecht abbaubarer Rohhumus entwickeln kann. Durch Säuren angegriffene Tonminerale führen zusammen mit der Verarmung an Bodenlebewesen dazu, dass Podsole sehr nährstoffarm sind. Aufgrund des sauren Milieus ist die Verarmung des unteren Teils des A-Horizonts (Ae – aschfahler „Eluvialhorizont“) weitergehend als bei der Parabraunerde, da Tonminerale nicht nur ausgewaschen, sondern auch zerstört werden.

## 9 Schwarzerde (Tschernosem)

Dieser Boden ist typisch für die durch starke Temperaturunterschiede zwischen Sommer und Winter gekennzeichneten kontinentalen Steppengebiete der Gemäßigten Zone, wie sie etwa in Osteuropa und Asien vor allem auf **Lössuntergrund** vorkommen. Trotz ihres einfachen Ah–C-Aufbaus können diese Böden aufgrund einer mächtig ausgeprägten, wertvollen Humusschicht und guter Durchmischung durch Bodentiere eine hohe Fruchtbarkeit aufweisen. Die in der Magdeburger Börde verbreiteten Schwarzerden weisen die höchsten Ackergüten Deutschlands auf. Aufgrund des lockeren Gefüges des Ah-Horizonts ergibt sich ein günstiger Bodenluft- und Wasserhaushalt. Andererseits zeigen die Schwarzerden eine starke Erosions- und Deflationsanfälligkeit bei unsachgemäßem Anbau, z.B. in Form eines äolischen Bodenabtrags in Brachezeiten oder in Form von **Bodenerosion** nach Starkregen infolge der Bodenverdichtung bei großmaschineller Bearbeitung.

## 10 Latosol

Dieser auch als Roterde oder Ferralit bezeichnete Bodentyp findet sich in Gebieten des Tropischen Regenwaldes und Teilen der Feuchtsavanne. Aufgrund ganzjährig hoher Temperaturen und Niederschläge wird die reichlich anfallende organische Substanz sehr schnell zersetzt; entsprechend geringmächtig ist der A-Horizont. Der B-Horizont ist andererseits aufgrund der intensiven chemischen Verwitterung mehrere Meter dick. Der C-Horizont liegt in der Regel so tief, dass die Pflanzenwurzeln ihn nicht mehr erreichen können. Durch die intensive chemische Verwitterung werden sogar Silikate zersetzt und als lösliche Kieselsäuren mit dem abwärts gerichteten **Bodenwasserstrom** ausgeschwemmt. Dadurch kommt es zu einer Anreicherung von Aluminium- und Eisenoxiden, die die Rotfärbung der Böden bedingen (Fe = Eisen, lat. ferrum, Al = Aluminium). Bei fehlender Pflanzendecke, z.B. nach Rodung und daraus resultierender starker Erosion (tropische Starkregen), kommt es zu einer Laterisierung (lat. later = Ziegel), d.h. zu einer tiefgründigen Verhärtung der Aluminium- und Eisenoxide. Infolge von Rodung bleibt ferner die Nährstoffzufuhr aus verrottenden Pflanzen aus und dies erklärt, warum die ferralitischen Böden relativ unfruchtbar sind.

# 6.4 Bodengefährdung und Bodenschutz

**1 Bodenabtrag durch Wind**

**2 Nach einem der großen Staubstürme im Mittleren Westen der USA in den 1930er Jahren**

**3 Bodenerosion durch Wasser auf einer Ackerfläche**

4 Formen der Bodendegradation

**Fluviale Prozesse**
Erosion: Bodenabtrag durch linearen Oberflächenabfluss, führt zur Entwicklung von Erosionsrinnen
Denudation: flächenhafter Bodenabtrag

**Äolische Prozesse**
Deflation: Auswehung von Bodenpartikeln durch Wind (auch als Winderosion bzw. -denudation bezeichnet)

**Mechanische Prozesse**
Bodenverdichtung: Verringerung des Porenvolumens durch ausgeübten Druck, z. B. durch Fahrzeuge; Verlust der „**Bodengare**“

**Chemische Prozesse**
Bodenversalzung: oberflächennahe Anreicherung von Salzen oder anderen leichtlöslichen Mineralen durch kapillaren Aufstieg von Lösungen in ariden Gebieten
Bodenkontamination: Einbringen giftiger Stoffe in den Boden, i. d. R. durch menschliches Handeln, z. B. über Luftschadstoffe oder Pestizide

In den 1930er Jahren trat im Mittleren Westen der USA eine Serie von verheerenden Staubstürmen auf. Die Präriestaaten South Dakota, Kansas und Nebraska bildeten den Kern der sogenannten „Dust Bowl“, eines Gebietes, in das der Mensch in einer Periode feuchterer Jahre mit dem Ackerbau vorgedrungen war, weil die wertvollen Prärieböden bei Anwendung des „**dry farming**“ gute Erträge versprochen hatten. Allerdings hatte man deren Empfindlichkeit gegen **Bodenerosion** und Ausblasung, insbesondere in den langen Bracheperioden, nicht bedacht. In den trockeneren Jahren rächte sich die nicht angepasste Bodennutzung. Tausende Millionen Tonnen Ackerbodens wurden von Stürmen bis in den Atlantik verfrachtet und waren unwiederbringlich verloren.

Bodengefährdung und -verlust sind allerdings nicht nur an derartige Ereignisse gebunden, sondern ein kontinuierlicher Prozess. Auch in unseren Breiten kann man nach Regenfällen erkennen, dass Ackerkrume aus brachliegenden oder nicht komplett mit Vegetation bedeckten Flächen an Hängen ausgespült wird.

Material
Infoblatt Bodendegradation
29760X-6401

Material
„Dust-Bowl-Syndrom“
29760X-6402

Surftipp
Bodengefährdung und Bodenschutz
29760X-6403

**5 Vielfalt der Belastungen, Veränderungen und Zerstörungen des Bodens durch die menschliche Nutzung**

Nach Thomas Mosimann: Bodenschutzkonzepte. In: Geographische Rundschau, 45. Jg., H. 6. Braunschweig: Westermann 1993, S. 367

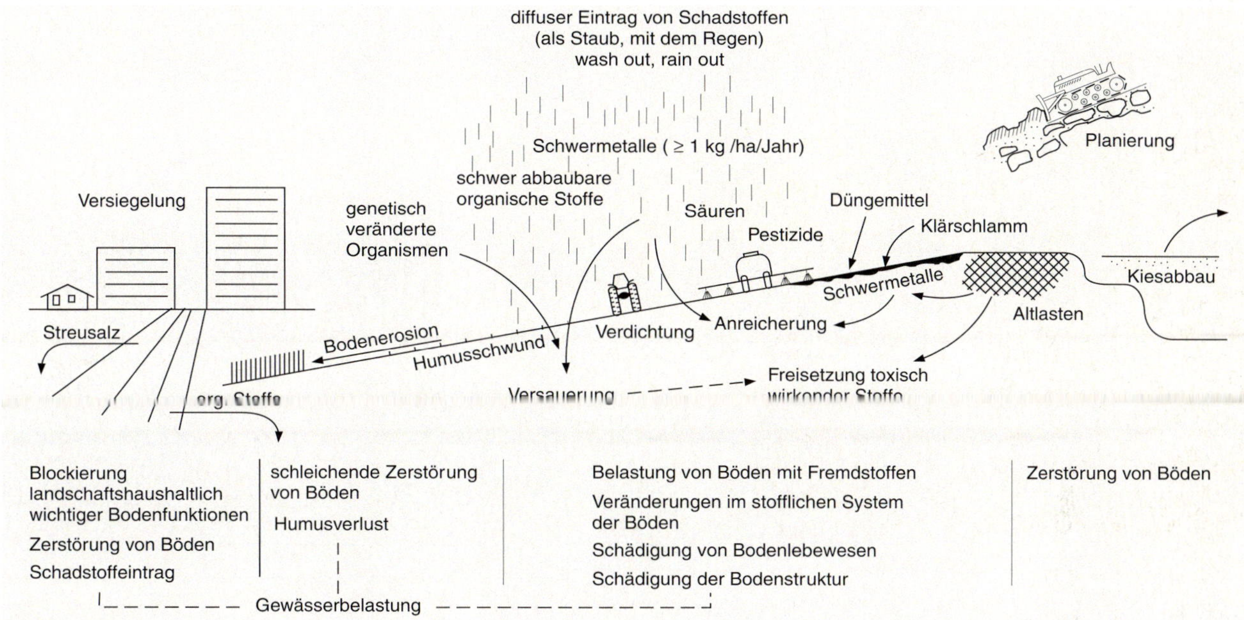


Böden sind jedoch nicht nur durch Erosion, Denudation und Deflation gefährdet, sondern auch durch Schädigungen ihrer Eigenschaften und Konsistenz. Prozesse dieser Art werden insgesamt als **Bodendegradation** bezeichnet.
Die Ursachen dafür können natürlicher Art sein (z. B. Starkregen), meist jedoch ist unangepasstes menschliches Wirken der Auslöser. Völlige Auflösung einer ehemals nutzbaren Landschaft durch Erosionsrinnen wird als „Badland“-Bildung bezeichnet, völliger Verlust der Bodenkrume als „**Desertifikation**“.

Seit alters her führt Pflügen und Umbrechen des Bodens zu Veränderungen des Bodengefüges, mit teils positiven, teils negativen Folgen. Bodenverdichtung und -versiegelung sind vielerorts Kennzeichen moderner Gesellschaften, ebenso wie die Schädigung der Böden durch gasförmige und flüssige Schadstoffeinträge. Besonders empfindlich reagieren Böden im Grenzbereich der agrarischen Nutzbarkeit. Andererseits kann der Mensch auch Maßnahmen zum Bodenschutz beziehungsweise zur Bodenverbesserung ergreifen, z. B. durch geeignete Anbaumaßnahmen oder standortgerechte Düngung.

**1** Erstellen Sie ein Schema, in dem die aus pedologischer Sicht wünschenswerten und weniger positiven Folgen
a) des Pflügens und
b) der Ackerbrache
einander gegenübergestellt werden.

**2** Bodendegradation weltweit.
a) Ermitteln Sie mithilfe des Atlas oder anderer Medien, welche Gebiete der Erde in besonderem Maß der Gefahr von Bodendegradation ausgesetzt sind.
b) Analysieren Sie für einige besonders betroffene Gebiete den jeweiligen Ursachen-Folgen-Komplex.

**3** Beschreiben Sie Möglichkeiten für Maßnahmen zur Minderung des Bodenabtrags in semiariden Gebieten.

**4** Erklären Sie den Sinn von Kalkgaben zur Bodenmelioration. Welche Bodentypen können hiervon besonders profitieren?

**5** Stellen Sie Gefährdungen für den Boden anhand von Beispielen aus Ihrer Umgebung (z. B. Heimatlandkreis) dar.

6 TERRA **KOMPETENT**

**Diese Doppelseite bietet Ihnen die Möglichkeit der Selbsteinschätzung: Beherrsche ich das erforderliche Fachvokabular – verfüge ich tatsächlich über die mit der Bearbeitung dieses Kapitels angestrebten Sach-, Methoden- und Handlungskompetenzen? Überprüfen Sie sich selbst.**

**Wichtige Fachbegriffe**
**Bioturbation**
**Boden**
**Bodenart**
**Bodendegradation**
**Bodenerosion**
**Bodenfruchtbarkeit**
**Bodengare**
**Bodengüte**
**Bodenhorizont**
**Bodenmeloration**
**Bodenprofil**
**Bodentyp**
**Bodenwasser**
**Desertifikation**
**dry farming**
**Edaphon**
**Humifizierung**
**Huminstoffe**
**hydromorpher Boden**
**Kationenaustauschkapazität**
**Lessivierung**
**Löss**
**Pedosphäre**
**Podsolierung**
**Pufferung**
**Ton-Humus-Komplexe**
**Tonminerale**

Die Definitionen dieser Begriffe finden Sie im Arbeitsanhang (S. 192–201).

# Wissen vernetzen

**1 Stellung und Funktion von Böden in der Geoökosphäre**

Nach Dietmar Schröder: Böden der Erde: Entstehung, Verbreitung, Produktivität, Schädigung und Schutz. In: Geographie und Schule, 22. Jg., H. 126 (Aug. 2000), Köln: Aulis 2000, S. 11

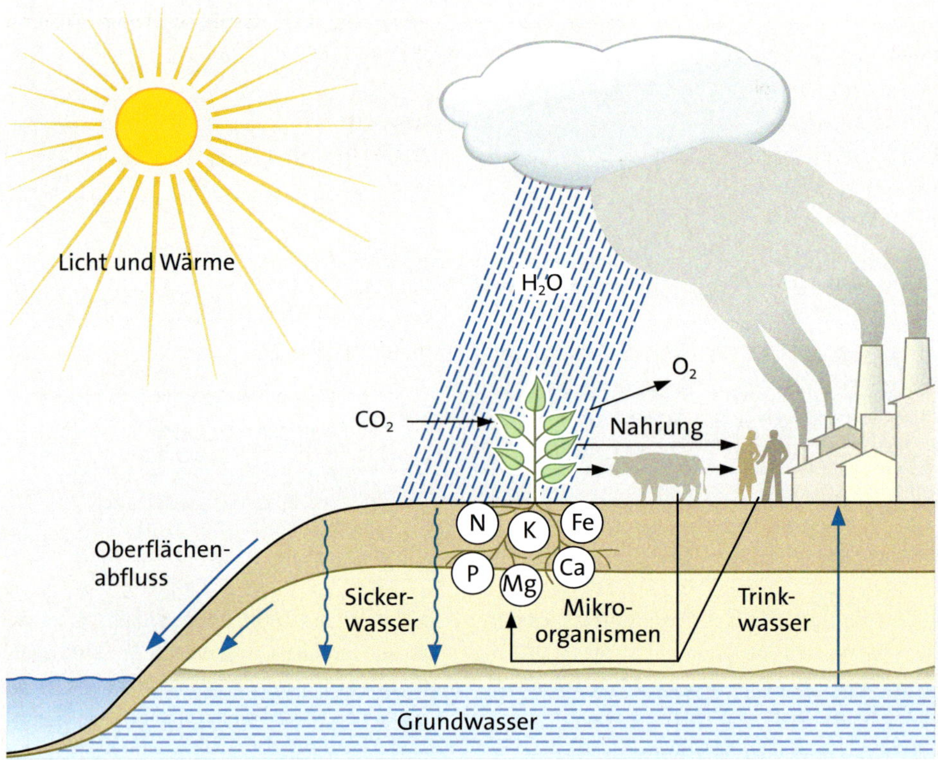


Mit dem zunehmenden Rückgang der in der Landwirtschaft Tätigen ist in unserer Gesellschaft der Kontakt mit dem Boden und damit das Bewusstsein für dessen Bedeutung und Wert immer mehr geschwunden. Für viele Menschen ist Boden ein käufliches Gut, das man im Supermarkt als „Blumenerde" erwerben kann; in ihrer alltäglichen Wahrnehmung erfährt der Boden allenfalls Beachtung, wenn eine für den heimischen Garten gekaufte Pflanze nicht richtig wächst, und der Gärtner dann vielleicht erklärt, dass beispielsweise der Standort zu trocken oder der Boden zu „schwer" sei oder dass man eigentlich kalkholde Pflanzen nicht auf „saurem" Boden anpflanzen solle.
Bauherrn gilt Boden als „Aushub", den es zu entsorgen gilt, Unkundigen gilt er als „Dreck".
Vielleicht liegt diese Geringschätzung daran, dass Boden – ähnlich wie Wasser – in unseren Breiten einfach als gegebenes Gut angesehen wird, anders als in Räumen, die akut etwa von Desertifikation oder Dürre bedroht sind. Vielleicht hat die Missachtung auch etwas mit der Belastung durch frühere „Blut und Boden"-Ideologien zu tun.
Im Gegensatz dazu wurden früher sogar Gegenden nach ihren Böden benannt – Bezeichnungen wie „Filder", „Börde" oder „Knoblauchsland" beziehen sich zumindest indirekt auf die dort gegebenen Bodenbedingungen.
Das vorangegangene Kapitel sollte Ihnen grundlegende Informationen zum Verständnis der Vorgänge im Boden, zur Entwicklung der wichtigsten Bodentypen, zur Funktion von Böden und zu ihrer Gefährdung bieten. Dabei sollte die zentrale Rolle, die der Boden im Rahmen des geoökologischen Systems innehat bewusst geworden sein.

Material
Bogen zur Selbsteinschätzung
29760X-6501

# Kompetenzen überprüfen

**Überprüfen** Sie Ihre bei der Bearbeitung dieses Kapitels erworbenen Kompetenzen.

Nehmen Sie dabei die untenstehende **Selbsteinschätzung** Ihres Kompetenzstandes unter Verwendung der folgenden Klassifikation vor:
1 = stimmt
2 = stimmt überwiegend
3 = stimmt teilweise
4 = stimmt nicht

Eine Checkliste mit der Möglichkeit zum Ankreuzen Ihres Kompetenzstandes steht Ihnen im Internetauftritt dieses Schülerbuches unter dem ONLINE-Link 29760X-6501 zur Verfügung. Wenn Sie Hilfe benötigen, wenden Sie sich an Ihre betreuende Lehrerin oder Ihren Lehrer.

**2 Arbeitschritte für die Selbsteinschätzung**

**1. Schritt**
Führen Sie die Selbsteinschätzung zunächst allein durch.

**2. Schritt**
Vergleichen Sie die Ergebnisse im (Zweier-) Team.

**3. Schritt**
Arbeiten Sie Möglichkeiten und Methoden heraus, festgestellte Lücken zu schließen und Defizite zu beseitigen.

**Sachkompetenz – Ich kann ...**
- die Entwicklung von Böden als Folge des Zusammenwirkens der verschiedenen beteiligten Geofaktoren erklären,
- die wichtigsten bodenbildenden Prozesse und ihre Folgen erläutern,
- die Bedeutung der anorganischen und organischen Bodenbestandteile darstellen,
- die Verwitterungs- und Abbauprozesse im Boden und darauf aufbauend die Bildung von Tonmineralen und Humus erklären,
- darstellen, was die Fruchtbarkeit eines Bodens bestimmt,
- die wichtigsten Bodentypen nach ihren wesentlichen Eigenschaften charakterisieren und ihre jeweilige Verbreitung beschreiben,
- die Gefährdungen, denen Böden ausgesetzt sind, nennen und ihre Auswirkungen beschreiben.

**Methodenkompetenz – Ich kann ...**
- bei Bodenaufschlüssen Horizonte erkennen und diese als A-, B- und C-Horizonte ansprechen,
- anhand spezifischer Bodenhorizontabfolgen den jeweils entsprechenden Bodentyp bestimmen,
- mithilfe einer schematischen Skizze die mannigfaltigen Funktionen eines Bodens darstellen,
- die Bodenfruchtbarkeit für bestimmte Standorte aus Bodengütekarten entnehmen und mit örtlichen Bedingungen (z. B. Geologie, Relief, Klima) in Bezug setzen.

**Handlungskompetenz – Ich kann ...**
- den Wert des Bodens als wichtige und schützenswerte Lebensgrundlage erkennen und darlegen,
- die Auswirkungen meiner Handlungen im Alltag in Bezug auf den Boden bewerten,
- gegen schädliche Eingriffe in den Boden, z. B. in meiner Kommune, Stellung beziehen.

7

# Die Biosphäre

„Die Erde stellt uns Bedingungen zur Verfügung, ohne die Leben nicht möglich wäre: Die Kruste um das flüssige Erdinnere ist weit genug abgekühlt, während das Sonnenlicht für die notwendige Wärme sorgt. Wie ein schützender Mantel liegt die Atmosphäre um den Planeten, stellt Sauerstoff zum Atmen bereit und schirmt gefährliche Strahlung ab. Ein Großteil der Erdoberfläche ist mit Meeren bedeckt – der Wiege des Lebens." (BR-online vom 24.10.2008)
Bis heute wurde in unserem Sonnensystem kein anderer Planet gefunden, der Leben beherbergt. Die Biosphäre umfasst den von lebenden Organismen bewohnten Teil der Erde. Hierzu gehören die Pflanzenwelt (Flora), die Tierwelt (Fauna) und der Mensch. Lebewesen besiedeln Teile der Atmo-, Hydro- und Pedosphäre.

**Drei Schritte bis zum Ziel**

**Ziel**

Zahlreiche Tier- und Pflanzenarten sind heute vom Aussterben bedroht, viele sind bereits für immer verschwunden. Andere Arten profitieren von der Klimaerwärmung sowie den weltweiten Warenströmen und dringen in unsere Lebensräume vor. Der Verlust der Biodiversität sowie die Veränderung aller Lebensräume wirft aktuelle Fragen auf. Um das Ausmaß des Biodiversitätsverlustes zu erfassen und die Folgen für das empfindliche Gleichgewicht auf der Erde abzuschätzen sowie um sinnvolle Maßnahmen zu ergreifen, ist es notwendig, sich mit den Gesetzmäßigkeiten näher zu beschäftigen.

**1. Schritt: Grundlagen erarbeiten**

- Anpassungen von Pflanzen und Tieren an ihre Umwelt,
- Verbreitung von Pflanzen und Tieren auf der Erde und ihre Ursachen.

**2. Schritt: Wissen vernetzen**

- Archäo- und Neophyten – Folgen der Einwanderung fremder Arten,
- Regeneration und Sukzession – Veränderungen der Vegetation,
- Reale und potenziell natürliche Vegetation,
- Höhenstufen der Gebirge.

**3. Schritt: Kompetenzen anwenden**

- Analyse eines städtischen Ökosystems,
- Stoffkreisläufe und Stoffdepots auf der Erde: der Kohlenstoffkreislauf.

**1** Kakteen und Zwergsträucher in der Halbwüste Arizonas
**2** Bergwiese mit Edelweiß in den Alpen
**3** Epiphyten im Tropischen Regenwald
**4** Lebensraum Pflasterritze

2

4

# 7.1 Pflanzen in ihrer Umwelt

**Kompetenzen in diesem Kapitel erwerben:**
- Einflüsse der unterschiedlichen Standortfaktoren auf Pflanzen und Tiere beschreiben;
- Anpassungen der Pflanzen an die Umweltbedingungen erläutern;
- die Verbreitung der Pflanzen und Tiere im Raum vergleichen und erklären;
- Eingriffe des Menschen in den Lebensraum der Pflanzen und Tiere bewerten und sinnvolle Maßnahmen erörtern;
- ein städtisches Ökosystem analysieren;
- die Rolle des Kohlenstoffkreislaufs darstellen.

## 1 Siegeszug des Bärlauchs

„Noch vor wenigen Jahren waren die großen grünen Blätter, die so seltsam nach Knoblauch riechen, weitgehend unbekannt. Doch dann begann der Siegeszug des Bärlauchs. Mittlerweile ist der Waldknoblauch für viele aus der Frühjahrsküche nicht mehr wegzudenken. Der Bärlauch wächst ab März in lichten Laubwäldern, an Flussufern oder auf schattigen Wiesen. Nach der Blüte im Mai zieht er sich ab Juni wieder in den Boden zurück."

Sonja Bick: Vorsicht bei der Bärlauch-Ernte, in: WZ-Newsline vom 13.05.2009, unter: www.wz-newsline.de/?redid=520727

Der Bärlauch ist ein typischer **Frühjahrsgeophyt**. Diese Pflanzen nutzen das Licht am Boden noch vor der Laubentfaltung. Im Sommer erreichen in den Laubwäldern nur noch ca. 2 % der photosynthetisch aktiven Strahlung die Bodenvegetation. Wie der Bärlauch sind alle Pflanzen an ihrem Standort zahlreichen Umweltfaktoren ausgesetzt, dies sind in erster Linie Licht, Wärme und Wasser, aber auch chemische und mechanische Faktoren. Sie bestimmen und begrenzen das Wachstum der Pflanzen, entscheiden über ihre Verbreitung und sind der Grund für zahlreiche Anpassungsstrategien. Die Wechselwirkungen der Pflanzen wie auch der Tiere mit ihrer abiotischen Umwelt stellen das Forschungsgebiet der ökologischen Biogeographie dar. Im Blickfeld steht dabei immer das **Ökosystem** als ein Wirkungsgefüge von Lebensgemeinschaft (Biozönose) und Lebensraum (Biotop).

**Griechisch**
bios = Leben
koinos = gemeinsam
topos = Ort
phyta = Gewächse
theros = Sommer
phanero = offen
chamae = niedrig
krypto = verborgen
hemi = halb
Gaia, ge = Erde

## 2 Beziehungen zwischen den indirekt und direkt auf die Pflanze wirkenden Standortfaktoren

Nach: Hans-Jürgen Klink: Vegetationsgeographie. Das Geographische Seminar. 3. Aufl. Braunschweig: Westermann 1998, S. 108, verändert

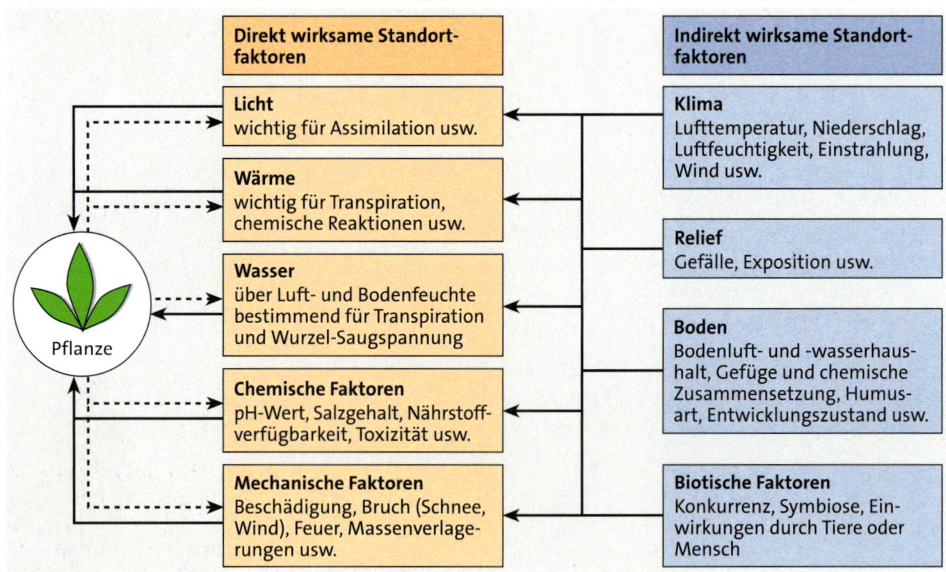

Surftipp
Standortfaktoren und Pflanzenwachstum
29760X-7101

**Umweltfaktor Licht**

Pflanzen nutzen Sonnenenergie, um aus anorganischen Stoffen Kohlenhydrate aufzubauen (Photosynthese). Biomassenproduktion sowie die Umwandlung kurzwelliger Strahlung in langwellige Wärmestrahlung sind somit Grundvoraussetzungen des Lebens. Nicht überall sind die Bedingungen jedoch gleich. In Waldgesellschaften mit stockwerkartigen Aufbau findet man Sonnen- und Schattenpflanzen mit unterschiedlichen Ansprüchen. Selbst innerhalb einer Baumkrone lassen sich Sonnen- und Schattenblätter unterscheiden. Viele Flechten und Moose, aber auch Orchideen und Bromelien in den tropischen Regenwäldern streben als Aufsitzerpflanzen (Epiphyten) dem Licht zu.

Licht ist auch ein wichtiger Faktor für die Tierwelt. Die Tageslänge steuert Fortpflanzungszeiten, jahreszeitliche Wanderungen wie den Vogelzug, die Vorbereitung auf den Winter oder den Gesangsbeginn bei Singvögeln (Vogeluhr). Schließlich bestimmt Licht unsere „innere Uhr".

**Umweltfaktor Wärme**

Lebensnotwendige Stoffwechselprozesse wie die Photosynthese finden zwischen 0 °C und 45 °C statt. Die Temperatur bestimmt demnach die Dauer der Vegetationsperiode und damit die Ausbildung der außertropischen Vegetationszonen sowie der **Höhenstufen**. Pflanzen in Wüstengebieten und in den mittleren Breiten haben gegen Temperaturschwankungen im Tages- bzw. Jahresgang wirksame Anpassungen entwickelt wie z. B. Haarfilz oder dicke Korkschichten. Die Kugel- oder Säulenform bei Kakteen schützt aufgrund der verhältnismäßig kleinen Oberfläche vor zuviel Ein- bzw. Ausstrahlung. Weitere Möglichkeiten sind Klein- und Polsterwuchs, isolierende Knospenschuppen, Hartlaubigkeit und Blattwurf. Gefrierbeständige Pflanzen besitzen eine Art „Frostschutz" im Zellsaft. Auch für die Ausbildung verschiedener Lebensformen sind Temperatur und auch die Wasserverfügbarkeit entscheidende Umweltfaktoren.

**3 Künstliche Beleuchtung als ökologisches Problem**

„Künstliche Beleuchtung stört die Orientierung nachtaktiver Tiere, behindert die Nahrungssuche, Partnersuche und Fortpflanzung. Nachtfalter werden zur leichten Beute für andere Tierarten. In Mitteleuropa sind viele Insekten nacht- und dämmerungsaktiv. Deshalb wurde Lichtverschmutzung, vor allem durch Straßenbeleuchtung, zu einem großen Artenschutzproblem. Auch in der Nacht ziehende Vögel sind durch Beleuchtung gefährdet. Sie fliegen auf Lichtquellen zu, kommen von ihrer Flugroute ab und kollidieren immer wieder mit Gebäuden."

UMG Umweltbüro Grabher: Lichtverschmutzung, unter: www.naturtipps.com/lichtverschmutzung.html (April 2010)

**4 Anteile an einfallender kurzwelliger Strahlung in einem stockwerkartig aufgebauten Laub-Nadel-Mischwald**

Nach: Rainer Glawion, Rüdiger Glaser, Helmut Saurer: Physische Geographie. Braunschweig: Westermann 2009, S. 289, nach Walter Larcher 1984

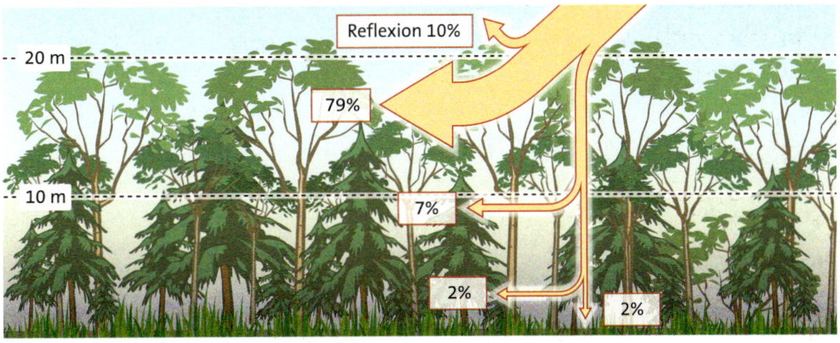


**5 Lebensformen nach Ch. Raunkiaer (1905)**

Nach: ebenda, S. 307

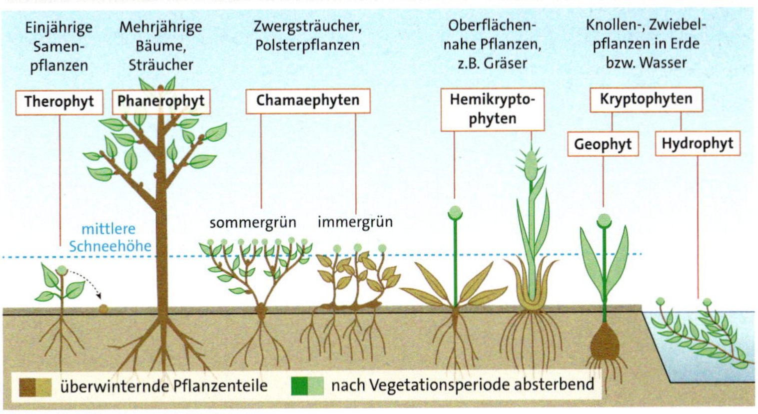

**Griechisch**
hydor = Wasser
phyton = Pflanze
hygros = feucht
meso = mittel
xeros = trocken
morphe = Gestalt

**Lateinisch**
gutta = Tropfen

**Umweltfaktor Wasser**

Wasser ist in vielen Gebieten der limitierende Faktor und bestimmt Zusammensetzung und Verteilung der Vegetation. Die Pflanze benötigt Wasser für die Photosynthese, für die Stabilität, als Transportmittel für Nährstoffe und als Lösungsmittel für Stoffwechselreaktionen. Durch die Transpiration, die Verdunstung an den blattunterseitig liegenden Spaltöffnungen entsteht in der Pflanze ein Sog, der sich bis in die Wurzelspitzen fortsetzt. So gelingt es ohne Energieaufwand den Wasserstrom bis in über 100 m Höhe zu transportieren. Darüber hinaus schützt Transpiration vor Hitzeschäden. Neben der Anpassung an jahreszeitliche Veränderungen können Pflanzen mithilfe differenzierter Gewebe und Organe ihren Wasserhaushalt selbst regulieren. Je nach Spezialisierungsgrad unterscheidet man verschiedene **Wasserhaushaltstypen**.

**6 Wasserhaushaltstypen von Pflanzen**

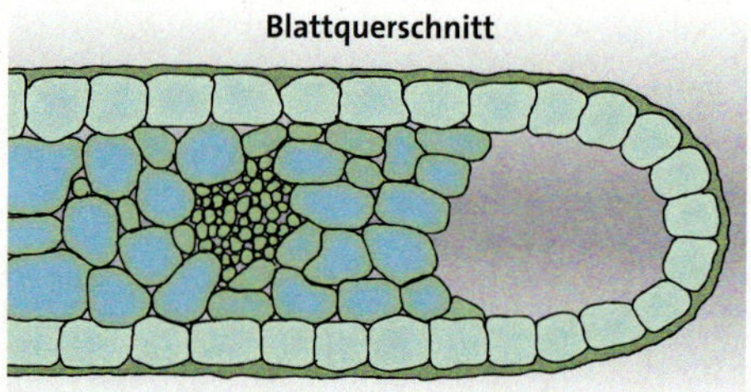


**Hydrophyten**: Wasserpflanzen, die über (z. B. Seerosen) oder im Wasser (z. B. Wasserpest) leben. Sie haben besondere Anpassungen hinsichtlich der Gas- und Nährstoffversorgung sowie der Stabilität und Verankerung. Ihre Spaltöffnungen für den Gasaustausch liegen auf der Oberseite bzw. fehlen vollständig.

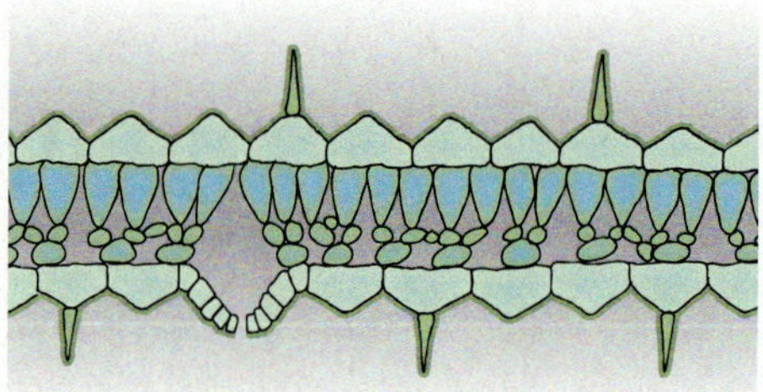

**Hygrophyten**: Pflanzen dauernd feuchter Standorte (schattige Laubwälder, Uferzone, tropischer Regenwald). Sie besitzen meist große Blätter mit einer dünnen Kutikula und Haaren, um eine ausreichende Transpiration zu gewährleisten. Bei hoher Luftfeuchtigkeit kommt es zur Guttation (Foto 8, Text 9).

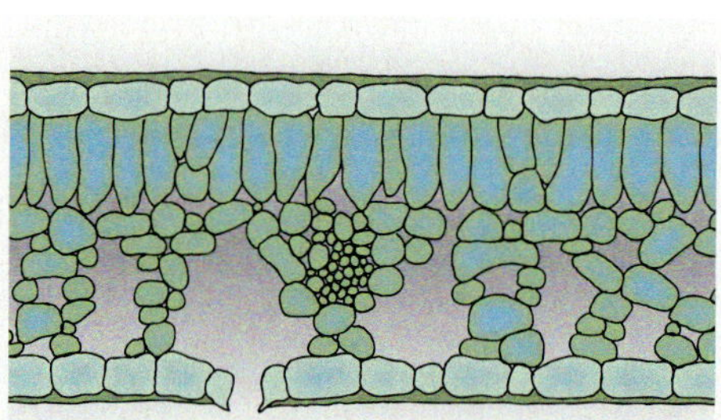

**Mesophyten**: Pflanzen mäßig feuchter bis mäßig trockener Standorte unserer Breiten. Dazu gehören die einheimischen sommergrünen Laubbäume und Sträucher sowie zahlreiche Waldbodenpflanzen und Wiesengräser.

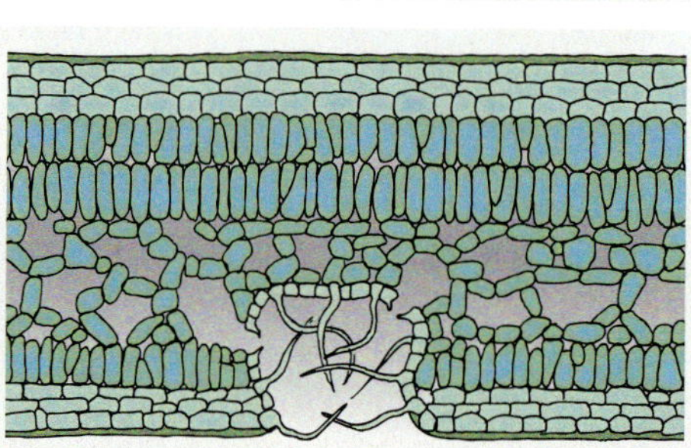

**Xerophyten**: Pflanzen trockener, sonniger Standorte (Steppen, Wüsten). Sie besitzen verdunstungsreduzierende wie auch wasserspeichernde Baumerkmale. In diese Gruppe gehören vor allem die Kakteen, aber auch die im Winter grünen Nadelbäume der gemäßigten Breiten.

**Lernen im Netz**
Lernmodul zum Weg des Wassers durch die Pflanze
29760X-7102

**7 Blätterdach einer Schirmakazie**

**8 Guttation an einem Frauenmantelblatt**

**10 Frosttrocknisschäden an einer Fichte**

### Xeromorphie – Schutz gegen Austrocknung

Pflanzen trockener Standorte besitzen Baumerkmale, um sich vor übermäßiger Verdunstung zu schützen. Diese Anpassungsstrategien werden als **Xeromorphie** bezeichnet.
So führt die Reduktion der Blattflächen beispielsweise zur Verminderung der Transpiration, im Extremfall bilden sich Dornen. Auch die Behaarung, ein Wachsbezug, eine dicke Rinde und einrollbare Blätter reduzieren den Wasserverlust. Die Schirmakazie besitzt ein breites Kronendach und wirft damit Schatten auf ihre Wurzeln. Beim Flaschenbaum erfolgt die Wasserspeicherung (Sukkulenz) im Stamm, bei der Aloe dagegen in den Blättern. Ihr Milchsaft dient zugleich als Speicherflüssigkeit und „Waffe" gegen durstige Tiere. Ein weit verzweigtes Wurzelwerk dient der möglichst schnellen Aufnahme großer Wassermengen.

### 9 Guttation – Aktive Wasserabgabe

„Interessant ist eine Nährstoffquelle der epiphytisch lebenden Orchideen. Sie beziehen [einen Teil ihrer] Nährstoffe aus den Blättern der tropischen Urwaldriesen. Im Tropischen Regenwald ist die Luftfeuchtigkeit sehr hoch. Die Pflanzen können über ihre Blätter nur wenig Wasser passiv (ohne Energieverbrauch) verdunsten. Um trotzdem Wasser zu verdunsten, geben die Pflanzen aktiv (unter Energieverbrauch) Wasser ab, und zwar über Drüsenhaare oder Wasserdrüsen in den Blättern (= **Guttation**). Dieses Guttationswasser enthält Mineralstoffe, Zucker, und andere organische Verbindungen, die dankbar von den Orchideen aufgenommen werden."

Erich Grantzau: Orchideen, unter: www.faszination-regenwald.de/info-center/pflanzenwelt/orchideen.htm (April2010)

### Frosttrocknis

Im Spätwinter kommt es bei Nadelbäumen teilweise zu Trockenschäden. Die wintergrünen Nadeln betreiben z. B. bei intensiver Sonnenstrahlung Transpiration. Die Wassernachlieferung über die Wurzeln ist jedoch bei noch gefrorenem Boden nicht möglich.

**1** Charakterisieren Sie die Wirkung von direkten und indirekten Standortfaktoren auf die Pflanze anhand konkreter Beispiele (Schema 2).

**2** Erstellen Sie eine Mindmap zu den Wirkungen der Umweltfaktoren auf Pflanzen und Tiere. Recherchieren Sie hierzu weitere Beispiele.

**3** Vergleichen Sie die Spaltöffnungstypen (Grafiken 6) und erläutern Sie ihren Bau im Bezug auf die Regulation des Wasserhaushalts.

**4** Erörtern Sie die Folgen einer „Lichtverschmutzung" für Pflanzen und Tiere.

**5** Überprüfen Sie die Wirkung der Umweltfaktoren auf die Pflanzen anhand der auf Seite 167 abgebildeten Beispiele.

# 7.2 Verbreitung von Pflanzen und Tieren im Raum

### 1 Stechplame (Ilex aquifolium)

### 4 Geschlossenes Areal der Stechpalme

Sven Pompe et al.: Mögliche Konsequenzen des Klimawandels für Pflanzenareale in Deutschland, in: Natur und Landschaft. H. 1/2009, S. 3

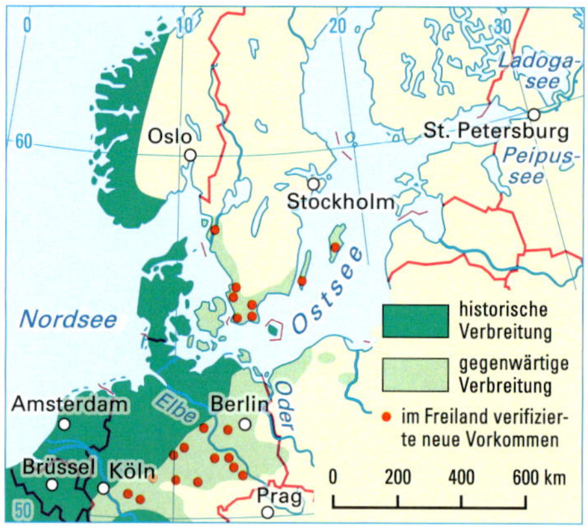


### 5 Einfluss extremer Frosttage auf das Vorkommen der Stechpalme

Sven Pompe et al., ebenda, S. 3

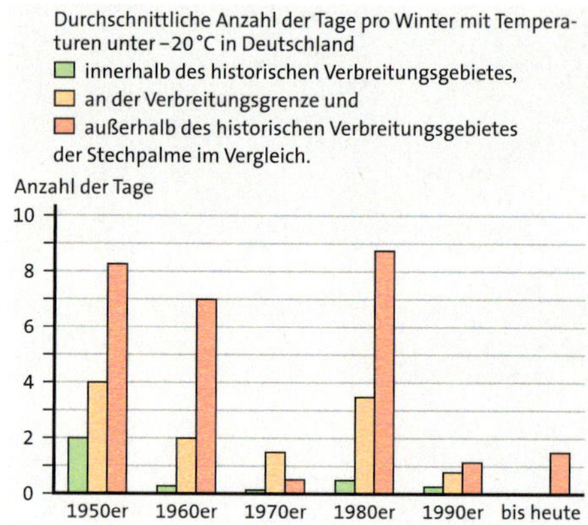


### 2 Florenreiche der Erde

Eckehart J. Jäger: in: Manfred Hendl, Herbert Liedtke (Hrsg.): Lehrbuch der Allgemeinen Physischen Geographie. Gotha: Perthes 1997, S. 515

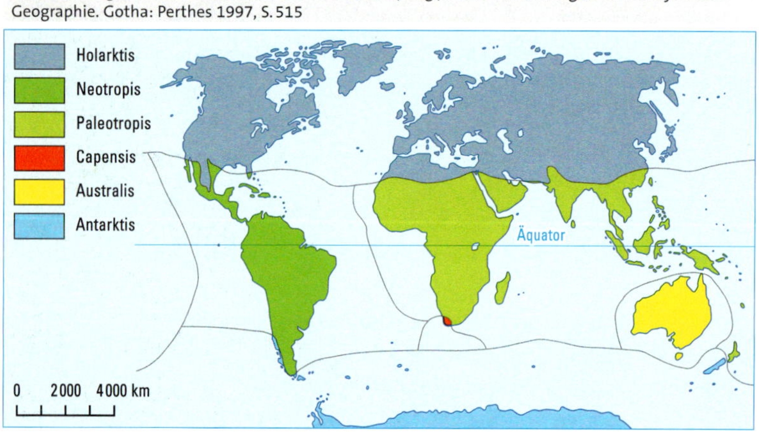


### 3 Weltenbummler und Einsiedler

Der Teide-Natternkopf ist eine von 660 endemischen Pflanzen auf den Kanaren, d. h. sie leben nur an diesem Ort. Genetisch für lange Zeit isoliert, kommen **Endemiten** auf Inseln, in Gebirgen und Tälern vor. Ein Beispiel aus der Tierwelt sind die die Darwin-Finken (Galápagos). **Kosmopoliten** kommen in fast allen Teilen der Welt vor. Dazu gehören Bakterien, Schimmelpilze, Moose und Farne (Sporenverbreitung), anspruchslose Schuttpflanzen (z. B. Löwenzahn), aber auch der Mensch.

Immer häufiger trifft man in unseren Breiten auf neu eingewanderte Pflanzen- und Tierarten. Der Bienenfresser, ein Wärme liebender Vogel aus dem Mittelmeerraum, hat sich bereits im Süden Deutschlands angesiedelt. Heimische Arten wandern dagegen weiter in Richtung Norden, wie z. B. die kälteempfindliche Stechpalme. Arten der kühleren **Höhenstufen** könnten sich dagegen weiter zurückziehen und in ihrem Lebensraum gefährdet werden.

Aufgrund ihrer Ansprüche (Karte 4) wie auch ihrer Entwicklungsgeschichte (Karte 2) besitzt jede Art ihr spezifisches Verbreitungsgebiet, das **Areal**. Klimaveränderungen, wie z. B. der Wechsel von Warm- und Kaltzeiten, aber auch Eingriffe des Menschen führen zu Arealverschiebungen sowie zur Ausdehnung bzw. Schrumpfung eines Areals. Dies kann bis zum Aussterben einer Art führen. Mit der Verschiebung der Klimazonen durch die derzeitige globale Erwärmung werden sich zeitversetzt auch die **Vegetationszonen** verändern.

Betrachtet man das Areal einer Art, lassen sich die Form (Karten 4 und 8), die Größe (Text 3) und die Dynamik (Grafik 6, Text 7) unterscheiden.

Lernen im Netz

Lernmodule zur Verbreitung von Pflanzen und Tieren im Raum

29760X-7201

**6** **Postglaziale Vegetationsentwicklung nach Pollenprofilen aus einem süddeutschen Moor**

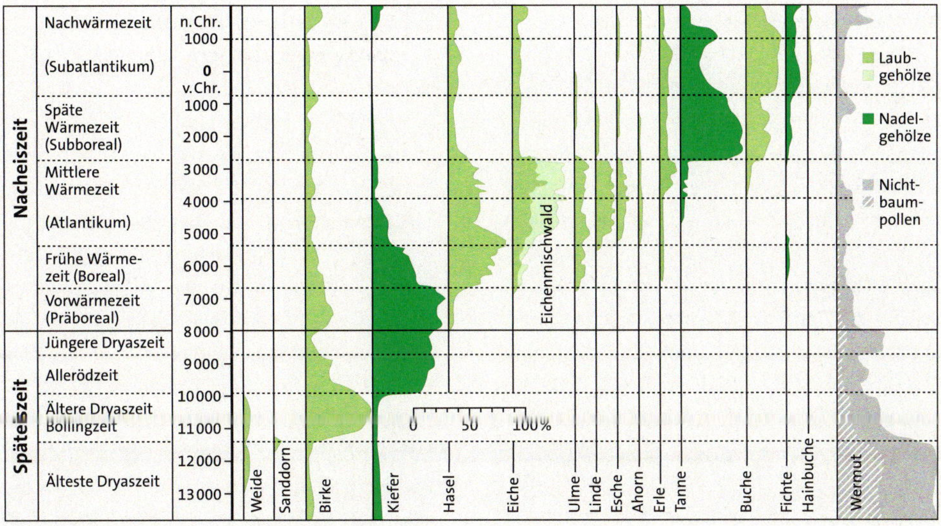


**9** **Schwarzer Laufkäfer**

**7** **Arktisch-alpine Glazialrelikte am Feldberg**

„Ihr heutiges Zuhause in der Arktis verrät uns, wie die Landschaft am Oberrhein während der letzten Eiszeit einmal ausgesehen haben mag.“ – Der Feldberg im Schwarzwald weicht in mancher Hinsicht von anderen Bergen ab. Im Bereich der höchsten Erhebungen wird die subalpine Zone erreicht und eine Vielfalt an geomorphologischen Formen schafft zahlreiche kleine, waldfeindliche Biotope. Auf diesen Sonderstandorten haben Vertreter der eiszeitlichen Vegetation die nacheiszeitliche Wiederbewaldung überdauert und wurden nicht von den konkurrenzkräftigen Wäldern überwachsen. Sie sind somit Relikte eines während der Eiszeiten über Arktis und Hochgebirge hinausreichenden größeren Areals.“

Pascal von Sengbusch: Vergleich Subarktis – Feldberg, unter: www.polarwind.net/content/view/74/37/ (April 2010)

**8** **Disjunktes (= aus Teilarealen bestehendes) Areal des schwarzen Laufkäfers**

Landesanstalt für Umweltschutz Baden-Württemberg (LfU). Der Feldberg im Schwarzwald. Karlsruhe: LfU 1982, S. 403

**1** Arbeiten Sie die den Ablauf der nacheiszeitlichen Wiederbewaldung anhand des Pollendiagramms 6 heraus.

**2** Erläutern Sie die disjunkte Verbreitung des Laufkäfers (Karte 8) sowie die Entstehung der Glazialrelikte am Feldberg (Text 7).

**3** Beschreiben und erklären Sie die Entwicklung des Areals der Stechpalme (Karte 4, Diagramm 5).

**4** Erörtern Sie mögliche Folgen einer Klimaerwärmung für Pflanzen und Tiere.

# Neophyten – Gebietsfremde Pflanzenarten in Europa

## 10 Problem-Neophyt Beifuß-Ambrosie auf dem Vormarsch

„Sie ist der Alptraum aller Allergiker: ... Die Pollen der Ambrosia artemisiifolia sind besonders allergieauslösend. ... Schon geringe Mengen ... reichen aus, um einen allergischen Anfall auszulösen. In der Hauptblütezeit August bis Oktober kann eine einzige Pflanze bis zu einer Milliarde Pollen entwickeln. ... Seit einigen Jahren ist die aus Nordamerika stammende Pflanzenart jetzt auch in Deutschland auf dem Vormarsch. Sie wächst vorzugsweise an Straßenrändern oder auf Schutthalden ...“

Problem-Neophyt Beifuß-Ambrosie auf dem Vormarsch, , unter: www.gemeinde-haar.de/rathaus/umwelt/main_umwpresse.html, vom 01.06.2007

## 11 Einfluss des Menschen auf die Verbreitung der Pflanzenarten in Europa

## 12 Ausbreitung des Kleinblütigen Springkrauts (Impatiens parviflora)

Nach: Ingo Kowarik: Biologische Invasionen: Neophyten und Neozoen in Mitteleuropa. Stuttgart: Ulmer 2003, S. 70

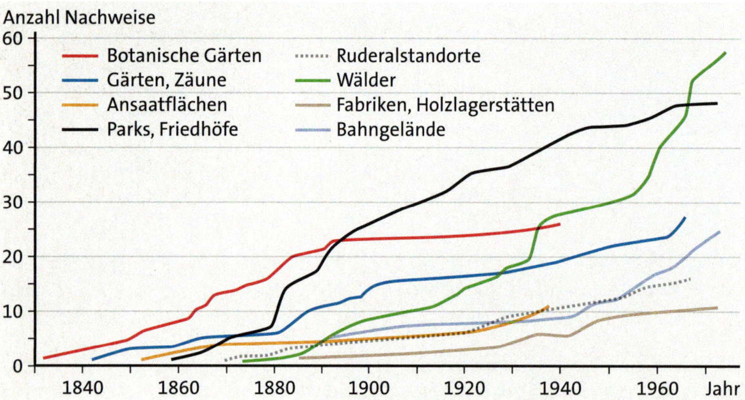


## 13 Neophyten – zwischen Hobbygärtnern und Umweltschützern

„Einige andere Pflanzen haben sich bereits als echte Problemfälle für die heimischen Ökosysteme herausgestellt. So z. B. der japanische Staudenknöterich oder das indische Springkraut, einst beliebte Gartenpflanzen, die mittlerweile an Bachläufen und in Feuchtwiesen flächendeckend auftreten. Die ursprüngliche Ufervegetation wird zurückgedrängt. Da Springkraut und Knöterich oberirdisch im Winter komplett verschwinden, haben die Bachufer bei Hochwasser keinen Schutz mehr gegen Bodenerosion. Besonders reich an **Neophyten** sind Standorte mit einer hohen natürlichen Umweltdynamik, wie Bach- und Flussauen. Vor allem aber werden gestörte, menschlich beeinflusste Ökosysteme wie z. B. Schutthalden, Straßenränder und Äckerränder von Neophyten dominiert.“

Katja Kleinert: Neophyten – zwischen Hobbygärtnern und Umweltschützern, NRhZ-Online, Online-Flyer Nr. 59 vom 29.08.2006, unter: www.nrhz.de/flyer/beitrag.php?id=10088

## 14 Etablierte Neophyten

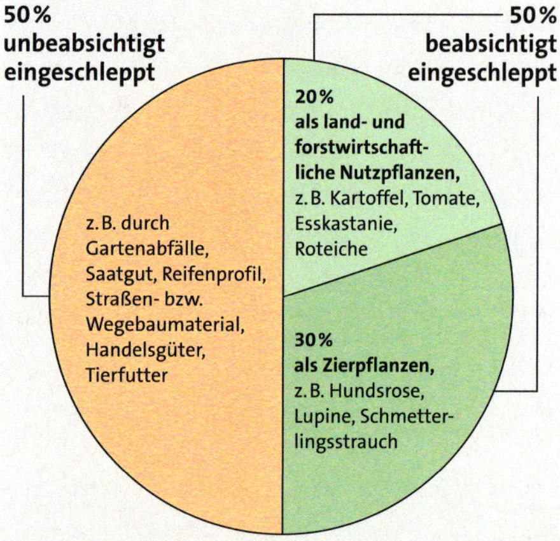


**5** Erstellen Sie ein Plakat zu Herkunft, Ausbreitungsursachen, Lebensräumen und den Folgen der Ausbreitung von Neophyten.

**6** Erörtern Sie unterschiedliche Standpunkte zur Ausbreitung von Neophyten (z. B. Naturschützer, Gartenplaner, Ökologe, Landwirt, Forstwirt etc.).

**Surftipp**
Neophyten
29760X-7202

**Lernen im Netz**
Lernmodul Vegetationssukzession
29760X-7203

## Regeneration und Sukzession

**15 Sukzession in Waldgebieten Mitteleuropas**

verändert nach Fred-Günter Schröder: Lehrbuch der Pflanzengeographie. Wiebelsheim: Quelle & Meyer 1998, S. 63

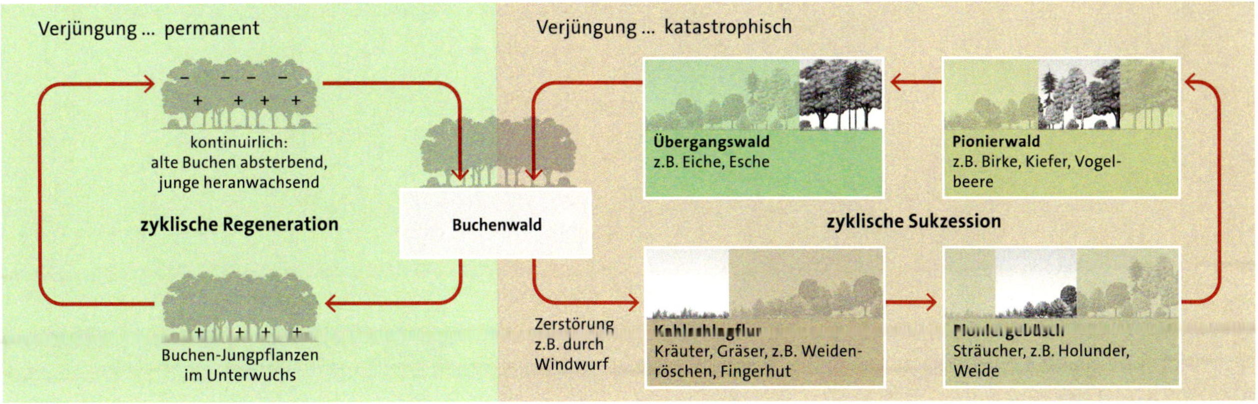


**16 Seltene Biotope im Urstromtal Berlins**

„Im Berlin-Warschauer Urstromtal haben sich am Ende der letzten Eiszeit mächtige Schmelzwassersande abgelagert. Für die Arbeiten zur Errichtung des 1953 in Betrieb genommenen Rangierbahnhofs Wuhlheide wurden Flächen zusätzlich mit Sand aufgefüllt. Damit verschwanden für das Urstromtal charakteristische feuchte Senken und Bereiche. Während einer Wanderung über den Biesenhorster Sand fällt das Mosaik verschiedenster Lebensräume auf. Neben Trockenrasen, Halbtrockenrasen und Sandoffenflächen, die allesamt spezialisierten und anspruchsvollen Tierarten Ansiedlungsmöglichkeiten geben, sind Vorwälder, Baumgruppen, Hochstauden und Grasflure sowie Gehölze zu finden. Durch die natürliche Abfolge ineinander übergehender Pflanzengesellschaften, der Sukzession, kommt es zum Aufwachsen von Gehölzen bis hin zum Wald, wenn Flächen nicht mehr vom Menschen genutzt werden. Viele Tier- und Pflanzenarten sind jedoch auf offene, nicht oder nur gering von Gehölzen bewachsene Biotope angewiesen. Ohne menschliche Nutzungen würden viele dieser Lebensräume aus unserer Kulturlandschaft verschwinden und mit ihnen die darauf angewiesenen Arten."

NABU Berlin: Seltene Biotope im Urstromtal, unter: http://berlin.nabu.de/projekte/biesenhorstersand/ (April 2010)

Mit den Jahreszeiten unterliegen Pflanzen und Tiere periodisch wiederkehrenden Veränderungen. Diesen kurzfristigen, saisonalen Vorgängen stehen längerfristige Veränderungen gegenüber. Dazu gehören zum einen zyklische Prozesse, wie die ständige **Regeneration** von nicht forstwirtschaftlich genutzten Wäldern und Urwäldern. Zum anderen gibt es gerichtete Entwicklungen (Sukzessionen), die z. B. nach einem Vulkanausbruch, einem Windwurf oder nach Eingriffen des Menschen ablaufen. Progressive **Sukzessionen** führen dabei zu Schlussgesellschaften hin, die optimal an die Standortbedingungen angepasst sind. Regressive Sukzessionen führen von einer Schlussgesellschaft weg und sind meist mit einer Degradation verbunden. Ein Beispiel ist die intensive Beweidung des Moorbirkenwaldes in Island bis hin zur Ausbildung vegetationsloser Steinpflasterwüsten.

**17 Hintertaunus: Aufgelassene Landwirtschaftsflächen**

**7** Stellen Sie jeweils ein Beispiel für eine Sukzession dar, die durch ein Ereignis, einen Prozess oder durch Flächenaufgabe in Gang gesetzt wird.

**8** Diskutieren Sie den in der Regel kosten-, zeit- und arbeitsintensiven Erhaltungsaufwand charakteristischer Kulturlandschaften in Europa an ausgewählten Beispielen (Böschungspflege, Beweidung etc.).

**18 Abfolge der Vegetationszonen der Erde auf dem „Idealkontinent"**

Nach Wilhelm Troll 1948, in: Hans-Jürgen Klink: Vegetationsgeographie. 3. Aufl., Braunschweig: Westermann 1998, S. 213

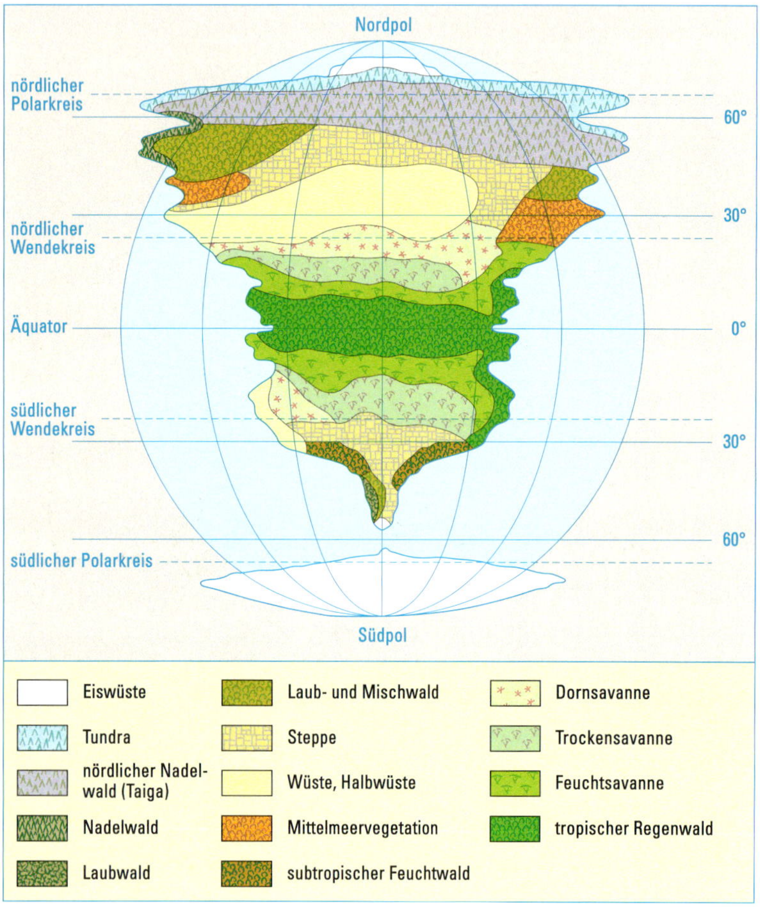


**19 Macchie und Garrigue: reale Vegetation im Mittelmeerraum**

**20 Steineichenwald: potenziell natürliche Vegetation im Mittelmeerraum**

# Die Vegetationszonen der Erde

Seite 12 – 13
Geoökologische Zonen

Regenwald, Strauchsteppe und Grasland sind Pflanzenformationen. Aufgrund der vorherrschenden Gestalttypen (Bäume, Sträucher, Gräser) weisen sie einen gleichartigen physiognomischen Charakter auf. Sie bilden Vegetationszonen, die sich in Anpassung an die Umweltfaktoren an die globalen Klimazonen anlehnen. Diese **potenziell natürliche Vegetation** wird durch den Menschen immer weiter zurückgedrängt. Die durch land- und forstwirtschaftliche Eingriffe entstandene **reale Vegetation** ersetzt heute in vielen Teilen der Erde die natürlich vorkommende Vegetation.

**Macchie und Garrigue**

Zwischen März und Mai steht die Macchie, eine einzigartige Hartlaubvegetation aus 3 – 5 Meter hohen Sträuchern, in voller Blüte und verbreitet ihren aromatischen Duft. Sie ist das Ergebnis einer über Jahrtausende erfolgten Nutzung durch Abbrennen, Überweidung und Holznutzung der mediterranen Hartlaubwälder und bildet eine Ersatzgesellschaft. Findet weitere Beweidung statt, bildet sich als weitere Degradationsstufe die aus niedrigem Buschwerk und zahlreichen Gräsern bestehende Garrigue.

**Material**
Infoblatt Vegetationszonen der Erde
29760X-7204

**Surftipp**
Pflanzengesellschaften und Vegetationszonen
29760X-7205

**Material**
Höhenstufen am Äquator
29760X-7206

**21 Höhenstufen der Vegetation im Vergleich, nach Alexander von Humboldt**

Heinrich Berghaus: Physikalischer Schulatlas. Gotha: Justus Perthes 1850, S. 20

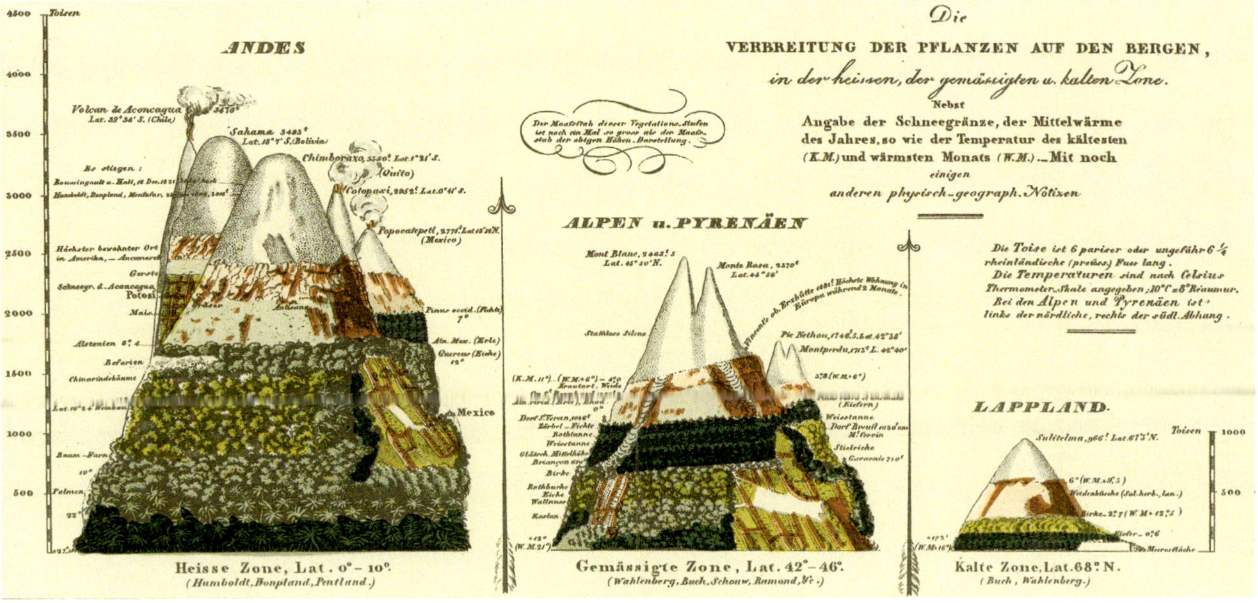


## Die Höhenstufen der Gebirge

Bereits vor über 200 Jahren erkannte der deutsche Naturforscher Alexander von Humboldt, dass sich die Vegetation zwischen dem tropischen Tiefland und den Eisgipfeln der Anden in verschiedene Höhenstufen gliedern lässt. Hier herrschen auf engem Raum ähnliche Verhältnisse wie auf dem Weg durch die Vegetationszonen vom Äquator zum Pol. Humboldt übernahm die bereits von den Spaniern im 16. Jahrhundert eingeführten Bezeichnungen Tierra caliente, Tierra templada und Tierra fria. Die Höhenstufen Tierra helada und Tierra nevada wurden später hinzugefügt. Die Ursache für den hypsometrischen Wandel liegt in der Abnahme der Temperatur mit der Höhe um durchschnittlich 0,5 K pro 100 m. Entscheidend ist auch die Lage zu den Regen bringenden Winden. Es gibt Unterschiede in der Vegetation zwischen den luvseitigen, feuchteren Außenflanken und den leeseitigen, trockeneren Tälern und Hochebenen der Anden. Die fast senkrecht einfallende Sonneneinstrahlung hat zur Folge, dass in den tropischen Anden Ackerbau noch in Höhen möglich ist, die in den Alpen als unbewohnbar gelten.

**22 Der Chimborazo in Ecuador, 6 272 m**

**spanisch**
la tierra = Land
caliente = heiß
templado = gemäßigt
frio = kalt
helado = gefroren
la nevada = Schneefall

**9** Arbeiten Sie unter Berücksichtigung der Standort- bzw. Nutzungsbedingungen die Unterschiede zwischen der potenziell natürlichen und der realen Mittelmeervegetation heraus.

**10** Ordnen Sie einzelne Abschnitte des Fotos 22 den Höhenstufen in der Grafik 21 zu.

**11** Vergleichen Sie Ausprägung und Nutzung der Höhenstufen von Anden und Alpen.

# 7.3 Ökosystem Stadt

**Biodiversität:**
Die Biodiversität (= biologische Vielfalt) beschreibt die Variabilität innerhalb einer Art (genetische Vielfalt), die Vielfalt der Arten generell sowie die Vielfalt von Ökosystemen. Biodiversität stellt eine wichtige Ressource dar. Sie ist die Grundlage unserer Nahrungsmittelproduktion, der Medizin, der Produktion von Baumaterialien und Energie – sie ist unsere Lebensgrundlage.

### 3 Biodiversität in der Stadt Zürich

Stadt Zürich: Biodiversität der Stadt Zürich in Zahlen, unter: www.stadt-zuerich.ch/gsz (Mai 2009)

1211 von 3000 in der Schweiz wachsenden Pflanzenarten kommen in Zürich vor. 97 von 195 brütenden Vogelarten sind in der Stadt heimisch geworden und 63 von ca. 200 in der Schweiz lebenden Tagfaltern wurden in Zürich gezählt. Im Stadtgebiet sind 205 verschiedene Lebensraumtypen verzeichnet, welche sich in 12 Landschaftskategorien wie Wald, Gewässer, Grünland, Siedlungen etc. einteilen lassen. Städte tragen bezüglich Biodiversität eine besondere Verantwortung. Im Vergleich zum landwirtschaftlich geprägten Umland gelten städtische Lebensräume als Hotspots der Biodiversität.

Extensiv begrünter Dachgarten

### 1 Modell eines natürlichen Landökosystems

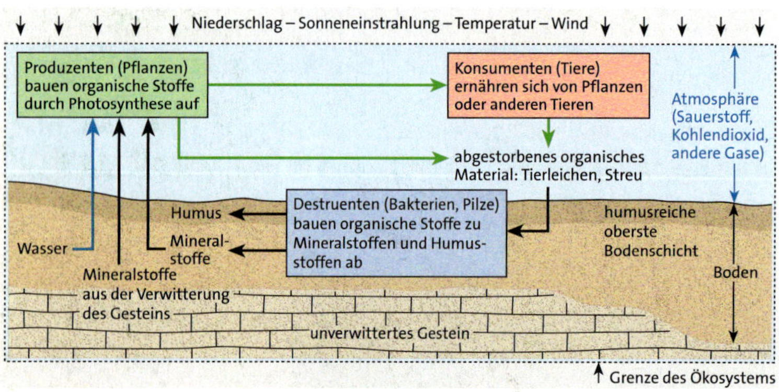


### 2 Modell eines mensch-organisierten biologisch-stofflichen Landökosystems

nach Hartmut Leser: Stadtökologie in Stichworten. Berlin: Borntraeger 2008, S. 17

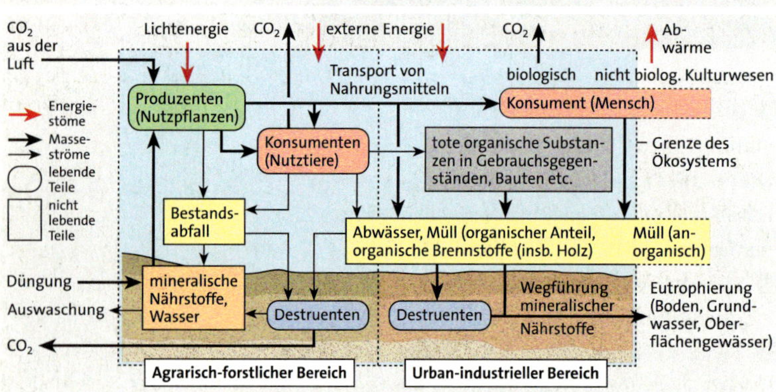


Die Stadt ist ein vom Menschen geschaffenes **Ökosystem**, in dem die Umweltfaktoren grundlegend verändert wurden. Hitze, Trockenheit, Schadstoffbelastung, Lärm und Bodenversiegelung beeinträchtigen die Lebensqualität. Eine nachhaltige und ökologisch durchdachte Stadtplanung ist heute unverzichtbar. Grünanlagen, Straßenbäume, begrünte Dächer und Fassaden, Gärten und Wasserflächen verbessern das Stadtklima und schaffen Rückzugsräume. Durch die Vielzahl an Flächennutzungen und Bebauungsstilen entstehen unterschiedliche ökologische Nischen für zahlreiche Pflanzen- und Tierarten, die sich zudem an die veränderten Lebensbedingungen angepasst haben. Die meist großräumig ausgeräumten Agrarlandschaften, die mit hohen Stoff- und Energieströmen die Stadt versorgen, bieten keinen Raum mehr für Nahrung, Schutz und Aufzucht der Jungtiere. Verschiedene Tierarten werden von Gunstfaktoren der Stadt angezogen und folgen dem Menschen. Die Stadt hat sich von einem lebensfeindlichen Raum zu einem vielfältigen Lebensraum entwickelt.

Surftipp
Ökosystem Stadt
29760X-7301

**4 Ruderalpflanzengesellschaft auf einer innerstädtischen Brachfläche**

**6 Krautige Gefäßpflanzen: Unterschiede zwischen Stadt- und Umlandflora**

nach Hartmut Leser, a. a. O., S. 183

| Merkmale und Kriterien | Unterschied Stadt im Vergleich zum Umland |
|---|---|
| Artenzahl/km² | höher |
| Artenvielfalt | geringer (Gräser, Korbblütler erhöht) |
| Neophytenanteil | höher |
| Standortansprüche | – lieben Licht, Wärme, Stickstoff und Basen<br>– ertragen Trockenheit<br>– geringe Anzahl feuchtigkeitsliebender Arten (Hydro-, Hygrophyten) |
| Störungsanzeiger | zahlreicher |
| Lebensformen | mehr Therophyten (Samenpflanzen) |
| Verbreitungsmechanismen | mehr Arten mit Wind-, Kleb- und Klettverbreitung |
| Blüten | – mehr Arten mit kleinen, vielen Blüten und langer Blütezeit (ganze Vegetationsperiode) sowie Selbstbestäubung<br>– keine Arten mit komplizierten Bestäubungsmechanismen |
| Schadstoffresistenz | mehr resistente Arten |

**5 Lebensraum für Mensch und Tier**

Moderne Hochhäuser, alte Geschäftsbauten, enge Straßenschluchten, lange Einkaufsmeilen, ausgedehnte Gewerbegebiete. Nicht nur der Mensch findet hier sein Zuhause. In der Stadt leben oft mehr Tierarten als im angrenzenden ländlichen Raum. Dabei handelt es sich nicht nur um **Kulturfolger** wie Tauben, Amseln oder Ratten, die sich von den Abfällen der Zivilisation ernähren, sondern auch Wildtiere, die von Natur aus den Menschen meiden. So finden Fuchs, Marder, Waschbär, Mauersegler, Saatkrähe, Sperber und zahlreiche Insekten in der Nähe menschlicher Behausungen ihren Platz zum Leben. Vor allem Vögel und Insekten scheinen die Stadt als ständigen Lebensraum dem Umland vorzuziehen.

Axel Wagner: Tiere der Stadt, in: Planet Wissen vom 01. 06. 2009, unter: www.planet-wissen.de/natur_technik/tier_und_mensch/tiere_der_stadt/index.jsp

**7 Günstige Faktoren in der Stadt und Verhaltensanpassungen von Kulturfolgern**

1 Beschreiben Sie Gemeinsamkeiten und Unterschiede von natürlichen und urbanen Ökosystemen.

2 Stellen Sie dar, weshalb Städte heute artenreicher sind als man zunächst vermutet.

3 Erläutern Sie Anpassungen der Pflanzengesellschaften an städtische Umweltfaktoren.

4 Überprüfen Sie die Gunstfaktoren der Stadt anhand ausgewählter Tierbeispiele.

5 Führen Sie eine Kartierung eines Ökosystems in Ihrer Umgebung durch. Erstellen Sie hierzu ein Protokoll.

**$CO_2$-Senke (Kohlenstoffsenke)**
Reservoir, das zeitweilig oder dauerhaft Kohlenstoff aufnimmt und speichert, z. B. Wälder als Teil der Landökosysteme und Ozeane nehmen Teile der anthropogenen Kohlenstoffdioxidemissionen auf.

**$CO_2$-Quelle (Kohlenstoffquelle)**
Reservoir, das Kohlenstoff abgibt, z. B. Wälder und Ozeane; zur Zeit bedeutendste Quelle ist der Verbrauch fossiler Brennstoffe.

# 7.4 Der Kohlenstoffkreislauf

Der seit der Industrialisierung deutliche Anstieg von klimarelevanten Spurengasen wie $CO_2$ und Methan in der Atmosphäre ist verantwortlich für den anthropogenen Treibhauseffekt. Um die Auswirkungen abzuschätzen und angemessene Handlungsstrategien zu entwickeln, ist das Verständnis für den globalen Kohlenstoffkreislauf eine wesentliche Voraussetzung.
Kohlenstoff befindet sich in drei unterschiedlich großen, miteinander im ständigen Austausch stehenden Speichern: in der Atmosphäre, in der Land-Biosphäre und im Ozean. Die Lagerstätten fossiler Energieträger waren lange Zeit nicht beteiligt, sie werden erst seit ca. 200 Jahren durch den Menschen dem Kreislauf wieder zugeführt. Den größten Speicher bildet die Lithosphäre, hier sind besonders die Meeressedimente und Kalkgebirge zu nennen. Aufgrund der äußerst geringen Austauschmengen durch Verwitterung und Vulkanismus über lange Zeiträume spielt dieses Reservoir jedoch nur eine untergeordnete Rolle.

**2 Die Rolle des Kohlenstoffdioxids**

„Obwohl Kohlenstoff einen Massenanteil von weniger als einem Prozent unseres Planeten besitzt, ist er eine Basis für das Leben auf der Erde. Kohlenstoffverbindungen bilden Pflanzen, Tiere und Mikroorganismen und verschaffen uns einen großen Teil unserer Nahrung und unserer Energieressourcen. Das Gas Kohlendioxid, das nur 0,03 % der Atmosphäre ausmacht, trägt zur Kontrolle der von der Sonne einfallenden Strahlungsmenge bei und verhilft unserem Planeten zu genügend Wärme für die Entwicklung von Leben. Es ist die Kohlenstoffquelle für die Primärproduzenten. ... Pflanzen sind in der Tat die Haupttriebkraft für den globalen Kohlenstoffzyklus, denn durch den Prozess der Photosynthese wandeln sie Kohlendioxid in organische Verbindungen um, die die gesamte pflanzliche Substanz aufbauen. Diese wiederum geht in die Nahrungskette ein, wenn die Pflanzen von den Tieren als Nahrungsquelle genutzt werden.“

Andrew Goudie: Physische Geographie. Eine Einführung. Heidelberg: Spektrum, 4. Aufl. 2002, S. 412

**1 Der Kohlenstoffkreislauf**

nach Dieter Kasang: Der Kohlenstoffkreislauf, vom 17.04.2009, unter: http://wiki.bildungsserver.de/klimawandel/index.php/Datei:CO2-kreislauf.gif

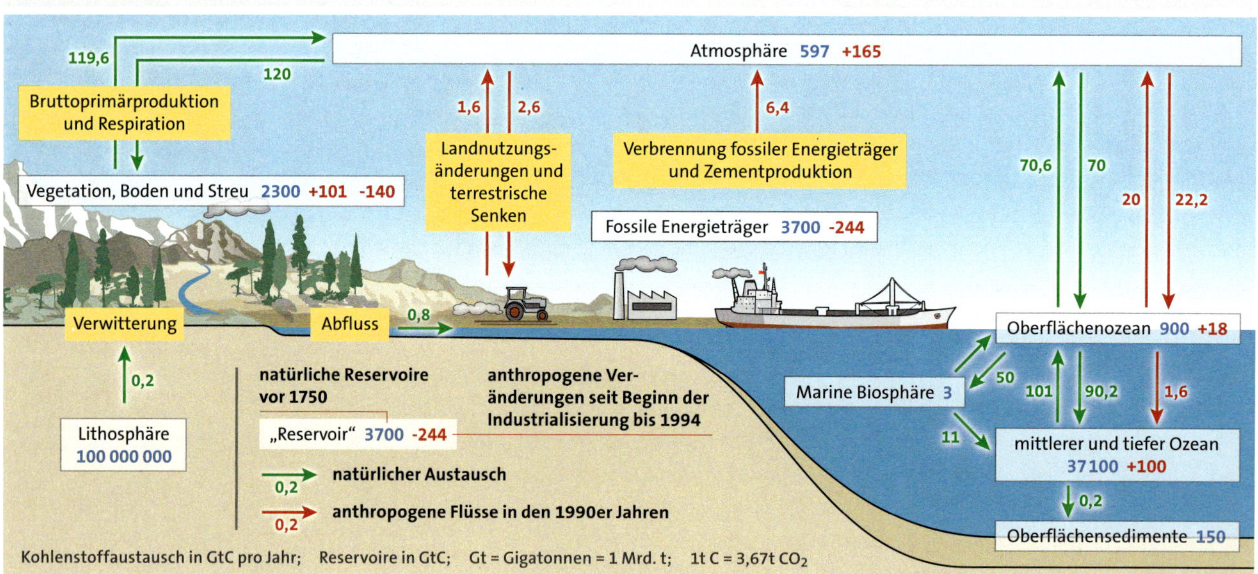

Surftipp
Kohlenstoffkreislauf
29760X-7401

**3 Der ozeanische Kohlenstoffkreislauf**

Nach IPCC (2001): Climate Change 2001. Cambridge and New York 2001, Fig. 3.1, unter: www.hamburger-bildungsserver.de/welcome.phtml?unten=/klima/klimawandel/treibhausgase/kohlendioxid/kreislauf.html (Juni 2008)

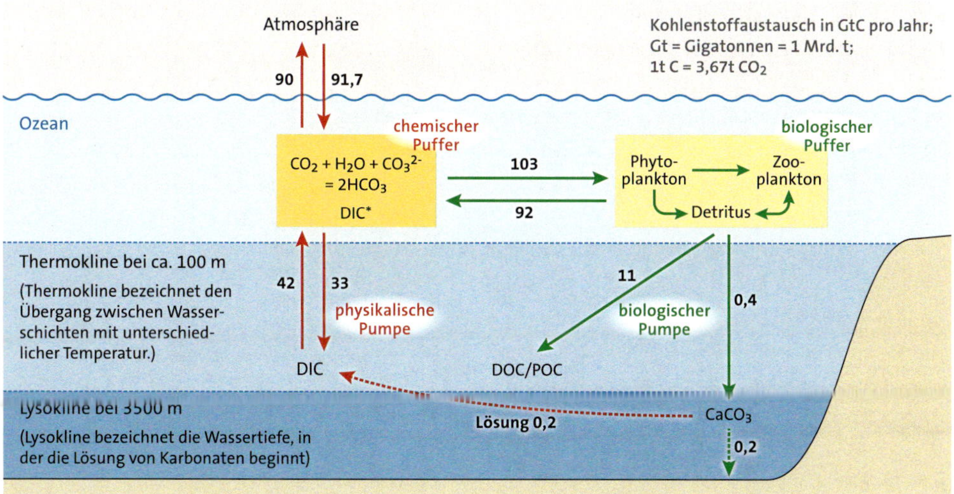


**DIC**
dissolved inorganic carbon (gelöster anorganischer Kohlenstoff)
**DOC**
dissolved organic carbon (gelöster organischer Kohlenstoff)
**POC**
particular organic carbon (in Partikeln gebundener Kohlenstoff)

**Die Rolle der Ozeane im globalen Kohlenstoffkreislauf**

Mit 38 000 Gigatonnen Kohlenstoff speichern die marinen Ökosysteme 50-mal mehr Kohlenstoff als die Atmosphäre und 15-mal mehr als die Landökosysteme. Die Ozeane sind dabei sowohl $CO_2$-Senken als auch $CO_2$-Quellen: Jährlich werden etwa 90 Gt ausgetauscht. Von den anthropogenen Kohlendioxidemissionen nehmen die Ozeane aus der Atmosphäre etwa 30 % auf. Dieser $CO_2$-Austausch findet in der obersten, etwa 100 m mächtigen Wasserschicht statt. Dort findet sich gelöster anorganischer Kohlenstoff (DIC) als gelöstes $CO_2$-Gas, als Hydrogencarbonat ($HCO_3^-$) und als Karbonat ($CO_3^{2-}$). Ein Teil des gelösten Kohlenstoffs wird mit kalten Meeresströmungen in tiefere Schichten der Ozeane transportiert („physikalische Pumpe"). Der andere Teil wird durch die Fotosynthese vom Phytoplankton aufgenommen und gelangt über die Nahrungskette ins Zooplankton. Die abgestorbenen Lebewesen (POC) sinken in die tiefen Schichten („biologische Pumpe"), wo ein Teil des fixierten $CO_2$ in Lösung geht (DOC). Ein kleiner Teil gelangt auf den Meeresboden und wird dem Austausch mit der Atmosphäre entzogen.

**4 Antarktis: Gletscherrückzug lässt neue $CO_2$-Senke entstehen**

Der Rückzug der Küstengletscher in der Antarktis eröffnet einzelligen Meeresalgen neuen Lebensraum, sie überziehen ganze Gebiete mit Algenblüten. Damit bilden sie gleichzeitig einen bisher unbekannten, aber wichtigen Faktor, der dem Klimawandel entgegenwirkt. Denn die Meeresalgen binden pro Jahr immerhin 3,5 Millionen Tonnen Kohlenstoff in Form von $CO_2$, wie britische Forscher jetzt in der Fachzeitschrift „Global Change Biology" berichten.

Scinexx vom 11. 11. 2009, unter: www.g-o.de/wissen-aktuell-10786-2009-11-11.html

1 Beschreiben Sie den globalen Kohlenstoffkreislauf unter besonderer Berücksichtigung der Größe und Austauschkapazität der Speicher.
2 Erläutern Sie Veränderungen der Austauschprozesse durch die anthropogenen $CO_2$-Emissionen.
3 Stellen Sie die Komponenten und Prozesse im ozeanischen Kohlenstoffkreislauf dar.
4 Erörtern Sie die Rolle verschiedener $CO_2$-Senken (Wälder, Ozeane, Meeresalgen) im Zusammenhang mit dem Klimawandel.

Diese Doppelseite bietet Ihnen die Möglichkeit der Selbsteinschätzung: Beherrsche ich das erforderliche Fachvokabular – verfüge ich tatsächlich über die mit der Bearbeitung dieses Kapitels angestrebten Sach-, Methoden- und Handlungskompetenzen? Überprüfen Sie sich selbst.

**Wichtige Fachbegriffe**
- Areal
- Biodiversität
- Endemit
- Geophyt
- Guttation
- Höhenstufen
- Hydrophyten
- Hygrophyten
- Kosmopoliten
- Kulturfolger
- Lebensformen nach Raunkiaer
- Mesophyten
- Neophyten
- Ökosystem
- potenzielle natürliche Vegetation
- Reale Vegetation
- Regeneration
- Sukzession
- Vegetationszonen
- Wasserhaushaltstypen
- Xeromorphie
- Xerophyten

Die Definitionen dieser Begriffe finden Sie im Arbeitsanhang (S. 192–201).

# Wissen vernetzen

**1 Fragestellungen der Biogeographie**

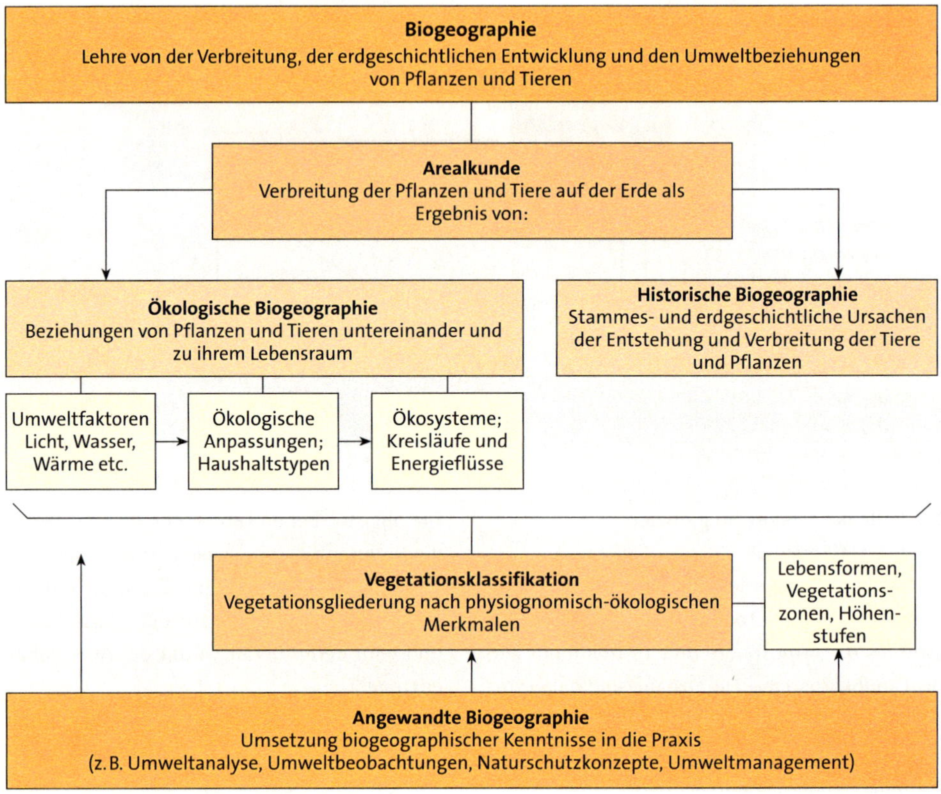


Zahlreiche Tier- und Pflanzenarten sind heute vom Aussterben bedroht, für viele kommt jede Hilfe zu spät, sie sind bereits für immer von der Erde verschwunden. Auf der „Roten Liste“ 2009 stehen über 17 000 bedrohte Tier- und Pflanzenarten, das sind rund ein Drittel der in Deutschland über 47 000 beschriebenen Arten. Andere Arten dagegen dringen unaufhaltsam in unseren Lebensraum vor, verdrängen heimische Pflanzen und Tiere und schleppen neue Krankheiten in Deutschland ein. Die anthropogen bedingte Erwärmung der Erde, die Zerstörung von Lebensräumen durch menschliche Eingriffe, aber auch ohne Einfluss des Menschen ablaufende Ereignisse und Prozesse beeinflussen und verändern die Pflanzen- und Tierwelt nachhaltig.

Die Biogeographie als geographische Wissenschaft kann bei der Frage nach Ursachen, Mechanismen und sinnvollen Gegenmaßnahmen Antworten geben. Sie beschäftigt sich mit der Verbreitung, der erdgeschichtlichen Entwicklung und den Umweltbeziehungen der Tier- und Pflanzengemeinschaften. Sie versteht die Lebewesen als gestaltende Geofaktoren, Elemente von Landschaften und Bioindikatoren zur Kennzeichnung verschiedener Erdräume und deren Wirkungsgefüge. Der Mensch greift mit seinem wirtschaftlichen Handeln nicht nur in nahezu alle Ökosysteme ein, er ist auch ein Teil des größten Ökosystems – der Erde. Um die Biodiversität als Lebensgrundlage zu erhalten, ist es notwendig, die sich fortsetzende Zerstörung zu reduzieren und die vielfältigen Ressourcen nachhaltig und effizient zu nutzen.

**Material**
Bogen zur Selbsteinschätzung
29760X-7501

# Kompetenzen überprüfen

**Überprüfen** Sie Ihre bei der Bearbeitung des Kapitels erworbenen Kompetenzen.

Nehmen Sie dabei die untenstehende **Selbsteinschätzung** Ihres Kompetenzstandes unter Verwendung der folgenden Klassifikation vor:
1 = stimmt
2 = stimmt überwiegend
3 = stimmt teilweise
4 = stimmt nicht

Eine Checkliste mit der Möglichkeit zum Ankreuzen Ihres Kompetenzstandes steht Ihnen im Internetauftritt dieses Schülerbuches unter dem ONLINE-Link 29760X-7501 zur Verfügung. Wenn Sie Hilfe benötigen, wenden Sie sich an Ihre betreuende Lehrerin oder Ihren Lehrer.

**2 Arbeitsschritte für die Selbsteinschätzung**

**1. Schritt**
Führen Sie die Selbsteinschätzung zunächst allein durch.

**2. Schritt**
Vergleichen Sie die Ergebnisse im (Zweier-) Team.

**3. Schritt**
Arbeiten Sie Möglichkeiten und Methoden heraus, festgestellte Lücken zu schließen und Defizite zu beseitigen.

**Sachkompetenz – Ich kann ...**
- die Anpassungen der Pflanzen an die Umweltfaktoren Licht, Wärme und Wasser beschreiben und erklären,
- den Zusammenhang von erdgeschichtlichen bzw. aktuellen Prozessen und der Bildung verschiedener Arealformen, Arealgrößen und Arealverschiebungen darstellen,
- die Ausbreitung von Neophyten charakterisieren und deren Folgen erörtern,
- die Prozesse Regeneration und Sukzession miteinander vergleichen,
- verschiedene Pflanzenformationen den Klima- bzw. Vegetationszonen und den Höhenstufen in den Gebirgen zuordnen,
- die Besonderheiten eines urbanen Ökosystems darstellen,
- den Kohlenstoffkreislauf unter Berücksichtigung aller beteiligten Sphären erläutern.

**Methodenkompetenz – Ich kann ...**
- anhand charakteristischer Merkmale von Pflanzen die Wirkung verschiedener Umweltfaktoren erläutern,
- ausgewählte geographische Arbeitsmaterialien (Karten, Diagramme, Tabellen) im Hinblick auf Veränderungen von Arealen auswerten,
- die Bestandteile eines ausgewählten Ökosystems erfassen, kartieren und darstellen.

**Handlungskompetenz – Ich kann ...**
- die Veränderungen der Pflanzen- und Tierwelt aufgrund der Eingriffe des Menschen beurteilen und daraus Konsequenzen für meinen persönlichen Umgang mit den Ressourcen verschiedener Ökosysteme ableiten,
- sachlich fundiert in einem Team verschiedener Interessenvertreter unterschiedliche Standpunkte zur Neophytenproblematik einnehmen,
- Prognosen und Maßnahmen im Rahmen der Diskussion um die globale Klimaerwärmung unter Berücksichtigung des globalen Kohlenstoffkreislaufes bewerten.

# 8 Arbeitsanhang – Wissen und Können erweitern

Dieser Arbeitsanhang gibt Ihnen zu den Kapiteln Literaturhinweise und hilft Ihnen damit, einen Einstieg für vertiefende Studien und Arbeiten zu finden.
Über das Glossar der wichtigen Begriffe und die Seitenangaben im Sachregister können Sie sich unter anderem dafür bestimmte Begriffe und Inhalte des Buches erschließen.
Schon in der Oberstufe, erst recht aber, wenn Sie danach ein Studium aufnehmen, werden solche Arbeitstechniken hilfreich sein.

PS Ich liebe Dich
America

# 8 KLAUSURTRAINING

Klausuren zählen zu den wichtigsten Leistungsnachweisen der Gymnasialen Oberstufe. Sie unterscheiden sich in ihrem Aufbau und dem Anforderungsniveau kaum von den Abiturprüfungsaufgaben. Einzig die Länge und der zu bearbeitende stoffliche Umfang sind geringer. Es ist daher wichtig, das Schreiben von Klausuren zu trainieren. Für die Bearbeitung dieses Klausurbeispiels ist es hilfreich, sich im hinteren Teil des Buches einen Überblick über die Anforderungsbereiche und Operatoren zu verschaffen.

## 10 Tipps zum Bearbeiten einer Klausur

1. Die Struktur der Antwort steckt meistens schon in der Aufgabenstellung.
- Lesen Sie die Aufgabenstellung gründlich durch und überlegen Sie: Was wird gefordert? Welches Material kann welchen Aufgaben zugeordnet werden?
- Markieren Sie Schlüsselbegriffe, die Ihnen die gestellten Anforderungen erschließen.
2. Beachten Sie die Operatoren.
- Bei den Operatoren handelt es sich um Verben, die genau angeben, was von Ihnen verlangt wird.
- Sie können den Anforderungsbereichen zugeordnet werden, die durch einen ansteigenden Schwierigkeitsgrad gekennzeichnet sind.
3. Klären Sie die Lage und die relevanten Raumkategorien.
- Ordnen Sie das Klausurbeispiel räumlich ein. Gliedern Sie soweit möglich den Raum in Teilräume.
4. Strukturieren Sie die Ihnen zur Verfügung stehende Zeit.
- Nehmen Sie sich ausreichend Zeit zum strukturierten Lesen der Aufgaben und Materialien.
- Legen Sie einen groben Zeitplan fest und bedenken Sie, dass ausreichend Zeit für das abschließende Lesen zur Verfügung stehen muss.
5. Bearbeiten Sie sorgfältig die vorliegenden Materialien.
- Sichten Sie das Material und ordnen Sie es den Teilaufgaben und -aspekten zu.
- Markieren Sie dabei wichtige Inhalte, Fach- und Schlüsselbegriffe auf den Materialseiten.
- Analysieren Sie die Materialien und fertigen Sie eine erste Lösungsskizze an.
6. Formulieren Sie einen griffigen Einstieg.
- Es ist häufig sinnvoll mit einer geographischen Lageeinordnung zu beginnen.
- Der weitere Einstieg sollte noch einmal kurz den thematischen Schwerpunkt aufgreifen.
7. Gliedern Sie Ihre Ausführungen und setzen Sie Akzente.
- Achten Sie darauf, inhaltliche Schwerpunkte zu setzen.
- Gliedern Sie Ihre Ausführungen nicht nur inhaltlich sondern auch formal.
8. Formulieren Sie ansprechend.
- Formulieren Sie in Sätzen und beachten Sie die Fachsprache.
- Verknüpfen Sie die einzelnen Inhaltsaspekte auch sprachlich.
9. Ziehen Sie am Ende der Klausur ein abschließendes Fazit.
- Fassen Sie noch einmal kurz die wesentlichen Aussagen zusammen und formulieren Sie, wenn notwendig, Ihre eigene Meinung.
10. Schauen Sie Ihre Klausur noch einmal im Gesamten durch.
- Achten Sie hierbei vor allem auf die Lesbarkeit Ihres Textes, Rechtschreibung und Grammatik, sprachliche Exaktheit, Logik in Ihren Ausführungen und Vollständigkeit.

## Klausurbeispiel

Die Landwirtschaft der USA wird stark von naturgeographischen Faktoren beeinflusst. Klima, Ausgangsgestein und Vegetation sind wichtige Bodenbildungsfaktoren. Im Bereich der Prärien (Steppen) sind Schwarzerden weit verbreitet.

1. Beschreiben Sie das Klima im Bereich des Nadelwaldes.
2. Erklären Sie die Niederschlagsverhältnisse im Bereich der Station aus der planetarischen Zirkulation.
3. Erläutern Sie die unterschiedliche Wirksamkeit der Bodenbildungsprozesse im Bereich der Halbwüste, des Laubwaldes und des Nadelwaldes.
4. Nehmen Sie ausgehend vom Diagramm 2 Stellung zu der Aussage, die Präriegebiete des mittleren Westens sind trotz hoher potentieller Fruchtbarkeit aufgrund naturbedingter Risiken nur eingeschränkt landwirtschaftlich nutzbar.

Meeresströmungen beeinflussen das Klima an den Küsten der USA. So tritt an der Küste Kaliforniens häufig Nebel auf.

5. Erstellen Sie mithilfe geeigneter Atlaskarten eine beschriftete Zeichnung, welche die Entstehung des Küstennebels erklärt.

Die Region um den Yellowstone-Nationalpark in den USA gehört weltweit zu den am besten untersuchten Vulkangebieten. Wissenschaftler befürchten, dass es im Bereich des Nationalparks zu einem verheerenden Vulkanausbruch kommen könnte. Bei Ihren Untersuchungen haben Sie festgestellt, dass das Alter der Gesteine unterschiedlich ist (Karte 3).

6. Arbeiten Sie aus der Karte die geologischen Besonderheiten heraus.
7. Überprüfen Sie, ob die geologischen Besonderheiten mithilfe der Theorie der Plattentektonik erklärt werden können.

## 1 Ausgangsgestein und potentielle natürliche Vegetation in einem SSW-NNE-Profil (ohne Berücksichtigung des Reliefs)

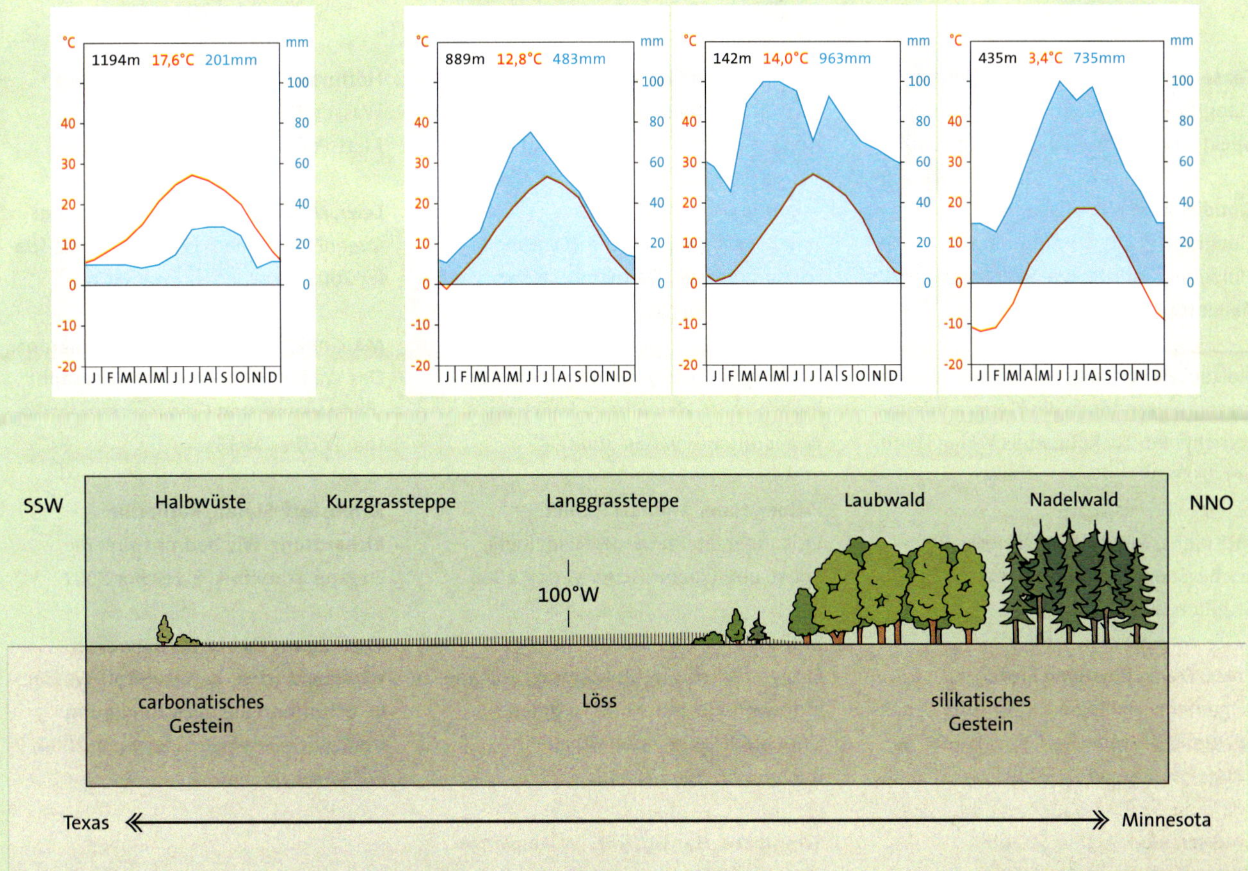


## 2 Hays (Kansas): Niederschläge

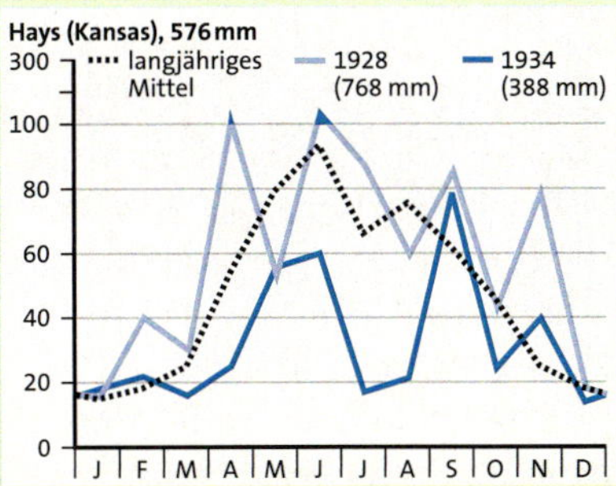


## 3 Alter der Gesteine in den US-Bundesstaaten Oregon, Nevada, Idaho und Wyoming

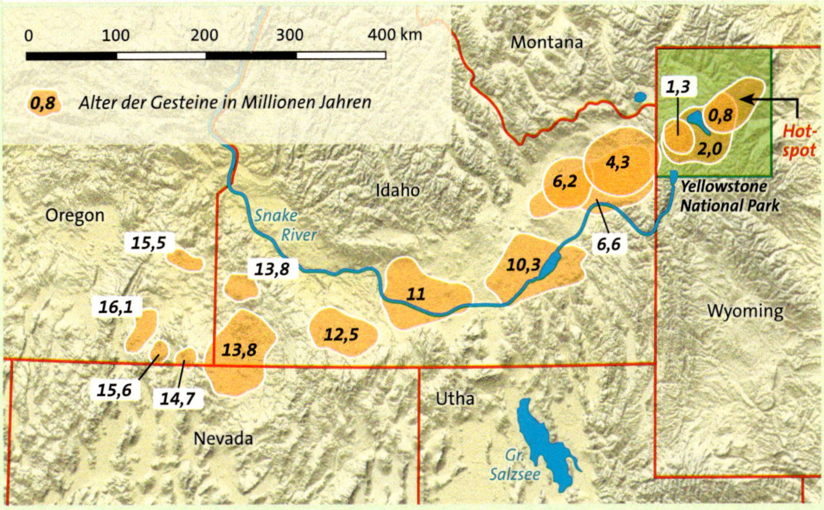

# 8 Weiterführende Literatur

## Physische Geographie

**Glaser, Rüdiger et al. (Hrsg.):** Physische Geographie kompakt. Heidelberg: Spektrum Akademischer Verlag 2010

**Goudie, Andrew:** Physische Geographie. Eine Einführung. Heidelberg und Berlin: Spektrum Akademischer Verlag 2002

**Nolzen, Heinz (Hrsg.):** Physische Geofaktoren. Handbuch des Geographieunterrichts Bd. 10. Köln: Aulis Verlag Deubner 1989

**McKnight, Tom L., Darrell Hess:** Physische Geographie. München: Pearson Studium 2009

**Press, Frank, Raymond Siever:** Allgemeine Geologie. Einführung in das System Erde. München: Spektrum Akademischer Verlag 2003

**Strahler, Alan, Arthur Strahler:** Physische Geographie. UTB. Stuttgart: Ulmer 2006

## Dynamische Lithosphäre – endogene Prozesse

**Frater, Harald:** Landschaftsformen. Unsere Erde im Wandel – den gestaltenden Kräften auf der Spur. Berlin: Springer Verlag 2004

**Frisch, Wolfgang, Martin Meschede:** Plattentektonik. Darmstadt: Wissenschaftliche Buchgesellschaft 2007

**Grotzinger, John u. a.:** Allgemeine Geologie, 5. Aufl. Heidelberg: Spektrum Akademischer Verlag 2007

**Pichler, Hans, Thomas Pichler:** Vulkangebiete der Erde. Heidelberg: Spektrum Akademischer Verlag 2006

**Rothe, Peter:** Die Erde. Alles über Erdgeschichte, Plattentektonik, Vulkane, Erdbeben, Gesteine und Fossilien. Darmstadt: Wissenschaftliche Buchgesellschaft 2008

**Schmincke, Hans-Ulrich:** Vulkanismus. Darmstadt: Wissenschaftliche Buchgesellschaft 2000

**Schmincke, Hans-Ulrich:** Vulkane der Eifel: Aufbau, Entstehung und heutige Bedeutung. Heidelberg: Spektrum Akademischer Verlag 2009

**Sebastian, Ulrich:** Gesteinskunde: Ein Leitfaden für Einsteiger und Anwender. Heidelberg: Spektrum Akademischer Verlag 2008

**Walter, Roland:** Erdgeschichte. Die Entstehung der Kontinente und Ozeane, 5. Aufl. Berlin: Gruyter 2003

## Die Hydrosphäre

**Hoffmann, Thomas:** Weltproblem Wasser. TERRA global. Gotha: Klett-Perthes 2003

**Leier, Manfred (Hrsg.):** Weltatlas der Ozeane. München: Frederking und Thaler 2001

**Marcinek, Joachim, Erhard Rosenkranz:** Das Wasser der Erde – Eine geographische Meeres- und Gewässerkunde. Gotha: Perthes 1996

**Rahmstorf, Stefan, Katherine Richardson:** Wie bedroht sind die Ozeane. Frankfurt: S. Fischer 2007

**Vereinigung Deutscher Gewässerschutz e.V. (Hrsg.):** Naturstoff Wasser. In: Schriftenreihe der Vereinigung Deutscher Gewässerschutz e.V. 2004, Bd. 37

## Die Atmosphäre

**Glaser, Rüdiger:** Klimageschichte Mitteleuropas. Darmstadt: Primus 2001

**Grassl, Hartmut u. a.:** Wetterkatastrophen und Klimawandel. München: PG-Verlag 2005

**Häckel, Hans:** Wetter & Klimaphänomene. Stuttgart: Eugen Ulmer 2007

**Hupfer, Peter, Wilhelm Kuttler:** Witterung und Klima. Stuttgart und Leipzig: Teubner 2006

**Latif, Mojib:** Klima. Frankfurt / M: Fischer Taschenbuch Verlag 2004

**Lauer, Wilhelm, Jörg Bendix:** Klimatologie. Das Geographische Seminar, 2. Aufl. Braunschweig: Westermann 2006

**Littmann, Thomas, u. a.:** Elemente des Klimas. Gotha: Klett-Perthes 2004

**Rahmsdorf, Stefan, Hans-Joachim Schellnhuber:** Der Klimawandel. München: Beck 2006

**Roth, Günter D.:** Wetterkunde für alle. München: Blv Buchverlag 2008

**Schoenwiese, Christian-Dietrich:** Klimatologie. UTB. Stuttgart: Ulmer 2003

**Scholliers, Matthias:** Klima im Wandel. TERRAglobal. Leipzig: Klett 2007

**Sönning, Walter:** Wolkenbilder – Wettervorhersage. München: Blv Buchverlag 2009

**Weischet, Wolfgang, Wilfried Endlicher:** Einführung in die Allgemeine Klimatologie. Stuttgart: Borntraeger 2002

## Form und Gestaltung der Oberfläche: die Geomorphologie

**Ahnert, Frank:** Einführung in die Geomorphologie. UTB. Stuttgart: Ulmer 2004

**Louis, Herbert, Klaus Fischer (1979):** Allgemeine Geomorphologie. Berlin: Walter de Gruyter & Co 1979

**Leser, Hartmut:** Geomorphologie. (Das Geographische Seminar). Braunschweig: Westermann 2009

**Wilhelmy, Herbert (Hrsg.):** Geomorphologie in Stichworten. Bde. 1–3. Berlin: Hirt 1994

**Praxis Geographie 2009, 39. Jg., Heft 6:** Themenheft Desertifikation. Braunschweig: Westermann

**Zepp, Harald:** Geomorphologie. Grundriss Allgemeine Geographie. UTB. Paderborn: Schöningh 2008

# Weiterführende Literatur

## Die Böden


**AG Boden:** Bodenkundliche Kartieranleitung. Hannover: Bundesanstalt für Geowissenschaften und Rohstoffe in Zusammenarbeit mit den Staatlichen Geologischen Diensten der Bundesrepublik Deutschland 2005

**Baumhauer, Roland u. a.:** Physische Geographie, Bd. 2: Klima-, Hydro-, Boden-, Vegetationsgeographie. Geowissen kompakt. Darmstadt: Wissenschaftliche Buchgesellschaft 2008

**Billwitz, K. Allgemeine Bodenkunde. In: Hendl, M., H. Liedtke (Hrsg.):** Lehrbuch der Allgemeinen Physischen Geographie. Perthes GeographieKolleg. Gotha und Stuttgart: Klett-Perthes 1997, S. 233–327

**Blum, Winfried E. H.:** Bodenkunde in Stichworten. Hirts Stichwortbücher. Berlin: Borntraeger 2007

**Blume, Hans-Peter:** Handbuch des Bodenschutzes: Bodenökologie und -belastung. Vorbeugende und abwehrende Schutzmaßnahmen. Landsberg am Lech: Ecomed Medizin 2004

**Blume, Hans-Peter u. a.** Handbuch der Bodenkunde (Loseblattsammlung mit Ergänzungslieferungen). Landsberg am Lech: Ecomed Medizin 1996ff; ab 2007 Weilheim: Wiley

**Eitel, Bernhard:** Bodengeographie. Das Geographische Seminar. Braunschweig: Westermann 2006

**FAO:** FAO / Unesco Soil Map of the World: Revised Legend, with corrections and updates. Rom 1988

**Gisi, Ulrich:** Bodenökologie. Stuttgart: Thieme 1997

**Kuntze, Herbert u. a.:** Bodenkunde. UTB für Wissenschaft, Große Reihe. Stuttgart: Ulmer 1994

**Mückenhausen, Eduard:** Entstehung, Eigenschaften und Systematik der Böden der Bundesrepublik Deutschland. Frankfurt / M: DLG-Verlag 1977

**Mückenhausen, Eduard:** Die Bodenkunde und ihre geologischen, geomorphologischen, mineralogischen und petrologischen Grundlagen. Frankfurt/M: DLG-Verlag 1993

**Scheffer, Fritz, Paul Schachtschabel:** Lehrbuch der Bodenkunde (erweitert von H.-P. Blume). Spektrum-Lehrbuch. Heidelberg: Spektrum Akademischer Verlag 2002

**Schlichting, Ernst. u. a.:** Bodenkundliches Praktikum: Eine Einführung in pedologisches Arbeiten für Ökologen, insbesondere Land- und Forstwirte, und für Geowissenschaftler. Berlin: Blackwell Wissenschaft 1995

**Semmel, Arno:** Grundzüge der Bodengeographie. Teubner Studienbücher Geographie. Stuttgart: Teubner 1993

**Stahr, Karl u. a.:** Bodenkunde und Standortlehre. Grundwissen Bachelor. UTB. Stuttgart: Ulmer 2008

**Umweltbundesamt:** Reiseführer zu den Böden Deutschlands: Böden sehen – Böden begreifen. Berlin: Umweltbundesamt 2001

**Zech, Wolfgang, Gerd Hintermaier-Erhard:** Böden der Welt: Ein Bildatlas. Heidelberg: Spektrum Akademischer Verlag 2002

## Die Biosphäre


**Beierkuhnlein, Carl:** Biogeographie. Stuttgart: Ulmer 2007

**Klink, Hans-Jürgen:** Vegetationsgeographie. Braunschweig : Westermann 2008

**Praxis Geographie 2009, 39. Jg., Heft 10:** Themenheft Ökosysteme im Unterricht. Braunschweig: Westermann 2009

**Praxis Geographie 2002, 32. Jg., Heft 7–8:** Themenheft Vegetationsgeographie. Braunschweig: Westermann 2009

**Richter, Michael:** Allgemeine Pflanzengeographie. Stuttgart: Teubner 1997

**Schroeder, Fred-Günter:** Lehrbuch der Pflanzengeographie. Wiesbaden: Quelle und Meyer 1998

**Unterricht Biologie 2009, 33. Jg., Heft 344:** Themenheft Neobiota. Seelze: Friedrich Verlag 2009

**Unterricht Biologie 2009, 33. Jg., Heft 349:** Themenheft Stoffkreisläufe. Seelze: Friedrich Verlag 2009

# 8 Wichtige Begriffe

## A

**Advektion:** Bezeichnung für die horizontale Zufuhr von Luftmassen.
**Aerosol:** winzige Schwebstoffteilchen in der Luft; sie spielen bei Strahlungsprozessen eine wichtige Rolle.
**Aggregatzustände des Wassers:** druck- und temperaturabhängige unterschiedliche physikalische Zustände von Wasser ($H_2O$): Eis (fest), Wasser (flüssig) und Wasserdampf (gasförmig).
**Albedo:** Verhältnis der reflektierten Strahlung zur gesamten auf die Erdoberfläche einfallenden Strahlung; helle Flächen wie z. B. Dünensand haben einen hohen Albedowert, das Absorbtionsvermögen der Oberfläche ist daher klein.
**Antizyklone:** Bezeichnung für Hochdruckgebiete. Dabei unterscheidet man dynamische Hochdruckgebiete, die durch Luftakkumulation (Konvergenz) in der Höhe entstehen und thermische Hochdruckgebiete, die das Ergebnis strahlungsbedingter Abkühlung (Kältehoch) oder von → Konvektion (Höhenhoch) sind.
**Aquiclude:** Eine wasserundurchlässige Schicht, die z. B. aus Tonen aufgebaut ist. Sie kann → Aquifere begrenzen und zur Ausbildung von Grundwasserstockwerken führen.
**Aquifer:** eine poröse oder mit Klüften durchsetzte Gesteinsschicht in der → Grundwasser fließen kann.
**Areal:** Bezeichnung für das spezifische Verbreitungsgebiet einer Art.
**Artesisches Wassersystem:** System von → Aquiferen, die aufgrund der vorherrschenden geologischen Situation gespanntes → Grundwasser führen. Wird dieses z. B. durch einen Brunnen erbohrt, ist keine Vorrichtung (z. B. Pumpe) zur Förderung erforderlich, das Wasser tritt selbsttätig an die Oberfläche, wenn der Brunnenaustritt unterhalb der hydrostatischen Druckfläche liegt.
**Asthenosphäre:** Schale des oberen Erdmantels, die sich an die → Lithosphäre anschließt. Diese Zone gilt als Gleitzone (auch Fließzone), auf der sich die starren Platten der Lithosphäre bewegen. Sie befindet sich in Tiefen zwischen etwa 100 und 250 km und enthält geringe Schmelzanteile.
**Ästuar:** Trichtermündung von Flüssen im Einflussbereich der Gezeiten. Sie entstehen an → Flachküsten mit großem Tidenhub.
**Atmosphäre:** Gashülle von Himmelskörpern, speziell die Lufthülle der Erde. Diese wird nach der vertikalen Änderung der Temperatur in Troposphäre, Stratosphäre, Mesosphäre, Thermosphäre und Exosphäre eingeteilt. Die Atmosphäre besteht aus einem Gemisch verschiedener Gase. Hauptbestandteile sind Stickstoff (78 %), Sauerstoff (21 %), Argon (1 %) sowie Spurengase, z. B. Kohlendioxid (0,03 %). Die Zusammensetzung des Gasgemisches Luft ist in den untersten 100 Kilometern praktisch konstant. Eine Ausnahme bildet der Wasserdampf. Der Wasserdampfgehalt der Luft ist temperaturabhängig und schwankt zwischen 0 und 4 %.
**Atmosphärische Zirkulation:** Globales System von Luftmassenbewegungen (Windsystemen), die durch Temperatur- und Luftdruckunterschiede der bodennahen Luftschichten zwischen niederen Breiten (Tropen) und hohen Breiten (Polargebiete) ausgelöst werden.
**Ausgleichsküste:** Eine fast geradlinig verlaufende Küste. Ehemalige Vorsprünge und Einbuchtungen wurden durch das Meer (Abtragung und Ablagerung) begradigt. Es entstehen Nehrungen, deren Außensaum schließlich eine ausgeglichene Küstenlinie bewirkt. Eine Voraussetzung ist ein gezeitenarmes Meer.

## B

**Biodiversität:** biologische Vielfalt (Vielfalt innerhalb einer Art, Vielfalt der Arten, Vielfalt der Ökosysteme).
**Bioturbation:** Durchmischung der mineralischen und organischen Bestandteile des → Bodens durch die Bodenfauna (z. B. Regenwürmer). So wird u. a. der Gasaustausch zwischen Bodenluft und → Atmosphäre gefördert.
**Boddenküste:** Küstenform mit seichten Meeresbuchten, die nur einen schmalen Zugang zum offenen Meer hat. Dieser Küstentyp ist durch die Überflutung einer Jungmoränenlandschaft entstanden. Bekanntestes Beispiel einer Boddenküste ist die Ostseeküste in Mecklenburg-Vorpommern.
**Boden:** das an der Erdoberfläche mit Luft, Wasser und Lebewesen durchsetzte Umwandlungsprodukt aus mineralischen und organischen Substanzen, das in der Lage ist, höheren Pflanzen als Standort zu dienen.
**Bodenart:** Bezeichnung bzw. Klassifizierung der → Böden nach den Bestandteilen unterschiedlicher Korngröße, z. B. Sand-, Schluff- und Tonböden.
**Bodendegradation:** Verschlechterung der Bodenqualität durch natürliche Einflüsse und/oder menschliche Eingriffe, z. B. durch → Erosion, Auswaschung von Nährstoffen oder durch zu intensive Nutzung.
**Bodenerosion:** Abtragung des → Bodens durch Wasser und Wind (Bodenabtragung); i. w. S. alle über den natürlichen Abtragungsprozess hinausgehenden Bodenverluste, die durch den Menschen begünstigt oder ausgelöst

werden, z. B. durch Abholzung oder Überweidung.

**Bodenfruchtbarkeit:** Bodenqualität in Bezug auf die Leistungsfähigkeit bei der Pflanzenproduktion. Ist abhängig vom Nährstoffgehalt, dem Wasser-, Luft- und Wärmehaushalt, der Körnung und der Durchwurzelbarkeit.

**Bodengare:** Beschreibt lockere, gut durchwurzelbare → Böden die eine optimale Struktur für die Zufuhr von Luft aufweisen und damit sehr gute Bedingungen für Pflanzenwurzeln und Bodenorganismen liefern. Die Bodengare kann z. B. durch mechanische Belastung und Verdichtung verringert werden.

**Bodengüte:** → Bodenfruchtbarkeit

**Bodenhorizont:** Bezeichnung für die unterschiedlichen, etwa parallel verlaufenden Abschnitte eines → Bodenprofils, die als Ergebnis der Bodenbildung entstanden sind. Die Horizonte unterscheiden sich nach ihren Eigenschaften: z. B. Farbe, Wasserhaushalt, Körnung, Belebtheit, chemische Eigenschaften. Zur Beschreibung der Horizonte verwendet man eine Kombination von Groß- und Kleinbuchstaben (Bodenhorizontsymbole), z. B. Ah für humosen Oberboden oder Bt für Unterboden mit Tonanreicherung.

**Bodenmelioration:** technische Maßnahmen zur Werterhöhung des → Bodens und zur Steigerung seiner Ertragsfähigkeit, z. B. durch Entwässerung, Düngung.

**Bodenprofil:** charakteristische Abfolge von → Bodenhorizonten, die zusammen einen → Bodentyp kennzeichnen.

**Bodentyp:** → Böden mit ähnlichem oder gleichem Entwicklungsstand und damit gleichem → Bodenprofil, d. h. gleicher Ausprägung der einzelnen → Bodenhorizonte, werden zu einem Bodentyp zusammengefasst; z. B. Podsol, Schwarzerde, Latosol.

**Bodenwasser:** das gesamte im → Boden enthaltene Wasser mit Ausnahme des mineralisch gebundenen Kristallwassers. Es setzt sich aus dem → Grundwasser und dem Bodenwasser im engeren Sinne, d. h. Haftwasser, Stauwasser und Sickerwasser, zusammen. Bodenwasser spielt eine wichtige Rolle für die Pedogenese und den Pflanzenwuchs.

## C

**Corioliskraft:** Trägheitskraft (Scheinkraft), die bei der Bewegung auf rotierende Körper wirkt; sie verursacht, z. B. infolge der Erdrotation, die Ablenkung der Winde auf der Nordhalbkugel nach rechts und auf der Südhalbkugel nach links.

## D

**Deckenüberschiebung:** Bei dem Aufeinandertreffen zweier kontinentaler Krustenteile kann es zu einer horizontalen Aufspaltung eines Krustenblocks kommen, wobei der untere Teil unter dem anderen abtaucht und der obere auf ihn aufgleitet.

**Deflation:** Abtragung durch den Wind, auch als Ausblasung und äolische Abtragung bezeichnet; intensive Deflation geht oft mit Staubstürmen einher.

**Delta:** Mündungsbereich eines Flusses mit einem Netz von Flussarmen. Aufgrund der großen Mengen an mitgeführten Schwebstoffen und Flussgeröllen wächst das Mündungsgebiet immer weiter in das Meer hinaus. Es bildet sich mit der Zeit ein dreieckförmiger Mündungsbereich, der dem griechischen Buchstaben „Delta“ gleicht.

**Desertifikation:** Prozess der fortschreitenden Degradation der symbiotischen Natur-Mensch-Produktionssysteme in ariden Gebieten; Schaffung wüstenähnlicher Bedingungen infolge der Übernutzung des → Ökosystems.

**Diskontinuitätsflächen:** Grenzflächen der Erdschalen, an denen seismische Wellen ihre Geschwindigkeit oder Ausbreitungsrichtung ändern. Ursache dafür sind sprunghafte Veränderungen physikalischer und chemischer Eigenschaften des Erdkörpers.

**dry farming:** Form der Feldbewirtschaftung im Bereich der agronomischen Trockengrenze (v. a. in den Präriegebieten Nordamerikas). Hierbei wird über eine ein- bis zweijährige Brachezeit Niederschlagswasser im → Boden angereichert; um die Verdunstung zu minimieren, zerstört man nach Regenfällen durch Eggen die Bodenkapillaren.

**Dünen:** Reliefform des äolischen Formenschatzes. Vom Wind angewehter und abgelagerter Sand. Voraussetzung der Dünenbildung ist das Fehlen einer geschlossenen Pflanzendecke. Sie bilden sich daher bevorzugt in trockenen (ariden) Räumen, können aber auch in humiden Gebieten auftreten, sofern die befestigende Vegetation beseitigt wurde.

## E

**Edaphon:** Gesamtheit der tierischen und pflanzlichen Bodenorganismen (Bodenflora und Bodenfauna).

**Einzugsgebiet:** Areal in dem alle ober- und unterirdischen Abflüsse einem gemeinsamen Ausfluss zugeführt werden. Das Einzugsgebiet wird von Wasserscheiden begrenzt.

**El Niño:** der Begriff „El Niño“ bezeichnet ein natürliches klimatisches Phänomen, das alle vier bis neun Jahre um die Weihnachtszeit herum vor der Westküste Südamerikas auftritt. Während eines El Niño-Ereignisses ist in der Region die Oberflächentemperatur des Pazifischen Ozeans um sechs bis acht Grad Celsius gegenüber der Normaltemperatur erhöht. Gleichzeitig steigt der Wasserspiegel während des Phänomens um ca. 30 Zentimeter.
**Endemiten:** Bezeichnung für Pflanzen und Tiere, die nur in einem ganz bestimmten Raum vorkommen.
**Endogene Geofaktoren:** innenbürtige Kräfte; Naturkräfte, die aus dem Erdinnern wirken und hauptsächlich Großformen der Erdoberfläche hervorbringen. Diese führen in der Erdkruste zu Veränderungsprozessen und Naturereignissen, z. B. zu → Vulkanismus, Erdbeben oder Gebirgsauffaltung.
**Erosion:** linienhafte Abtragung durch fließendes Wasser (Tiefenerosion); im englischen Sprachgebrauch jede Form von Abtragung.
**Erze:** natürlich vorkommende Minerale und Mineralgemenge, aus denen Metalle gewonnen werden können. Bei der Verhüttung wird das Metall heraus geschmolzen, wobei nichterzhaltige Anteile („taubes Gestein“) zurückbleiben.
**Evapotranspiration:** die gesamte Verdunstung von der vegetationsbedeckten Erdoberfläche. Sie setzt sich zusammen aus der → Transpiration (Verdunstung der Vegetation) und der Evaporation (Verdunstung von der Bodenoberfläche).
**Exogene Geoaktoren:** sie modellieren von außen die Erdoberfläche und den oberflächennahen Untergrund. Wichtigste Faktoren sind: Wasser, Eis und Wind.

## F

**Flachküste:** an einer Flachküste geht das Land allmählich ins Meer über, der Strand ist sehr breit. Flachküsten bestehen aus lockerem Material wie Sand und Kies, der Wind transportiert feine Sandkörner über die → Dünen ins Land. Das Meer spült Geröll und Sand von der Küste ab und lagert es an anderen Stellen an. Flachküsten entstehen entweder durch Abrasion von Lockermaterial oder durch Meerestransgression in flach ansteigendes Land.
**Fließgewässer:** Sammelbegriff für alle ständig oder zeitweise fließenden Gewässer der interkontinentalen Erdoberfläche (keine Meere und Ozeane). Hierzu zählen z. B. Bäche und Flüsse. Gewässer wie Seen oder stehende Gräben gehören nicht unter diese Bezeichnung.
**Flussbegradigung:** Maßnahme, um einen Flusslauf zu verkürzen, indem man einzelne → Mäander durchsticht. Die Flussbegradigung geht meist mit einer Kanalisierung des Flussbettes einher und hat weit reichende negative Konsequenzen für die biotische und abiotische Umwelt.
**Föhn:** warmer, trockener Fallwind an der Leeseite hoher Gebirge.
**Frontalzone:** Bereich starker Luftdruckgegensätze zwischen etwa 40 und 60 Grad geographischer Breite.

## G

**Ganggestein:** Gruppe von Magmatischen Gesteinen, die im Bereich der Erdkruste, vorwiegend in Gängen oder Stöcken entstehen. Sie nehmen eine Stellung zwischen Ergussgesteinen und Tiefengesteinen ein.
**Geophyt:** Mehrjähriges Gewächs, das den Winter unter der Erde überdauern kann.
**Geosphäre:** im Wirkungsgefüge des → Ökosystems Erde stellt sie den Bereich der Erdoberfläche dar (auch Landschaftshülle).
**Gesteinskreislauf:** Zyklus in dem die Gesteine unterschiedliche Stadien durchlaufen können. Magma erstarrt, wird erodiert, bildet Sedimente, die sich verfestigen und überlagert und unter starkem Druck und bei hohen Temperaturen zu → Metamorphiten umgeformt werden können. Diese können schließlich wieder aufschmelzen und werden so zu Magma.
**Globalstrahlung:** Gesamteinstrahlung der Sonne auf eine horizontale Empfangsfläche, sie ergibt sich also aus der Summe der direkten Sonnenstrahlung und der diffusen Himmelsstrahlung.
**Grabenbruch:** Oberflächenform in Gestalt eines riesigen „Tales“, bei welcher ein längliches Stück der Erdkruste zwischen zwei parallel verlaufenden Verwerfungen abgesunken ist (z. B. Oberrheingraben, ostafrikanisches Rift Valley). Die Grabenbildung ist ein Ergebnis der Dehnung der → Lithosphäre durch aufsteigendes Magma.
**Großwetterlage:** Wetterlage, die einen Großraum (z. B. Europa oder Nordafrika) beeinflusst und über mehrere Tage anhält.
**Grundwasser:** unterirdisches Wasser, das die Hohlräume der Erdkruste zusammenhängend ausfüllt; der Gesteinskörper, in dem sich das Grundwasser befindet und fließt, wird als Grundwasserleiter bzw. → Aquifer bezeichnet. Grundwasser in tieferen Schichten, das in früheren Klimaperioden entstanden ist, bezeichnet man als fossiles Grundwasser.
**Grundwasserspiegel:** die aktuelle, im Jahresverlauf meist schwankende obere Grenze der Grundwasseroberfläche.

**Grünes Wasser:** Bezeichnung der Verdunstung von Wasserdampf von der Erdoberfläche in die → Atmosphäre als unsichtbarer Wasserfluss. Gemeint ist insbesondere die → Transpiration durch Pflanzen.
**Guttation:** Ausscheiden flüssigen Wassers an Blättern unter Nutzung aktiver, Energie verbrauchender Transportprozesse.

## H

**Hochdruckgebiet:** → Antizyklone
**Höhenstufen:** Form und Ausprägung der Flora und Fauna in Abhängigkeit von der Höhe über dem Meeresspiegel (NN).
**Hotspot:** ein ortsfester Aufschmelzungspunkt im Erdmantel unterhalb der → Lithosphäre, bewirkt an der Erdoberfläche häufig → Vulkanismus.
**Humifizierung:** im Mechanismus der Zersetzung der abgestorbenen organischen Substanz im → Boden der (biochemische) Teilprozess der Huminstoffbildung.
**Huminstoffe:** braun bis schwarz gefärbte organische Stoffe im → Boden, die, vergleichbar den → Tonmineralen, eine hohe → Kationenaustauschkapazität besitzen.
**hydromorphe Böden:** → Böden, die regelmäßig durch → Grundwasser vernässt sind und typische hydromorphe Merkmale (z. B. Marmorierung, Ausbildung eines Reduktionshorizontes) aufweisen.
**Hydrophyten:** Wasserpflanzen, die ganz oder teilweise unter Wasser leben.
**Hygrophyten:** Feuchtpflanzen, die aufgrund ihrer Morphologie an feuchte Lebensräume angepasst sind.

## I

**Ingressionsküste:** eine durch Eindringen des Meeres in ein vorher bestehendes Festlandrelief entstandene Küstenform (durch Landabsenkung oder Meeresspiegelanstieg).
**Inkohlung:** Prozess der Entstehung von Kohle aus pflanzlicher Substanz durch Druck und hohe Temperaturen.
**Innertropische Konvergenzzone (ITC):** Bereich der äquatorialen Tiefdruckrinne, in dem die → Passate der Nord- und Südhalbkugel der Erde zusammenkommen (lateinisch: convergere). Die ITC verlagert sich jahreszeitlich mit dem Sonnenstand.
**Isostasie:** Theorie vom Gleichgewicht zwischen dem unteren und dem oberen Teil der Erdkruste; danach werden die oberirdischen Gebirgserhebungen durch eine unterirdische Massenanordnung ausgeglichen.

## J

**Jetstream:** eng begrenztes Band extrem hoher Windgeschwindigkeiten (bis zu 600 km/h) in der oberen Troposphäre in etwa 12 km Höhe. Der Jetstream wird im Bereich der planetarischen Frontalzone hervorgerufen durch das starke Temperatur- und Luftdruckgefälle in der Höhe. Innerhalb der Troposphäre treten auf jeder Halbkugel je zwei Jetstreamsysteme auf. Zum einen gibt es den Subtropenjetstream, welcher über dem subtropischen Hochdruckgürtel etwa auf geographischer Breite der Kanarischen Inseln, über Nordafrika, dem Persischen Golf, Indien, Südostasien, Kalifornien und den Bermuda-Inseln strömt. Der Subtropenjetstream ist als beständiges Starkwindband westlicher Richtung ausgebildet. Der Polarfrontjetstream dagegen ist weit weniger beständig und viel stärker mäandrierend. Auch ist er nicht so stark ausgeprägt wie der Subtropenjetstream. Vielmehr tritt er in Form von mehreren hundert bis über 1 000 Kilometer langen Starkwindbändern auf.

## K

**Kaltfront:** Grenzbereich zwischen kalten und warmen Luftmassen, wobei die Kaltluft gegen die Warmluft vorrückt und diese verdrängt. Im Bereich einer → Zyklone bildet die Kaltfront die Rückseite des Warmluftsektors.
**Karst:** damit werden alle Oberflächenformen bezeichnet, die in wasserlöslichen Gesteinen, vor allem Kalkstein, entstehen. Durch Korrosion, ausgelöst durch → Grundwasser und einsickerndes Niederschlagswasser, verbreitern sich Risse und Spalten im Gestein und werden im Verlauf von Jahrtausenden zu größeren Hohlräumen. Zu den so geschaffenen typischen Karstformen gehören unterirdisch verlaufende Flüsse, Höhlen mit Tropfsteinen, trichterförmige Vertiefungen (Dolinen) und große, wannenförmige Einsenkungen (Poljen).
**Kationenaustauschkapazität:** die Fähigkeit von → Tonmineralen und Huminkolloiden, Nährstoffe in pflanzenverfügbarer Form zu speichern. Wichtiger Faktor bei der → Bodenfruchtbarkeit.
**Kerbtal:** entstanden durch starke, von Fließwasser erzeugte Tiefen- und Seitenerosion. Der Fluss nimmt dabei meist die Breite der Talsohle ein. Vorkommen: Gebiete mit kräftigen Niederschlägen und tektonischer Hebung des Geländes.

**Klamm:** Steilschlucht mit nahezu senkrechten Talwänden. Voraussetzungen derer Entstehung sind ein sehr starkes Gefälle, starke Tiefenerosion und festes Gestein. Die Klamm findet sich häufig im Hochgebirge. Die Flüsse und Bäche in ihr haben meist Wildwassercharakter.

**Kliff:** durch die ständige Abtragung der Meeresbrandung (Abrasion) entsteht an der Küste ein Steilabfall, der Kliff genannt wird. Im Laufe der Zeit rückt er immer weiter ins Landesinnere vor.

**Klimaklassifikation (effektiv, genetisch):** die Erde lässt sich unter verschiedenen Gesichtspunkten in Klimazonen einteilen. Eine solche Einteilung bezeichnet man als Klimaklassifikation. Klimaklassifikationen werden auf Weltkarten dargestellt und geben eine Übersicht über die in einer bestimmten Region zu erwartenden klimatischen Verhältnisse. Gesichtspunkte, die zur Klassifizierung von Klimaten herangezogen werden können, sind z. B. der Strahlungshaushalt, hydrologische Verhältnisse, also Betrachtungen des Wasserhaushalts, der Vegetationsbestand, aber auch Klimafaktoren wie z. B. Land-Meer-Verteilung und Relief. Klimaklassifikationen lassen sich ihrerseits in effektive Klimaklassifikationen und genetische Klimaklassifikationen einteilen. Effektive Klimaklassifikationen basieren auf messbaren Klimaelementen, wie z. B. Temperatur und Niederschlag. Dagegen stützt man sich bei den sog. genetischen Klimaklassifikationen hinsichtlich der Erklärung der klimatischen Verhältnisse bestimmter Räume auf die Dynamik der allgemeinen Zirkulation. Die prominentesten Vertreter der effektiven Klimaklassifikationen sind die Klassifikationen nach Köppen und Geiger (1931), Troll und Paffen (1964), Schreiber (1973) sowie Lauer und Frankenberg (1987). Unter den genetischen Klimaklassifikationen sind die Klimaklassifikationen nach Hettner (1930), Flohn (1950), Hendl (1963) sowie Terjung und Louie (1972) am bekanntesten.

**Konvektion:** Ausgleichsströmung in Form eines Zusammenströmens von Luftmassen, die durch die Temperatur- und Dichteunterschiede von Luftmassen zustande kommt.

**Kosmopoliten:** Bezeichnung für Pflanzen und Tiere, die nahezu auf der ganzen Erde vorkommen.

**Kulturfolger:** Pflanzen- oder Tierarten, die durch anthropogene Landschaftsveränderung geeignete Lebensbedingungen vorfinden und deshalb im Gefolge des Menschen auftreten.

## L

**Lagerstätten:** natürliche Konzentration von Rohstoffen in der Erdkruste, die abbauwürdig sind bzw. deren Abbau sich in naher Zukunft rentieren wird; unterschieden werden: magmatische Lagerstätten, die im Zusammenhang mit plutonischen Vorgängen entstanden, und sedimentäre Lagerstätten, die sich durch Ablagerungen bildeten.

**Landschaft:** umgangssprachliche Bezeichnung für einen räumlichen Ausschnitt der Erdoberfläche; in der Geographie versteht man unter Landschaft ein → Ökosystem, das durch die Überprägung bestimmter Natur- und/oder Humanfaktoren spezifische Merkmale aufweist; je nach Vorherrschen der Art der Faktoren spricht man von Natur- oder Kulturlandschaft.

**Landschaftswandel:** Ausdruck für die Veränderung des Landschaftsbildes durch den Einfluss des Menschen.

**Lebensformen nach Raunkiaer:** System der Einteilung von Pflanzen nach der Lage der Überdauerungsknospen in ungünstigen Jahreszeiten.

**Lessivierung:** zonal gebundener → Boden bildender Prozess bei überschüssigem Sickerwasser, das Kalkauswaschung, Eisen- und Tonverlagerung aus dem Oberboden (Al-Horizont) in den darunter liegenden Anreicherungshorizont (Bt-Horizont) bewirkt. Es entstehen Parabraunerden oder sog. Fahlerden.

**Lithosphäre:** äußere, feste Gesteinshülle, aus der die Platten aufgebaut sind. Dazu gehören die kontinentale und ozeanische Kruste und der obere Mantel bis zur → Asthenosphäre.

**Löss:** kalkreiches Lockersediment von sehr geringer Korngröße, das während der letzten Kaltzeiten (Eiszeiten) aus den Moränen, Sander- und Schotterflächen ausgeblasen und in den Randzonen der vereisten Gebiete bzw. am Rande von Mittelgebirgen abgelagert wurde; Löss bildet aufgrund seiner komplexen Kapillarstruktur sehr fruchtbare → Böden.

**Luftdruck:** der Druck, den die Luft infolge der Schwerkraft auf eine Fläche ausübt. Eine gedachte vertikale Luftsäule, die vom Erdboden bis an den Rand der → Atmosphäre reicht, übt auf eine Einheitsfläche im Durchschnitt das Gewicht (die „Gewichtskraft") von 1 013,2 Hektopascal (hPa) aus. Der Luftdruck wird mit dem Barometer gemessen, wobei oft noch veraltete Einheiten verwendet werden: 1 hPa = 1 Millibar = 0,75 Torr (= mm Hg oder Millimeter Quecksilbersäule). Der Luftdruck beträgt im Meeresniveau durchschnittlich etwa 1 013 hPa = 760 Torr oder 760 mm Quecksilbersäule. Der Luftdruck nimmt mit der Höhe alle 5 km auf etwa die Hälfte ab; er beträgt in 32 km Höhe nur mehr 1 % und in 50 km nur mehr 1 Promille = 1 hPa. Die Abnahme des Luftdrucks mit der Höhe erfolgt also exponentiell.

## M

**Mäander:** eine weit ausschwingende Flussschleife; typisch ist die Abfolge von durch → Erosion gebildeten steilen Prallhängen und flachen Gleithängen, an denen der Fluss Material ablagert.
**Maar:** kleine kraterförmige Hohlform vulkanischen Ursprungs. Sie entsteht durch explosiven → Vulkanismus, ohne dass Lava ausfließt.
**Magmatit:** Gestein, das durch Erstarren von Magma entstanden ist.
**Mantelplume:** aufsteigende pilz- und schlauchförmige heiße Magmasäulen, die im tieferen Erdmantel entstehen und dort, wo sie die dünne Erdkruste durchschlagen können, meist Vulkane bilden.
**Marines Ökosystem:** ein spezielles → Ökosystem, das die modellhafte Vorstellung von den Wechselbeziehungen zwischen den Lebewesen der Meere umfasst.
**Massenselbstbewegung:** gravitative Massenbewegung mit unterschiedlicher Form und Geschwindigkeit. Diese kann durch starke Durchfeuchtung, Erdbeben oder Baumaßnahmen ausgelöst werden.
**Meeresströmungen:** starke und beständige horizontale und vertikale Wassermassentransporte in den Weltmeeren. Die mittlere Strömungsgeschwindigkeit beträgt 35 – 60 km pro Tag. Man unterscheidet Oberflächenströme, Tiefen- und Auftriebsströmungen.
**Meereswellen:** Bezeichnung für alle im Grenzbereich zwischen Meerwasser und Luft wahrnehmbaren Oberflächenwellen, die durch Wasserspiegeländerungen im Bereich von Zehntelsekunden bis zu Stunden charakterisiert sind.
**Mesophyten:** Pflanzen mäßig feuchter bis mäßig trockener Standorte unserer Breiten.
**Metamorphit:** Gesteine, die durch Umwandlung (Metamorphose) vorhandener Gesteine infolge von Druck- und Temperaturerhöhung entstanden sind. Erfolgt die Umwandlung des Gesteins durch Berührung mit Magma, spricht man von Kontaktmetamorphose. Alle anderen Gesteinsumwandlungen, die im Ergebnis tektonischer Bewegungen oder eines allgemeinen Temperatur- bzw. Druckanstieges erfolgen, werden unter dem Begriff Nichtkontaktmetamorphose zusammengefasst (z. B. Regionalmetamorphose). Metamorphite sind beispielsweise Marmor, Gneis und Schiefer.
**Mittelozeanischer Rücken:** mehrere Tausend Kilometer lange Gebirge, die vom Boden der Ozeane aufragen und aus parallel zu einem zentralen Graben (→ Rift) verlaufenden symmetrischen Bergketten bestehen; die mittelozeanischen Rücken markieren die Linien, an denen sich die Konvektionsströme teilen und somit die Grenze von wei sich auseinander bewegenden Krustenplatten.
**Monsun:** großräumiges Luftzirkulationssystem der unteren Troposphäre im Gebiet der Tropen und Subtropen, besonders ausgeprägt in Süd- und Südostasien; Kennzeichen: halbjährlicher Richtungswechsel der Winde, verursacht durch die jahreszeitliche Verschiebung der Windsysteme und den jahreszeitlichen Wechsel der Luftdruckverhältnisse.

## N

**Nachhaltige Nutzung:** Nutzung von Ressourcen, ohne diese in ihrer Existenz zu gefährden. Das heißt, eine Ressource wird nur in dem Maße genutzt, dass deren Bestand, Eigenschaft und Funktion erhalten bleiben. Nachhaltige Nutzung ist also eine dauerhafte und Ressourcen schonende Nutzung. Ein Beispiel hierfür ist der „ökologische Landbau“, der weitgehend auf den Einsatz von Mineraldünger und chemischen Pflanzenschutzmitteln verzichtet. In der Forstwirtschaft wird darunter eine Holzwirtschaft verstanden, bei der der Holzeinschlag streng an die Nachhaltigkeit gebunden ist, d. h. jährlich darf nur so viel Holz eingeschlagen werden, wie der Zuwachs beträgt. Seit einigen Jahren wird dieser Begriff auch auf andere Bereiche übertragen. Auf die Erde bezogen bedeutet das eine Nutzung, die den Bedürfnissen der heutigen Generation entspricht, ohne die Möglichkeiten künftiger Generationen zu gefährden, ihre eigenen Bedürfnisse zu befriedigen.
**Neophyten:** Pflanzen, die nach der Entdeckung Nordamerikas durch Kolumbus (1492) in ein Gebiet eingeschleppt wurden, in dem sie natürlicherweise nicht vorkamen.
**Niederschlag:** Alle Formen von Wasser, die aus der → Atmosphäre auf die Erde gelangen, zählen zum Niederschlag. Er entsteht, wenn sich Luft unter den → Taupunkt abkühlt und dadurch Kondensation einsetzt. Zum flüssigen Niederschlag zählen Regen, Nebel und Tau, zum festen Niederschlag werden Schnee, Graupel, Hagel und Reif gerechnet. Niederschlag ist eines der Hauptglieder im → Wasserkreislauf.

## O

**Okklusion:** Luftfront, die durch die Vereinigung einer Kaltfront mit einer Warmfront entsteht.
**Ökosystem:** ein Wirkungsgefüge, das sich aus biotischen (lebenden) und abiotischen (unbelebten) Faktoren zusammensetzt, die untereinander sowie mit ihrer Umwelt in energetischen und stofflichen Wechselwirkungen stehen.
**Orogenese:** geotektonische Prozesse, die zu Veränderungen der Erdkruste, z. B. zur Entstehung eines Gebirges, führen.
**Ozonschicht:** in etwa 20–50 km Höhe bildet Ozon ($O_3$) eine Schicht innerhalb der Stratosphäre, die einen großen Teil der lebensfeindlichen UV-Strahlung absorbiert und damit Leben auf der Erde ermöglicht. Ozonbildung und Ozonabbau in der Ozonschicht stehen in einem Gleichgewicht. Durch die Einbringung bestimmter Gase (z. B. FCKW) in die Atmosphäre wird dieses Gleichgewicht gestört und die schützende Ozonschicht zerstört. Bis vor wenigen Jahren war die Ausdünnung der Ozonschicht regional begrenzt insbesondere über der Antarktis zu beobachten und als Ozonloch bekannt geworden. Später war dann ein globaler Trend des Rückgangs stratosphärischen Ozons zu beobachten.

## P

**Passat:** ganzjährige, richtungsbeständig wehende, trockene Winde, die aus den subtropischen Hochdruckgürteln in Richtung der äquatorialen Tiefdruckrinne wehen. Durch die → Corioliskraft werden sie auf der Nordhalbkugel nach rechts (NO-Passat) und auf der Südhalbkugel nach links (SO-Passat) abgelenkt. Die Passate haben eine Mächtigkeit von nur etwa 0,5 bis 2 km. Die oberhalb befindliche tropische Ostströmung (Urpassat) ist durch eine Inversionsschicht, die so genannte Passatinversion, von den Passaten getrennt. Passatwinde bringen kaum → Niederschläge; nur an Gebirgsrändern führen sie zu Steigungsregen.
**Pedosphäre:** oberster Bereich der Erdkruste, in dem die Bodenbildungsprozesse ablaufen.
**Permafrost:** Zustand eines in den tieferen Horizonten ganzjährig gefrorenen → Bodens. Nur die obere, wenige Dezimeter dicke Schicht taut in den kurzen Sommern auf. Etwa ein Fünftel der Erdoberfläche ist vom Permafrostboden bedeckt. Er reicht manchmal bis in eine Tiefe von 1 000 Metern. Weil → Niederschläge und Schmelzwasser nicht versickern können, kommt es in diesen Gebieten zu starker Sumpfbildung.
**Plutonismus:** Prozess des Aufsteigens von Magma in die Erdkruste unterhalb der Erdoberfläche.
**Plutonit:** Magmatisches Gestein, das durch Kristallisation von Magma unter der Erdoberfläche entsteht.
**Podsolierung:** Bodenbildungsprozesse, die zum Entstehen eines Podsol führen. Kennzeichnend sind starke, durch sauren Sickerwasserstrom ausgelöste Verlagerungen von Eisen- und Aluminiumoxiden sowie von → Huminstoffen in den B-Horizont. Der Prozess wird besonders von saurem Sickerwasser ausgelöst, das durch die Rohhumusauflage im Nadelwald oder durch Umweltverschmutzung entsteht.
**Potenzielle natürliche Vegetation:** Zustand einer bestimmten Vegetationszusammensetzung, die aufgrund der gegenwärtigen Umweltbedingungen vorherrschen würde, wenn der Mensch nicht mehr eingriffe.
**Pufferung:** Vermögen von → Böden, bzw. von Verbindungen in Böden, saure Bestandteile des → Niederschlags aufzunehmen, chemisch zu binden und damit die Säurewirkung abzuschwächen.

## R

**Reale Vegetation:** tatsächlich vorkommende Vegetation in einem Gebiet, dabei lösen Ersatzgesellschaften die natürliche Vegetation ab.
**Regeneration:** über lange Zeiträume periodisch ablaufende Umbauprozesse innerhalb einer Pflanzengesellschaft (z. B. Regeneration von Waldgesellschaften).
**Rift:** Schmale Spalte oder Bruch in ozeanischer oder kontinentaler Erdkruste.

## S

**Salzwasser:** durch gelöste Salze angereichertes Wasser bei welchem der Salzgehalt mindestens 1,8 % beträgt. Ein Großteil des auf der Erde vorkommenden Wassers ist Salzwasser.
**Schalenbau der Erde:** innerer Aufbau des Erdkörpers aus konzentrisch angeordneten Schalen verschiedener Beschaffenheit.
**Schichtstufenlandschaft:** Landschaftstyp, der aus mehreren leicht geneigten Flächen besteht, die durch jeweils einen markanten Steilabfall (Stufe) voneinander getrennt sind.

**Schichtvulkan:** kegelförmiger Vulkan, der aus wechselnden Lavaschichten und vukanischen Lockermaterialien aufgebaut ist.
**Schildvulkan:** flacher, schildförmiger Vulkan, der durch das Ausfließen dünnflüssiger Lava, die lange, dünne Lavaströme gebildet hat, entstanden ist. Besonders auf Hawaii und Island findet man diese Ausprägung des Vulkans häufig.
**Sea-floor-spreading:** auseinanderdriften von Platten und Neubildung einer ozeanischen Kruste an dieser Stelle.
**Sedimentit:** Gestein aus Sedimentablagerungen, die durch zunehmende Auflast entwässert und durch Mineralneubildungen verfestigt worden sind.
**Städtische Wärmeinsel:** der Begriff beschreibt die Überwärmung einer Stadt im Vergleich zu ihrem Umland.
**Steilküste:** Küstenform, die steil zum Meer abfällt. Sie lässt sich gliedern in die Schorre, den Strand (teilweise mit Gesteinsbrocken) und das → Kliff. Durch die Brandung wird das Kliff am Fuße ausgehöhlt und allmählich zurückverlegt.
**Subduktionszone:** Plattengrenze, an der sich zwei Platten aufeinander zu bewegen, wobei die dünnere und schwerere ozeanische Kruste, die den Ozeanboden bildet, unter die kontinentale Kruste abtaucht (auch: Absenkungs-, Verschluckungszone). Im Ergebnis des Subduktionsprozesses entstehen Tiefseegräben.
**Sukzession:** allmähliche natürliche Veränderung eines Ökosystems; so siedeln sich z. B. bei Auflassung eines Steinbruchs oder beim Brachfallen eines Ackers zunächst Pionierpflanzen an, die mit der Zeit zunehmend von anspruchsvolleren Pflanzen verdrängt werden.
**Süßwasser:** Teil des auf der Erde frei verfügbaren Wassers, in dem kein oder nur in geringstem Maße Salze gelöst sind.

## T

**Talgletscher:** längliche Gletscherform, die in Tälern langsam bergab fließt. Talgletscher sind die charakteristische Gletscherform der Hochgebirge wie z. B. im Himalaja oder in den Alpen.
**Taupunkt:** Zustand, bei dem eine Luftmasse voll mit Wasserdampf gesättigt ist, also eine relative Luftfeuchtigkeit von 100 % aufweist.
**Tektogenese:** Sammelbezeichnung für Prozesse, die das Gefüge und die Lagerungsverhältnisse der Erdkruste verändern.
**Tektonik:** dieses Teilgebiet der Geologie beschäftigt sich vor allem mit dem Bau der Erdkruste und den Bewegungsvorgängen, die zu Veränderungen in der Erdkruste führen. Ein Forschungsschwerpunkt dabei ist die Plattentektonik. Nach dieser (weitgehend gesicherten) Theorie besteht die Gesteinshülle der Erde (→ Lithosphäre) aus einer Anzahl von großen und kleinen Platten, die sich auf der weichen oberen Mantelschicht (Fließzone) bewegen.
**thermohaline Zirkulation:** sie umfasst Meeresströmungen, die durch räumliche Unterschiede in Temperatur und Salzgehalt hervorgerufen werden. Diese bewirken Unterschiede der Dichte und dadurch Druckgradienten. Die globale thermohaline Zirkulation stellt eine großräumige Umwälzbewegung des Ozeans dar, die durch Absinken dichter Wassermassen in den Subpolargebieten hervorgerufen wird.
**Tiefdruckgebiet:** ein Gebiet niedrigen → Luftdrucks (gemessen in Hektopascal), in das die Luft aus den umliegenden Gebieten mit höherem Luftdruck einströmt. Die Luftströmungen erfahren dabei auf der Nordhalbkugel eine Drehung entgegen dem Uhrzeigersinn in das Tief hinein, auf der Südhalbkugel entgegengesetzt. In einem Tiefdruckgebiet steigen die Luftmassen auf, es kommt zur Wolkenbildung und häufig zu Niederschlägen. Nach der Entstehung unterscheidet man thermische Tiefdruckgebiete, die durch Erwärmung bzw. Abkühlung von Luft entstehen sowie dynamische Tiefdruckgebiete die sich an der Luftmassengrenze zwischen kalter Polarluft und warmer Tropikluft bilden (vgl. auch → Zyklone).
**Ton-Humus-Komplexe:** Verbindung von → Tonmineralen und Huminkolloiden; ihr Vorkommen bestimmt entscheidend die Fruchtbarkeit eines → Bodens.
**Tonminerale:** Schichtsilikate mit großen spezifischen Oberflächen; sie besitzen die Fähigkeit $H_2O$-Moleküle und Ionen (Nährstoffe) zu binden und an die Pflanzenwurzeln abzugeben; deshalb sind sie für die → Bodenfruchtbarkeit sehr wichtig.
**Transformstörung:** bezeichnet in der Plattentektonik Bereiche, an denen sich zwei Lithosphärenplatten horizontal aneinander vorbeischieben; häufig unterteilen sie die → Mittelozeanischen Rücken in Segmente.
**Transpiration:** Verdunstung an der Oberfläche von Pflanzen. Bei geschlossener Vegetationsdecke ist diese viel bedeutender als die Evaporation über Land.
**Treibhauseffekt:** Bezeichnung für den Einfluss der Erdatmosphäre auf den Strahlungs- und Wärmehaushalt der Erde. Die von der Erdoberfläche abgegebene Wärmestrahlung kann nicht vollständig ins Weltall abgestrahlt werden, weil sie durch $H_2O$-Dampf und $CO_2$ absorbiert und zur Erde zurückgestrahlt wird. Dadurch kommt es zu einer Erhöhung der Temperaturen auf der Erde.

**Trogtal:** starke Tiefen und Seitenerosion durch Gletschereis überformen meist ehemalige → Kerbtäler zu einem U-förmigen Querschnitt mit muldenförmigem Talboden und steilen Trogwänden. Vorkommen: Im Bereich ehemaliger → Talgletscher.
**Tsunami:** eine extrem hohe → Meereswelle, die überwiegend durch Seebeben und Massenverlagerung von Meeresboden ausgelöst wird und an Meeresküsten auftreffend größte Zerstörungskraft hat.

## V

**Vegetationszonen:** ein Raum, der sich aufgrund seiner natürlichen Vegetation bzw. der vorhandenen Pflanzengesellschaften von anderen Räumen unterscheidet und meist äquatorparallel verläuft; dabei kann jeder Vegetationszone eine bestimmte Vegetationsformation zugeordnet werden; sie besteht meist aus einer charakteristischen Gruppe von Pflanzen (Bäumen, Sträuchern, Kräutern und Gräsern), die oft zusammen auftreten und in dieser Kombination typische Gesellschaften bilden; zwischen den Vegetationszonen und den Klimazonen der Erde besteht eine enge Verbindung, da die Vegetation in hohem Maße von den Klimafaktoren beeinflusst wird; deshalb gibt es fließende Übergänge zwischen einzelnen Vegetationszonen; eine Abgrenzung wird auch durch den Einfluss des Menschen auf die Pflanzenwelt erschwert, dessen Eingriffe in die Natur (besonders durch die Landwirtschaft und den Städtebau in den Ballungsräumen) von erheblichen Ausmaßen sind; die → Potenzielle natürliche Vegetation eines Raumes wird immer weiter zurückgedrängt und somit weitgehend verändert.
**Verwitterung:** die Verwitterung schafft die Voraussetzungen für die Abtragung sowie die Bodenbildung und beeinflusst damit die Entwicklung des Reliefs. Man unterscheidet zwei Verwitterungsarten:
1. physikalische Verwitterung, z. B. Frostsprengung, Windschliff, Temperaturwechsel, Druck von Pflanzenwurzeln.
2. chemische Verwitterung, Umwandlungsprozesse unter Einwirkung von Luft, Wasser und Säuren. Die Verwitterung ist neben der → Erosion Voraussetzung für die Abtragung und spätere Ablagerung von Gesteinen bzw. Bestandteilen von Gesteinen und damit für die Bildung neuer Gesteine (Sedimente).
**Vulkanismus:** Zusammenfassende Bezeichnung für alle geologischen Vorgänge, die mit dem Aufstieg und dem Austritt fester, flüssiger oder gasförmiger Stoffe aus dem Erdinnern an die Erdoberfläche zusammenhängen. Die Förderung der Stoffe hat ihren Ausgangspunkt in Magmaansammlungen der Erdkruste (Vulkanherde). Auswurf- bzw. Ausflussmaterialien sind Lava, Lockermaterial (Asche, Lapilli, Bomben) und Gase. An der Erdoberfläche entstehende Formen sind z. B. → Schichtvulkan und → Schildvulkan, → Maar, Caldera, Härtling aus Ergussgestein.
**Vulkanit:** Gestein, das durch Erstarren von Lava bzw. Magma an der Erdoberfläche entstanden ist.

## W

**Walker-Zirkulation:** Der Humboldtstrom führt normalerweise kaltes Wasser aus der Antarktis an der Westküste Südamerikas zum Äquator. Daher weist der Pazifik in Äquatornähe im Osten vor Südamerika niedrigere Temperaturen auf als im Westen vor Ostasien und Australien. Dies hat zur Folge, dass auch die → Atmosphäre am Äquator über dem Ostpazifik kühler ist als im Westen. Demnach steigen Luftmassen über dem Westpazifik auf, während sie über dem Ostpazifik eher absinken. Am → Boden entstehen so ein → Hochdruckgebiet über dem Ostpazifik und ein → Tiefdruckgebiet über dem Westpazifik, sodass Luftmassen vom Ostpazifik über das Meer zum Westpazifik strömen. In der Höhe findet ein Rückstrom dieser Luftmassen statt. Diese Zirkulation wird Walker-Zirkulation genannt.
**Warmfront**: Grenzbereich zwischen kalten und warmen Luftmassen, wobei die Warmluft großflächig an der Kaltluft aufgleitet, sich abkühlt und es somit zu Wolkenbildung und oft länger andauernden → Niederschlägen (Landregen) kommt. Im Bereich einer → Zyklone bildet die Warmfront die Vorderseite des Warmluftsektors.
**Wasserbilanz:** Bilanz eines Gebiets über einen bestimmten Zeitraum bezüglich → Niederschlag (N), Verdunstung (V), Zufluss (Z), Abfluss (A) und Rücklagenverbrauch (R) (N = A – Z + V +/– R). Für das geschlossene System Erde gilt: N = V.
**Wasserhaushaltstypen:** Bezeichnung für Anpassungsmerkmale von Pflanzen an unterschiedliche Wasserverfügbarkeit.

**Wasserkreislauf:** der Wasserkreislauf – angetrieben durch die Sonnenenergie und die Wirkung der Schwerkraft – umfasst den ständigen Transport von Wasser zwischen Meeren, Landflächen und der → Atmosphäre. Die wichtigsten Teilphasen dieses Kreislaufs bestehen in Verdunstung, → Niederschlag und Abfluss. Beginnend bei den Ozeanen stellt sich der Wasserkreislauf kurz folgendermaßen dar. Wasser verdunstet über den Ozeanen und wird von der Atmosphäre aufgenommen. Mit Luftströmungen gelangt es über das Festland, wo es nach Kondensation infolge vertikaler Luftbewegungen als Niederschlag auf die Erde niedergeht. Auf der Erde wiederum herrschen drei Wasserbewegungen vor: Verdunstung, Versickerung und Abfluss. Ein Teil des Niederschlagswassers verdunstet von der Landoberfläche (Evaporation) oder von der Oberfläche von Pflanzen (→ Transpiration). Gemeinsam gehen beide Vorgänge als → Evapotranspiration in den Wasserhaushalt ein. Ein anderer Teil des Niederschlagswassers versickert in den → Boden (Infiltration) oder in tiefere Gesteinsschichten (Perkolation), wo er in den → Grundwasserkörper eingeht. Ein weiterer Teil des Niederschlagswassers fließt über ober- und unterirdische Wasserläufe den Ozeanen, bzw. abflusslosen Senken an der Erdoberfläche zu. Wiederum ein weiterer Teil des Niederschlagswassers wird an der Oberfläche von Pflanzen (Interzeption) gespeichert, von wo aus wiederum Verdunstung stattfindet.
**Wattenküste:** Küstennaher Teil eines Meeres das unter starkem Gezeiteneinfluss steht. Große Flächen fallen bei Ebbe trocken und werden bei Flut vollständig überspült.
**Wattenmeer:** derjenige Bereich einer flachen Gezeitenküste, der bei Ebbe trocken fällt und bei Flut vom Meerwasser bedeckt ist. Den bei Niedrigwasser freigelegten Meeresboden bezeichnet man als Watt. Dieses ist durchzogen von kleinen (Priele), mittleren (Rinnen) und großen (Tiefs) Wasserläufen. Das Wattenmeer ist für viele Tiere ein geeigneter Lebensraum. Millionen von Brut- und Zugvögeln ernähren sich von Krebsen, Muscheln und Würmern aus dem Schlick. Zum Schutz dieser Gebiete wurden Nationalparks eingerichtet.

## X

**Xeromorphie:** Anpassungsstrategien von Pflanzen an extrem trockene Standorte.
**Xerophyten:** Pflanzen trockener Standorte mit verdunstungsreduzierenden bzw. wasserspeichernden Baumerkmalen.

## Z

**Zyklone:** Bezeichnung für dynamische → Tiefdruckgebiete, die an der planetarischen Frontalzone entstehen, sich in Europa mit der Westwinddrift nach Osten verlagern und das Wettergeschehen maßgeblich beeinflussen.

# Sachregister

# 8 Sachregister

# Bildnachweise

**Umschlag** Avenue Images GmbH (spacephotos.com), Hamburg; **2.1** Okapia (Pum), Frankfurt; **2.2** Röhr, Dr. Christian, Friedberg; **2.3** Okapia (Photri Inc.), Frankfurt; **2.4** Action Press GmbH (NASA), Hamburg; **3.5** Klett-Archiv (Corel Stock Photo Library o.A.), Stuttgart; **3.6** Ullstein Bild GmbH (Lineair), Berlin; **3.7** Bildagentur-online (MM-Images-Rolfes), Burgkunstadt; **3.8** Klett-Archiv (Enkelmann, Filderstadt), Stuttgart; **5.1** Okapia (Pum), Frankfurt; **5.2** Klett-Archiv (Feske, Ammerbuch), Stuttgart; **7.3** Klett-Archiv (Mühr, Karlsruhe), Stuttgart; **7.4** Babist, Jochen Dipl.-Geol., Birkenau; **10.3/4** Klett-Archiv, Stuttgart; **11.5** NOAA („Photo Courtesy of U.S. National Oceanic and Atmospheric Administration."), Washington, DC; **11.6** Bridgeman Art Library Ltd., Berlin; **13.2** Klett-Archiv, Stuttgart; **13.3** Picture-Alliance (Jens Wolf), Frankfurt; **14.1** Musée Girodet (Anne-Louis Girodet-Trioson: La leçon de géographie, No d'inventaire 005.1.1), Montargis; **15.2** Prof. Dr. Frithjof Voss Stiftung, Berlin; **17.1** Interfoto (imagebroker), München; **18.1** Röhr, Dr. Christian, Friedberg; **19.5** AKG, Berlin; **22.1** Mats Wibe Lund, Reykjavik; **22.3** NOAA („Photo Courtesy of U.S. National Oceanic and Atmospheric Administration."), Washington, DC; **23.4** ETH Zürich (nach: Jean-Pierre Burg: Einführung in die Strukturgeologie (Grundkurs 2001)), Zürich; **23.5** Wikimedia Foundation Inc. (cc-by-sa-3.0, Harroschmeling/PD), St. Petersburg FL; **30.14** Klett-Archiv, Stuttgart; **30.15** Das Fotoarchiv (Xinhua), Essen; **31.18** Hallbergmoos; **31.19** Klett-Archiv (Neumann), Stuttgart; **33.26** Klett-Archiv, Stuttgart; **34.28** Spektrum der Wissenschaft Verlagsgesellschaft mbH (nach Spektrum der Wissenschaft 1/1986, Artikel „Terrane" von David G. Howell, S.64-74 ), Heidelberg; **34.29** Geologisches und Mineralogisches Museum der Universität Kiel; **35.30** Wissenschaftliche Buchgesellschaft WBG (nach: Wolfgang Frisch, Martin Meschede: Plattentektonik. Darmstadt: WBG 2007), Darmstadt; **37.32** Wissenschaftliche Buchgesellschaft WBG, Darmstadt; **37.33** GFZ Potsdam, Potsdam; **39.38** Röhr, Dr. Christian, Friedberg; **39.40** Klett-Archiv (nach: Michael Schwarz, Institute of Geology, Freiburg (PD)), Stuttgart; **40.44** Klett-Archiv (Geiger, Merzhausen), Stuttgart; **40.44** Klett-Archiv (Rausch, Frickenhausen-Linsenhofen), Stuttgart; **41.47** Picture-Alliance (maxppp), Frankfurt; **43.2** Klett-Archiv (Barsch, Bürger), Stuttgart; **43.4** NOAA („Photo Courtesy of U.S. National Oceanic and Atmospheric Administration."), Washington, DC; **44.6** BGR (2009), Hannover; **45.7; 45.8** BGR (2009), Hannover; **46.10** Klett-Archiv, Stuttgart; **47.12** BGR (2009), Hannover; **48.1** Klett-Archiv, Stuttgart; **49.2** Wissenschaftliche Buchgesellschaft WBG (nach: Wolfgang Frisch, Martin Meschede: Plattentektonik. Darmstadt: Wissenschaftliche Buchgesellschaft, 2007), Darmstadt; **53.1** Ullstein Bild GmbH, Berlin; **53.2** Okapia (Photri Inc.), Frankfurt; **53.3** vario images GmbH & Co.KG (bonn-sequenz), Bonn; **53.4** MEV Verlag GmbH (MEV, Augsburg), Augsburg; **55.5** nach: Alan H. Strahler, Arthur N. Strahler: Physische Geographie. Stuttgart: UTB/Ulmer, 2005; **57.10** Klett-Archiv, Stuttgart; **58.11** Nach Dams: Official Newsletter of the World Commission on Dams. Nr.8, 12/2000, S. 9; **59.14** NASA, Washington, D.C.; **61.3** Fotolia LLC (Jamie Wilson), New York; **61.4** Magazin Süddeutsche Zeitung, München; **65.13** Ullstein Bild GmbH (AP), Berlin; **65.15** nach: Hans Gehardt/Rüdiger Glaser u.a.: Geographie. Heidelberg: Elsevier, Spektrum Verlag 2007, S. 1046; **66.17** Klett-Archiv (Lehmann, Berlin), Stuttgart; **66.18** Nationalparkverwaltung Niedersächs. Wattenmeer, Wilhelmshaven; **67.21** Klett-Archiv, Stuttgart; **67.23** Schmidtke, Kurt-Dietmar, Melsdorf; **68.1** Astrofoto (NASA), Sörth; **71.1** Action Press GmbH (NASA), Hamburg; **72.1** Corbis, Düsseldorf; **74.4** Eugen Ulmer GmbH & Co Verlag (nach Alan H. Strahler, Arthur N. Strahler: Physische Geographie. Stuttgart: UTB 1999), Stuttgart; **75.7** Nach Christian-Dietrich Schönwiese, Bernd Diekmann: Der Treibhauseffekt. Reinbek: Rowohlt 1991, S. 117; **76.3** Eugen Ulmer GmbH & Co Verlag, Stuttgart; **78.2** Eugen Ulmer GmbH & Co Verlag, Stuttgart; **79.3** Helga Lade Fotoagentur (Kirchner), Frankfurt; **79.5** Klett-Archiv (Mühr, Karlsruhe), Stuttgart; **79.6** Klett-Archiv (Wiedersich, Ravensburg), Stuttgart; **81.6** Dieter Kasang, www.klimawissen.de; **83.11** nach: Dirk Bronger und Norbert von der Ruhren: Indien. Stuttgart: Ernst Klett Verlag 1986, S. 40; **85.15** Klett-Archiv (nach: Spektrum der Wissenschaft 12/2000, „Krankheiten durch Treibhauseffekt" von Paul R. Epstein, S. 40-47), Stuttgart; **88.22** Klett-Archiv (Bender), Stuttgart; **88.23** Klett-Archiv (Nolzen, Stegen), Stuttgart; **89.24** Deutscher Wetterdienst, Offenbach; **90.26** nach Berthold Wiedersich: Das Wetter: Entstehung, Entwicklung, Vorhersage. Stuttgart: Enke 1996, S. 38; **96.1** Klett-Archiv (Brodengeier, Lichtenberg), Stuttgart; **97.4** Umweltamt, Leipzig; **98.1** Klett-Archiv, Stuttgart; **98.3** Kasang, Dieter, Hamburg; **100.8** Kasang, Dieter, Hamburg; **101.12** Klett-Archiv, Stuttgart; **105.1** LMBV, Senftenberg; **105.2** Klett-Archiv (Corel Stock Photo Library o.A.), Stuttgart; **105.3** Wikimedia Foundation Inc. (Ulrich Still (PD)), St. Petersburg FL; **105.4** Picture-Alliance (HB-Verlag), Frankfurt; **105.5** Klett-Archiv (Maresch, Rutesheim), Stuttgart; **105.6** Earth Satellite Corporation (USGS/ NASA Landsat Program), Rockville, MD; **105.7** Landesmedienzentrum Baden-Württemberg, Stuttgart; **106.2** Klett-Archiv, Stuttgart; **107.3** Klett-Archiv (Geomorphologie in Stichworten, Hirt 1992, o. A.), Stuttgart; **108.1** Busche, Prof. Dr. Detlef, Rimpar; **109.2 li.** Klett-Archiv (Rother, Schwäbisch Gmünd), Stuttgart; **109.2re.** Klett-Archiv (Heinz Nolzen, Stegen), Stuttgart; **110.5** Klett-Archiv (Brodengeier, Lichtenberg), Stuttgart; **110.6** Klett-Archiv (Falk, Berlin), Stuttgart; **111.7** Klett-Archiv (Rausch, Linsenhofen), Stuttgart; **112.1** Klett-Archiv (Wiese), Stuttgart; **112.2** Meyer, Marcus (www.burgenseite.de), München; **112.3** Klett-Archiv (nach: Geomorphologie in Stichworten, Bd. 2. Kiel: Hirt 1990 o.A.), Stuttgart; **113.4** Klett-Archiv, Stuttgart; **113.5** NASA, Washington, D.C.; **113.7 li.** Klett-Archiv (Sebastian, Freiberg), Stuttgart; **113.7mi.** RWE AG, Essen; **113.7re.** Okapia (Christine Steimer), Frankfurt; **115.11** WBG × WISSENVERBINDET (Hans-Ulrich Schmincke: Vulkanismus. 2. Aufl. Darmstadt: Wiss. Buchgesellschaft 2000, S. 171), Darmstadt; **115.13** Landesgendarmeriekommando für Tirol (Koler), Innsbruck; **118.7** Klett-Archiv, Stuttgart; **118.6o.** f1 online digitale Bildagentur, Frankfurt; **118.6u.** Klett-Archiv (Allgemeine Geologie, Spektrum Akademischer Verlag, Heidelberg), Stuttgart; **119.9** nach: Dangerous Earth: An Introduction to Geologic Hazards (9780471135654/0471135658) by Barbara W. Murck, Brian J. Skinner, Stephen C. Porter, 1996. Reproduced with permission of John Wiley & Sons, Inc.; **119.10** Landesmedienzentrum Baden-Württemberg, Stuttgart; **120.1** Klett-Archiv (Geiger, Landau), Stuttgart; **120.2** Klett-Archiv (Allgemeine Geologie, Spektrum Akademischer Verlag, Heidelberg o.A.), Stuttgart; **120.3** Klett-Archiv, Stuttgart; **121.4** Klett-Archiv, Stuttgart; **121.6** Schweizerbart'sche Verlagsbuchhandlung (nach: O. Maull in H. Wilhelmy: Geomorphologie in Stichworten. Bd. 3), Stuttgart; **122.7** Klett-Archiv (Falk), Stuttgart; **122.9** NASA, Washington, D.C.; **123.10** Klett-Archiv (nach: Otfried Wagenbreth/Walter Steiner: Geologische Streifzüge. Leipzig: Verlag für

Grundstoffindustrie, 1982), Stuttgart; **124.12** The Associated Press GmbH, Frankfurt am Main; **124.13** NASA (Brückner), Washington, D.C.; **124.15** Universität zu Köln, Institut für Biologie (Dr. Bruno Kremer), Köln; **124.14 o.** Klett-Archiv (Marienau), Stuttgart; **124.14 u.** Klett-Archiv (Falk, Berlin), Stuttgart; **125.16** Freund, PD Dr. Holger, Wilhelmshaven; **125.17** Wikimedia Foundation Inc. (Johannes Mejer/PD), St. Petersburg FL; **126.19** ESA, Darmstadt; **126.20** Images Courtesy of CHELYS/ESA www.eosnap.com; **127.21** Getty Images (Mike Hewitt), München; **127.23** Gale, Timothy and Nilus Klingel, Norwich, New York 13815-3149; **128.25** Astrofoto (NASA), Sörth; **128.27** iStockphoto (Yuen Kuan Liew), Calgary, Alberta; **129.28** Butler, Rhett, Menlo Park, CA; **130.1** Alfred Wegener Institut (H. Oerter), Bremerhaven; **130.2** Mauritius Images (Reichart), Mittenwald; **130.3** Klett-Archiv, Stuttgart; **130.4** Klett-Archiv (Falk), Stuttgart; **131.7** Klett-Archiv, Stuttgart; **132.8** Alfred-Wegener-Institut (Kim Lawrenz), Bremerhaven; **133.10/11** Klett-Archiv, Stuttgart; **133.12** Klett-Archiv (Falk), Stuttgart; **134.13** Klett-Archiv, Stuttgart; **134.14** Klett-Archiv (Falk), Stuttgart; **134.16** Avenue Images GmbH (Bossemeyer, Klaus/Bilderberg/La Phototheque), Hamburg; **135.15** Klett-Archiv, Stuttgart; **136.17** shutterstock (zebra0209), New York, NY; **136.18** Picture-Alliance, Frankfurt; **136.19** Ridefelt, Dr. Hanna, Uppsala; **137.20** Klett-Archiv, Stuttgart; **137.21** Nach www.arctic.noaa.gov/images/romanovsky_fig3.gif, Juni 2010; **137.22** Klett-Archiv (nach: National Oceanic and Atmospheric Administration), Stuttgart; **137.23** Klett-Archiv (Weissmann, Moskau), Stuttgart; **138.1** Klett-Archiv (Rother, Schwäbisch Gmünd), Stuttgart; **138.3** Klett-Archiv, Stuttgart; **138.4** Klett-Archiv, Stuttgart; **138.2 u. li.** Klett-Archiv (Wilhelmi, Wackernheim), Stuttgart; **138.2 u. mi.** Mauritius Images (Thonia), Mittenwald; **138.2 u. re.** Getty Images RF, München; **139.1a** USGS, Reston, VA; **139.1 b** Klett-Archiv (Joachim, Leipzig), Stuttgart; **139.1 c** Sammlung Gesellschaft für ökologische Forschung (Baumeister), München; **139.2** Klett-Archiv, Stuttgart; **139.4** nach: Dangerous Earth: An Introduction to Geologic Hazards (9780471135654/0471135658) by Barbara W. Murck, Brian J. Skinner, Stephen C. Porter, 1996. Reproduced with permission of John Wiley & Sons, Inc.; **140.1** Klett-Archiv (nach: Dangerous Earth: An Introduction to Geologic Hazards (9780471135654/0471135658) by Barbara W. Murck, Brian J. Skinner, Stephen C. Porter, 1996. Reproduced with permission of John Wiley & Sons, Inc.), Stuttgart; **140.2** John Wiley and Sons Ltd (Nach: Dangerous Earth. New York, Wiley 1997, S. 177), Chichester, PO19 8SQ; **141.4** Enkelmann, Filderstadt; **141.6** Klett-Archiv (Falk), Stuttgart; **141.5 o.** Müller, Dr. Johannes, Würzburg; **141.5 u.** Klett-Archiv (nach: H. Wilhelmy: Geomorphologie in Stichworten. Bd. 3, S. III, 54, Berlin: Hirt), Stuttgart; **142.1** laif (Christian Heeb), Köln; **142.2** NASA, Washington, D.C.; **142.3** Ullstein Bild GmbH (Lineair), Berlin; **143.5** Ballonteam Norbert Blau, Gundelfingen; **143.6** DEBRIV/www.braunkohle.de, Köln; **146.1 li.** Klett-Archiv (Falk, Berlin), Stuttgart; **146.1mi.** Fotolia LLC (Thomas Reimer), New York; **146.1 re.** Klett-Archiv, Stuttgart; **149.1** Klett-Archiv (Patricia Neumann), Stuttgart; **149.2** Klett-Archiv (Joachim, Leipzig), Stuttgart; **149.3** Mauritius Images (Jim Reed/Photo Researchers, Inc.), Mittenwald; **149.4** Ullstein Bild GmbH (Lineair), Berlin; **150.1** Bayerische Landesanstalt für Landwirtschaft (LfL), Freising; **151.3** nach: Gerd Hintermaier-Erhard/Wolfgang Zech: Wörterbuch der Bodenkunde. Stuttgart: Enke 1997, S. 32; **151.4, 152.6** Klett-Archiv (Patricia Neumann, Altenburg), Stuttgart; **152.7** Klett-Archiv (Schneider), Stuttgart; **154.11** Klett-Archiv (nach: the terrestrial biosphere. Harlow: Prentice Hall 2001, S. 177), Stuttgart; **154.12** Lothar Lenz Pferdefotoarchiv, Dohr; **154.13** Klett-Archiv (nach: Ulrich Gisi et al.: Bodenökologie. Stuttgart: Thieme 1997), Stuttgart; **155.14** Klett-Archiv, Stuttgart; **155.15** Verlag Die Werkstatt (Hungreder, Leinfelden-Echterdingen), Göttingen; **156.2** Klett-Archiv (Enkelmann, Filderstadt), Stuttgart; **157.4** Bodengütekarte 1 : 100 000, Blatt 7: Kitzingen, © Bayerische Vermessungsverwaltung 2010; **157.4** Klett-Archiv, Stuttgart; **159.3** Bayerische Landesanstalt für Landwirtschaft (LfL), Freising; **160.5** Wikimedia Foundation Inc. (cc-by-sa-3.0, Yak (PD)), St. Petersburg FL; **160.6** aid infodienst, Bonn; **160.7** Landesanstalt für Umweltschutz (Dr. Volker Schweikle), Karlsruhe; **161.8/9** Bayerische Landesanstalt für Landwirtschaft (LfL), Freising; **161.10** BASF AG Agrarzentrum, Limburgerhof; **162.1** Klett-Archiv (Hassenflug, Kiel), Stuttgart; **162.2** USDA-U. S. Department of Agriculture-PD, Washington; **162.3** Comet Photoshopping GmbH (Konrad Wepfer), Weisslingen; **163.5** nach Thomas Mosimann: Bodenschutzkonzepte. In: Geographische Rundschau, 45. Jg., H. 6. Braunschweig: Westermann 1993, S. 367; **164.1** nach: Dietmar Schröder: Böden der Erde: Entstehung, Verbreitung, Produktivität, Schädigung und Schutz. In: Geographie und Schule, 22. Jg., H. 126 (August 2000), Köln: Aulis 2000, S. 11; **167.1** Klett-Archiv (Mühr, Karlsruhe), Stuttgart; **167.2** Bildagentur-online (MM-Images-Rolfes), Burgkunstadt; **167.3** Klett-Archiv (Neumann, Altenburg), Stuttgart; **167.4** Klett-Archiv (Vogellehner), Stuttgart; **168.1** MEV Verlag GmbH, Augsburg; **168.2** nach: Hans-Jürgen Klink: Vegetationsgeographie. Das Geographische Seminar. 3. Aufl. 1998, Bildungshaus Schulbuchverlage Westermann Schroedel Diesterweg Schöningh Winklers GmbH, Braunschweig; **169.4/5** Eugen Ulmer GmbH & Co Verlag (nach: W. Lacher: Ökologie der Pflanzen auf physiologischer Grundlage, 1984), Stuttgart; **170.6 o.** Klett-Archiv (Neumann, Altenburg), Stuttgart; **170.6 o. mi.** Klett-Archiv (Brodengeier, Lichtenberg), Stuttgart; **170.6 u.** Klett-Archiv (Mühr, Karlsruhe), Stuttgart;

**170.6 u. mi** Rotermann, Haselünne;

**171.7** Caro Fotoagentur (Riedmiller), Berlin;

**171.8** Klett-Archiv (Jung), Stuttgart;

**171.10** The Associated Press GmbH (Bild-Archiv Okapia, Frankfurt W. Steinmetz/Naturbild), Frankfurt a M.; **172.1** Klett-Archiv (Jung), Stuttgart; **172.3** Klett-Archiv (Vogellehner), Stuttgart; **172.4/5** Bundesamt für Naturschutz, Bonn; **173.8** Universität Wien (O. Univ. Prof. Dr. Hannes F. Paulus), Wien; **173.9** Krásenský, Pavel, Chomutov;

**174.10** B. Alberternst & S. Nawrath, Projektgruppe Biodiversität, Friedberg;

**175.15** Quelle & Meyer Verlag, Wiebelsheim;

**175.17** Klett-Archiv (Freund), Stuttgart;

**176.18** Klett-Archiv, Stuttgart; **176.19** Klett-Archiv (Neumann, Altenburg), Stuttgart;

**176.20** Picture-Alliance (ALBERTO NARDI/NHPA/Photoshot), Frankfurt; **177.21** aus: Berghaus, Physikalischer Schulatlas (Reprint 1985), Haack Gotha; **177.22** Martinek, Ernst und Gerlinde, Grieskirchen; **178.1** Klett-Archiv, Stuttgart; **178.3** Klett-Archiv (Wackernheim), Stuttgart; **179.4** Klett-Archiv (Neumann, Altenburg), Stuttgart;

**180.1** Nach: IPCC (2007): Climate Change 2007, Working Group I: The Science of Climate Change, Figure 7.3; **181.3** Klett-Archiv, Stuttgart; **185** Klett-Archiv (Enkelmann, Filderstadt), Stuttgart;

**187.2** Klett-Archiv, Stuttgart;

**In einem Einzelfall ist es nicht gelungen, den korrekten Rechteinhaber ausfindig zu machen. Gemäß UrhG 46 wurde dieses im Bundesanzeiger veröffentlicht. Berechtigte Ansprüche werden selbstverständlich im Rahmen der üblichen Regelungen abgegolten.**

# Anforderungsbereiche und Operatoren

Nach einer Vereinbarung der Kultusminister sollen die Prüfungsaufgaben in allen Bundesländern vergleichbar sein. Diese Vergleichbarkeit soll dadurch hergestellt werden, dass die Prüfungsaufgaben bzw. Klausuren die **drei** nebenstehenden **Anforderungsbereiche** vorgeben.
Um diesen Anforderungsbereichen gerecht zu werden, aber auch um den Prüflingen das Verständnis für die Aufgabenstellung in den Klausuren zu erleichtern, sind den Anforderungsbereichen sogenannte **Operatoren** zugeordnet. Sie sind als Verben formuliert (z.B. nennen, erläutern, beurteilen) und geben an, was der Prüfling konkret tun soll.

Die Berücksichtigung der drei Anforderungsbereiche und die Verwendung der zugeordneten Operatoren tragen dazu bei, die **in den Bildungsstandards geforderten Kompetenzen** zu überprüfen. Die genaue Kenntnis der Anforderungsbereiche und Operatoren sorgt aber auch für Transparenz bei den Prüfungsanforderungen und bei der Bewertung von Prüfungsleistungen.

Diese Übersicht bietet Ihnen eine Hilfe zum Verständnis sowohl der Anforderungsbereiche als auch der Aufgabenstellungen in den Abiturklausuren und in der mündlichen Abiturprüfung. Sie hat ihre Gültigkeit aber auch in den Klausuren während der gesamten Oberstufe.
Zur Vorbereitung auf die Klausuren und auf die Abiturprüfung, aber auch zur Herstellung von Transparenz und Vergleichbarkeit verwendet dieses Schulbuch konsequent in seinen Aufgabenformulierungen die Operatoren laut dieser Liste.

| Anforderungsbereiche | Erläuterungen – Beispiele |
|---|---|
| **Anforderungsbereich I**<br>Reproduktionsleistungen<br>umfassen das Wiedergeben und Darstellen von fachspezifischen Sachverhalten aus einem begrenzten Gebiet und im gelernten Zusammenhang sowie die Verwendung gelernter und geübter Arbeitstechniken und Methoden. | – Wiedergeben von grundlegendem Fachwissen unter Verwendung der Fachterminologie<br>– Bestimmen der Art des Materials<br>– Entnehmen von Informationen aus unterschiedlichen Materialien<br>– Benennen und Anwenden von Arbeitstechniken und Methoden |
| **Anforderungsbereich II**<br>Reorganisations- und Transferleistungen<br>umfassen das selbstständige Bearbeiten, Ordnen und Erklären bekannter Sachverhalte sowie das angemessene Anwenden gelernter Inhalte und Methoden. | – Erklären kategorialer, struktureller und zeitlicher Zusammenhänge<br>– sinnvolles Verknüpfen und Einordnen unterschiedlicher (z.B. politischer, ökonomischer, soziologischer, historischer, raumspezifischer) Sachverhalte<br>– Unterscheiden zwischen Sach- und Werturteil |
| **Anforderungsbereich III**<br>Leistungen der Reflexion und Problemlösung<br>umfassen den reflexiven Umgang mit neuen Problemstellungen, den eingesetzten Methoden und gewonnenen Erkenntnissen, um zu Begründungen, Folgerungen, Beurteilungen und Handlungsoptionen zu gelangen. | – selbstständiges Erörtern unterschiedlicher Sachverhalte<br>– Entfalten einer strukturierten, multiperspektivischen und problemorientierten Fragestellung<br>– Reflektieren der eigenen Urteilsbildung<br>– problemorientiertes Umsetzen von Kenntnissen und Erkenntnissen in gestaltender Form |